18世纪
俄国的改革与贵族

张宗华 著

人民出版社

目　录

导　言

一

在世界现代化进程中,俄国现代化进程始终步履艰辛,一波三折,为世人所关注。俄国现代化起点的分歧历来是国内外史学界争议的焦点,学界普遍认同农奴制的强化造成了俄国在国际社会中的劣势地位,它是启动俄国现代化的主要动因。目前,大多数俄国史学家把俄国历史分为六个时期:基辅罗斯时期(862—1240年)、蒙古罗斯时期(1240—1462年)、莫斯科罗斯时期(1462—1689年)、俄罗斯帝国时期(1689—1917年)、苏联时期(1917—1991年)、解体后的俄国(1991年至今)。俄国现代化分为三个阶段:第一阶段为资本主义现代化(1861—1917年)、第二阶段为社会主义现代化(1917—1990年)、第三阶段(1990年至今),农奴制度、东正教、沙皇专制制度是阻碍俄国早期现代化进程的主要因素。另外一些人士则认为18世纪彼得大帝改革是俄国早期现代化进程的起点。笔者认同1861年农奴制改革是俄国早期现代化的起点,但18世纪改革为什么不能成为俄国现代化的起点?为什么改革中农奴制度、沙皇专制制度得以强化?1861年农奴制改革为何曲折反复?本书试图寻找这些问题的答案。笔者认为,本书无论从历史意义还是从现实意义上都具有重要意义。

按照现代化理论,现代化是一个从经济、政治、社会、文化等方面彻底改变传统社会的过程;现代化是一个系统的过程,它涉及社会各个领域和方面的嬗变;现代化是一个长期的过程;现代化是一个内在的过程,它必须有内在的动力和条件才能够发生和持续;现代化是一个不可逆转的过程;现代化是一个进步的过程。

从历史意义上讲,1861 年农奴制改革是俄国早期现代化的起点。那么由沙皇政府主导的早期现代化进程为什么会出现曲折现象? 农奴制为什么成为 1861 年改革的主要目标? 为什么 1861 年改革中的其他改革内容都因农奴制改革的不彻底而滞后? 国内大多数学者把研究重点放在 1861 年农奴制度改革过程本身的探讨,从中寻找阻碍改革进程的原因,而忽略了 18 世纪俄国改革历史进程的研究。如何客观地评价 18 世纪俄国改革? 成为两种历史分期的关键所在。

从现实意义上讲,俄国现代化是世界现代化进程中利用国家政权干预强制实行现代化的最为典型的范例。通过对 18 世纪俄国贵族体制的研究,可以看出,除了从俄国政治经济制度、社会思想、宗教文化、地理环境层面研究早期现代化进程曲折的原因及俄国历史发展的特殊性之外,还可以从另一个层面探询:18 世纪俄国改革性质如何? 18 世纪俄国贵族官僚体制和贵族服役制度发展的趋向如何? 18 世纪俄国农奴制强化的原因何在? 18 世纪俄国贵族在改革中发挥的作用如何? 18 世纪俄罗斯历史进程的复杂性和民族精神的悖论性、俄国知识分子的特殊性何在?

二

目前国内史学界开始从苏联社会阶层的层面探讨苏联剧变的原因。历史是不能割断的,从俄国历史文化传统的深层次——贵族体制上探讨苏联政治体制腐败的渊源,可以从宏观角度剖析苏联解体的内在原因。本书拟从 18 世纪俄国改革作为研究的切入点,通过对贵族体制研究,从政治、经济制度的层面对这两种历史分期,以及俄国早期现代化进程阻碍机制因素形成的前因略陈管见,以求教于史学前辈与同人。

　　俄国史学界对俄国贵族问题的研究比较成熟,著述颇多。大多是关于贵族的起源、沙皇官僚体制贵族化、贵族服役制度、贵族与农奴制度以及贵族社会意识与文化发展等方面的著作。

　　1. 在俄国贵族起源上

　　俄国贵族史学家和资产阶级史学家 И.波赖-科希茨的《俄国贵族史》(莫斯科,2003 年版)第一次详细地综述了俄国贵族历史的起源与演变。他把俄国贵族历史分为四个时期:第一个时期为基辅罗斯时期,贵族是王公的亲兵,王公和亲兵双方在协商的基础上结成了相互依赖、享有充分自由的契约关系。第二个时期为蒙古罗斯时期,贵族是王公的廷臣,但他们没有土地,却继续享有从一个王公到另外一个王公迁徙的自由。第三个时期为莫斯科公国时期,由于实行门第制、世袭领地制度和领地制度,贵族转变成为定居的服役人员——领主(Помещик)和世袭领主(Вотчиник)。第四个时期为 18 世纪的俄罗斯帝国前期(从彼得大帝到叶卡捷琳娜二世时期)是俄国贵族等级形成时期。[①] 但作者没有指出俄国贵族与西欧贵族的不同之处。В.И.布加诺夫《俄国贵族》(《历史问题》1994 年第 1 期)认为,“贵族”(Дворяне)这个术语出自“宫廷、院子”(Двор)一词,最早出现在 12 世纪末期的历史文献中,1174 年拉夫林捷夫的编年史把他们称为“私人的受惠者”(Милостьники)。[②] 历史学家瓦·奥·克柳切夫斯基的《俄国史教程》(第 1 卷,商务印书馆 1996 年版)认为,贵族的前身是在基辅罗斯时期王公的亲兵队,“和王公一起分担管理和保卫国土的这个社会的上层阶级是王公的亲兵队。亲兵又分为高低两级,高级亲兵由王公的武士或大贵族构成,低级亲兵由年轻的武士或王公亲兵中的少年队员构成;低级亲兵在古代统称为 Гридь 或 Гридьба (古罗斯王公的卫队),后来为 Двор (近侍)或 Слуги (仆人)所代替。”[③]但作者

---

　　① И.Порай-кошиц.История русского дворянства.М.,2003.С.43 — 133.

　　② В.И.Буганов.Российское дворянство.//Вопрос истории,1994,№1.С.30.

　　③ [俄]瓦·奥·克柳切夫斯基:《俄国史教程》第 1 卷,商务印书馆 1996 年版,第161 页。

没有区分等级和阶级的概念。A.罗曼诺维奇·斯拉瓦京斯基的《俄国贵族》认为,俄国贵族与西欧贵族的最大差别在于,俄国贵族社会成分、民族和地区成分多样化,这样有别于以血缘、门第为主要标准的西欧贵族(Gentry①、Nobility)②。鲍里斯·尼古拉耶维奇·米罗诺夫的《俄国社会史——个性、民主家庭、公民社会及法制国家的形成(帝俄时期:十八世纪至二十世纪初)》按照获得贵族称号的方式,把贵族分为七类,按照经济收入、教育程度和社会威望把贵族分为大中小贵族。但在实际运用中对贵族称号有些混淆。

2. 在俄国政府与贵族的关系问题上

И.波赖-科希茨的《俄国贵族史》认为彼得大帝通过《官秩表》、强制教育等法律手段,把散居在全国各地的贵族组成一个统一的社会集团,即义务为国家服役的贵族等级;1762 年《贵族自由诏书》彼得三世取消了贵族的服役义务,而给予他们特权;1785 年《贵族特权敕书》政府将这些特权法律化。作者论证了 18 世纪俄国贵族等级成分的复杂性,即在原有的贵族基础上,又产生了一个新兴的官僚贵族(Чиновное дворянство)。由于 18 世纪俄国官僚体制的贵族化,贵族的数量和地位日趋上升,其中世袭的血统贵族势力凌驾于官僚贵族之上,改革使"贵族只占有高级官职,而不履行应尽义务"③。由此决定了 18 世纪俄国政府改革的方向,贵族为国家服役以及贵族在整个俄国历史进程中的作用。但是作者未探讨贵族等级形成深刻的社会背景,而只有描述和编辑的特征。A.罗曼诺维奇·斯拉瓦京斯基的《俄国贵族》概述了 18 世纪到 1861 年农奴制废除前俄国贵族历史发展的基本状况,并与西方国家比较,俄国国家制度的特点。对 1722 年《官秩表》任职原则及其发展演变的详尽分析,作者认为在 18 世纪的不同历史时期,俄国贵族在任职原则、爵位制度、服役状况、

---

① Gentry:英国没有爵位,但有表示中小贵族的徽章的贵族。

② Nobility:一是表示英国血统出生的爵位贵族;二是出身高贵的、高尚的、伟大的、崇高的、卓越的、辉煌的等。

③ И.Порай-кошиц.История русского дворянства.М.,2003. С.138.

文化教育制度、贵族社会意识、贵族社会、民族和地区成分上存在着巨大的差别,尤其是俄国贵族称号在 18 世纪的发展演变。贵族人数的增加造成了贵族领地继承制度的分散和贵族等级的贫穷。彼得大帝及其继任者在建立贵族等级组织和重视贵族教育方面颁布的法令是对西方国家的模仿,改革使沙皇的服役人员成为一个独立的社会等级而享有特权。但由于社会、民族和地区成分的不同而在社会经济地位上存在着很大的差别,改革最终加深了俄国贵族等级的分裂,为 19 世纪俄国社会的动荡埋下了隐患。但是,作者在剖析俄国贵族等级歧视造成等级分裂的弊端时,没有看到贵族体制产生初期所具有的开放性和包容性,只是由于 18 世纪俄国经济发展水平的落后制约了它的发展。

苏联时期,受意识形态因素的影响,俄国史学家采用马列主义的阶级斗争分析方法论,在一般的历史著作中注重剖析贵族的阶级成分。C.M.托洛茨基的《18 世纪俄国专制主义与贵族——官僚体制的形成》通过对《官秩表》研究详尽,揭示了 18 世纪俄国官僚体制的形成及特征:贵族是俄国官僚体制上层的核心成员,平民知识分子则是俄国官僚体制中的下层官员。国家机构不同部门之间,职能的制度化、等级化;打破门第制度,依据个人的任职年限、能力大小、教育程度择优取仕;以日常的货币俸禄取代土地和实物赏赐,以此改变官员的物质生活条件;封建贵族化是 18 世纪俄国官僚体制发展的基本特征。他把贵族服役的某些方面紧密地同专制主义官僚体制的形成相联系,"1762 年《御赐全俄罗斯贵族特权与自由诏书》的颁布是由于商品货币关系的发展和资本主义关系的逐渐成熟,它强化了统治阶级内部团结和贵族在新的经济领域内势力的增长。"①官僚体制的形成是特权等级摆脱国家义务的一个重要途径。但是作者的史观尚有几个缺憾:一是作者认为俄国官员的贵族化是由于 18 世纪俄国商品经济的发展和沙皇照顾贵族利益的多项法令所造成的,他注重对沙皇法令政策的分析,而缺乏对贵族社会经济状况的考察;二是夸大

---

①　C.M.Троицкий.Русский абсолютизм и дворянство в ХⅧв.М.,1974.С.143.

了平民知识分子在俄国官僚体制中所占的成分及发挥的作用,忽视了彼得大帝任人唯贤——选拔贵族干部的政策背离了俄国社会现状,触犯了大贵族等级的利益,为 18 世纪中后期的反改革埋下了伏笔;三是没有区分等级和阶级概念;四是论述的重点主要放在 18 世纪前半期,而对 18 世纪后半期俄国官僚体制的发展趋向论述偏少。Н.Ф.杰米多夫的《专制主义国家机构的官僚化》(见苏联科学院历史研究所的《17 — 18 世纪的俄国专制主义》,莫斯科,1964 年版)认为,俄国官僚制度的发展历经三个时期:16 世纪中期至 18 世纪初期是俄国服役(或者是民政)官僚制度时期(Служилая бюрократия);18 世纪初期至 18 世纪 60 年代是贵族官僚制度时期(Дворянская бюрократия);18 世纪 60 年代至 18 世纪末是行政官僚制度时期(Чиновная бюрократия)。作者认为,17 — 18 世纪俄国国家机构的官僚化有两个发展趋势:一是建立了隶属于中央复杂的、职能化的管理机构,严格区分了机构的职能,在机构的组建上意见统一,建立公文处理的秘书部;二是贵族官僚特权等级的建立。17 世纪以前的俄国服役官僚机构仅仅是为沙皇宫廷服务的衙门,并不是真正意义上的官僚机构。不应该夸大彼得一世的政治改革,因为改革涉及的主要是中小贵族,对国家上层机构中的贵族官员利益毫无侵犯。1762 年《御赐全俄罗斯贵族特权与自由诏书》和叶卡捷琳娜二世的改革,俄国的行政官僚机构终于建立起来。在俄国行政官僚机构空缺问题上,作者认为,"俄国行政官僚机构空缺并非是官员的大批退役;终身贵族的补充数量是有限的,主要是由以前的衙役子弟补充。经过 18 世纪的改革,俄国行政机构的政治作用日趋显著,行政机构数量增加导致了干部队伍的奇缺。"①А.Б.卡缅斯基的《从彼得一世到保罗一世——俄国 18 世纪改革整体经验分析》(莫斯科,2001 年版)把 18 世纪的俄国改革分为五个阶段:彼得大帝时期、宫廷政变时期、彼得三世时期、叶卡捷琳娜二世时期、保罗一世时期。通过

---

① Академия наук СССР институт истории.Абсолютизм В России(ⅩⅦ–ⅩⅧ вв). М.,1964.С.242.

对每个阶段改革内容详尽而辩证地分析,作者认为,"彼得一世的改革是在 17 世纪传统主义的制度危机、国家内外地位发生本质性变化的困境中开始的。改革在新兴的官僚主义原则上建立了高效率的现代化国家管理制度、正规军、社会结构和财政制度的改组、社会风俗及文化生活的欧化,其结果确定了 18 世纪俄国改革发展方向——现代化。宫廷政变时期和彼得三世时期是彼得一世改革的实践时期,改革的剧变是在叶卡捷琳娜二世时期。改革在扩大贵族的特权的前提下,没有触及传统社会的基本制度——农奴制,贵族是俄国经济体制现代化的最大阻力。"①作者一反传统观念,充分肯定宫廷政变时期是彼得大帝改革的继续和矫枉过正,并不具有反改革的倾向;与此同时过高夸大 18 世纪改革的作用,把 18 世纪改革定性为现代化改革,改革的某些方面已经为俄国创造了市民社会的基础等。鲍里斯·尼古拉耶维奇·米罗诺夫的《俄国社会史》对俄国政体和国家管理体制的发展演变作出了详尽的分析,但从结论上,作者人为地拔高俄国政治体制的发展水平,即认为从 18 世纪俄国开始迈向法制化的公民社会,而从史料上看似乎有矛盾之处。

3. 在贵族服役制度上

十月革命前的俄国史学家抛弃了 18—19 世纪贵族史学家的实用主义方法,客观地评价贵族历史,总体上认为 1762 年《御赐全俄罗斯贵族特权与自由诏书》的颁布并不是软弱的俄国政府一时的古怪行为,而是贵族等级权利变动和政治地位上升的必然结果。

A.罗曼诺维奇·斯拉瓦京斯基的《俄国贵族》(基辅,1912 年版)认为,"彼得大帝时期,在贵族中就已经酝酿着摆脱义务争取自由的思想。由于贵族扮演着双重角色:服役军人和土地所有者,这样便导致了两种矛盾倾向:富有的大贵族从农村涌向城市、首都,去做官,领赏,消遣。相反不太富有的中小贵族从城市走向农村,逃避服役,而这种趋势发展的规模

---

① А.Б.Каменский. От Петра I до Павла I : Реформы в России ⅩⅧ в.: Опыт целостного анализа. М.,1999.С.572—573.

和范围更大。贵族摆脱义务服役、争取自由的要求在安娜·伊凡诺夫娜时 1736 年《贵族诏书》和彼得三世时 1762 年《御赐全俄罗斯贵族特权与自由诏书》中得到满足。这是由彼得大帝制定的贵族义务服役和土地权利之间矛盾发展的必然结果。"①C.A.科尔夫的《1762—1855 年贵族与它的等级机构》(圣彼得堡,1906 年版)认为,1762 年的《御赐全俄罗斯贵族特权与自由诏书》的颁布是由于国家理性统治的结果,"颁布诏书的主要原因是沙皇希望把所有贵族团结在自己的周围,使贵族成为统一的等级;此外,也是由于贵族等级早已对义务服役的极大不满。成千的贵族退役回到自己家乡,并不是为了从事农业或者醉心于地方经济、行政事务,而是为了逃避首都繁重的军事纪律约束和难以解决的公务。"②Г.B.韦尔纳茨基的《彼得三世的贵族自由诏书和 1754—1766 年法典委员会》(《历史评论》,1915 年版)认为,"《御赐全俄罗斯贵族特权与自由诏书》是由贵族 A.И.格列博夫和 P.Л.沃龙佐夫首先倡议,并未在法典委员会上事先研究过,舒瓦洛夫在国家遇到困境时害怕给予贵族自由,而提出反对意见。"③C.M.索洛维约夫的《自古以来的俄国史》(莫斯科,1965 年版)认为,1762 年《御赐全俄罗斯贵族特权与自由诏书》得到很多人的赞赏,但是占据政府要害部门的贵族并不赞同这个法令,他们有继续服役的愿望。因为服役给予他们特权和地位,他们只是想获取另外一种自由——摆脱体罚、取消没收贵族财产。④ B.O.克柳切夫斯基的《俄国史教程》第 4 卷(莫斯科,1958 年版)阐释了宫廷政变时期,由于近卫军作用的上升,贵族服役人员地位发生改变,但否定 1762 年的《御赐全俄罗斯贵族特权与自由诏书》,"因为法令给予贵族的权利使之成为不光彩的人,并使某些贵

① A.Романович-словатинский.Дворянство в России. от начаиа XVIII столетия до отмены 1912, Киев.C.234.

② C.A.Корф. Дворянство и его сословное управление за столетие: 1762—1855. спб.,1906.C.4.

③ Г.В.Вернадский.Манифест Петра III о вольности дворянской и законодательная комисия 1754—1766гг.//Историческое обозрение,1915.C.20.

④ C.M.Соловьев.История России с древнейших времен:T8 .M.,1965.C.15.

族生活贫困。取消贵族的永久义务,把他们与其他等级的人搅和在一起,最终使贵族丧失了在俄国社会中的法律领导作用"。① "诏书免除了贵族长期承担的与各种利益交织在一起的义务,但却没有就执行此诏书的程序和诏书可能造成的后果给予任何深思熟虑的实际指示。"②

　　C.M.托洛茨基的《18 世纪的俄罗斯》(莫斯科,1982 年版)在分析俄国官员的社会出身时认为,1762 年以后,许多贵族继续服役,似乎是由于官员社会成分的改变。1763 年 2 月叶卡捷琳娜二世设立的法典委员会是贵族特权地位法律化的一个重要机构。"叶卡捷琳娜二世回避对贵族新特权的确认,由此暴露了专制政府和贵族之间的矛盾出现是由于国家义务的取消。诏书颁布以后,富有的贵族逃避国家义务,回到农村游手好闲,而他们在国家机构中职位空缺,打开了下层平民向国家机构流动的仕途之路。"③

　　C.M.奥利明斯基的《俄国历史上的国家、官僚机构和专制主义》(莫斯科,1925 年版)认为,贵族"继续服役是由于 1762 年《御赐全俄罗斯贵族特权与自由诏书》带来了物质状况改善。随着商品经济关系的发展,不同社会等级之间交往越来越密,尤其是居民与政府官员之间的交往日甚。由于偷窃、贿赂、勒索,服役人员的收入大增。特别是从 1763 年开始,政府增加了贵族的货币赏赐和退休金,贵族开始对国家服役发生兴趣。而在 1762 年《御赐全俄罗斯贵族特权与自由诏书》颁布前贵族感到服役是大包袱,力求躲避服役,躲到乡村或城市。"④Б.Н.米罗诺夫的《18 世纪俄国价格革命对社会经济政治发展的影响》(载《苏联历史》1991 年第 1 期)认为,贵族逃避服役是由于 18 世纪价格革命的冲击,贵族深感在

---

① 〔俄〕瓦·奥·克柳切夫斯基:《俄国史教程》第 4 卷,商务印书馆 2009 年版,第 324 页。

② 〔俄〕瓦·奥·克柳切夫斯基:《俄国史教程》第 4 卷,商务印书馆 2009 年版,第 316—317 页。

③ С.М.Троицкий. Русский абсолютизм и дворянство в XⅧ в.М.,1974.С.140.

④ С.М.Ольмиский.Государство, бюрократия и абсолютизм в истории России.М., 1925. С.100—101.

自己的庄园中剥削农奴的收益大于在军队和行政机关里的服役的收益。① Ю.М.洛特曼的《俄国文化座谈——18—19 世纪初期俄国贵族的习俗和传统》(圣彼得堡,1994 年版)区分了军役和行政役的差别,指出所有服军役的 1—14 品的军官有权继承贵族称号,而 8 品文官才有这个资格。军官在国家服役中享有的崇高地位,文官则是被蔑视的"小书吏"。②

И.В.法伊佐瓦《〈特权诏书〉与 18 世纪俄国贵族的服役》(莫斯科,1999 年版)第一次研究了国家服役"特权与诏书"实践的过程;通过计量方法、比较史学法以及当时贵族铨叙局仅存的档案和很多服役人员的回忆录,准确而形象生动地描述了彼得一世改革后十年内,贵族服役人数变更的幅度和特征,以及叶卡捷琳娜二世统治初期《御赐全俄罗斯贵族特权与自由诏书》政策实践的结果。作者认为彼得大帝为了强化俄国武装力量,实现大国战略,打击大贵族,扶植中小贵族的"唯才是举"的政策已经超越了俄国社会现实,预示着 18 世纪中后期贵族体制内在不可克服的矛盾,即历代沙皇的政策力主保护大贵族的特权:社会出身、财产资格(拥有农奴人数的多少)成为贵族晋升、受教育程度、服役期限、休假期限、退役后社会保障的唯一凭证。但 18 世纪对外战争的频仍,军队服役生活条件的极其恶劣,各种致命疾病的流行,导致了大批下级军官转业或退役成为不可逆转的趋势。而政府行政机关干部编制的限额,政府法令对转业军官退休金、津贴的无法保障,使大批退役下层军官无以为生,或为僧,或为盗寇;俄国的政府行政机构职位的空缺并非是由平民知识分子来补充,主要是由退役的下级军官补充。从总体上看来,"俄国政府的这个政策是成功的,一方面控制了军队和行政机关中干部的流动,保障了军队中充足的军官配置,保障了部分退役军官在行政机关里的就业,为地方机构的改革培养了后备干部队伍;另一方面,有限地容许平民进入军队和

---

① Б.Н.Миронов.Влияние революции цен в России ⅩⅧ века на её экономическое и социально-политическое развитие.//Истории СССР,1991,№1. С.98.

② Ю.М.Лотман.Беседы о русской культуре:Быт и традиции русского дворянства (ⅩⅧ-начало ⅩⅨ века),СПб.,1994.С.23—25.

行政机关,证实了在新的历史条件下,俄国政治制度的稳定性和适应性。"①作者只是肯定了政府对贵族服役政策的正面作用,而忽略了它的负面影响,特别是缺乏对贵族等级内部分化的研究。

　　E.H.马拉西诺瓦的《18世纪中后期俄国贵族上层的社会心理》(莫斯科,1999年版)通过对45位俄国著名的国务活动家、外交家、贵族思想家之间相互往来的1800封信件的分析,揭示了18世纪俄国社会转型时期大中贵族等级心理机制的变化趋向,俄国官僚机构的特征和贵族人员的社会成分,贵族上层等级心理的特征,贵族对立情绪发展倾向和行为方式,贵族革命家形成的社会心理前提。作者认为,彼得大帝以后,俄国对外战争的连绵不断,俄国社会政治生活的黑暗,沙皇政府对贵族等级的分裂政策,不仅诱发了贵族内部中小贵族与大贵族的对抗,同时也引发了大贵族的政治信仰危机,即对沙皇政府的绝对顺从又怀疑否定的矛盾心理。而他们在政治经济上对沙皇政府的强烈依附,最后只能走上一条脱离俄国官场,提前退役,在贵族庄园中离群索居,醉心于宗教、文学艺术的精神境界自我剖析、自我毁灭的伤感主义的道路。他认为贵族在1762年《御赐全俄罗斯贵族特权与自由诏书》颁布后继续服役是由于其社会等级的价值观念和道德因素在发挥作用:在服役过程中社会自我价值实现的必要性,专制政府意识形态的宣传,以及物质利益和需求的诱惑(土地、金钱、赏赐、别墅、四轮马车、炊具等)。② 总之,"俄国社会转型时期贵族等级上层的心理基本上处于一种复杂的、矛盾的、内心恐惧的状态。因为忠君爱国的传统观念不容许贵族追求地位、财富,而这种观念与当时俄国现实不相符合,导致了贵族对官方学说的背离。18世纪俄国贵族的意识基本上沿着官方爱国主义和个人服役仕途诱惑相互交织、自我毁灭的矛盾方向发展,尤其是在俄国贵族知识分子中缺乏一种现代民主进取精神,所

---

　　① И.В.Фаизова. "Манифест о вольности" и служба дворянства в ⅩⅧ столетии, М.,1999.С.170.

　　② Е.Н. Марасинова. Русский дворянин в ⅩⅧ второй половой веке.//Вести московского университета,1991,№1.

以他们对俄国面临的社会危机无能为力,只能成为一批古怪的、爱讥笑嘲弄之士。"①但是作者没有把由贵族上层社会心理所造成的结果,即大批退役、贵族庄园的幽居生活对俄国 18 世纪后半期政治制度、经济制度的影响加以进一步的分析。

В.В.克留奇科夫的《18 世纪下半期梁赞贵族的军事服役——18 世纪中期的俄国》(莫斯科,2002 年版)通过对 18 世纪中后期梁赞省贵族的军事服役状况的具体分析,认为梁赞省贵族的军事服役中存在着严重的家族化、等级化;梁赞省贵族的退役浪潮与当时整个俄国的退役浪潮相吻合。退役后尚有小部分贵族再次服役,除了生活状况的恶化,还有自幼接受的爱国、尚武精神的熏陶。总之,服役仍然是 19 世纪初期俄国贵族的主要价值取向。"尽管国家军事服役已经失去了义务特征,以压倒多数的贵族仍然在军队、行政机关服役,尤其军事服役仍然是贵族官运亨通的必由之路。"②А.С.梅利尼科夫认为 1762 年《御赐全俄罗斯贵族特权与自由诏书》的颁布是因为服役义务为服役国家造就了许多学识渊博、精明强干的人,贵族的服役的必要性已经不复存在,这并不符合俄国社会历史的实际情况。伊兹韦科夫·伊戈尔·尼古拉耶维奇的《在俄国服役 500 年的贵族——伊兹韦科夫家族》(圣彼得堡,2002 年版)追根溯源地概述了 16—21 世纪在俄国服役的伊兹韦科夫家族的辉煌历史,作者认为经过五个世纪的历史变迁,伊兹韦科夫家族支系社会地位的变化,极大地引起了今天仍健在的伊兹韦科夫家族后代的研究兴趣,其目的仅仅是激发人们对俄国历史的关注。Н.П.巴甫洛夫-西利万斯基的《国王、服役的人、被奴役的人》概述了自基辅罗斯以来俄国服役等级的发展历程。作者认为彼得一世改革是俄国等级的萌芽时期,1762 年《御赐全俄罗斯贵族特权与自由诏书》的颁布是政府为了规范贵族的服役方式。

---

① Е.Н.Марасинова.Психология элиты российского дворянства последней трети ХⅧ века.М.,1999.С.238.

② В.В. Крючков. Россия в середине ХⅧ веке: Военная служба рязанского дворянства во второй половине ХⅧ века.Россия в середине ХⅧ веке,М.,2002. С.19.

4. 在贵族与农奴制度强化问题上

Н.П.巴甫洛夫-西利万斯基的《俄国封建主义》(商务印书馆1998年版)着重论述了蒙古罗斯时期俄国封建制度的特征。他认为欧洲封建制度的三个基本因素:最高权力被分割——世袭领主豁免权的获得;依从关系封建等级制度的建立;有条件的土地占有。通过与欧洲国家英国、法国和德国土地制度的对比,指出贵族世袭领地制度是蒙古罗斯时期俄国土地占有的主要方式,"诸公割据时期的罗斯和封建的欧洲制度的基本原则完全相同。"①这仅仅反映了俄国史学家的历史观倾向,即否定俄国发展道路的特殊性,强调俄国与西欧国家历史发展的相同性,并指出了俄国贵族世袭领地和领地制度的区别。但作者在强调俄国历史发展与西欧发展道路的一致性时,不时显现出俄国历史发展的特殊性,这正是其历史观的悖论所在。瓦·奥·克柳切夫斯基的《俄国史教程》第4—5卷(莫斯科,1957年版)从制度层面阐述了俄国农奴制度强化的直接原因和社会后果。他认为俄国的农奴制度经历了三个发展阶段:17世纪农奴制根据契约确定农奴对地主的人身依附关系;彼得一世时期,法令使农奴在法律上世代依附于地主,条件是地主要义务服役;叶卡捷琳娜二世时期,由于地主有条件服役义务的取消,农奴完全处于依附地位,成为地主的私有财产。②

А.Г.马尼科等人的《16—18世纪俄国贵族与农奴制度》(莫斯科,1975年版)是苏联时期俄国历史学家针对16—18世纪俄国贵族与农奴制度问题研究的一部论文集。该论文集通过对俄国贵族等级的起源和俄国贵族等级的命运,18世纪贵族知识分子的产生,贵族土地占有的不同形式和贵族的财产状况等进行阐述,认为贵族与农奴制度密不可分,贵族特权的增长不仅影响到沙皇政府政策的制定方向,而且导致了俄国农奴

---

① 　[俄]Н.П.巴甫洛夫-西利万斯基:《俄国封建主义》,商务印书馆1998年版,第565页。

② 　[俄]瓦·奥·克柳切夫斯基:《俄国史教程》第5卷,商务印书馆2009年版,第129页。

制度在俄国全境的扩展：在政治上，从 18 世纪 20 年代颁布的农奴法（对追捕逃亡农奴的法律化、身份证制度的实施），到 18 世纪中期在法典委员会上贵族强调教育的等级特权化；在经济上，18 世纪从世袭领地制向领地制的过渡，教会土地的世俗化，贵族的商业高利贷盘剥，贵族限制农奴自由经商，农奴对贵族人身依附的强化，最终实现了贵族政治经济特权。但由于"领地制使国家占有的土地资源长期以来比贵族具有绝对的优势，贵族的经济基础完全依赖于沙皇政府宫廷，贵族成为沙皇政府顺从的工具。改革极大地调整了俄国贵族等级力量的配置，增强了日益衰微的封建统治阶级的生命力。"①农奴制度在 18 世纪的俄国达到鼎盛时期，阻止了资本主义经济萌芽在俄国的正常发展。但是作者们只是列举了农奴制在俄国的发展程度，并未指出导致农奴制扩展的社会经济根源；此外，也没有指出农奴制度发展对俄国贵族文化的影响。

Я.Е.沃达尔斯基的《17—19 世纪上半期俄国贵族土地制度》（莫斯科，1988 年版）通过对俄国 29 个省 117 个县税务册和 316 个县土地丈量结果的考察，推断出，俄国由于幅员辽阔，自然环境的不同，17 世纪贵族占有土地、农奴的数量，18 世纪贵族土地增长的幅度、布局和比率在中央黑土地区、西北地区和中央非黑土地区存在着巨大的差异。由于政府的土地分配政策，导致了俄国贵族占有土地的数量日趋上升（17 世纪贵族占有土地的比率为 9%，18 世纪上升到 29%）。"在 17 世纪俄国形成了两种土地所有制：国家土地所有制和贵族土地所有制。17 世纪俄国世袭领主土地所有制向领地土地所有制发展。18 世纪由于封建统治阶级权力的加强，政府官员的封建贵族化，农奴制形式的法律化，教会土地的世俗化，俄国封建土地所有制和农奴制度发展达到鼎盛时期。"②但是作者没有区分俄国贵族等级称号，把 17 世纪的贵族通称为波

---

① А.Г.Манько.Дворянство и крепостной строй России ⅩⅥ-ⅩⅧ вв.М.,1975.С. 278—281.

② Я.Е.Водарский.Дворянское землевладение в России в ⅩⅦ-первой половине Ⅹ Ⅸв.:М.,1988.С.3.

雅尔贵族。尤其缺乏对俄国贵族土地所有制的科学分析,以及政府对待大中小贵族的土地政策上的区别,特别是未把 18 世纪俄国贵族土地所有制确立、上升的社会背景与后果加以分析。他的《17—18 世纪初俄国的服役人员》一文历述了贵族等级的土地占有,指出了贵族等级占有土地的分散性。

H.B.基普里亚诺夫的《18 世纪俄国贵族土地所有制法令的问题》(载《莫斯科大学学报》1983 年第 1 期)概述了 17 世纪末期到 19 世纪初期俄国政府土地政策与贵族土地所有制演变的趋势。作者认为,"1649—1714 年存在着贵族两种土地所有制结构——世袭领地所有制和领地土地所有制。1714—1731 年《一子继承法》的确立,一方面消灭了两种土地结构的形式,强化了两种土地结构在法律上的平等;另一方面触犯了某些大贵族的经济利益,引发了贵族内部的矛盾。1730 年政府取消了《一子继承法》,保护和强化了由 1714 年法令确立的两种土地结构法律上的平等,促进了贵族内部的团结,制定了贵族支配土地的新原则,开始丈量土地。1785—1801 年补充了新的土地法令,确立了俄国贵族的土地所有权,取消了对贵族使用土地之外资源的限制,同时贵族自由支配土地原则的确立,赏赐方式的改变,打破了贵族对土地的垄断权。从总体上看,18 世纪俄国贵族土地所有制依然保持着封建主义的特征。"[①]但作者未意识到 18 世纪俄国社会转型时期,沙皇政府对贵族土地政策的动摇性,促使了中小贵族的反叛,激化了俄国社会矛盾,预示着俄国经济制度的崩溃。

H.И.帕夫连科的《18 世纪俄国资产阶级的贵族化》(载《苏联历史》1961 年第 2 期)一文阐述了俄国正在形成中的资产阶级贵族化的进程与特征。创办企业的俄国工场主用巨额资金购买贵族称号,或者借助于政治要员的帮助,或者与贵族通婚等方式加入贵族行列,最终壮大了俄国贵

---

① H.B.Киприянова.К вопросу о дворянском землевладении в законодательстве XVIIIв.//Вести московского университета,1983,№1.C.66—68.

族阵营,其结果"俄国商人成为贵族,农奴化的雇佣工人会入农奴大军,贵族化的工业家与一般地主没有什么根本上的区别。但获得贵族身份的工业家完全进入贵族行列,最终失去了生产组织者的作用,而迷恋于贵族生活方式,贵族官职的扩大导致了商业利润丧失 1000 万卢布"①。但作者没有指出造成正在形成中的资产阶级贵族化的原因何在? 鲍里斯·尼古拉耶维奇·米罗诺夫的《俄国社会史》认为,1762 年《御赐全俄罗斯贵族特权与自由诏书》的颁布不仅使贵族摆脱国家的奴役首先成为 18 世纪俄国拥有特权的等级,而且随着城市工商业者和僧侣获得有限特权,俄国农民的社会进化朝着相反的方向发展——农奴化一步步加深。但作者在经济方面对贵族强化农奴制的研究显得过于薄弱。

5. 在俄国贵族社会意识和文化发展上

А.Б.卡缅斯基的《1767 年的俄国贵族——贵族联盟问题》(载《苏联历史》1990 年第 1 期)一文主要通过 1767 年法典委员会上贵族代表的争论,阐述了 18 世纪俄国贵族等级意识的发展状况。1767 年法典委员会的召开是叶卡捷琳娜二世"开明专制"的体现。尽管在法典委员会上,来自不同等级和不同民族、地区的贵族代表就《官秩表》的任职原则、管理工厂、农民经商、接受教育、非俄罗斯民族和地区贵族权利等问题,为政府提出了一些切实可行的建议。但每个贵族代表都从各自局部利益出发,而不考虑国家的整体利益,贵族代表的争论使贵族内部的矛盾尖锐化,他们不仅没有在具体问题上达成一致的意见,阻碍了俄国贵族联盟的建立,而且为俄国专制主义的强化提供了可能。但是,作者没有区分等级和阶级的概念,实际上莫斯科罗斯时期俄国不存在等级制度,18 世纪末期俄国等级制度才基本形成。

И.Ф.胡杜希纳的《沙皇、上帝、俄罗斯——18 世纪末期到 19 世纪初期俄国贵族的自我意识》(莫斯科,1996 年版)认为,俄国贵族社会意识发

---

① Н.И. Павленко. Одворянивание русской буржуазии в ХⅧ в.Истории СССР,1961,№2.С.87.

展的不充分,主要是领地制度造成了贵族对沙皇的依赖,经济地位不独立,对沙皇、上帝、俄罗斯概念的混淆,"服从是我们时代的自由",①这种奴性意识成为贵族的主导意识,最终贵族不可能成为抗拒沙皇专制的异己力量,造成了俄国贵族知识分子的软弱。美国学者 M.拉耶夫在《18 世纪下半期专制政府与贵族的相互关系——在当代英美国家历史学家的著述中》(载《莫斯科大学学报》1989 年第 6 期)一文认为,1762 年《御赐全俄罗斯贵族特权与自由诏书》颁布后,退役浪潮的爆发是俄国政府与贵族之间联盟破裂的表现,"与其说贵族从义务服役中解放了出来,不如说国家摆脱了服役人员的依赖。"②Ю.M.洛特曼的《俄国文化座谈——18—19 世纪初期俄国贵族的习俗和传统》认为俄国贵族服军役不是为了钱,而是令人羡慕的荣誉感。

　　O.B.基里琴科夫的《18 世纪俄国贵族的圣物崇拜》(载《18—20 世纪俄国东正教信仰与祈祷传统》,莫斯科,2002 年版)一文主要阐述了 18 世纪俄国贵族的圣物崇拜。他认为,18 世纪沙皇把东正教纳入世俗政权轨道后,沙皇政权的宗教神圣性不仅没有弱化,而且比过去更加强化。"信奉东正教的沙皇在登基时举行的涂油仪式,其目的是希望得到上帝的恩赐,高高在上的沙皇也不得不承认生活在这种恩赐的庇护下。"③贵族是18 世纪俄国沙皇专制主义中央集权的重要支柱,也是俄国社会中享有政治、经济特权的等级。贵族以特殊的方式为沙皇效劳,贵族等级的行为文化无不受到东正教传统信仰的渗透;圣物大多是来自社会上层信教者——沙皇、高级僧侣、信教的父母和亲属;以圣物崇拜(基督崇拜、圣像崇拜、圣母崇拜、圣徒崇拜)为内容的 18 世纪俄国贵族的宗教观束缚了

---

①　И.Ф.Худушина.Царь.Бог.Россия.Самосознание русского дворянства(Конец ⅩⅧ–первая треть ⅩⅨвв.) М.,1996.С.64.

②　M.В.Бабич.Вопрос о взаимоотношения самодержавия и дворянства россии Во Вторая половине ⅩⅧ в. В современной англо － американской историографии//Вести московского университета,1989,№6.С.63.

③　О.В.Кириченко Х.В.Поплавская.Православная вера и традиции благочестия у Русских ⅩⅧ-ⅩⅩ веках:Этнографические исследования и материалы.С.126.

贵族思想的自由发展,培养了对沙皇专制制度的奴性意识。作者认为, "贵族如此虔诚地对待圣物,贵族对俄国作出的巨大奉献,是由于他们内 心深处有一种强烈的基督教徒式的意识,即把自己对国家和社会的服务 视为上帝赐予的神圣义务。在这种世界观中,对沙皇、祖国、民众服务的 社会责任归结为在基督教十字架前站立的程度如何?"①作者运用了大量 的档案材料,但缺乏应有的理论分析和总结,即贵族的圣物崇拜产生的社 会背景及其对 18 世纪俄国历史进程的负面影响。

　　Б.Н.弗兰格尔的《旧庄园——俄国贵族文化的特征》(圣彼得堡, 2000 年版)通过对俄国庄园文化的回顾、大量人物传记、回忆录、墓碑中 对庄园结构布局、房间物品摆设、某一个贵族家族历史的介绍,向我们展 示一幅栩栩如生的贵族庄园的图景。作者认为,创建于 18 世纪的贵族庄 园曾是 19 世纪人才辈出、群星璀璨的俄罗斯文学艺术巨擘的摇篮;在东 西方双重文化背景下出现的俄国贵族文化具有多样性和脆弱性;俄国庄 园被毁坏的原因有:一是自然灾害;二是俄国近代历史上战火连绵,硝烟 四起,很多庄园遭受战火洗劫;三是人为地破坏。模仿性很强的俄国贵族 等级的价值观念摇摆不定,他们只在形式上迷恋虚幻的荣誉感,而对于现 有的文化遗产不加以保护,任意烧毁。1861 年俄国农奴制改革后,盲目 无知的农民为了发泄对贵族地主的仇恨,大肆焚烧庄园,乡间的地痞流氓 也伺机破坏,把贵族庄园里的家具、装饰品当做废品处理。更有个别利欲 熏心的贵族地主在庄园从事投机倒把,拍卖文物,或者在庄园开办工厂, 饲养家畜。1917 年十月革命时期,俄国贵族不仅作为一个阶级被消灭, 而且贵族庄园更是荡然无存。无怪作者叹息道:"在破坏国力方面俄国 人没有对手";②庄园中的农奴工匠成为俄国贵族庄园文化的创造者。但 是作者并没有指出贵族庄园文化产生的历史背景及作用。

---

　　①　О.В.Кириченко、Х.В.Поплавская.Православная вера и традиции благочестия у Русских в ХⅧ-ХХ веках.С.128.

　　②　Б.Н.Врангель.Старые усадьбы:Очерки истории русской дворян культуры.СПб., 2000.С.144.

　　Ю.М.洛特曼的《俄国文化座谈——18—19 世纪初期俄国贵族的习俗和传统》通过俄国贵族妇女生活和教育状况、婚姻状况、娱乐活动(舞会、玩牌、决斗等)、艺术生活的描述反映出 18—19 世纪初期俄国贵族的习俗和传统特征。他指出妇女的社会地位取决于父亲和婚后丈夫的社会地位。俄国政府的强制教育对贵族妇女而言具有两重性:一方面年轻姑娘接受教育的目的在于,婚后按照男人的生活规范成为一个好妻子,学习外语、跳舞、唱歌等技艺去适应婚后无休止的节日和宫廷舞会;另一方面妇女成为俄国文化的重要传承者。① 但作者注重历史过程的描写,而缺乏贵族文化发展本质的探讨。T.C.格奥尔吉耶娃的《俄罗斯文化史——历史与现代》(商务印书馆 2006 年版)指出了俄国和法国启蒙运动的区别,导致了俄国贵族文化的特殊性,但其根本原因作者并未进一步剖析。

　　E.H.马拉西诺瓦的《政权与个性——18 世纪俄国历史特征》(莫斯科,2008 年版)是研究俄罗斯帝国时期政权与有教养个人之间相互关系的力作之一。作者通过系统研究法令、政论作品、文学作品、回忆录和上层书信,利用跨学科方法、比较方法关注政权与个性关系的起源。作者研究的不是开明君主与臣民,而是社会的重要支柱和君主反对派——启蒙贵族意识和社会心理作用的历程。

　　总之,俄国史学界在改革的背景下,对贵族问题的研究注重对历史事实的叙述而缺乏理性的思考,特别是缺乏把贵族历史的发展置于世界现代化进程中加以考察。但造成这种现状的原因何在? 以及这种现状导致了什么结果? 把 18 世纪贵族体制的发展置于 18 世纪改革的背景下研究,可见,通过对 18 世纪改革性质的评价,贵族在 18 世纪改革中所发挥的作用,以及 18 世纪改革对俄国早期现代化的阻碍作用的研究仍然是一个前沿性的问题。国内史学界尚无对此问题的全面系统的研究,有些史学论文只是对贵族问题有些涉及,如张广翔、刘文山的《俄国官吏研究》

---

　　① 　Ю.М.Лотман.Беседы о русской культуре:Быт и традиции русского дворянства (ⅩⅧ-начало ⅩⅨвека)СПб.,1994. C.67—68.

（载《史学集刊》2001 年第 1 期）、张广翔的《帝俄时期社会结构与社会流动》（载《吉林大学学报》2001 年第 5 期）、张广翔的《19 世纪下半期俄国贵族资产阶级化的历史条件初论》（载《黑龙江社会科学》1994 年第 4 期）、王绍章的《从封闭向开放的渐次拓展——析 18 世纪俄国贵族的行为文化》（载《史学集刊》2000 年第 4 期）、张广翔的《18—19 世纪俄国城市化研究》（吉林人民出版社 2006 年版）、张建华的《俄国贵族阶层的起源、形成及其政治觉醒》（载《理论学刊》2008 年第 6 期）、钟建平的《俄国贵族土地银行运行机制》（载《黑龙江教育学报》2007 年第 6 期）、林精华的《俄国社会转型时期的传统知识分子——论屠格涅夫对贵族知识分子的审美把握》（载《外国文学评论》1996 年第 1 期）。

第一章　俄国贵族的起源与发展

第一节　基辅罗斯时期:王公①的
亲兵(862—1240年)

俄国贵族的历史始于远古时代。波克罗夫斯基认为:"自然环境和物质条件是人类活动和全部历史的前提,要理解一个国家的历史发展,首先要了解它所处的自然环境和物质条件。"②斯拉夫人最早居住在辽阔无垠的东欧平原上。在奥得河、维斯瓦河、第聂伯河和布格河流域以及白俄罗斯南部居住着诺夫哥罗德-斯拉夫人和芬兰氏族部落联盟:魏西人、楚德人和克里维奇人。今波兰境内的维斯瓦河河谷,被认为是斯拉夫人的摇篮。斯拉夫人的经济生活以农业为主,同时还狩猎、捕鱼、养蜂,从事畜牧业,使用铁制工具。后来向四周扩展,西抵易北河,东至顿河、奥卡河、伏尔加河上游,北达波罗的海,南至喀尔巴阡山。

---

① Князь:有两种内在含义,一是部落、部落联盟军事首脑——王公。斯拉夫人的王公是选举的,后来是继承的,履行军事、行政、宗教和其他义务。王公进行重要的国家改革,调整税收。针对公国内部割据势力的日益增长,11世纪王公力求强化其统治地位。在古罗斯国家衰落过程中,12世纪在基辅大公国政权建立的同时,出现了弗拉基米尔大公权力机构制度。13世纪立陶宛大公国统治者采用了王公的封号。随着罗斯人的土地归并到立陶宛大公国,许多留里克的罗斯王公成为立陶宛大公的封主。14世纪初以前大公弗拉基米尔试图把弗拉基米尔大公国的部分疆域转给自己的儿子。建立了大公国家族(封邑)在莫斯科、特维尔、梁赞和其他公国的统治。13—15世纪在东北罗斯形成了复杂的大公和封邑王公相互依存的制度。王公分为三类:留里克大公的后代;立陶宛格季明大公的后代;摩尔多瓦或鞑靼享有优势地位的各类外国部落首领。二是18—20世纪初俄罗斯贵族家族的爵位——公爵。И.Порай-кошиц. История русского дворянства.М.,2003.С.302.

② [苏]波克罗夫斯基:《俄国历史概要》上册,三联书店1978年版,第16页。

公元 1 世纪,斯拉夫人逐渐分为东西两支:东斯拉夫人(安特人)分布在第聂伯河中上游、奥卡河、伏尔加河上游、西德维纳河一带。西斯拉夫人(维内德人)分布在奥得河、维斯瓦河和易北河一带。6—7 世纪,在民族大迁徙时期,东西斯拉夫人又大批涌入多瑙河流域和巴尔干半岛,形成南斯拉夫人。

东斯拉夫人是现代俄罗斯人、白俄罗斯人和乌克兰人的共同祖先,属于古老的印欧语系斯拉夫民族中的一支。从 8 世纪起,东斯拉夫人逐渐分为三大群体:北部群体、东部群体和西南群体。东斯拉夫人一登上历史舞台就与开创欧洲历史新纪元的日耳曼民族处于完全不同的地理环境和国际环境中。"流浪的日耳曼人在西罗马帝国的废墟上安居下来,他们在森林中养成的习惯和观念直接受到已经衰败但却很先进的罗马文化的影响。而斯拉夫人却相反,他们处在无边无际的平原中,平原的河流使他们不能紧密地居住在一起,平原的森林和湖泊使他们难以在新的地方,在那些来源不同而发展较低的邻人中间安家立业,这些邻人那里不但没有值得学习的长处,还经常和他们作战,他们处在一个荒芜人迹、未经开发的地域里,这个地域的过去并没有为他们遗留下任何生活设备和文化遗产,甚至没有一个废墟,只留下无数的荒坟,满布在到处有草原和森林的俄罗斯土地上。"①所有优良的地理条件全集中在欧洲西部,东欧则缺乏海洋和紧连大草原,不具备西欧的那些良好条件。"大自然对于西欧是亲娘,对于东欧,对于命定生息在这里的民族则是后娘。"②这些原始的生活条件,决定了斯拉夫人社会发展水平的低下,以及俄国社会历史发展的独特性。

正是俄罗斯的自然环境在某种程度上奠定了俄罗斯精神和民族性格的基础。俄罗斯广袤的平原和浩瀚的森林,纵横交错的河流和四通八达

---

① [俄]瓦·奥·克柳切夫斯基:《俄国史教程》第 1 卷,商务印书馆 2009 年版,第23—24 页。

② [俄]Н.П.巴甫洛夫-西利万斯基:《俄国封建主义》,商务印书馆 1998 年版,第18 页。

的运河网络,这一切决定了主要经济活动的类型,决定了耕种的特点和国家组织的类型,形成了与相邻民族的关系,形成了民间文学幻想和民间哲学最初的观点。别尔嘉耶夫认为:"俄罗斯精神的景观与俄罗斯土地是一致的。"①

9世纪时,东斯拉夫人的原始社会结束了,他们和其他的斯拉夫人一样,超越了奴隶制阶段,从原始社会直接进入了阶级社会。东斯拉夫人进入阶级社会后,先后形成了以城市为中心的国家。这些公国的规模都很小,其中最主要的是北方的诺夫哥罗德、南方位于第聂伯河中游的基辅。

东斯拉夫人是由许多小邦的国君和氏族的尊长,即部落的小王公和族长统治的,他们还有集会讨论公共事务的习俗。东斯拉夫人氏族之间的长期隔离和敌对,内部缺乏统一的管理秩序,氏族部落内部没有主持公正的法庭,氏族部落首领和各地居民之间缺乏必要的联系,这样,不仅导致了东斯拉夫人之间经常发生内讧,而且,东斯拉夫人氏族部落经常受到外敌的入侵。

据《往年纪事》记载,东斯拉夫人厌倦了彼此之间无休止的争战。为了建立一个安定的政治秩序,862年他们从波罗的海邀请到瓦良格②—罗斯王公③:留里克、西纽斯、特鲁沃尔。瓦良格—罗斯王公带着自己的家眷和亲兵(Дружинник)来到这里,依法管理这里的土地和氏族部落。留里克统治诺夫哥罗德的斯拉夫人,西纽斯统治白湖的魏西人、楚德人,特鲁沃尔统治伊兹保尔斯克的克里维奇人。由于西纽斯和特鲁沃尔还未来得及在这些土地上确立自己的统治势力便去世了,留里克则成为被邀请

---

① 〔俄〕A.H.别尔嘉耶夫:《俄罗斯思想的宗教阐释》,东方出版社1998年版,第3页。
② 瓦良格人(Варяги):在俄语的方言的词汇中,Варяги这个词的意义是"小商小贩",Варяжить的意义是"做小买卖"。〔俄〕瓦·奥·克柳切夫斯基:《俄国史教程》第1卷,商务印书馆1996年版,第131页。
③ 王公(Князь):在北欧斯堪的纳维亚古代史中被称为Конинги(酋长)或Викинки(海盗)。这个词传入俄国语言中,成为斯拉夫俄罗斯语言的Князь(王公)和Витязь(武士)。〔俄〕瓦·奥·克柳切夫斯基:《俄国史教程》第1卷,商务印书馆1996年版,第135页。

氏族部落中最高的统治者,这片土地因此被称为罗斯(Русь、Россия)。①

在基辅罗斯公国里,留里克家族的所有成员都享有王公的称号,而那些与留里克家族拥有一个共同始祖的其他社会成员却依附于它。王公的称号只是针对留里克家族成员而言,仅仅保持了留里克家族成员内部的平等,即使留里克家族成员中某些人没有实际权利,但在任何情况下却不能剥夺它。此外,留里克被邀请到斯拉夫部落中来,与之相伴的不仅有他的家眷,还有私人亲兵。这个特殊的组织成为留里克王公必不可少的保护力量。

特殊的地理环境,基辅罗斯时期的亲兵不像西欧封建国家的亲兵一开始就以土地关系为基础与君主形成了封建制的人身依附关系,而是不占有土地的自由军事伙伴。② 身为军人的亲兵不是奴仆,不是子民,不是雇佣兵。这是些宣誓为自己首领在战场上忠诚效力的自由人。亲兵与王公的关系纯属服役和尽忠的自由关系。"俄罗斯的亲兵在漫长的数个世纪之中久已习惯于军人兄弟情谊的原始生活形式,在辽阔的大地上无拘无束地从一地区到另一地区,保持任意来去的原始自由意志,也久已习惯于遵循个人利益,而不是以阶层利益行事"。俄国的亲兵并不以土地拥有者的独立身份定居在分给他们的土地上,虽然土地能保障他们获得收益;他们仍旧保持着王公的盟友、王公的合作共事者的性质。亲兵与王公的关系密切,他们与王公的家屋实际很靠近,他们与王公住在一起,同王公保持了一种道义上的联系。作战时亲兵始终紧随在王公的身旁,仿佛成了他的贴身亲兵队。和平时期,他们大都住在王公的院子里,在主人家的屋里吃饭、饮酒和住宿。王公的院子里有专供亲兵住宿的房屋或供亲

---

① "罗斯"名称起源问题是基辅罗斯国家形成问题的焦点,它关系到基辅罗斯国家的建立者是外来的斯堪的纳维亚半岛的"罗斯人",还是本土南俄斯拉夫"罗斯人"这个根本性的问题。详见曹维安:《俄国史新论》,中国社会科学出版社 2002 年版,第 33—35 页。

② 另外一些俄国史学家认为,由于俄国多森林和多草原,是木头的,一切都不牢固,一切都像草原上的风滚草似的,亲兵始终在到处流浪和转悠,他们虽然不占有土地,但依附于王公,受王公支配,维持公国秩序。[俄] Н. П. 巴甫洛夫-西利万斯基著《俄国封建主义》,吕和声等译,商务印书馆 1998 年版,第 19 页。

兵用餐的食堂,它们被称做卫队室(Гридница)。

历史学家 C. M.索洛维约夫认为,应把"亲兵"理解为同志(Товарищество)、伙伴(Компания),它在俄国存在了几个世纪,"亲兵"含义中已具有军事特征。喀山和杰尔普特大学的俄国历史学教授 H.A.伊万诺夫认为,在斯拉夫语中,"亲兵"应该理解为民兵,它是由相互亲近的同乡、同族人,以友谊、公正联结,宣誓相互帮助,相互不作战且共同分享战利品。亲兵首领是由出身名门望族、具有军事天赋和英勇无比的人组成。

在记述俄国王公远征的编年史中对"亲兵"的称号理解有双重的含义:在广义上,亲兵表现为军人(Полк、Армия、Войско、Воин,即所有全副武装军人的总和)。由于俄国缺乏正规军,亲兵是从城市和乡村的居民中招募而来,他们在远征中迎击强大的敌人,在军事远征结束后又满载着战利品和贡赋成为散居各地的民兵。在狭义上,亲兵意味着人数不多的和王公最为亲近、已经成年和熟悉仆役事务的人。和平时期,他们在一些决策性的政治问题上给王公提出建设性的意见。战争时期,他们出色地完成王公委托的军事任务。这层含义上的亲兵不是军人,而是伴随王公左右的内部警卫、宫廷的服役人员、国内可以移动的兵营。

罗爱林认为,"基辅罗斯时期,国家的武装力量主要是王公亲兵队。王公亲兵队由志愿人士组成,人数一般在 200—400 人。亲兵队与王公是一种契约关系,亲兵可自由加入或退出亲兵队。王公则将部分战利品和贡物分发给亲兵作报酬。从兵役制度的角度看,这是雇佣兵制度(募兵制)的萌芽。"①

王公的亲兵主要是由城市和乡村的军人组成,起初他们是随同瓦良格—罗斯王公来到北方斯拉夫各部落的瓦良格人。尽管与王公有亲密的关系,有效忠的紧密道义关系,但亲兵在自己与王公的关系上都享有很大

---

① 罗爱林:《俄国封建晚期农村公社研究》,广西师范大学出版社 2007 年版,第226—227 页。

的独立性。王公是他们的首领,但不是他们的主子,不是他们的国君。他们作为自由效忠的军人都忠实于他。他们只是在赞同他的行为时才追随于他。因此,"亲兵的意志制约着王公的意志"。① 王公在采取所有重大行动时都事先与亲兵商量。他们是自由人,不依赖任何人,不承认凌驾于他们之上的任何权利,他们在自由协议基础上隶属于另外一个人。这样,王公与亲兵的关系本质上不是隶属于一个共同法律基础之上国家意义上的君臣关系,而是在双方协商的基础之上,完全自由的,双向的,自愿结成相互依赖的义务关系。

在这种秩序下,王公亲兵的成员自愿留在王公那里服役,服役的期限自定;如果亲兵的家族来自于斯堪的维纳半岛,若不想服役既可以回家,也可以去另外一个地方服役,或者从事其他职业。可见,王公的亲兵不是一个封闭的社会集团,而是经常由外来人加以补充的。亲兵的大门永远对勇敢者、有能力者敞开。进出亲兵大门是自由的,这便是最初王公和亲兵的关系。后来,由于新成员的不断补充,斯拉夫人成为亲兵的主要成员。俄国诸王公统治的割据时期,为了保证家族的统一,使之符合于长幼顺序制度,或者是王公和亲兵之间出现了某种不和,出现了王公从一个乡到另外一个乡的迁徙,王公身边亲兵的自由迁徙和流动被认为是必需的,每一个亲兵开始享有从一个王公到另外一个王公服役的自由。可见,俄国的土地在当时成为每个王公家族共有的土地,但亲兵却对连成片的土地没有依附关系,他们是自由的,不受任何势力的排挤也不隶属于任何势力。一句话,"波雅尔和仆役有自己的意志。"②

在建立早期封建国家的过程中,东斯拉夫人同强大的拜占庭帝国有着密切的联系。从 8 世纪起东斯拉夫人就开始沿着"瓦希之路"③与东方

---

① [俄]Н.П.巴甫洛夫-西利万斯基著《俄国封建主义》,吕和声等译,商务印书馆1998 年版,第 500 页。

② И.Порай-кошиц.История русского дворянства.М.,2003.С.45.

③ 瓦希之路:从斯堪的纳维亚的瓦良格人到希腊之路是欧洲历史上著名的商路,沿着这条商路,斯拉夫人不仅发展了同拜占庭的经济联系,而且拜占庭文化,特别是基督教也是沿着这条道路向罗斯渗透的。

拜占庭帝国进行贸易。他们把当地的毛皮、蜂蜜、蜂蜡等货物运到拜占廷换取所需的丝绸、金银器皿和香料，这样，产生了许多古老的商业城市——外运货物的存放点。贡品的收集、船只的建造及每年春天在基辅附近的船只销售、商船队的组织以及最后的远航活动把整个第聂伯河盆地的所有居民、在相当程度上也把基辅罗斯的所有居民联系起来，并成为基辅罗斯公国不可缺少的经济基础。

公元988年弗拉基米尔大公①皈依基督教为拜占庭文化的传播敞开了大门。位于多种文化交叉口的基辅罗斯公国拒绝伊斯兰教，因为它拒绝喝酒，而喝酒是俄罗斯的最大乐趣；他们拒绝犹太教，因为它是没有国家的失败民族的信仰，而最终选择了基督教世界的东翼——拜占庭的礼拜仪式和信仰。俄罗斯人接受非拉丁文化的拜占庭文化，一方面使基督教以一种容易理解的斯拉夫仪式走近了民众，并给民族文化的发展一强大的动力；另一方面使俄罗斯置身于罗马天主教之外，这"不仅使俄罗斯丧失了罗马天主教本来可以提供的一些文明成果，而且以一种重要的方式导致了俄罗斯相对孤立于欧洲其他地区及其拉丁文明的地位。它显然也刺激了俄罗斯对西方的怀疑以及俄罗斯与波兰人之间悲剧性

---

① 大公（Великий князь）：И.波赖-科希茨认为，11世纪中期上层统治者的称号。大（Великий）意味着年长（Старший）。这个封号起初是所有王公家族（基辅大公）封建领主的称号，在12—14世纪它成为包括封邑公国（弗拉基米尔大公国、莫斯科大公国、特维尔大公国、梁赞大公国、下诺夫哥罗德大公国）在内的大公国首领。从15世纪末期该称号只隶属于莫斯科大公；1547年大公改称为沙皇，而从1721年成为俄罗斯帝国的爵位。详见И.Порай-кошиц. История русского дворянства.М.,2003.С.270—272. 瓦·奥·克柳切夫斯基认为，11世纪初以前，所有的东斯拉夫部落都归属于基辅大公，同时部落名称越来越少出现。在基辅公国里，基辅大公委派自己的总督，地方行政长官，这些人或者是王公雇佣的亲兵，或者是王公自己的儿子和亲族。这些总督有自己的亲兵队，特别是武装部队，他们能够相当独立地进行活动，他们和作为国家中心的基辅仅保持着薄弱的联系，他们和基辅大公同样都是酋长，基辅大公不过是他们中间的首领，因此在这个意义上被称做"罗斯大公"，以区别于地方的王公——总督。为了提高基辅大公的尊严，这些总督在外交文书中尊称他为"大公"。"王公"在当时还保持着原先的武装亲兵的意义，还没有获得王朝王公的意义。［俄］瓦·奥·克柳切夫斯基：《俄国史教程》第1卷，商务印书馆1996年版，第149—150页。

的敌意。"①

　　与此同时,特殊的地理环境使俄国人不断遭到来自西方、西北方民族(瑞典人、日耳曼人、立陶宛人)和来自东方、东南方游牧民族(贝琴涅戈人、波洛伏齐人)的侵袭。为此,东斯拉夫人的商业城市纷纷武装起来,四周修筑防御工事,将附近所有的商业区控制在自己手里,逐渐成为地区政治中心。② 基辅罗斯公国就是在摧毁正在瓦解的东斯拉夫人氏族部落和部落联盟中,以经济为基础,在对外防御压力下的城市地区中应运而生。与沿海市场保持联系,保卫商道和罗斯国境,防止草原野蛮部落的侵袭也就逐渐成为基辅罗斯公国的主要活动。"基辅大公则是出身于 9 世纪到俄罗斯来的瓦良格海盗,军事兼手工业团体的首领——是罗斯为保护其商业、草原商道和海外市场而雇佣的武装守卫者。"③

　　长幼顺序制度是基辅罗斯公国初期实行的政治制度。"王公对罗斯国土的统治是共有的,雅罗斯拉夫的子孙一起占有罗斯的国土,但并不分割,而是按照长幼(先兄弟后子侄)顺序依次更替,重新分配。"④其特点为:最高政权是集体的,属于整个王族。个别的王公暂时管辖这部分或那部分土地。子弟们能否胜任由父亲的意志来决定的,弟兄们能否胜任由亲属中的长幼次序来决定的。王公所在地区收入的多寡和他们在对外防御中的需要是一致的。"王公的政治统治就建立在这两种阶梯的严格协

---

① 〔美〕尼古拉·梁赞诺夫斯基、马克·斯坦伯格:《俄罗斯史》,上海人民出版社 2007 年版,第 32 页。
② 米留可夫认为,俄罗斯城市是筑有围墙的,筑有防御工事的地方,是一个军事防守点。位于城内居民院落称做躲避围攻的场所,一旦受围攻才有人居住,平时往往是空着,城市生活和乡间农业生活融为一体的。〔俄〕Н.П.巴甫洛夫-西利万斯基:《俄国封建主义》,商务印书馆 1998 年版,第 33 页。
③ 〔俄〕瓦·奥·克柳切夫斯基:《俄国史教程》第 1 卷,商务印书馆 1996 年版,第 160 页。
④ 〔俄〕瓦·奥·克柳切夫斯基:《俄国史教程》第 1 卷,商务印书馆 1996 年版,第 171 页。

调的基础上:最好的地方归最有资格的王公。"①这样,建立在宗系阶梯和疆土等级上的长幼顺序制度仅使基辅罗斯公国实现了表面的统一。基辅大公只是名义上的宗主,实际上国家处于割据分裂之中,割据的王公并不是依仗强大的武力称霸一方,而是以他们大小不等的众多领地,以及在领地上的特权造成了国家的分裂局面。大公与王公之间主要靠血缘纽带维系,若王公抗拒君命或犯上作乱,大公无所适从;王公们在自己的领地内享有完全独立的经济、司法和民政权利,为所欲为、称霸一方。由于各公国大小不等,经济发展水平参差不齐,王公们为争权夺利,经常发生混战。"错综复杂的继承制度对于不满被排除于顺序之外的王公是发动频繁内讧的借口,也是经常造成混乱的根源。"②

1054 年,"智者"雅罗斯拉夫(1019—1054 年)大公死后,其长子伊兹雅斯拉夫继承大公王位,控制基辅和诺夫哥罗德地区;次子斯维雅托斯拉夫占据契尔尼戈夫地区;三子弗塞沃洛德则领有罗斯托夫、苏兹达尔和佩雷雅斯拉夫地区。名为三人共治,实为三分天下,而且征战不已。1097 年,各王公在柳别奇集会,决定按照世袭原则分治基辅罗斯,此举改变了雅罗斯拉夫确定的长幼继承制,从此,大公对各领地完全失去了控制和影响力,内乱更加频仍。内讧给外敌(波洛伏齐人、日耳曼人和瑞典人)的入侵打开了方便之门。此间虽有弗塞沃洛德之子弗拉基米尔·摩诺马赫(1113—1125 年)的奋力抗战,但最终无法阻止基辅罗斯的分裂。1169 年,弗拉基米尔·摩诺马赫之孙、罗斯托夫-苏兹达尔公国大公安德烈(1157—1174 年)攻陷基辅城,大肆劫掠后,迁都弗拉基米尔。但是这个"首都"并不被各公国所承认,"大公"从此成为有名无实的虚衔。这样,统一的基辅罗斯国家终于分裂为 13 个独立公国:罗斯托夫-苏兹达尔③、诺夫哥罗德、特维尔、基辅、契尔尼戈夫、佩雷雅斯拉夫、斯摩棱斯克、波

---

① 曹维安:《俄国史新论》,中国社会科学出版社 2002 年版,第 49 页。
② 曹维安:《俄国史新论》,中国社会科学出版社 2002 年版,第 50 页。
③ 罗斯托夫-苏兹达尔:12 世纪中期又称弗拉基米尔。

洛茨克-明斯克、图罗夫-平斯克、加利西亚-沃伦、特穆塔拉干、穆罗姆-梁赞、普斯科夫,并形成了东北罗斯、西南罗斯、西北罗斯三个地域中心。

割据一方的王公作为留里克家族的后代,在创业之初都有自己的亲兵。基辅罗斯公国的长幼顺序制度使王公们不断地调来调去,王公的亲兵也一样流动不定,王公亲兵们习惯更换大公,像王公们更换领区一样。"王公也许是最早的定居者,一切都是围绕着他转,农民漂泊流浪,亲兵也漂泊流浪,最高阶层并不珍惜土地,任意由一个领地转向另一个领地。"①正是这种流动性,使亲兵不可能在一个固定领区占据高级位置,因而也不可能在某个地区获得永久性的政治威望,更不可能像实行封建制的西欧和波兰一样将自己的官职变成世袭职位。更为重要的是,这种流动性使得土地占有制度在亲兵中发展的很慢,土地始终没有成为亲兵人员根本的经济利益。亲兵们喜欢其他的方式,参与商业活动,领取王公发的俸禄。他们既不会固定在服役的地点,也不会始终追随他所服务的王公本人及其家庭,在他们身上既没有任何永久性的地方利益,也没有和某个王公支系有王朝的君臣关系。可见,基辅罗斯公国并不是一个纯粹意义上真正的封建国家,封建制度极其脆弱、极不典型在这里表现出来。基辅罗斯公国没有一套完善有效的司法、财政制度和雄厚的经济基础来供养大批的官吏和军队,因而也就没有一个严密完整的民政系统来支持和行使它的权力,没有一支强大的军队整肃内忧、抵御外侮。国家统治臣民的手段,既非以割据制、等级制和人身依附为依托,亦非以封建土地所有制为基础,他们只是依靠亲兵和"索贡巡行"统治方式来维持。基辅罗斯最基层的社会组织是地域性的、家长制的农村公社,大多数罗斯人过着村社自由农民的生活,他们与国家的关系只是按时向索贡的王公、王公的亲兵队或村社交纳贡赋。俄国地理环境的"液态因素"是构成俄国亲兵流

---

① [俄]H.П.巴甫洛夫-西利万斯基著《俄国封建主义》,吕和声等译,商务印书馆1998年版,第27页。

动的一个重要因素。① 在留里克家族统治时期,王公亲兵的成分很简单,他们分为三类:波雅尔(Бояре)、王公的臣仆(Мужи княжи)或者卫队(Гриди)、少年卫队(Отроки)或者贵族(Дворяне)。

第一类是波雅尔(Бояре)。卡拉姆津认为,波雅尔的称号出自"战斗"(Бой)一词,起初它是指无比英勇的军人,后来成为享有威望的官员,而且波雅尔的出身失去了最初的意义。可见,这个称号意味着勇士和名人,它在862年瓦良格-罗斯王公来到诺夫哥罗德地区以前北方斯拉夫人中长期使用。诺夫哥罗德和普斯科夫的维彻(Вече)大会②主要由波雅尔构成。在古代城市里这些享有威望的官职不是根据继承权或者血统出身获得,而是根据个人的能力和实际经验获得,它具有现代意义上的官僚作用③。波雅尔是亲兵中的元老、王公的参谋、杜马成员。由于他们在远征希腊中获得了胜利,并在911年与希腊签订和约,结成盟友,留里克就让这些有威望的波雅尔管理城市并以他们的名字命名城市,把他们与年幼的王公伊戈尔·留里克维奇、奥列格同等看待,与他们商讨建立地方机构、民兵和土地条例。基辅大公尤利·弗拉基米尔·多尔戈鲁基称他们为"显贵的人"(Передний муж),他们在俄罗斯大地上享有崇高的威望,自古以来就受到民众的爱戴。波雅尔在俄国古代重大历史事件中留下了他们的足迹:没有他们的帮助和建议,基辅大公无从开始任何伟业——对外防御和内政建设。卡拉姆津称他们为"上等人"(Верховный муж),他们经常聚集在王公的四周,成为王公的臣仆、亲兵、少年卫队和贵族(дворян)的榜样,他们构成了现代意义上的寡头阶层。但是波雅尔的称

---

① 气候寒冷,地广人稀,因为无人开垦而没有价值,到处是原野和森林,没有石山,东方一马平川,没有可供他们建立坚固住所的地方,城市不过是一堆小木房,很快就会化为灰烬。亲兵在漫长的数个世纪之中久已习惯于军人兄弟情谊的原始生活形式,他们紧随王公其后如同草原上的风滚草似的,永远在一望无际的大地上流动,无拘无束地从一个地区到另一个地区,保持任意来去的原始自由意志。[俄]Н.П.巴甫洛夫-西利万斯基:《俄国封建主义》,商务印书馆1998年版,第20页。

② 即市民大会,基辅罗斯时期的城市的最高权力机构。

③ И.Порай-кошиц.История русского дворянства,М.,2003.C.45.

号仅仅限于本人,而不能延续到他的后代。尤其在社会动荡时期,当大公的职位易主时,在社会秩序上,这个称号也是不能继承的,即"一朝天子一朝臣"。拥护新大公登位而获得波雅尔称号者不仅有中年人,而且也有年轻人。993 年,弗拉基米尔大公只对年轻人和自己的父亲大加赏赐,给予他们伟大的臣仆(Великий муж)或者波雅尔的称号。此外,大公国内京城和其他城市的波雅尔的作用、地位也有差别。瓦·奥·克柳切夫斯基认为,他们是自由仆从,一伙漂泊流浪的军人,他们有权选择当时任何一个公国宫廷作为自己效力的场所,而不断地在罗斯公国之间往返。14—15 世纪,自由仆从已是土地占有者,开始成为地方居民,按其所占有土地位置纳税以及履行某些军事义务。①

　　第二类是王公的臣仆(Мужи княжи)或者卫队(Гриди)。他们与波雅尔不仅在称号上,而且与王公的关系上也有区别。1185 年,伊戈尔·斯维雅托斯拉维奇与波洛伏齐人发生冲突。在战斗中,他最亲近的亲兵都牺牲了,而他自己负伤被俘。他极其悲伤地说道:"足智多谋的波雅尔在哪里? 勇猛善战的臣仆在哪里? 我的一大帮人在哪里? 贵重的马匹和武器在哪里? 我失去了所有!"②历史学家 C.M.索洛维约夫认为,臣仆(Муж)这个词意味着最下层的、年轻的王公亲兵成员,他们通过服军役为王公服务,与它相对的波雅尔则是王公的谋士——杜马成员。卫队是当时北方斯拉夫部落联盟从波罗的海邀请到瓦良格-罗斯王公时,伴随王公而来的斯堪的纳维亚半岛出生的亲兵。他们来到这里,定居在诺夫哥罗德地区,长期以来获得了此称号。③ 在基辅,弗拉基米尔·斯维雅托

---

　　① ［俄］Н.П.巴甫洛夫-西利万斯基:《俄国封建主义》,商务印书馆 1998 年版,第 38 页。

　　② И.Порай-кошиц.История русского дворянства,М.,2003.С.46.

　　③ 按照赖茨和罗森坎普的观点,卫队(Гриди)一词,出自于斯堪的维纳亚半岛语的(Grith)主人、王公的农户,后来是宫廷的仆役或者家臣。H.A.伊万诺夫认为,卫队是王公官邸的保镖或者内务警卫。卡拉姆津也同意此说法,但是他认为是出自另外一个斯堪的维纳语或者瑞典语 Gred,即剑(Меч),王公的军人、亲兵。C.M.索洛维约夫认为卫队(Гриди)一词,出自于斯拉夫语(Хорутанское грида)意味着庞大、一大群、大批,即亲兵。

斯拉夫大公的宫廷里,每一个房间都设有卫队室,居住着王公邀请来的波雅尔、卫队和社会名流。在弗拉基米尔·斯维雅托斯拉夫大公的后代统治时期,他们继续享有这个称呼,但稍微发生一些变化,即意味着年轻的亲兵,在王公的数次远征中多次提到它。后来,随着时间的推移,瓦良格人的称号进一步斯拉夫化,在语言、风俗习惯上与斯拉夫人相融合,并没有留下任何特殊的痕迹,在7世纪,"卫队"称呼在俄国土地上消失了。

第三类是少年卫队(Отроки)或者贵族(Дворяне)。侍从(Пасынки)、少年(Детские)是王公宫廷里的仆人,他们的主要义务在于侍奉王公和客人左右,看护、收寄王公来自各地的财物,他们成为王公高级官员中的助手。当时,王公的义务是多方面的,1093年基辅大公斯维雅托波尔克·伊兹雅斯拉维奇就有800个少年卫队反击波洛伏齐人。在这种情况下他们享有"少年卫队"的称号,并且与其他亲兵(波雅尔、卫队)加以区别。在封邑时代,基辅罗斯分裂为北方和南方。在北方弗拉基米尔公国里,王公的私人仆役这时才享有"少年卫队"的称号,或者少年,他们开始称为贵族。这个称呼第一次出现在安德烈·尤里耶维奇·波果柳保夫(1169—1174年)时期。贵族的含义在于,他们隶属于公国,作为宫廷人员中最低的,如同少年卫队一样被使唤,遵照王公的指令履行各种义务。但在自己的宫廷里,他是地方长官、执事、法官。后来,13世纪在王公雅罗斯拉夫·弗谢沃洛德时期再次提到"贵族"称号,他的私人仆役当时就称为"贵族"。

由于无拘无束的北方斯拉夫部落无法管理自己的部落,所以他们邀请瓦良格-罗斯王公完全出于自愿,瓦良格-罗斯王公就以统治者的身份,带着家眷、亲兵出现在诺夫哥罗德。在瓦良格-罗斯王公领导下,东斯拉夫人对外抵御外侮,对内整顿公国秩序,建立公正的法庭。王公发挥着三种作用:亲兵的首领、国民的统治者和法官。即便如此,王公不可能对公国的各项事务事必躬亲,只能把具体事务委托给他的心腹私人亲兵。当时公国内部的事务相对来说比较简单,一些人从事军政,另外一些人从事民政事务,在王公亲兵中出现了各种不同称号的官员。

王公的亲兵担任的官职有:①政府官员:地方行政长官(Посадник)主要来自于波雅尔家族,甚至王公的少年卫队。其义务在于,当王公不在京城时,帮他代理京城的民政事务,按照王公的意志,履行王公的指令,显然,他们没有任何权利统治这个城市和它周围自由人。千人长(Тысяцкий)和军事长官(Воевод)是来自城市和乡村居民,经过选拔的常设地方长官。②地方行政官员:税吏(Мытник)、市吏(Городник)、桥吏(Мостники)是由年轻亲兵组成的地方民政官员。③司法官员:王公年轻亲兵组成的低级法官(Тиун)、对各种犯罪征收罚金的官员(Вирник)、专门制造权杖和荣榜牌的官员(Метельник)、讼棍(Ябедник)。④宫廷官员:从事宫廷具体事务的军需长(Казначей)、管家(Ключник)、二管家(Подкладник)、御前马厩长(Конюший)、御前大臣(Стольник)、宝剑骑士(Меченоша)、钱粮官(Покладни),即后来的寝殿侍从。

由于留里克王公经常从一个地区到另外一个地区迁徙,亲兵成为俄国边境上防御外敌入侵的主要武装力量,他们很难在某一个地区定居下来,也很难与所在地区的王公建立牢固的联系而成为富有的土地所有者。只有某些有名望的亲兵在京城有自己的住宅,在郊外有村庄。即便如此,亲兵也很愿意留守在王公所在的京城,或者与王公一道出征打仗,获取各种财物(钱财、武器、各种家什、面包、马匹、长角的牲畜、被俘的劳力等),或者随同王公到各个公国"索贡巡行",征收各种贡赋(毛皮、蜂蜜、蜂蜡),或者通过服役获得一块土地。

可见,9—13 世纪基辅罗斯公国经济发展的商业流动性及政治制度的顺序性、共有性决定了俄国贵族的社会地位。起初贵族是以仆役身份(слуг—холоп)满足君主和随从人员的生活需要而产生的,他们是基辅大公经济生活的管理者。后来随着基辅罗斯国家防御任务的日益严峻,基辅罗斯公国服役组织的军事性质逐渐增强,亲兵逐渐从那些从事经济事务的仆役中分离出来,并由于王公的赏赐而成为享有特权者。在公国内,自由的亲兵(波雅尔)占少数,大部分是不自由的亲兵(王公的臣仆或卫队、少年卫队或贵族),他们既帮助王公从事经济事务,同时又担任法官和民政官员，"不可动摇的义务和对王公的忠心耿耿经常出现在不自由的亲兵之中。"①不自由的亲兵不能任意留下来服役或者逃避王公委托的各种义务，他们与王公生死与共，王公也非常信任这些不自由的亲兵；而自由的亲兵，除了与王公的协议和个人利益之外，他们与王公没有联系，不受王公的监督。这种服役关系上的差别随着王公势力的日趋壮大，自由的亲兵也逐渐转变成为不自由的亲兵。总之，血缘关系是王公与亲兵之间联系的纽带，亲兵不是独立的土地所有者，而是具有原始自由意志的、王公的盟友和合作的共事者。

第二节　蒙古罗斯时期：王公的廷臣（1240—1462年）

俄国位于亚欧大陆腹地，在领土上毗邻游牧者放牧生活的亚洲边境，"这个地带构成了一个宽阔的黑海沿岸地区走廊地带，游牧者联盟一再通过这个地带骑马掠劫，并征服在这个地带之外的定居农业社会，使自己成为一个又一个五花八门的主人。"②东斯拉夫人的氏族公社向稳定的国家体系缓慢发展时，一再被来自中亚游牧者入侵的连续浪潮所打断和破坏。11世纪中叶以后，随着割据内讧的加剧，罗斯抵御外敌的能力日衰，南部和东南部居民不得不背井离乡移居他乡。当与黑海北岸大草原上的居民之间的较量变得越来越令人疲惫、以致基辅的财富逐渐消耗尽时，人们开始从南方迁向西南、西方、北方，甚至是东北，这样，基辅罗斯的政治、经济中心逐渐北移，东南部愈加空虚。1219年，蒙古军队在成吉思汗率领下大举西征，兵锋直逼第聂伯河，四分五裂的基辅罗斯公国难以抵挡，惨遭劫掠。1236年，成吉思汗之孙拔都卷土重来，灭保加尔汗国转攻罗

---

① И.Порай-кошиц.История русского дворянства, М., 2003.С.5.
② ［美］佩里·安德森著《从古代到封建主义的过渡》，郭方、刘键译，上海人民出版社2001年版，第232页。

斯东北部,1237—1238 年先后攻陷梁赞、弗拉基米尔、苏兹达尔、雅罗斯拉夫、特维尔、莫斯科。1240 — 1241 年又攻下基辅、加利西亚-沃伦。1243 年拔都以伏尔加河下游的萨莱为首都建立了金帐汗国,控制基辅罗斯中部和东北部各公国。俄国历史从此进入蒙古罗斯时期。

鞑靼蒙古人的入侵把基辅罗斯分为南北两部分。在南方,基辅、契尔尼戈夫、佩雷雅斯拉夫、斯摩棱斯克、加利西亚-沃伦、图罗夫-平斯克,京城在基辅。所有的公国家族成员之间、割据王公之间仍然是一种纯粹的血缘关系,他们之间签订的协议在权利方面完全是平等的,协议中并没有显示出国家之间的关系,当时并没有专制的国王,而控制整个罗斯的王公雅罗斯拉夫家族尚未分裂。

与西欧相比,分裂的基辅罗斯各公国不具备封建性质,西方广泛展开的篡夺权力将国家分成一个个小领地。① 俄国在分裂时,出现了许多王公——拥有世袭统治权的觊觎者,他们在俄国替代了西方篡夺主权的封建主,"分产的因素替代了西方篡夺的因素","瓜分在我国防止了篡夺,由上到下的分割防止了由下而上的分割,土地的'公国化'防止了土地的'贵族自立化'"。"俄国无一地方长官和无一贵族成为公的"。② 13 世纪基辅罗斯的分裂并不具有封建化,它们通常都是一个统一国家分成若干个平等的国家,国家最高权力的分割只是在大公家庭分家基础上的权力逐步分散,即权力的分割与土地的占有无关。他们认为,他们同属于一个

---

① 西方最高权力被分割,出现在国家权力极度削弱之时,最高权力被国王的官员所篡夺,这些官员和大土地占有者变成了国君。法国最高权力的被分割:法国无数领地被分成三个等级,一是大的公爵领地和伯爵领地,他们享有充分的国家权力,享有最高审判权、征税、征兵和铸币权;二是有爵位的领主,其权力仅限于自己领地之内;三是小男爵领地,享有极为有限的国家权力。这三个等级获得了相应的豁免权,"土地私有者虽失去了国家官员的权力,但却成为自己土地上的无条件的统治者"。"豁免作为一种制度,不是国王们的创造,不是首先起源于豁免证书,而是大量土地占有历来就有的属性。"英国最高权力的分割根本不曾有过类似法国封建制主权被分割的局面,不存在把英国分裂成许多仅仅用纯盟约关系的外在绳索勉强连接的独立政治实体。[俄]Н.П.巴甫洛夫-西利万斯基:《俄国封建主义》,商务印书馆 1998 年版,第 101—102 页。

② [俄]Н.П.巴甫洛夫-西利万斯基:《俄国封建主义》,商务印书馆 1998 年版,第 109—115 页。

种族且在家族中资格最老,他们有权成为大公和坐镇俄国最好的城市基辅。但由于各公国实行长幼顺序制度,按照辈分来更替王位。所以,当基辅大公死后,出现了人数众多的王公经常性地从一个地区到另外一个地区的移动,从年幼到年长的王位都是由他们的辈分和与大公的远近决定的。如基辅大公死后,接替他的大公候选人迁移到佩雷雅斯拉夫和图罗夫-平斯克,这种移动也出现在其他公国内。在这种情况下,每一个王公即使控制的是一个小城市或一小块领地,都是独立的国中之国。王公的称号也不是世袭的,而是根据王公的才能、实力大小确定的。这样,在南方,不存在世袭领地,每个王公只能临时成为所在地区的统治者。而在北方,从 12 世纪中期,在罗斯托夫-苏兹达尔、诺夫哥罗德、特维尔、波洛茨克-明斯克、特穆塔拉干、穆罗姆-梁赞、普斯科夫公国中,罗斯托夫-苏兹达尔王公开始窥视大公的王位。割据时期基辅罗斯的分裂是与其人口变化、政治、社会以及经济的重组,甚至和新民族的出现相伴随的。

金帐汗国保留了各公国原政权,通过罗斯王公统治和压榨罗斯民众,但要求王公们按时到萨莱朝觐,接受金帐汗的诏令和册封,缴纳贡赋并承担军役。金帐汗根据王公们的效忠程度给予奖惩,并从王公中挑选一人册封为“弗拉基米尔和全俄罗斯大公”。被册封者可兼有诺夫哥罗德和普斯科夫王公的王位,并可将弗拉基米尔城及周围的佩雷雅斯拉夫、科斯特罗马、下诺夫哥罗德并入自己的领地,他还负责征缴各公国给金帐汗的贡赋。罗斯王公们把这一册封视为殊荣和肥缺,为谋求“大公”的封号不惜自相残杀。金帐汗也鼓励罗斯王公之间的倾轧,以达到分而治之的目的。在这场“卑鄙的角逐——奴才之间的角逐”中,莫斯科大公逐渐占了上风。正如马克思所言:“莫斯科大公国凭借鞑靼枷锁而兴起。”“是蒙古奴役的血腥泥潭而不是诺曼时代的粗野光荣,形成了莫斯科大公国的摇篮,而现代的俄国只不过是莫斯科大公国的变形而已。”①1147 年王公

---

① 〔德〕马克思:《十八世纪外交史内幕》,人民出版社 1979 年版,第 6—7 页。

"长手"尤利·弗拉基米尔·多耳哥鲁基(1125—1157 年)为了与对手抗争,在波雅尔库奇科的世袭领地上建起了莫斯科城,居住在这个地区的居民都是从其他地区邀请来并给予优惠的移民,他却强迫当地的显贵无条件服从。

尤利·弗拉基米尔·多耳哥鲁基的儿子安德烈·波果柳保夫(1169—1174 年在位)把自己的势力确定在卡耳卡河的弗拉基米尔城,继续父辈的业绩,大量吸引移民,凌驾于旧城罗斯托夫-苏兹达尔维彻(市民大会)权力之上,巩固新的罗斯城市对他的效忠。这样,在北方罗斯地区,王公之间的联系不再是氏族的血缘关系,而是物质利益作用下的国家权力关系。后来,弗谢沃洛德·尤利耶维奇·波果柳保夫的侄子雅罗斯拉夫(1238—1246 年在位)和斯维雅托斯拉夫(1246—1252 年在位)成为北方的统治者。在鞑靼奴役的俄罗斯北方,雅罗斯拉夫·弗谢沃洛德成为金帐汗国册封的第一个王公,他让其子孙在已故父辈的领地上成为世袭领主。

有利的地理位置使王公收入丰厚、府库充盈。在"卡利达"(钱袋)伊凡一世(1325—1340 年在位)时期,凭借富有向金帐汗国邀宠,并与特维尔王公争锋。他首先借蒙古军队打败特维尔,镇压当地诺夫哥罗德民众的起义,又用大量金钱贿赂蒙古贵族,终于获得大公称号。此后,他借口为金帐汗征收赋税之机乘机截留税款,向经济拮据的王公放高利贷,继续充实自己的钱袋。同时,扩大自己的领地,并使莫斯科成为全俄罗斯政治、宗教中心。当莫斯科的政治、经济和军事势力不断增长时,金帐汗国却陷入了混乱之中,不断的内讧使其衰弱。1380 年,伊凡一世之孙季米特里·伊凡洛维奇在顿河以西的库里科沃平原挫败蒙古军队,由此极大地提高了莫斯科大公国的威望和地位。历经几代大公的奋战,莫斯科罗斯终于摆脱了鞑靼蒙古的奴役,实现了国家的统一。为此普希金写道:"罗斯虽不能使拔都的军队停住,但与侵略者英勇斗争的罗斯在一望无际的原野上'耗尽了蒙古人的力量,使蒙古人的入侵在欧洲的边缘上停住;蛮族不敢把被奴役的罗斯留在自己的后方,他们回到自己的东方草原上去了。遍体鳞伤、气息奄奄的罗斯拯救了正在形成的文明……’”车尔尼雪夫斯基认为:"不,罗斯人并没有像匈奴人和蒙古人那样在政治历史上充当征服者和掠夺者,罗斯人是拯救者——拯救人们免受蒙古压制的拯救者,他们竭尽全力阻挡蒙古人,不许蒙古人进入欧洲,他们确实是保护欧洲的一座墙,承受了所有射击的一座墙,被敌人摧毁了一半的一座墙……"①"因此,我们只得开始一种完全隔绝的生活方式,既保留了基督教,也使我们在基督教的世界中成了完全的陌生人,是以我们的苦难从未和天主教欧洲的蓬勃发展有所冲突。"②

　　连年征战厮杀的蒙古鞑靼人是落后民族的政治代表,它对俄国社会生活产生了重大影响:一方面,"蒙古人是没有亚里士多德与代数学的阿拉伯人",③虽然鞑靼蒙古游牧民族在某些方面表现了比封建农业更高的专业化和开发利用自然世界的技巧,但由于牲畜是游牧生产中劳动的基本产物和手段,所以它是一种比定居农业更为简陋的原始经济形式,只能维持小规模的劳动生产,它延缓了社会体力和脑力劳动的分工,阻止了俄国城市化的发展。此外,蒙古人的入侵以空前扭曲的方式把东方典型的专制主义带到了俄罗斯,强化了俄罗斯人较为内向隐忍的性格和家长制传统,使俄罗斯阻隔于西欧的文艺复兴运动之外,从此拉开了俄国与西方社会的距离。为生存苦苦挣扎,以及发达精细的基辅式生活方式、道德和文化水准的迅速衰落,成为这个时期俄国历史的特征。"他们是上帝为惩罚罗斯人的罪孽而抽下的狠狠的一鞭"。④ 如果说,接受拜占廷文化,罗斯寻求的是罗马帝国的昔日辉煌,那么,蒙古鞑靼240年的统治,罗斯寻求的则是成吉思汗东方帝国的强盛无比,为此俄罗斯人付出了巨大的代价。"莫斯科公国的制度、法律规范以及心理状态都被描述为成吉思

---

① [俄]B.B.马夫罗金:《俄罗斯统一国家的形成》,三联书店1978年版,第13页。
② 白晓红:《俄国斯拉夫主义》,商务印书馆2006年版,第200页。
③ [美]尼古拉·梁赞诺夫斯基、马克·斯坦伯格:《俄罗斯史》,上海人民出版社2007年版,第69页。
④ [美]尼古拉·梁赞诺夫斯基、马克·斯坦伯格:《俄罗斯史》,上海人民出版社2007年版,第69页。

汗的遗产。"①此外,与蒙古游牧民族的长期交往,漂泊、云游、浪迹天涯、紧张地寻找、掠夺、四处奔波的游牧生活成为俄罗斯民族性格的典型特征,后来也成为俄国知识分子的典型特征。

另一方面,鞑靼蒙古表面上通过罗斯王公实行间接统治,实际上摧毁了俄罗斯的旧制度。俄罗斯人为逃避鞑靼人的奴役,不断离开原有的公国和村社从南向北大规模地移民,由此促进了俄国旧的经济形态和社会组织的解体。"如果说,俄罗斯早期的移民开拓具有某种被迫性,然而,习惯成为自然,逐渐地流动性成了俄罗斯民族血液中流淌着的因素。俄罗斯统一国家形成后,开始有意识地进行开拓移民,俄罗斯的'液态因素'更多地具有了进攻和扩张性。"②国家政治生活中古代民主制的残余(自治、选举、公众权利、造成封疆裂土的长幼顺序制)的瓦解以及不能保证国家财政收入的"索贡巡行"制度的瓦解,从而为俄罗斯文化注入了新因素,封建世袭领地制度建立,加速了俄罗斯的封建化进程。而且,由于蒙古鞑靼文化的宽容性,东正教的特权得以扩大:东正教会的所有官员和所有修士不受金帐汗国官员和法庭的审判等,凡嘲笑挖苦东正教信仰或污辱教会者,必须判死刑,不管是罗马人还是蒙古人,一视同仁。罗斯神职人员要感觉自己是上帝自由的仆人。1267 年的诏令,凡污辱教会,辱骂信仰,毁灭教会财产者,要判死刑。修道院的数量从 13 世纪的 70 座增加到 254 座。③

蒙古统治导致了俄罗斯民族彻底的基督教化,促进了俄罗斯民族自我意识的发展。新的社会观和国家观、新的政治制度和行政管理方式,蒙古国家的个人无条件服从群体的原则,终于结束了基辅罗斯后期国家群雄并立的分裂局面,使俄国在全民服役的基础上服从于沙皇专制主义中央集权国家。沙皇的幕僚们曾公开宣称:"沙皇的意志就是上帝的意志,

---

① [美]尼古拉·梁赞诺夫斯基、马克·斯坦伯格:《俄罗斯史》,上海人民出版社 2007 年版,第 68 页。

② 白晓红:《俄国斯拉夫主义》,商务印书馆 2006 年版,第 22 页。

③ 朱达秋、周力:《俄罗斯文化论》,重庆出版社 2004 年版,第 127 页。

沙皇所做的一切,都是在替天行道。因而,他们还把沙皇称做上帝的带钥匙管家和御前侍从,并深信沙皇是上帝意志的体现者。"①正如萨维茨所言:"鞑靼人没有改变俄罗斯的精神实质。在接受了蒙古大陆的感觉和西欧海的感觉之后,俄罗斯的新疆土开拓者和移民者向世界展示出俄罗斯的两张脸孔,俄罗斯是大汗的继承人,是统一亚洲的成吉思汗的继承人;俄罗斯是边疆临海的世界的一个特别的部分,是深厚文化传统的载体。在这种文化传统中定居的和草原的自然元素同时结合在一起。"②

长幼顺序制度是基辅王公内讧的原因,而王公内讧和游牧民族的入侵使基辅罗斯的经济凋敝、城市荒芜。罗斯人被迫迁入西方的德涅斯特河上游和维斯拉河上游地区,进入加利奇亚和波兰,另外一支进入伏尔加河流上游,与当地的楚德人融合。由于距离沿海市场太远,对外贸易不可能再次成为基辅罗斯经济发展的主要动力。伏尔加河流域的地理条件极为恶劣,"可怕的密林、一片片森林、流动的青苔地和无法通行的沼泽地筑了一道围墙"③,移民首先占据的是山区河流的两岸和难以通行的原始森林边缘的高地,在此出现了以一两户人家为村落分散从事农耕的生产方式。一方面,这些沼泽地和这种泥泞曾一度保护了新城镇免受王公和大汗的重压,恶劣的自然气候条件又使俄罗斯人养成了在极短的时间内超乎寻常地集中力量紧张工作的习惯;另一方面,地理的分散和经济的分裂——"可怕的密林和难以通行的沼泽",既决定了俄罗斯人分散居住以及不习惯与人协作的习惯,加上鞑靼蒙古240年的统治,造成了与西方文明的隔绝,商品货币关系的不发达,又进一步加深了国家政治上的分裂程度。王公领地的分散和不相协调不能给居民提供必要的保护,他们不得不自我保护和自我管理,或者由米尔来管理,或者交给贵族地主来管理,可见,俄罗斯人在伏尔加河上游殖民活动的政治后果便是世袭领地制度的建立,贵族世袭领地制的建

---

①　Ю.А.Лимонов(ред).Россия XV-XVII вв.глазами иностранцев.Л.,1986. C.53.

②　朱达秋、周力:《俄罗斯文化论》,重庆出版社2004年版,第125页。

③　[俄]Н.П.巴甫洛夫-西利万斯基:《俄国封建主义》,商务印书馆1998年版,第112页。

立完全是由基辅罗斯国家中央政权地理和经济的分散状态决定的。"辈分在这里已经失掉了它真正的谱系意义而取得了外部规定的性质;已不是与生俱来的特权,而只是一种赏赐的或取得的乃至抢来的普通头衔。"①

世袭领地制度的实施加速了基辅罗斯的分裂程度和土地封建私有化的进程。由于王公后代的不断繁衍,其领地不断分割变小,有些王公的世袭领地之宽只相当于半条小河的长度。王公们的经常性的流动停止了,他们在某一个固定的大公名义下定居下来,开始禁止农民从一个领地到另外一个领地的流动,他们成为坐镇一方的统治者,世代居住,彼此疏远;王公的继承土地的方式改变了,王公把自己的领地作为个人的私有财产从家族中独立出来,他可以立遗嘱把领地传给儿子。没有儿子时,可以传给妻子或女儿,甚至传给按辈分轮不到的远亲,也可以转让给其他王公,这样,削弱了基辅罗斯时期王公对罗斯国土占有的共有性。在世袭领地中,掌权者不再是宗族而是个人,王公统治成为分散的统治,王公并不丧失其最高的权力,但又跟个人私产的种种权力结合了起来。占有土地的大小也决定了王公在公国中权力的大小,奠定了国家封建隶属关系的基础。在这些公国中,大公拥有最良好的土地资源和有才干的王公。"封邑并不是什么神圣不可侵犯固定边界的政治单元,它们时而缩小,时而扩大,是一个打碎了但还没有散开整体的各个部分,并无绝对界限;居民在封邑之间来去自由、很少受到界域的阻碍。"②

贵族世袭领地制度是王公割据时期俄国占据统治地位的土地制度,它具有典型的封建制特征。③ 割据时期的贵族不仅是土地占有者,而且

---

① [俄]瓦·奥·克柳切夫斯基:《俄国史教程》第 1 卷,商务印书馆 1996 年版,第332 页。

② [俄]瓦·奥·克柳切夫斯基:《俄国史教程》第 1 卷,商务印书馆 1996 年版,第352 页。

③ 封建制的三个基本原则:一是最高权力被分割;二是依从关系的封建等级制;三是有条件的土地占有。封建制在一般的形式下不同于最新国家制度的一个特点是私法,或民法占据统治地位的一种制度。"没有永远从属于作为一个整体的社会的概念:我们看到的不是国王和臣民,而只是彼此之间履行自由义务的人。"详见[俄]Н.П.巴甫洛夫-西利万斯基:《俄国封建主义》,商务印书馆 1998 年版,第 86—152 页。

是享有特权(豁免权、审判权和一定的免税权)的土地占有者,贵族享有特权的世袭领地只与它所在地区的行政官员保持着微弱的从属关系。"在西方世袭领地的优待是固定的普遍原则,而俄国仿佛在某种程度上仍然带有个人性质的偶然性和临时的赏赐"。① 克柳切夫斯基认为,此时俄国封建制度不存在两个重要的特点:一是职位关系和土地关系的一致;二是这种或那种关系的继承性。王公割据时代的贵族土地占有与服役无关,类似法国,我的附庸的附庸不是我的附庸。

　　中世纪西欧的大土地占有者不仅是土地占有私有者,而且还是自己辽阔土地上的法官和行政者,几乎等于一位国君,租种他土地的农民必须接受他的审判和惩治。在中世纪,每当国家政权削弱时,贵族地主的审判权和惩治权便得到充分扩大,从而使最强大的大土地占有者得以完全不受国王或大公的官吏的约束,并成为封建制度的一个主要基础。"哪里没有大量的土地占有,哪里就没有封建制,封建制的最主要的特征是:一方面国家分裂成为许多独立自主的领地,即小公国,并享有特权的贵族世袭领地;另一方面,这些领地又都以替代新国家国籍因素的依从盟约连成一体。"②俄国贵族世袭领地制度③并不具备有条件占有土地的原则,只是一个过渡形式。"罗斯的这些社会形式常常像是西方封建主义模式的一个尚未充分发展的、至少是更简单和粗糙的变种"。④ 割据时期贵族和农民具有很强的流动性,即不完全依附于土地。此时俄国农民是自由的,只是到 17 世纪才依附于土地。但在西欧,"军人占有土地的职位等级是

---

　　① 〔俄〕Н.П.巴甫洛夫-西利万斯基:《俄国封建主义》,商务印书馆 1998 年版,第 43 页。

　　② 〔俄〕Н.П.巴甫洛夫-西利万斯基:《俄国封建主义》,商务印书馆 1998 年版,第 59 页。

　　③ 贵族世袭领地制度的特征为:所有权是完全有效的、充分彻底的、可以继承的。但它来自最高阶层,占有者必须承担某些个人义务,否则,就有被夺走的危险,并最后丧失其独立性。在封建制下,土地的占有者其实并不是它的所有者,使用土地是有条件的,取决于纳税或服役,若不履行这些义务就会丧失占有权。封建制则是由封地(Феод)而来的,封地的本质则是以服役为条件的土地占有或根据土地的服役。

　　④ 〔美〕尼古拉·梁赞诺夫斯基、马克·斯坦伯格:《俄罗斯史》,上海人民出版社 2007 年版,第 105 页。

以牢牢束缚在土地上或世代生活在土地上的农民的稳定为基础的。"①俄国的社会基础却是流动的农业人口,农民有权解除盟约,自由出走。亲兵不珍惜土地在王公之间任意来去自由,农民如同风滚草似的从一位贵族地主迁到另一位贵族地主。

欧洲大陆的封建制各有其特点,亲兵经常更换宣誓效忠的对象,他们的独立性很强,形成了"国中之国",所以,欧洲只有封地②,没有国家。任意投靠领主,封地失去了有条件占有的性质;相反,它具有了无条件私有的性质。

俄国北方世袭领地制的建立,王公亲兵的定居农业生活由此开始。王公禁止亲兵从一个王公到另外一个王公的出走,亲兵成为王公的廷臣。由于王公有权处置自己领地内辽阔、无人耕种的空闲地,所以,他把适宜耕种的土地作为世袭领地分给了自己的亲兵,作为亲兵服役的赏赐。亲兵也有权把这部分土地让来自不同家族的自由和不自由的人耕种。这样,通过购买和赏赐,王公的亲兵在大公国获得了永久的居住权,他们获得了其祖先所不曾有的、可以世代相传的私有土地财产,而离开公国对他们是极为不利的。此时,俄国逐渐形成了符合封建制基本原则的王公割据状态。"割据时期的贵族并不珍惜自己的土地,他们在自己的世袭领地上从来都不像西欧的男爵那样是一位国君、一位法官、一位统治者。俄

---

① [俄]H.П.巴甫洛夫-西利万斯基:《俄国封建主义》,商务印书馆 1998 年版,第 72 页。
② 领地和封地之区别:领地是非世袭的俸禄领地,它仅限于本人的有条件占有,而封地则是可以继承的,或者是可以世袭的。后来封地的发展趋势是封地的占有者不仅有权将土地传给自己的子孙,而且当他在世时经领主同意还可转让给他人,这时,封地制则变成了有一定限度自由支配权的私有产业。封建法规定,从臣因不履行自己的义务或犯罪将失去土地,反过来,领主如果欺侮自己下人的话,他也有丧失宗主权的危险。英国的封地制则是自由依附,既依附又抗衡。法国和俄国一样是无条件的依附,我的附庸的附庸不是我的附庸。封地的特征使它与领主的土地关系极为脆弱,一旦中断与领主的臣属关系也就中断了领地关系并将他的土地转属于新主子。土地依附权是封建土地占有最主要和最基本的特征。封地是主子为回报自己的仆人为其服役给予的各种各样的赏赐;赏赐的物品首先是土地(可以继承或终身占有的财产);其次是这种或那种职位;再次是场所,如一间屋或堡寨设防地段的一部分。采地主要是赏赐给军事仆从的。

国还没有出现贵族特权等级的萌芽"。①

　　俄国贵族与西方贵族一样,首先是王公的军事仆从。战时,他们在王公跨上战马抵御敌人时都有立刻走上征途应尽的义务。如 1390 年德米特里·伊凡诺维奇大公责令自己的堂弟弗拉基米尔·安德烈耶维奇时说:"如若我跨上战马,你要追随于我,或不论我指派你往何处,你的贵族都要跟随着你。"②如果他出于个人需要不能带领自己的某个贵族,那么他应该事先征得大公的同意。居住在城市四郊的贵族,当城市受包围告急,可以免去参加大公骑兵团的义务,但必须保卫城市。和平时,贵族肩负着宫廷服役和民政服役。他们在王公的朝廷上充当侍臣、财务官、掌酒官。有一部分贵族在宫廷中住在王公的近旁,还有一部分则执行地方行政部门的各种职务:充当地方行政长官、乡长、警吏。由于地理环境恶劣和外族的压迫,王公割据时期贵族不珍惜土地,占有土地和服役是分离的,贵族服役具有很大的流动性。贵族依然是王公的自由仆从,他们保持着按照自己意愿随时中断与王公服役的权利。"让贵族和仆从在我们之间自由选择"。③ 割据时期的自由服役来源于基辅罗斯时期的自由亲兵,他们是由若干完全自由的人结成的联盟,他们当时不属于任何人,仅靠盟约相互结合,这种亲兵形式打破了最初的血缘关系。西方的臣属之间的盟约是长期的、牢固的、不可破坏的。俄国贵族与王公的服役关系是临时的、脆弱的、完全自由的。"与其说是限制自由,还不如说是请他们享受这一自由。"④德国在采邑时期的臣属只有在主子不信守诺言和不给予庇护时才能依法离开他,这种随心所欲包含着古代亲兵意愿,体现了臣属自

　　① 〔俄〕Н.П.巴甫洛夫-西利万斯基:《俄国封建主义》,商务印书馆 1998 年版,第 30—31 页。

　　② 〔俄〕Н.П.巴甫洛夫-西利万斯基:《俄国封建主义》,商务印书馆 1998 年版,第 505 页。

　　③ 〔俄〕Н.П.巴甫洛夫-西利万斯基:《俄国封建主义》,商务印书馆 1998 年版,第 507 页。

　　④ 〔俄〕Н.П.巴甫洛夫-西利万斯基:《俄国封建主义》,商务印书馆 1998 年版,第 509 页。

由关系的习惯原则。而割据时期的王公则公开承认自己的贵族是自由仆从。

割据时期的贵族与西方的臣属一样都是占有土地的自由军事仆从。他们由于为王公服役而获得王公的庇护和物质上的帮助,即得到土地和有收入的职务。贵族与西方的忠心骑士一样终究是自由仆从,一旦受到侮辱,解除关系就成了自己的权利。1392 年,下诺夫哥罗德的贵族决定离开自己的王公鲍里斯·康斯坦丁诺维奇改投他的敌人莫斯科大公时说:"公爷,请别再指望我们了,我等自即日起已不再是你的人了,今后如在战场上与你相遇,我们就会刀剑相加。"①

按照以依从关系为内容的封建等级制原则②,割据时期贵族与王公的盟约关系:其服役不是以土地的隶属,而是以相互之间的自由盟约为基础,贵族还保持着高度的流动性。"他为某王公服役,不论居住何处,他就要跟随那个王公出战,要为他效力,或者,他为谁服役,他就要追随其主公出征。"③以服役盟约与王公联系的贵族是自由的军事仆从,贵族有公开脱离从属关系、择主而从的自由,王公不仅确认贵族有离去权,而且还相互保证"不强留"离去的仆从。可见,割据时期贵族高度的流动性有别于西方封建制的稳固性。割据时期的贵族杜马也没有固定的成员,王公决定重大事务时,出席的则是两三个贵族,主要是领主的心腹。

蒙古罗斯时期(1240—1462 年)贵族被称为王公的廷臣(Княжеский двор),王公的廷臣分为五类:王公的波雅尔-杜马(Бояре-Думцы князя)、服役王公(Служилые князья)、大波雅尔和财务波雅尔(Большие и путные Бояре)、波雅尔子弟(Боярские дети)、贵族(Дворяне)。

---

① [俄]Н.П.巴甫洛夫-西利万斯基:《俄国封建主义》,商务印书馆 1998 年版,第 517 页。

② 封建盟约有两个方面:一是表示称臣和效忠的个人服役;二是严格由土地占有所决定的服役。

③ [俄]Н.П.巴甫洛夫-西利万斯基:《俄国封建主义》,商务印书馆 1998 年版,第 120 页。

第一,王公的波雅尔-杜马,他们是贵族的元老。他们不仅未失去以前的威望,而且更多地参与公国的事务活动,成为王公正式遗嘱的见证人,通过联姻与王公家族进行交往。王公西梅翁曾以赞许的口吻评价波雅尔:"他们是善良的参谋,对王公无限忠诚,他们在公国发挥着决定性的作用,当然,波雅尔也希望王公西梅翁如同卡利达一样善良、慈善。"①

第二,服役王公。留里克和格季明家族中拥有世袭统治权的王公被称为服役和服役的王公(Служилый и Служебный князь),他们放弃自己原有的领地而成为王公的助手,或者无条件地处于王公的控制下,成为王公的廷臣。与此同时,王公用波雅尔的称号来奖赏他们,他们的地位比以前的波雅尔更高,王公容许他们拥有不动产。但是,对他们有一个限制,如离开这个公国,他们将失去世袭领地。服役王公的称号出现在德米特里·伊万洛维奇·顿斯科(1326—1389年)时期,尤其在王公的孙子瓦西里·瓦西里耶维奇·捷姆内(1425—1462年)时期。

第三,大波雅尔和经管王公财产收入的波雅尔。

第四,波雅尔子弟。第一次出现在1433年莫斯科大公瓦西里·瓦西里耶维奇和"大胡子"瓦西里·雅罗斯拉维奇签订的协议中。这个词本来表示军队,它是个人称号,但在世袭称号中保留着对波雅尔先祖的回忆,由此出现了这个特殊称号"波雅尔子弟",但波雅尔子弟本身不可能拥有波雅尔和宫廷中与此称号相应的地位,只能意味着他们真正的社会出身。后来,波雅尔子弟把这个称号传给自己的子弟,久而久之,他们的所有后代在整体上称为"波雅尔子弟",为王公服军役是波雅尔子弟必须履行的义务。

第五,贵族,它保持着旧有的称号。"卫队"(Гриди)由王公家庭仆役组成的"宫廷自由人"。但在安德烈·波果柳保夫时期,意味着"宫廷的仆役",或者王公的随从(Свита)。在俄国北方最初出现贵族(Дворяне)称号,保留在历史的传说中。1147年,大公尤利·弗拉基米尔·多尔哥

① И.А.Порай-Кошиц.История русского дворянства.М.,2003.С.64.

鲁基带着他的亲兵来到儿子安德烈·波果柳保夫所在卡耳卡河畔的弗拉基米尔城。这里森林茂密,土地肥沃,较少受到外族侵袭和战争扰害,它归波雅尔斯捷潘·伊万洛维奇·库奇科管辖。库奇科极不友好地接待了王公,不知何故库奇科被处死。而他的子女,按照尤利的指令,两个儿子彼得、亚基姆被送到安德烈·波果柳保夫所在的弗拉基米尔城,女儿乌利塔嫁给了安德烈·波果柳保夫。这样,当时在宫廷中出现了年轻、仪表优雅的青年,他们不是普通的亲兵,而与王公关系最亲近,他们有权在不满的情况下转到另外一个王公那里。但当时他们处在王公安德烈·波果柳保夫宫廷的完全控制下,根据他们与王公的亲密程度,而享有"贵族"的称号。但库奇科维奇因年幼还未来得及向尤利复仇便于 1157 年 5 月 10 日去世。他的儿子向安德烈·波果柳保夫复仇,1174 年 6 月 29 日深夜密谋者冲进安德烈·波果柳保夫宫廷,杀死了王公,全副武装的贵族、他的亲属和仆役洗劫了国库,抢走了珍宝,并向弗拉基米尔的波雅尔报告了王公安德烈的死讯。这样,从王公安德烈·波果柳保夫时起,从宫廷亲兵中或者王公家出走的一批人,称为"贵族",即所有年轻的王公亲兵组成了诸王公的"廷臣"。后来,他们获得了共有的称号"贵族",他们保持着以前亲兵的义务和次第仆役的作用,尤其军事特征始终没有改变。①

可见,"贵族"(Дворяне)这个术语出自"宫廷、院子"(Двор)一词,最早出现在 12 世纪末期的历史文献中。1174 年拉夫林捷夫的编年史中提到了弗拉基米尔·安德烈·波果柳保夫王公的自杀与王公私人的受惠者(Милостьники)有关。在诺夫哥罗德的编年史中也把他们称为"私人的受惠者。"诸王公最初给侍从的是武器和马匹,后来才变为土地。当王公侍从获得新形式的物质保障后,便采用了私人受惠者的称呼。按照 M.H.季霍米罗夫的解释,"私人的受惠者"不是封建显贵和波雅尔,而是一个在宫廷中不直接从事经济事务、为王公服务的特殊等级,首先是管家和仆役。与中世纪的封建农户很相似,他们掌管王公经济,如弗拉基米尔·安

---

① И.А.Порай-Кошиц.История русского дворянства.М.,2003.С.67.

德烈·波果柳保夫公的侍从安巴尔出身微贱,刚刚来到王宫时,衣衫褴褛,来到王宫后才穿上丝绸衣服。到 13 世纪"私人的受惠者"明显成为贵族,它成为后来宫廷仆役贵族的先驱。M.Б.斯维尔德洛夫认为这个术语类似于"宫廷的仆役",他认为贵族是国家的民政官员、土地和农奴的占有者。Ю.A.利蒙纳夫认为儿童、王公的少年卫队也是贵族,这个等级形成于 12 世纪下半期。作为社会范畴的贵族也是在不断发展演变的,从王公宫廷的仆役发展到公国民政机构的成员、武装的仆役、王公的亲兵。12—13 世纪由于服役他们获得土地、农奴,并成为公国内外政策的有力支柱。从王公那里获取土地的波雅尔、波雅尔子弟是贵族上层,他们依然保留着出走的权利。13—14 世纪这些贵族成为服役的封建主集团,他们被王公用来与不驯服的教俗封建主作斗争:王公则将从那里夺来的土地有条件地赏赐给他们。如 1214 年"大胆的"姆斯季斯拉夫进入诺夫哥罗德后,将所征收贡物的 2/3 送给当地的波雅尔,1/3 留给自己的贵族。贵族获得的土地是有义务的土地,他们开始远离那些不自由的仆役(饲马员、猎犬饲养员、捕海狸者、猎鹰者、园艺人员等)。① 克柳切夫斯基认为,贵族的前身是在基辅罗斯时王公的亲兵队,"和王公一起分担管理和保卫国土的社会上层阶级是王公的亲兵队。亲兵又分为高低两级,高级亲兵由王公的武士或大贵族构成,低级亲兵有年轻的武士或王公亲兵中的少年队员构成;低级亲兵在古代统称为 Гридь 或 Гридьба(古罗斯王公的卫队),后来为 Двор(近侍)或 Слуги(仆人)所代替。"②

　　作为王公的廷臣依旧是政府民政机构中的成员,但在名称上发生了一些变化。王公廷臣担任的官职:①政府部门官员:地方官(Посадник)改为(Наместнтк)、县长(Волостелъ)、驿站长(Становщики)、御前侍臣(Околичники)。②司法官员:低级法官(Тиун)、法警(Пристава)、钱粮官(Доводчики)、书吏(Дьяки)、小书吏(Подьяки)、录事(Писцы)。

---

　　① В.И.Буганов.Российское дворянство.//Вопрос Истории,1994.№1.С.30.
　　② [俄]瓦·奥·克柳切夫斯基:《俄国史教程》第 1 卷,商务印书馆 1996 年版,第 161 页。

③宫廷官员：管家（Дворецкий）、御前侍臣（Окольничий）、司酒官（Чашник）、狩猎长（Ловчий）、掌玺大臣（Печатник）、亲卫兵（Рында）、煤火官（Истопник）。可见，13—15 世纪贵族是王公的廷臣，他们经常生活在公国宫廷里。他们的另外一个称呼是宫廷人员（дворовые люди），起初贵族是自由的亲兵，没有什么社会地位，为王公作战、参加审判、征收赋税，仅仅是公国民政机构中一个微不足道的办事员。但是一批宫廷人员和社会名流逐渐聚集在王公周围，波雅尔子弟并不忌讳在他们仕途生涯的初期充当过王公的年轻亲兵，因为与王公的日益接近能够得到很多恩赐，这样，波雅尔出身的人成为少年亲兵。13 世纪，波雅尔子弟进一步合法化，他们加入宫廷仆役的行列。

可见，割据时期俄国贵族世袭领地制的确立比西方要脆弱得多，力度小，封建依从关系薄弱，自由幅度大。莫斯科罗斯时期的君主最终破坏了原来就很薄弱的"我的附庸的附庸不是我的附庸"的原则。即便是割据时期俄国割据分裂的程度较之西方小，很快在恶劣的环境、贵族势力的横行不法和异族入侵的压力下，结束了分裂割据的局面，建立了统一的中央集权专制主义国家，把封建依从关系变为"我的附庸的附庸仍是我的附庸"，这正是与英国封建制度依从关系的区别之处。

按照土地的从属关系，俄国不存在西方封建制的根本特征。割据时期，由于从属关系的模糊不清，贵族占有土地和服役之间是分离的，贵族可以随心所欲或从利益出发不向任何人表示臣服、自由择主，或将自己的臣服关系由一个领主转向另外一个领主。领地（Поместье）在当时被称为俸禄（Жалованье）。

特殊的地理环境，缺乏高山，可怕的密林、流动的青苔地和难以通行的沼泽地，加上周边民族的不断骚扰，使俄国贵族的军事职业特征尤为突出，他们随时准备率领自己的仆从和家人跨马上阵，为王公服役效劳。但割据时期贵族为王公服役这一军事职业并不是应尽的义务，而是自愿的，完全取决于自由意志。王公不能给自己的自由仆从下命令，王公应该使其仆从相信他的意图是否合理。如果王公竟敢独断专行，那么贵族可以拒绝追随他。"公爷,如果你只为自己打算,我们不会同你一条心,不会跟着你走。"德米特里·顿斯科伊大公安慰自己的贵族:"我和你们一起统治国家,防守俄罗斯的土地……与你们一起和许多国家作战……依靠你们保卫城市和大公国的政权……你们在我这里不是贵族的名分,而是我国土上的王公"。① 俄国贵族为追求私利而大批地脱离割据王公投入莫斯科大公的怀抱,莫斯科大公也乐意赏赐和保护他们。如 15 世纪末特维尔的贵族及子弟大批投向莫斯科大公。1433 年莫斯科贵族伊凡·德米特里耶维奇·弗谢沃洛日斯基由于莫斯科大公未信守诺言,娶他的女儿为妻则认为是受到侮辱,便与莫斯科大公中断了盟约关系。总之,割据时期俄国封建制度的脆弱性,分裂割据的程度不深。俄国封建制度缺少西欧封建制度所具有的两个主要特点:服役关系与土地关系的合一;服役关系与土地的世袭。贵族世袭领地制的流动性和不稳固性使其并不具有纯粹的封建主义因素,只是一个过渡性的土地制度形式,这样便为领地制的确立留下了很大的空间,最终导致了莫斯科中央集权制度的确立。

第三节　莫斯科罗斯时期:服役人员②
(1462—1689 年)

15 世纪中叶莫斯科大公利用自己的势力逐渐扩展自己公国原先狭小的疆域。莫斯科大公把握时机,很好地处理与金帐汗国的关系。对鞑靼蒙古大汗百依百顺,他们为了自己的利益而帮助蒙古人铲平了特维尔和其他罗斯诸侯国之后,便稳坐大公之位。另外,他们为蒙古人代售贡赋的差使使他们获得了对其他罗斯王公的财政权力及间接的司法权威,逐

---

① ［俄］H.Π.巴甫洛夫-西利万斯基:《俄国封建主义》,商务印书馆 1998 年版,第 147 页。

② 很多历史学家把此时期的贵族称为"服役贵族"或"军功贵族",笔者认为两者之间还是有区别的。

渐摆脱无权的割据王公的地位,最终成为罗斯与外敌斗争中旗开得胜的领导者和全民的君主。

从伊凡·卡利达(1462—1505 年)时代起,莫斯科大公就在俄国北方建立了以莫斯科为中心中央集权的专制主义国家。"大汗将无力纳贡的公国整个整个地赐给了莫斯科大公,因此之故,其他公国的统治者宁愿将自己的土地直接卖给了莫斯科……但是,当金帐汗国衰落而莫斯科的力量崛起之际,也正是莫斯科大公德米特里·顿斯科伊领导着罗斯军队在库里科沃战场上反击蒙古压迫者。"①库里科沃的胜利以及伊凡三世之最终摆脱蒙古的压迫成为莫斯科公国崛起的两个里程碑,标志着东北地区的莫斯科公国已经成为一个俄罗斯民族国家。莫斯科公国内部普遍存在的相对繁荣、良好管理、和平及秩序不仅越来越多地吸引着农民,而且也日甚一日地吸引着贵族和其他阶层的成员来到不断壮大中的大公国。归顺莫斯科国家的王公亲兵,不仅有来自北方公国和边远的俄罗斯南方、切尔尼戈夫、基辅、沃林的,也有来自德国西部、波兰、立陶宛的外国人,以及来自克里米亚、金帐汗国的亲兵。15 世纪前半期,为莫斯科公国服役的王公及亲兵大约有 40 家,而到 16 世纪前半期这个数字猛增到 200 多家。② 如 14—15 世纪中叶,来自留里克或立陶宛格季明后裔的王公家族③被迫抛弃原来的王公和各种职位来到莫斯科服役。根据《显贵集》统计:俄罗斯家族占 33%,波兰-立陶宛贵族家族占 24%,德意志贵族家族占 25%,鞑靼和东方贵族家族占 17%。④ 他们控制了莫斯科中央和地方机构的许多重要地位,统率着莫斯科的军队,治理着莫斯科国家的地方各

---

① [美]尼古拉·梁赞诺夫斯基、马克·斯坦伯格:《俄罗斯史》,上海人民出版社 2007 年版,第 101 页。

② [美]尼古拉·梁赞诺夫斯基、马克·斯坦伯格:《俄罗斯史》,上海人民出版社 2007 年版,第 136 页。

③ 科什金家族、莫罗佐夫家族、布图林家族、切里亚德宁家族、维利亚明诺夫家族、沃隆佐夫家族、霍夫林家族、戈洛文家族、萨布罗夫家族。

④ [俄]瓦·奥·克柳切夫斯基:《俄国史教程》第 2 卷,商务印书馆 1996 年版,第 204 页。

省。他们经常考虑个人的私利，只是偶尔根据协议为大公出谋划策，助一臂之力，在不满的情况下自由出走。"他们很少有进取心，而且很散漫，整日忙于琐碎的口舌之争和尔虞我诈。"①他们认为自己是天生的国家统治者，不像其祖辈散居在各个领地，分散地、单独地治理着俄罗斯国土，而是聚集在莫斯科共同地、整体地治理着整个俄罗斯的疆域。如果没有他们的建议和意志，莫斯科大公则无所作为。

但莫斯科大公则感到自己是统一俄罗斯的伟大君主，很难把王公、波雅尔视为按照合同自由任免的臣仆，根本不能容忍他们重新分权的欲望。"把君主同民众结成神圣不可侵犯的联盟的仪式将应承担的责任交付给了双方，君主担负起了维护东正教信仰、保护臣民不受外敌侵扰、按基督教的精神'公正合理'地治国等职责，而民众则需顺从。"②为了确立莫斯科大公的权威，必须铲除旧的传统习惯势力，建立新的国家制度。伊凡三世在驳斥波雅尔库尔勃斯基的信中："我们的专制制度始于圣弗拉基米尔。我们在王国的土地上诞生成长。我们掌握的是自己的土地，而不是从他人手中掠夺的。俄罗斯的专制君主从一开始就亲自治理王国，而不是由大贵族显要们治理的。要做一个既不受牧师支配、也不受奴隶管制的专制君主。多头政治是荒诞的。贱民之生死悉操吾手，予公也，孰生孰死，悉操吾手。"③

1472 年 11 月 12 日，为了抵抗希腊帝国的旧习惯势力，莫斯科大公与帕列奥洛德·康斯坦丁帝国的外甥女索菲娅结婚并把她带到了莫斯科。大公强迫波雅尔和侍从完全放弃自己以前的出走权利，加强中央政府的权力而扶植服役人员，把忠于大公的服役人员引入贵族杜马，与波雅

---

① ［美］尼古拉·梁赞诺夫斯基、马克·斯坦伯格：《俄罗斯史》，上海人民出版社 2007 年版，第 136 页。

② ［俄］鲍里斯·尼古拉耶维奇·米罗诺夫：《俄国社会史》下卷，山东大学出版社 2006 年版，第 113 页。

③ ［俄］瓦·奥·克柳切夫斯基：《俄国史教程》第 2 卷，商务印书馆 1996 年版，第 168 页。

尔势力相抗衡。新设 10 个掌管民政事务的政府机构——衙门①(使节、官吏、马房、公宫廷、驿站、粮仓、赫洛普、领地和公家事务等)。虽有波雅尔主管,但服役人员担任衙门书记,掌握实权。明确规定各地应缴纳供养金、贸易税和司法税的额度,首都税务的重要项目收入、贸易关税、商业税全归莫斯科大公一人,然后从中分给其他弟兄,加强对地方的控制;在整个首都及割据兄弟所管辖的地区,重要刑事案件的审判权全归莫斯科大公。对桀骜不驯、自行其是的王公严加惩处,废除其自备的亲兵队,建立以服役人员为主体的常备军,莫斯科大公直接控制军权。对农村居民进行户税登记,严格赋税和商业税的征收管理,将货币铸造集中到莫斯科,设立驿站制度。颁布《1497 年法典》:初步规范司法程序、法庭组织和法律内容,限制地方官员和波雅尔的权势,严厉镇压民众的反抗行为;限制农民离开主人、徙居他处的权利,规定只能在每年尤利耶夫节前后一周内离开,且须向主人缴纳一定数额的钱币。保护封建主的利益,割据王公逝世时无子者,不得把自己的领地遗赠任何人。其领地在他去世后由其母分给在世的兄弟,无人继承的领地悉归莫斯科大公。以前,莫斯科大公只是在领地的规模、财产的数量方面比自己的亲属占优势,而现在则把大部分政治权力集中于一身。伊凡三世的这种政策立刻改变了亲兵与莫斯科大公原有的关系,最终使服役王公、所有亲兵成为莫斯科大公共同的"仆役"(Холоп),此时统称为"服役人员"(Служилые люди),他们保留着原有上层等级的权利作用和军事特征。

1549 年伊凡四世(1533—1584 年)进一步强化莫斯科中央集权,进行改革。确立了俄国官方的权力观念:一是君权神授;二是宗法统治;三是沙皇是上帝在人间的直接代理;四是由上帝和沙皇共同治理和谐的东正教王国。"由沙皇率领自己的臣民走入上帝之国,这就是俄国历史的结论。"②

---

① 俄国中央政府管理的历史可分为三个时期:第一个衙门时期(17 世纪末至 1721 年);第二个委员会时期(1721—1802 年);第三个部时期(1802—1917 年)。

② В.М.Живов. Б.А.Успенский.Царь и Бог:Семиотические аспекты.Успенский Б.А.(ред)М.,1994. С.47—71.

彻底铲除波雅尔势力,提高服役人员的经济、政治地位。以他最亲信的家臣、服役人员 A.Φ.阿达舍夫、都主教马卡里、宫廷牧师西利维斯特、A.M.库尔布斯基公爵等人为核心组成"近臣拉达",作为改革的领导机构。2月 27 日召开了"缙绅会议",会议成员由波雅尔、高级僧侣、宫廷官员、服役人员以及城市上层工商业者代表组成,宣布由西尔斯维特负责编纂一部新法典。2 月 27 日颁布法令,解除波雅尔对地方城镇的司法权,规定今后一切案件均由沙皇法庭审理,使地方官员和世袭贵族无法再利用司法特权勒索民众,同时使服役人员享有与波雅尔同等的法律地位。

1551 年 2 月召开"百章会议",限制教会领地的扩大;改革政府机构,重组政府机构,分设外交衙门、军务衙门、射击军衙门、领地衙门、度支衙门、治安衙门、刑事衙门、大理寺以及拓展疆域的喀山衙门和西伯里亚衙门。衙门首领虽由波雅尔担任,但掌握实权的衙门书记多由服役人员遴选,逐渐形成宫廷服役人员集团。改革地方行政,1555 年在全国普遍设立地方司法机关,由服役人员充任,负责重大刑事案件审理。1549 —1550 年的军事改革限制按照门第选拔军官,提高服役人员在军队中的地位。组建"射击军",尤其是特辖制,这是沙皇给自己设立的特殊的宫廷,沙皇从官员中挑选了一千人派往沙皇特辖区,把莫斯科和京畿土地赏赐给服役人员。特辖服役人员着黑衣骑黑马,其数量从开始的一千人发展到后来的六千多人。① 他们的职责就是消灭那些被沙皇视为敌人的人。特辖区服役人员取代波雅尔贵族,打击王公割据势力,摧毁波雅尔的政治和经济地位,服役人员的地位作用大大提高。

尽管特辖制并没有解决当时的政治问题,只是"用斧子把俄国社会劈为两半,让自己的一部分人对另外一部分人为非作歹,随便杀人,掠夺他们的房屋,制造了俄国社会的无政府状态……"②波雅尔出于自保的需

---

① 　[美]尼古拉·梁赞诺夫斯基、马克·斯坦伯格:《俄罗斯史》,上海人民出版社 2007 年版,第 138 页。

② 　[俄]瓦·奥·克柳切夫斯基:《俄国史教程》第 2 卷,商务印书馆 1996 年版,第 185 页。

要本能地团结了起来。伊凡四世死后,俄国社会进入大混乱时期,但它从整体上毕竟强化了莫斯科中央集权的统治。"沙皇直辖地区摧毁了那种古来就存在的显赫贵族的土地占有。它在它认为有必要的地方用强迫的和逐步更换土地的办法消除了各割据小王公与他们原世袭领地的旧有的联系,把伊凡雷帝心目中认为可怀疑的各个世袭小王公抛到了国家的各个角落里去,主要是抛到他们会在那里变成能为他服役的普通土地占有者的边远地区去。"①特辖制给沙皇提供了一个机会,使他得以回避门阀制度,从服役人员中直接选拔服役者。他们中的大多数人在国家恢复常态之后仍在政府部门担任要职。这样就提供了一支能够有效镇压反叛势力的警察部队。"正是伊凡四世的行动而不是他的头衔或思想提供了一个关于莫斯科大公的统治者和后来的俄罗斯的统治者所拥有的新的独裁权力的惊人样板"。②

随着莫斯科国家活动的日益频繁化、复杂化,服役人员在莫斯科国家的民政、司法和宫廷部门担任各种官职。在民政部门,波雅尔杜马在古代的政府机构中居于首位。但在与国王的关系上,波雅尔杜马仅仅起着协商作用。在波雅尔杜马管辖的各部衙门,衙役不再保持以前的地位,而是根据国王的旨意履行自己的职责。在司法部门,为审理地区的司法和刑事案件,在服役人员中选拔特殊官员。此外,由于主管衙门的波雅尔、在外国从事大使的参政员以及管理地方事务的头目,他们都是一些由未经科学培训、没有实践经验的军人,无力从事具体的民政事务,所以,在民政和司法部门出现书吏和小书吏。他们有文化、有能力,熟知国家的法律政策、民政和司法文牍事务。书吏不仅仅成为地方事务的领导者,而且逐渐在衙门、大使和军务中成为领导,沙皇和波雅尔不敢忽视书吏的建议。尤其伊凡四世,他非常信任这些来自平民、外族的书吏。他们没有家族的利

---

① 〔俄〕Н.П.巴甫洛夫-西利万斯基:《俄国封建主义》,商务印书馆 1998 年版,第108—109 页。
② 〔美〕尼古拉·梁赞诺夫斯基、马克·斯坦伯格:《俄罗斯史》,上海人民出版社2007 年版,第 130 页。

益、传统的势力和野心,只是一批服从新秩序的忠实仆役,不仅成为简单执行君命的官员,而且享有崇高的威望,与地方官员休戚与共。1566 年,他们获得了杜马书吏的称号,成为莫斯科国家政治生活中的要员并主持重大的外交活动。在庄严的外交典礼上,杜马书吏经常以国王的名义发表演讲,出使外国宫廷。可见,不具备丰富知识、非凡才智、外交礼节和熟知国际事务的书吏不可能出现在这种场合。但按照当时的传统观念,用宝剑为沙皇服役比舞文弄墨服役更受人尊敬,所以,服役人员对书吏不屑一顾。在沙皇宫廷,由于莫斯科大公国政治、经济势力的与日俱增,沙皇的生活也日益豪华奢侈,故宫廷官员的人数和作用也在上升。随着时间的推移,这些来源复杂的服役人员在同一权利和义务的驱使下逐渐融合为一个等级,他们不仅组成莫斯科国家军队的骨干力量,而且也成为沙皇的政治支柱,在俄国社会发展历史上留下了他们的痕迹。1588—1589 年莫斯科的固定的服役军人达到 10 万人。① 服役人员参加了 1514 年的对斯摩棱斯克和维亚特远征、1552 年对哈萨克斯坦汗国、1556 年对阿斯特拉罕汗国、1558—1583 年对利沃里亚的远征、1590—1593 年的俄瑞战争。

17 世纪的俄国政体是等级君主制。与君主一同参政的有波雅尔杜马、缙绅会议、以总主教为首的宗教会议及民众。波雅尔杜马是一个限制皇权的非官僚机构,其本质上是一个咨询机构,它对专制统治没有限制作用,在莫斯科公国的波雅尔杜马里任职可以看做是国家强加的众多义务之一,"君主下指示,波雅尔点头",缙绅会议是一个临时性的机构,只在会议召开期间才存在。"缙绅会议"不是常设机构,也不具有行政、司法权力。"缙绅会议既不同沙皇作对,也不与波雅尔杜马及宗教会议为敌,它囊括了所有上述参政主体,并以'民选'作为补充。"②参加缙绅会议意

① [俄]瓦·奥·克柳切夫斯基:《俄国史教程》第 2 卷,商务印书馆 1996 年版,第206 页。
② [俄]鲍里斯·尼古拉耶维奇·米罗诺夫:《俄国社会史》下卷,山东大学出版社2006 年版,第 116 页。

味着履行对君主的义务和服役,而不是与君权相对抗的权力或特权。俄国的等级会议并不像西方一样是因为三个等级有参与立法和行政的特殊权利所致,也不是宪法的作用,而是凭着国王的善良愿望不定期召开,而且往往也只是在灾荒年,政府认为有必要向地方寻求支持时召开。当选代表在会议上并不具有行使权力的独立性,并不与国王发生冲突,并不向他提出自己的最后通牒。相反,承认君主的权威,向他行"叩头礼"以表示对他最大的尊敬,有时甚至回避回答要他们讨论解决的问题,一味地说"事情该怎么处理,君主最圣明"。① 他们从未打算把召开等级会议和参与立法及行动的事实变成自己的权利,他们都是随着君主的愿望而出现并随着君主的愿望而结束自己的存在。在俄国和法国,等级会议都不具有法律的基础,因此也就没有任何明确的职权范围,它们与君主的关系仅仅建立在既成事实的基础之上。在立法方面,它们仅仅有权递交请愿书和发发牢骚而已。可见,俄国的等级会议起着比西方议会小得多的作用,甚至比法国的三级会议国家平淡无奇或更加苍白无力。"权力的力量属于政府,意见的力量属于地方"。俄国等级会议始终是无权的,而且未经斗争就消亡了。"在俄国的社会条件下,它的实际作用至多只是抑制了历史的进程,延长了专制统治的寿命。"②

宗教会议作为皇室家族、宫廷朝政乃至整个国家所有重大事件都不可或缺的参与者,此时的君主并不享有全权。可见,17 世纪的俄国政权的主体由君主、波雅尔杜马、缙绅会议、以总主教为首的宗教会议构成。民众通过缙绅会议、请愿、群众运动以及拥护或反对国家的重大决策等形式参与国家政事。国家生活中所有重大事件和决策的公开性和集体参与性成为其合法和公正的必然属性。等级尚处于萌芽状态,不可能参与瓜分政权。各政权主体之间的关系并不是建立在法律约定的基础之上,而

---

① 〔俄〕Н.П.巴甫洛夫-西利万斯基:《俄国封建主义》,商务印书馆 1998 年版,第 164 页。

② 〔美〕尼古拉·梁赞诺夫斯基、马克·斯坦伯格:《俄罗斯史》,上海人民出版社 2007 年版,第 176 页。

是取决于传统习俗,取决于实际社会力量的对比。在行使权力及作出重大决策时,沙皇需要征求波雅尔杜马和缙绅会议的意见并赢得它们的支持。重大国策的合法性取决于波雅尔杜马、宗教会议和缙绅会议及全体民众对它的认可。所以,这一历史时期的俄国君主制受制于传统习俗及法律制度。

同时,俄国的君主制具有神权性质。"莫斯科罗斯在制定世俗的内外政策的同时,还有意识地将拯救灵魂的圣事作为国家刻不容缓的责任,而国君则是上帝指派在尘世履行上述使命的全权代理。"①16—17世纪俄国政体形式可称为等级君主制或宗法制的君主制,外部受贵族、代议机构及教会等制度的制约,内部又受传统习俗、法规及东正教教义的约束。莫斯科时期的俄国在许多层面都接近于专制君主制,但仍有很大差别:一是存在着限制君主权力的机构和制度;二是世俗法规在施政和司法过程中起着很重要的作用;三是君主的意志不是制定法规的唯一依据;四是常备军和官僚机构的力量薄弱;五是缺乏国家对经济的调控,尚存在着教会和领地私有制,奴隶制尚不发达;六是社会力量并没有被国家所吞灭,反而以各种形式参与国政,最高权力的行为和决策的合法性取决于社会对此的评价;七是人权受到法律、传统、习俗及各类担保和承诺的保护。

由于莫斯科国家机构的系统化和统一化,国家机构分为三个部门:①管理部门:波雅尔-杜马(Бояре-думцы)、中央和地方衙门(Центральные и областные приказы)、行政或地方军事长官(Гражданские воеводы или наместник)、县长(Волостели)。②司法部门:县长(Губные старосты)、低级法官(Тиун)、书吏(Дьяки)、小书吏(Подьяки)、杜马书吏(Думные дьяки)。③宫廷部门。

莫斯科罗斯时期效忠沙皇的"服役人员"担任的官职分为三类:①国家官员:波雅尔、御前侍臣(Окольничий)、杜马贵族(Думные дворяне)。

① [俄]鲍里斯·尼古拉耶维奇·米罗诺夫:《俄国社会史》下卷,山东大学出版社2006年版,第121页。

②宫廷官员：大管家（Дворецкий）、掌管钱粮的二管家（Ключник）、军需长（Казначей）、兵器总监（Оружничий）、廷院总监（Шатерничий）、御马监（Конюший）、煤火官（Истопничий）、御马司总管（Ясельничий）、狩猎长（Ловчий）、鹰监（Сокольничник）、掌玺大臣（Печатник）、内廷御膳官（Кравчий）、御前大臣（Стольник）、司酒官（Чашник）、御前侍臣（Постельничий）、寝殿侍从（Спальничий）、宫内杂务侍臣（Стряпчий）、亲卫兵（Рында）。③军事官员：莫斯科贵族（Московские дворяне）、城市贵族（Городовые дворяне）、波雅尔子弟（Боярские дети）、老住户（Жильцы）。

第一个类别是国家官员：波雅尔、御前侍臣、杜马贵族。

波雅尔。在古代就被神圣化的波雅尔，一般指最优秀、最有名望、英勇的人、大公的参谋，现在只是保留了他在国家中的最高荣誉称号。获得波雅尔称号的首先是具有行政天赋、高尚品德的军事家。获得波雅尔称号的不仅仅是一些成年人，而且是一些因战功卓著而进入波雅尔行列的年轻人。如 25 岁的"胜利者"米哈依尔·瓦西里耶维奇·斯克平·叔伊斯基。但在米哈依尔·费多尔维奇和亚历山大·米哈依诺维奇时法令规定，只有出身于 15 个名望家族者①可以直接获得波雅尔称号。这样，获得波雅尔称号不仅需要个人的素质水平、服役战功，而且需要显赫的家族出身，普通人很难获得波雅尔称号。瓦西里·瓦西里耶维奇（1425—1462 年）时只有 4 个波雅尔。伊凡三世（1462—1505 年）时有 19 个波雅尔。伊凡四世（1533—1584 年）死后留下了 11 个波雅尔。费多尔·伊万诺维奇（1584—1598 年）只给 11 人赏赐了波雅尔称号，波雅尔的人数增到 22 人。在彼得大帝执政的初期，只有 19 个波雅尔。可见，波雅尔的人数很少，其作用有限。②

---

① 15 个名望家族：库拉金、多尔戈鲁基、布图尔林、罗莫达诺夫斯基、波扎尔斯基、沃尔孔斯基、洛巴诺夫、斯特列什涅夫、巴里亚京斯基、米洛斯拉夫斯基、苏基涅、普希金、伊斯梅洛夫、普列谢耶夫、利沃夫。

② И.А.Порай-Кошиц.История русского дворянства.М.，2003.С.78.

御前侍臣。这个称号最早出现在 1284 年斯摩棱斯克王公费多尔·罗斯季斯拉维奇·切尔诺夫的古代文献中,后来出现在 1340 年王公西梅翁·伊万诺维奇·戈尔金和他的兄弟的协议中。1378 年王公德米特里·伊万诺维奇·顿涅斯克与鞑靼人穆尔扎·别吉宁宣战时,曾把这个权杖委托给御前侍臣季莫费耶尤·韦利亚米诺夫。御前侍臣的职责在于,当国王旅行或远征时,以及在宫廷重大的典礼仪式上侍奉国王左右,即是一个经常待在国王身边,皇命的直接履行者,地位仅次于波雅尔。自从确立这个官职以来,他总是与波雅尔、贵族杜马组成莫斯科国家机构的上层官员。作为常设成员,他们坐在远离国王,波雅尔之下的长条凳上。对于这个官职的任命,完全取决于在位的沙皇。这样,除 15 个名门望族之外,御前侍臣的人数也是很少的。在瓦西里·瓦西里耶维奇时只有 1 个。伊凡三世时期有 9 个。在鲍里斯·戈都诺夫(1598—1605 年)时期有 15 个。在 1705 年有 16 个。①

杜马贵族。大公亲兵中最年轻的官员是贵族。贵族称号来自于大公的宫廷(Двор),他们有权自由出入大公的宫廷,为提高宫廷的威望、奢侈而服役,他们在国家的典礼和派遣远征时履行不同的义务。随着莫斯科公国疆域的不断扩展,大公的政治威望也随之不断上升,莫斯科宫廷大兴土木,莫斯科贵族的人数不断扩大。伊凡四世时期出现了一些新的贵族称号:杜马贵族、大贵族、一级和二级贵族、同龄和年幼贵族。他们之中地位最高的是 1572 年出现的杜马贵族,这些人出身非名门家族,但他们以非凡的才能和卓著的功绩而出人头地。伊凡四世时期杜马贵族与波雅尔、御前侍臣一起出席杜马大会,共商国是而得名。在日常的杜马会议上,杜马贵族按照官职的大小位居波雅尔、御前侍臣之下。在重大的宗教节日和沙皇的生日时,他们有义务与波雅尔、御前侍臣伴随国王左右,出席宴会,接见外国大使或出任驻外大使。如沙皇的近臣 А.С.马特维耶夫、军事长官 П.П.利亚普诺夫、阿尔汉格斯的军事长官 Ф.П.纳雷什

---

① И.А.Порай-Кошиц.История русского дворянства.М.,2003.С.82.

金。杜马贵族称号一直存在到彼得大帝初年,1700—1705 年只有 15 个杜马贵族。①

第二个类别是宫廷官员:皇室侍从长、管事、军需长、兵器总监、饲马总管、御马司总管、狩猎执事、御前侍臣、鹰监、寝殿侍从、御前大臣、司酒官、内廷御膳官、宫内杂务侍臣、亲卫兵、掌玺大臣等。这些官员具体管理宫廷事务、负责国王狩猎事务以及侍奉国王左右。

第三个类别是军事官员:莫斯科贵族、城市贵族、波雅尔子弟、老住户。这些贵族不仅保持着特有的军事义务特征,而且得到了很多土地。他们的共同任务在于维护国内的秩序、防御外敌的入侵。

莫斯科贵族。他们的义务是保护国王的宫廷,战时状态下,一半留在莫斯科,另一半跟随御前大臣作为主力军出征打仗。和平时期,他们被指派到地方充当地方官员的助手。莫斯科贵族的地位高于其他城市贵族,莫斯科贵族的社会地位对城市贵族而言总是具有诱惑力的,莫斯科贵族的优势在于,他们环绕在国王的四周,他们比其他贵族更有机会被提拔为御前大臣、杜马贵族。1550 年伊凡四世把一千多个莫斯科贵族和波雅尔子弟安置在莫斯科周围,后来把被选拔的仆役后代和选拔的城市贵族补充到莫斯科的近卫军团,成为莫斯科国家军队的核心力量。在莫斯科有名望、达官贵人的子弟以莫斯科贵族的身份开始服役,他们获得这样或那样的官职,最初是宫内杂务侍臣,后来是杜马官员。另外一些莫斯科贵族直接被封为波雅尔。

城市贵族。他们是自己所在地区的领地占有者,他们构成了地方民团和国家军队的主力,故首当其冲的义务是服军役。按照惯例,他们长期在各自的领地上服役,只能偶尔来到莫斯科。他们醉心于和平事业、赡养家庭,期待有朝一日能真正为沙皇效劳。但城市贵族很难注册为莫斯科贵族,莫斯科贵族比其他贵族享有更高的地位和荣誉。

波雅尔子弟。此时波雅尔子弟成为莫斯科大公的仆从,其地位低于

① И.А.Порай-Кошиц.История русского дворянства.М.,2003.С.83.

大公家的仆人或大公的家仆,这样就破坏了"我的附庸的附庸不是我的附庸"的原则。波雅尔子弟只是继承了波雅尔的财产,并未继承波雅尔的称号。在伊凡三世时期,他们在各自所在的城市注册。而从 1500 年他们可以在莫斯科国家的不同部门获得官职和领地,除服军役之外,他们被沙皇经常召集到莫斯科,出席莫斯科的重大典礼仪式。

老住户。他们是来自波雅尔子弟的宫廷官员,只在莫斯科注册,其他城市没有。和平时期,一年 1/4 的时间他们住在莫斯科。1701 年他们和波雅尔子弟被吸收到近卫军团,处于莫斯科和城市官员中间。1710 年他们的称号被取消。而在 18 世纪中期,他们约有 3000 人。①

除了莫斯科贵族,在沙皇的宫廷里有一大批宫廷官员,莫斯科贵族的称号对于他们来说是最基本的荣誉称号。他们来自割据王公的后代、旧波雅尔和波雅尔子弟、普通贵族(其祖先终身为奴)。这些差别使莫斯科国家贵族对沙皇有共同的服役义务,但从来没有凝聚成具有共同土地利益追求的等级。

但是服役人员处于沙皇专制政府的绝对控制之下,而这种控制又是通过门第制和领地制度得以实现的。

政治上门第制(Местничество)是政府不按照功绩,而按照出身高低选拔官员的制度。由于家庭是社会最基本的组织,家长在家族中占据优势地位,所以门第制最初维护一个家族内部的平等关系。随着经济的发展,后代的繁衍,家族势力日趋壮大,家庭分化为若干个小家庭,他们依然血脉相连,密不可分。为了维护家族的统一和威望,以及家族财产在家族成员中的合理分配,家长制定了按照长幼顺序原则继承的制度。可见,俄国门第制就是在这样简单、自然的家庭权力基础上产生的。"这种制度就是建立在波雅尔家族的等级区分和同一家族中不同成员的等级差别的基础上。"②15—16 世纪随着莫斯科中央集权国家政权的建立,各公国

① И.А.Порай-Кошиц.История русского дворянства.М.,2003.С.297.

② [美]尼古拉·梁赞诺夫斯基、马克·斯坦伯格著:《俄罗斯史》,杨烨、卿文辉译,上海人民出版社 2007 年版,第 136 页。

归并到莫斯科大公国,以"家族内部之间的较量"为特征的门第制逐渐渗透到国家制度中,它是莫斯科中央集权国家战胜地方封建割据势力的结果。

门第制深深扎根在俄国贵族的意识中,门第高低的较量不仅在亲近的人、高贵血统的波雅尔、御前侍臣之间,而且在新的、下级官员——贵族和波雅尔子弟之间进行。贵族门第的高低完全不以莫斯科国君的意志为转移。"波雅尔们高度重视他们自己和家族的'荣誉'和'公正的地位',由于任何一时的降级都会被永久地载入此表中,他们就更加斤斤计较。"①有人宁愿坐在地板上吃饭,也不要坐在他认为降低了他的身份的餐桌旁的座位上吃饭。在任命将军时,沙皇必须考虑被任命者彼此间门第的顺序。因为如果不遵守门第高低的原则,将军们都会坚决拒绝指挥各自的骑兵团。如果在给贵族任命官位时门第高低的顺序得不到遵守,就会迫使他们坐到他们应坐的座位上去;他们钻到桌子下面去,大声喊叫,即使沙皇下令砍掉他们的头颅,他们决不让出自己按门第应得到的高位。贵族们说:"国君赏赐土地和金钱是为服役,而不是为祖荫。"②可见,"为这样一支军队任命军官需要依据门第制度进行十分谨慎和精巧的安排,而和军事能力全然无关"。③

伊凡三世时期,为了管理国家的服役人员而建立特殊的机构——职官部(Разряд)。官员的地位高低一方面依赖于沙皇的赏赐,另一方面依赖于家庭出身。当然,门第制也会出现偶然,选拔一些非血统贵族的人。在仁慈的沙皇阿列克谢·米哈依洛维奇统治时,书吏的儿子勒季谢夫、奥尔金-纳肖尔、马特维耶夫获得了波雅尔的称号。但偶然的事件破坏了正常的社会秩序,侮辱了名门贵族的血统。沙皇的杜马,莫斯科国家的栋

---

① 〔美〕尼古拉·梁赞诺夫斯基、马克·斯坦伯格著:《俄罗斯史》,杨烨、卿文辉译,上海人民出版社 2007 年版,第 173 页。

② 〔俄〕Н.П.巴甫洛夫-西利万斯基:《俄国封建主义》,商务印书馆 1998 年版,第 156 页。

③ 〔美〕尼古拉·梁赞诺夫斯基、马克·斯坦伯格著:《俄罗斯史》,杨烨、卿文辉译,上海人民出版社 2007 年版,第 173 页。

梁大多出自一个家族,如沃罗藤斯基、姆斯基斯拉夫斯基、戈利津家族。每一个上任的官员都要讲述自己家族的前史,展示家族的荣誉标志,表明自己目前对维护家族利益应负有的责任。"一人得道,鸡犬升天。""门第制成为公共纪律的调节器。"①在家族内,即使刚刚出生的幼子也有权力控制已成年的次子。在社会上,人的出身使职位光彩,家谱中的辈分必须同官府中的官职相一致。"如果官职与'名分'不符,则会被视为极大的侮辱。"②每个家族必须拥有名望的祖先,其家庭成员才有升迁的可能,家族的利益和家族的统一成为选拔官员最根本的基础。如果某个服役人员,按照辈分是长者,但由于他服役年限短,官职低,他无颜归属于那些服役年限长,官职高,但出身低微官员的领导。两个出身不同的人也不能在同一个职位上服役;每个人不可能拥有整个家族的威望和荣誉,但他却有责任维护这种荣誉,不能因小事而损害家族的崇高荣誉。门第制不仅体现在每个城市和每个军团之间,而且体现在宫廷的典礼仪式上、外交谈判的庄严仪式上和沙皇周围官员中。在家谱中谁的辈分大,在职官录中谁的官职则最高。"这一体制制约了君主的任免权,并使大贵族、中小贵族及富商巨贾得以免受君主的专横跋扈之苦。"③"对宗族荣誉的狭隘感情使得大家对社会的利益、甚至等级的利益淡薄了。"④"门第制有害于国家事务,有利于沙皇的专制,因为它破坏了贵族之间的团结和共同利益的形成,……这是服役制度的利己主义,是对沙皇意志的依恋,是加强君主专制制度的重要手段。"⑤"莫斯科公国政府的历史看上去经常像是波雅尔

---

① Академия наук СССР институт истории. Абсолютизм В России（ⅩⅦ－ⅩⅧ вв）. М.,1964.С.180.

② [俄]鲍里斯·尼古拉耶维奇·米罗诺夫:《俄国社会史》下卷,山东大学出版社2006年版,第116页。

③ [俄]鲍里斯·尼古拉耶维奇·米罗诺夫:《俄国社会史》下卷,山东大学出版社2006年版,第116页。

④ [俄]瓦·奥·克柳切夫斯基:《俄国史教程》第2卷,商务印书馆1996年版,第154—155页。

⑤ Академия наук СССР институт истории. Абсолютизм В России（ⅩⅦ－ⅩⅧ вв）. М.,1964.С.170.

们为了'荣誉'和官职而争执不休的漫长的吵架史"。① 最终造成了贵族之间血腥内讧,社会的动荡。

尽管按门第确立的官位等级制引发了服役人员家族之间的仇视,但它还是把所有服役人员结合成为一个整体,把按照祖荫占据各种官位而又不愿将它们让给非名门新贵族的这些贵族结合成为一个等级,这是俄国封建等级制度的萌芽。"非名门和名门无法相比!"可见,"莫斯科公国时代的政治制度本质上是等级分明的权力统治。优先顺序制度既考虑祖上的贡献,又照顾本人对国家服役劳绩,这样对家庭出身和本人的贡献都兼顾了。任何人没有沙皇的命令都不会在出身和功绩都不如本人的手下服役。"②这种制度首先保证沙皇对所有在政府供职的贵族有最高有效的控制;其次,使为国家服役的贵族之间,尤其是那些与宫廷关系密切且有望进入波雅尔杜马的贵族家庭之间不断发生矛盾和摩擦,使之不能结成联合战线而威胁沙皇的绝对权力。"紧张对峙使社会产生裂痕。谩骂侮辱有助于消除可能会使社会结构破裂的紧张局面。"③门第制把许多新家族拒之于通往高层贵族的大门之外,它主要起着等级防御手段的作用。

经济上的领地制度。16 世纪俄国所面临的严峻形势决定了军役是俄国封建社会每个人必须履行的强制义务,服役人员与沙皇的合同关系依法被为国家义务服役制度所取代。16 世纪莫斯科国家的新疆界使他同瑞典人、立陶宛人、波兰人、鞑靼人直接毗连,莫斯科国家处于三面受敌包围圈中,不得不在两条漫长的、弯曲的边境线上——西北部的欧洲边境和东南部的亚洲边境同敌人作斗争,对莫斯科最大的威胁是来自东南部鞑靼人经常性的骚扰。"实际上,草原边境在几个世纪的时间里都是敞开的,这个事

---

① 〔美〕尼古拉·梁赞诺夫斯基、马克·斯坦伯格著:《俄罗斯史》,杨烨、卿文辉译,上海人民出版社 2007 年版,第 173 页。

② 〔美〕拉伊夫:《独裁下的嬗变与危机——俄罗斯帝国二百年剖析》,学林出版社 1996 年版,第 9 页。

③ 〔美〕拉伊夫:《独裁下的嬗变与危机——俄罗斯帝国二百年剖析》,学林出版社 1996 年版,第 11 页。

实极大地刺激了俄罗斯社会的军事化,俄罗斯西部边界通常难以保护且变动不拘的性质进一步强化了这一趋势。"①特殊的地缘环境迫使俄国人为保护自己寻找安全的疆界,不断征战、扩张。不仅"这种不断征战成为常态的地缘政治条件加上恶劣的自然气候条件,千百年来使东斯拉夫人把高度的自我节制提到首位,勇敢尚武精神成为俄国民族的特性。"②而且,"在俄国的扩张中,经济利益和传播基督教的目的比西欧的海上强国要次要得多;与此相反,安全因素和与土著居民的合作更为重要。"③

为此,政府采取措施进行防范:河岸服役,每年春天(3月25日的报喜节)动员6500人员到奥卡河河岸;在边境的危险地段设立了3条防御线,鞑靼人无法在莫斯科国家的兵团齐集前闯进俄国;实行哨所和村镇服役制。16世纪以来,俄国政府年复一年把数以千计的居民聚集在边境同野蛮的游牧民族进行单调的、艰巨的、劳民伤财的斗争。政府维持这样一支武装力量,割据时代的财源已经无法在经济上满足日益壮大的服役人员的需求,他们迫切需要开辟新的财源。但是莫斯科罗斯时代,自然经济占统治地位,城市化进程缓慢,工商业没有取得任何重大的成就,也没有新的财源可以开辟。但俄国疆域的辽阔使莫斯科君主获得了一个新的资本:广大的新土地,以此来满足服役人员的需要。此外,对敌斗争要求迅速动员兵力,随时在边境迎击来犯之敌。"俄罗斯的急速扩张和在除了北部和东北部之外的所有边境进行的战争将政府和人民的资源消耗殆尽。莫斯科当局使劲浑身解数招徕服役人员"。④ 把服役人员分散到人口稠密的内地和人口稀少的边疆,从而把土地拥有者变成一道防御草原强盗的活屏障。

---

① ［美］尼古拉·梁赞诺夫斯基、马克·斯坦伯格著:《俄罗斯史》,杨烨、卿文辉译,上海人民出版社2007年版,第8页。
② 朱达秋、周力:《俄罗斯文化论》,重庆出版社2004年版,第6页。
③ ［俄］鲍里斯·尼古拉耶维奇·米罗诺夫:《俄国社会史》上卷,山东大学出版社2006年版,第17页。
④ ［美］尼古拉·梁赞诺夫斯基、马克·斯坦伯格著:《俄罗斯史》,杨烨、卿文辉译,上海人民出版社2007年版,第145页。

　　从 14 世纪末期开始,大公竭力通过相互协议确立已有明确领土的采邑,其他公国官吏不得侵犯的原则——国家领土权的原则,"我的附庸的附庸就是我的附庸"。德米特里·顿斯科伊大公把土地分给自己的儿子,"从自己孩子的采邑中抽出几个乡、村镇和村庄给自己的夫人,不是作为私有财产,而是作为公国所有,禁止自己的儿子进入夫人的领地。"①莫斯科政府手中的土地既变成了在经济上满足兵役需要的手段,也变成了防止波雅尔和波雅尔子弟逃避服役的手段,这样,领地制度应运而生。

　　15 世纪下半期,随着莫斯科大公国中央集权的强化和疆域的不断扩充,一方面莫斯科大公国兼并了许多割据公国,吸纳了以前各公国宫廷的服役人员;另一方面,莫斯科宫廷大兴土木,大公国的仆役数量大增,居住在莫斯科宫廷里的仆役之间或者贵族(дворян)之间开始发生联系,由此出现了领地制度。"人连同土地自由依附的封建权利造成了极大的流动性、关系极端的不稳定性,并由于它的充分发展而破坏了各种法制,古代封建人的从属原则同新的领土从属原则之间的长期斗争,其结果最后以领土国家权力的胜利而告终。"②莫斯科大公虽然夺取了几个都城,但作为世袭领地的那几个王公保持着自己大部分世袭领地,一方面,他们虽然成为大公的仆从,但仍然是"王公"的身份;另一方面,历代莫斯科大公在将自己的部分土地分给儿子时,他们又建立起一些主权和非主权的公国。他们虽然在自己的领地上仍是国君,但已经失去了政治独立性,从而成为服役的臣属从属于大公,他们表现出鲜明的封建制特征:"服役王公必须为自己的领主服役,但又和在自己领地范围内保持了完全独立的贵族毫无区别"。③ 服役人员被安置在国家土地上,即在服役的前提下,国家把一部分土地交给服役人员,地主由此产生。波雅尔和波雅尔子弟因服役

---

　　①　[俄]Н.П.巴甫洛夫-西利万斯基:《俄国封建主义》,商务印书馆 1998 年版,第545 页。

　　②　[俄]Н.П.巴甫洛夫-西利万斯基:《俄国封建主义》,商务印书馆 1998 年版,第541—542 页。

　　③　[俄]Н.П.巴甫洛夫-西利万斯基:《俄国封建主义》,商务印书馆 1998 年版,第556 页。

而获得薪俸和世袭领地,他们的地位高于服役人员,在服役人员和服役自由的波雅尔、波雅尔子弟之间存在着差异。尽管大公承认公国之间的协议,但波雅尔、波雅尔子弟因服役无利可图而自由迁徙,大公被迫与割据势力作斗争,运用各种方式铲除自由迁徙带来的消极后果,没收其世袭领地,降低其服役荣誉,采取死刑以外的惩罚措施。大公为了防止服役人员出走,用担保契约书和保证金的方法加以限制。16世纪初期,除了立陶宛,几乎所有的割据公国都归顺了大公国,服役人员已无地可去。如果贵族迁徙到非大公国所管辖的地区,将会铸成叛国的大错,这种观念影响着服役人员的意识。后悔出走者请求大公取消给予他们不光荣的称号"卑鄙者"(Мерзячка)。16世纪,自由出走不复存在,与此相应的自由服役也就失去了它本来的内涵。对自由仆役而言,服役是他的义务,服役人员和波雅尔之间的服役差异性随之消失,他们在社会生活中的其他差别在16世纪也逐渐缩小。

15世纪末期,只有在特殊的条件下,波雅尔和波雅尔子弟才能获得领地,在服役人员地主之后出现了波雅尔地主和波雅尔子弟地主。对贵族而言,没有任何法律限制他们成为世袭领地占有者,波雅尔和波雅尔子弟对服役人员的优势地位仅仅反映在官方的法律文献上,在实际中,他们经常沦为奴仆。16世纪下半期,二者在语言上差别痕迹逐渐消失,波雅尔子弟也被称为贵族,当时,这两个称号相遇时,服役人员总是高于波雅尔子弟。17世纪形成一个惯例,宫廷服役形式最终取代了自由服役形式,而且只有一小部分幸运服役人员可以在莫斯科宫廷或莫斯科宫廷附近服役,大部分在莫斯科大公国的各个城市服役。16—17世纪的领地制度是对有服役义务的服役仆从的强制性安置,它与割据时期的做法有着本质的不同。"如果为我的儿子服役,村庄就属于他;如果不为我的孩子们服役,就收回村庄。"①领地制战胜世袭领地制意味着主权的领土统治

---

① [俄]Н.П.巴甫洛夫-西利万斯基:《俄国封建主义》,商务印书馆1998年版,第531页。

原则逐渐取得了对个人财产权的胜利。

军事义务是取得土地的前提条件，"谁服役，谁就拥有土地，谁拥有土地，谁就得服役。"①这份土地不能出售、转赠、按遗嘱继承、按遗产转让；只有为自己主人服务时，才能使用这份土地；停止服务或前往另一个王公为另一个王公服务时，领地将自动丧失。"大多数比较老的占有土地的世袭贵族逐渐为担任公务的贵族所取代，他们不是靠生来就有的权利占有土地，而是依靠做官占有土地。"②1550 年，政府加紧征集人数众多的武装力量，开始用分配土地的办法来维持军队，1078 名不同官职的服役人员得到了 176775 俄亩的土地。③ 按照 С.Б.韦谢罗夫的解释，领地制度是一种简单的、不可分割的特殊制度，它在罗马帝国、拜占廷和西欧很有名。他描述了伊凡三世在远征诺夫哥罗德后的"伟大的改革"。1484 年和 1489 年伊凡三世没收了近 59 万奥勃扎④的土地，既没收了诺夫哥罗德波雅尔手中将近 100 万俄亩的土地，撤销了临近莫斯科的县，也把将近莫斯科的两千个波雅尔子弟安置在这些地方。⑤ 1550 年伊凡四世下令将一千个莫斯科贵族和波雅尔子弟安置在莫斯科县，赐予他们波雅尔的领地。1556 年伊凡四世颁布《连带土地服役法》，拥有 100 切季的土地所有者服役时，应自备武器、马匹，服役不再是协议性的，而是由法律规定的义务。

此外，国家对所有服役人员进行注册，15 世纪中期首先对主要的宫廷官员进行注册，16 世纪中期对其他服役人员进行注册。注册的目的是为了估测莫斯科国家的军事力量，所以，在服役人员的名册中详细记载了每个服役人员的服役状况以及领地收入状况。为了编订这样的名册，国家开始对各城市贵族定期检阅或者选拔各城市的服役人员。每个城市都要选出几个服役人员候选人，服役人员候选人要向国家详细汇报其服役现状和财

---

① И.А.Порай-Кошиц.История русского дворянства.М.,2003.С.124.

② ［美］布莱克：《日本和俄国的现代化》，商务印书馆 1984 年版，第 72 页。

③ ［俄］瓦·奥·克柳切夫斯基：《俄国史教程》第 2 卷，商务印书馆 1996 年版，第 220 页。

④ 1 奥勃扎 = 1.5 俄亩，1 俄亩 = 1.09 公顷。

⑤ В.И.Буганов.Российское дворянство.//Вопрос истории，1994，№1.С.34.

产状况:以前他服什么役？以后他可能服什么役？在这个基础上再选拔服役人员,他们之中的优秀者注册为"选拔贵族"(Выборные дворян)。"选拔贵族"与其他贵族的差别在于,"选拔贵族"成为服役人员的首领(百人长、团长),而其他服役人员履行普通义务,选拔、征发青年服役人员从15岁开始服军役。这些服役人员子弟人数占所有城市"选拔贵族"的1/5,每个城市选拔3—8个服役人员和拥有350—100切季土地的服役人员,服役人员子弟服役时可以领有其父亲的领地,无财产的服役人员子弟服役时可享有单独的领地薪水。以上便是俄国贵族等级的进一步发展。

　　服役领地占有制的实施破坏了世袭领地占有制的法律性质,土地和服役联系了起来。它人为地发展了俄国的土地的私人占有制度。破坏了俄国城市化的进程,它把大批服役人员从城市吸引到农村,它在自己的服役领地努力培养自己的家庭手工业者,自给自足,不求助于城市,从而使城市工业、手工业失去了消费市场。服役领地占有制造成了俄国领土的无限制扩展,疆域的不断扩大又给国家政府增加扩充军队的经济负担,如此恶性循环,成为制约国家经济发展的一个重要阻碍。当时俄国还存在属于完全个人所有的世袭领地制度。它可以出售、转赠、按遗嘱继承、按遗产转让。世袭领地具有封建等级性质,它区别于采邑和领地,带有过渡时期的一些特征:土地和政权结合得并不十分紧密,与法国墨洛温王朝初期的土地赏赐相似,它不是通过法定明令以服役为条件的土地赏赐,较少受到限制和监督。世袭领地给予其占有者的,更多是特权而不是义务(虽然也要服役),其结果则造成了贵族在政治上的独立性,使国家中央政权日益走向四分五裂。它被领地制度取代成为历史的必然。可见,"莫斯科国家与西方国家的区别,在于它不仅奴役了最低的农民阶级,而且也奴役了最高的官宦阶级。"①

　　综上所述,基辅罗斯时期贵族是王公的亲兵,血缘关系是王公和亲兵

____

① 〔俄〕戈·瓦·普列汉诺夫:《俄国社会思想史》第1卷,商务印书馆1999年版,第89页。

之间联系的纽带。起初这些人意味着义务为王公履行军务、民政—司法事务,依赖于王公经济支持的封邑王宫中最低的等级。虽然,王公的亲兵在服役的性质上有一定的差别,亲兵为国家服役与为王公个人服役没有什么本质性的区别,进入亲兵行列的社会成分五光十色。但从整体上他们不是独立的土地所有者,而是具有原始自由意志、王公的盟友和合作的共事者。蒙古罗斯时期贵族是王公的廷臣,他们占有大量土地,并在国家机构中获得了一定的官职。莫斯科罗斯时期贵族是服役人员。可见,"彼得一世前夕,俄国不存在社会成员之间的平等,也不存在特权等级,只有沙皇的官员。"①贵族(Дворянство)是 18 世纪前为国家服役而产生的世俗封建主。17 世纪领地制加强了服役人员对俄国沙皇专制主义国家的经济依赖;门第制导致了服役人员等级之间的互相敌对,服役人员之间由于隔阂、多疑和分散造成了经常性的矛盾分离,拥有统治权力的血统贵族以敌视、轻蔑的态度看待非名门、破落或者低贱出身的服役人员,他们之间不可能结成任何形式的联盟。没有特权、分散且相互敌对便是 18 世纪改革前夕俄国贵族的状况。

与西欧国家相比,俄国经济落后,国家只有剥削民众才能获得所需资金,而只有实行普遍的农奴制才能把民众固定在居住地,剥夺他们的财产,维护社会秩序。② 所以,莫斯科罗斯时期俄国是一个无阶级和等级的国家,所有居民(服役者、纳税居民、不纳税居民)都受到沙皇政府不同程度的奴役。"农奴制从上到下、从农民至皇室,覆盖了整个社会,贯穿着所有的国家制度。"③贵族受到国家政府的一重奴役。

---

① A.Романович-словатинский.Дворянство в России .М.,2003.С.187.

② 米罗诺夫认为,俄国农奴制普遍存在的原因有四点:一是俄国国家制度的传统特点和最高政权的宗法制特点所决定的,即沙皇至高无上的权威;二是军事政治的影响;三是俄国民众的文化—心理前提,即缺乏个人主义、自我意识和自我监督,只服从暴力;四是经济原因,即俄国没有资本主义式的雇佣劳动。农奴制有三种存在方式:国家农奴制、集体农奴制、私人农奴制。详见[俄]鲍里斯·尼古拉耶维奇·米罗诺夫:《俄国社会史》上卷,山东大学出版社 2006 年版,第 388—394 页。

③ [俄]鲍里斯·尼古拉耶维奇·米罗诺夫:《俄国社会史》上卷,山东大学出版社2006 年版,第 426 页。

第二章 18世纪的改革进程

（1689—1796年）

第一节 彼得一世的改革

彼得大帝是俄国历史上一位富有开拓进取精神的改革家,他的改革奠定了18世纪俄国改革的方向。17—18世纪,封建主义在欧洲范围日益解体,资本主义工业蓬勃兴起,西欧商人在重商主义思想的支配下,踏遍世界各地,世界规模的商品流通发展起来。与此相比,俄罗斯由于很晚才通过基督教加入文明世界的历史进程,脆弱的大土地所有制,萌芽状态中的封建生产关系,分裂性的内讧,使俄国经常遭到周边游牧民族的侵袭。曾作为东斯拉夫人伟大的教育者,伟大的引导者,宗教和文明源泉的拜占廷,"对一个正在觉醒民族的影响是毫无价值的,它只能阻碍而不是鼓励这一民族的创造力和独创性。"①

此外,俄罗斯人接受拜占廷基督教的同时,还继承和维持了天主教与东正教之间的长期不和,从而在两者之间设置了一个障碍。君士坦丁堡陷落之后,俄国成为东正教唯一独立的堡垒——第三罗马。这些事件使俄罗斯人自鸣得意、自以为是、自我孤立。莫斯科罗斯是金帐汗国的直接继承者,蒙古人的思想和管理方法为俄国沙皇建立半东方专制主义铺平

---

① ［美］斯塔夫阿诺斯著:《全球通史》上卷,吴象婴、梁赤民译,上海社会科学出版社1992年版,第417页。

了道路。"17 世纪末期,莫斯科上层阶级大约 17% 的成员具有非俄罗斯或者东方血统,更使俄罗斯的文明基本上成为一种缺乏西方生气勃勃扩张主义、商业工业和科学的文明。"①"在民众的意识中,古老的习俗和制度就是其合法性、权威性及完美性本身,如同种族一样,久远的历史是其尊严和荣誉的根基。"②尤其是蒙古鞑靼人 240 年的征服统治中止了俄国与西方的联系,延缓了俄国经济的发展,使俄国错过了西方正在经历的文艺复兴、宗教改革、海外扩张和商业革命。

1492 年新航路开辟,海道大通,美洲的金银源源不断地流入西欧引起了价格革命。③ 粮食价格上涨,东欧首先被纳入西欧资本主义世界经济体系,东欧平原城市"扮演了为正在工业化的西方生产原料的角色——重要的谷物、木材产品的储备库"。④ 欧洲的价格革命刺激了俄国原料产品的出口,首先是农产品价格的上涨,谷物价格上涨 6.3 倍,其他农产品(皮革、动物脂肪、蜂蜡等)价格上涨 5.5 倍。⑤ 产品的出口刺激了俄国土地的所有者,增加生产就会有大规模赢利的机会,再加上相对短缺劳动力与大量未使用土地的相结合,农奴制的强化在俄国成为历

---

① [美]斯塔夫阿诺斯著:《全球通史》下卷,吴象婴、梁赤民译,上海社会科学出版社 1992 年版,第 376 页。

② [俄]鲍里斯·尼古拉耶维奇·米罗诺夫著:《俄国社会史》下卷,张广翔等译,山东大学出版社 2006 年版,第 114 页。

③ 张广翔认为,18 世纪才在俄国开始的价格革命对国家的对外贸易、经济结构和城市发展产生了深远的影响:一是价格革命使俄国作为农产品的供应者和工业品的需求者,日益卷入国际劳动分工中,俄国成为一个以原料出口为主,长期进口制成品的国家;二是价格革命使农业生产在国家经济结构中的作用更加突出,还使先天发育不足的民族工业受到进一步排挤,农业国色彩更浓,谷物出口量居首位;三是价格革命延缓了城市化的进程;四是价格革命使农奴制经济进一步繁荣,贵族在国家政治和经济生活中居于主导地位,资产阶级很难立足并很快被贵族同化。详见张广翔:《18—19 世纪俄国城市化研究》,吉林人民出版社 2006 年版,第 173—182 页。

④ [美]沃勒斯坦著:《现代世界体系》第 1 卷,尤来寅等译,高等教育出版社 1998 年版,第 104 页。

⑤ Б.Н.Миронов.Влияние революции цен в России ХⅧ века на её экономическое и социально-политическое развитие.//История СССР,1991,№1.С.98.

史的必然。① 但农奴制制约了俄国经济的发展,17世纪末期俄国总共有30个手工工场,图拉的7个铁工场里只有119个工人,其中一半是外国人。②

此外,俄国的商品经济由于缺乏不冻港,劣势的国内贸易(这是由俄国国内河流的多北南流向,而货物的需要东西运送方向以及严冬的漫长导致的),它只能以内陆港口的条件,委靡不振的大陆性贸易参加16—17世纪的世界经济竞争。俄国出口多种用于海军补给品的原料,进口奢侈品和金属品(包括军火)。再者俄国城市从产生起就是私有的,缺乏西欧那样的以商业、手工业为中心的自治城市,而仅是一些以行政、军事、庄园为中心的非商业城市,城市化进展缓慢。"俄国很大一部分市民来自外商,17世纪在莫斯科仅有13个外商。"③"从根本上来说,正是这些市镇的衰落使得贵族采用了一种西方在结构上行不通的危机解决办法——一种庄园制的反动慢慢破坏了所有农民的权利,并有步骤地将佃户降为农奴,在领主的大自营地上劳动。"④由于俄国有巨大的缺少人口的土地,因而防止农民逃亡也是所有领主面临的急迫任务。其结果促成了俄国在欧洲世界经济体系中边缘化的地位。

在政治上,日益膨胀的王公、波雅尔的权力抑制着沙皇中央集权的强化。昔日拥有赫赫权势的王公、波雅尔对自己的"亡国之痛"耿耿于怀,

---

① 有关俄国农奴制的形成和广度,国内外史学界有三种观点:一是十月革命前的俄国史学家认为,农奴制出现于16—17世纪,是应国家方便监督民众纳税和履行义务而把民众固定在一定的居住地和社会阶层的需要而产生的。农民奴化是因为他们经济债务增长和国家需要有稳定的劳动力来供养国家公职人员。二是苏联史学家认为,只有农民和下层市民(工商业者)曾被奴化。三是西方史学家原则上支持革命前俄国史学家关于各等级普遍奴化的观点,但在论述农奴制本身时,被奴化的等级通常仅指农民。详见[俄]鲍里斯·尼古拉耶维奇·米罗诺夫著:《俄国社会史》上卷,张广翔等译,山东大学出版社2006年版,第379页。

② 孙成木、刘祖熙、李建:《俄国通史简编》上卷,人民出版社1986年版,第134页。

③ А.Б. Каменский. Российская империя в ⅩⅧ в.: традиции и модернизация. М., 1999.C.15.

④ 佩里·安德森著:《从古代到封建主义的过渡》,郭方、刘健译,上海人民出版社2001年版,第273—276页。

对大公的专权独断疾恶如仇、伺机推翻大公的政权。虽然从伊凡三世到伊凡四世都采取了措施(特辖制),打击王公割据势力,强化君主专制政体。但是彼得一世改革前王公、波雅尔仍然享有特殊地位。波雅尔杜马创建了并控制着莫斯科的国家和社会秩序。波雅尔杜马对皇权的限制贯穿了整个 17 世纪。部分王公世家保有领地,并在领地享有司法、税收特权;某些王公世家还养有数量不等的军队。根据门第制度,王公世家几乎垄断了中央和地方的重要官职,贵族杜马往往成为与君权分庭抗礼的工具。曾一度支持王权的缙绅会议在伊凡四世死后,12 年内再也未召开过,形同虚设,"最后一次象征性的缙绅会议在 1683 年无声无息地结束,变成了一群宫廷的谄媚者。"①

在社会生活方面,东正教会虽经几代沙皇的制服,仍然有相当大的势力。"在莫斯科,宗教既是王朝的文明支柱,又是俄罗斯作为民族国家整体的重要因素。沙皇和俄国人民都是俄国东正教徒,东正教教义具有现代人们称为思想体系的作用。对宗教仪式或教义的任何挑战或非难,都会在国家政治文化生活中引起强烈反响,并冲击俄罗斯民族面貌与精神统一的根本。"②在沙皇的生活中,僧侣无时不在,他们对沙皇的影响绝不仅限于表面。没有僧侣的参加,沙皇不会作出任何举措,也不会采取任何有意义的行动。总主教可谓"法力无边"。它依托基督教的道德权威,处于俄罗斯东正教会这一强大组织的上层,统领着有家小的牧师和在国家的社会经济生活中举足轻重的修道士大军,掌握着丰厚的物质财富(大片土地和占农民总数 12.5% 的农民)拥有自己的宫廷和官宦。总之,总主教制构成了国中之国,也赋予作为教会首领的总主教极大的社会和政治权力。③ 如东正教会牧首阿德里昂认为:"帝国的统治在地上,在人

---

① 〔美〕佩里·安德森著:《绝对主义国家的系谱》,刘北成、龚晓庄译,上海人民出版社 2001 年版,第 211 页。

② 〔美〕拉伊夫著:《独裁下的嬗变与危机——俄罗斯帝国二百年剖析》,蒋学祯、王端译,学林出版社 1996 年版,第 2 页。

③ 〔俄〕鲍里斯·尼古拉耶维奇·米罗诺夫著:《俄国社会史》下卷,张广翔等译,山东大学出版社 2006 年版,第 118 页。

间……而神父们的权力既在地上,也在天上。"①在经济上,教会是国内最大的封建土地所有者,1678年,教会总共有11.6万农户,占全国农户总数的13.3%,而同时期国家占有农户才达10%。②

在政治上,教会不甘心屈居于世俗政权之下,利用其权势(东正教牧首费拉烈特——沙皇的父亲)直接干涉国家的政治事务,保持着一套完整的组织系统,形成"国中之国"。

此外,人们的日常生活和文化活动都被局限在东正教伦理所规定的传统模式内。就东正教本身来说,神学思想未得到进一步发展,也缺乏世俗化。17世纪末期才出现华丽的教会绘画、雕刻、剧院。俄国民众的识字率很低,诺夫哥罗德农民识字不到15%,民间盛行巫术迷信鬼神,牧师、巫婆用符咒治病,瘟疫流行,算术阿拉伯数字不能使用,欧洲人带来的钟被视为不可理解的神物。俄国内没有教育制度,不仅没有欧洲式的大学,甚至也无初级中学,当时受教育只是个人的私事。一位俄国主教竟然宣布:"上帝憎恨任何热爱几何的人,它是一种精神上的罪恶。"③由于缺乏知识,彼得一世以前的莫斯科官员偶尔出访西欧时,"这些宽袍长须的旅行家,因无认真观察比较先进国家的生活素养,只是注意一些无关紧要的小事,而对于重要现象,则反淡然置之,只见树木,不见森林。这些供职官员,对于他们面前展开的西欧社会精神生活情景毫无认真判断的素养。"④而当时欧洲,12世纪教育已成为一种行业和城市的重要活动之一,在俄国既无老师,也无学生,不存在独立的科学活动,数学和其他自然科学应用范围很窄,律师还未成为一种法律化的职业,实际审判代替法律

① Российская академия наука институт истории.//История СССР.Москва,1967. C. 275.

② [俄]Б.Б.卡芬加乌兹、Н.И.巴甫连科主编:《彼得一世的改革》上册,郭奇格等译,商务印书馆1997年版,第145页。

③ 帕尔默·科尔顿著:《近现代世界史》上卷,孙福生译,商务印书馆1992年版,第238页。

④ [俄]戈·瓦·普列汉诺夫著:《俄国社会思想史》第2卷,孙福生译,商务印书馆1999年版,第2—3页。

程序,俄国的科学和法律发展不仅落后于欧洲,也不如东方的中国和伊斯兰。16 世纪颁布《治家格言》,俄国妇女社会地位低下,不能参加任何社会活动。

在军队建设方面,改革前俄国的军队由贵族民团、射击军、新制团队和哥萨克①骑兵组成。平时不进行系统的军事训练,兼营商业和手工业,战时战斗力极差,两次远征亚速夫,北方战争初期纳尔瓦战役惨败。"老式骑兵和非正规军还未与瑞典军队交手,就竞相奔走。新征募的步兵的表现和纪律松懈的民兵没有什么区别,外国军官则既无能又不可靠。只有两个近卫军团和一个步兵团表现尚可。"②俄国军队缺乏统一指挥,各军不善于互相支援,军事行动不协调,甚至突击时间也参差不齐;俄国军队缺乏严格训练,工兵素养极差,武器质量低劣。海军军官、造船技师、造船工匠俄国一个也没有。

可见,17—18 世纪的俄国,比西欧要落后两百年到三百年,为了摆脱国际政治体系的压力,富国强兵,彼得毅然进行改革。"俄国人民经过八百年的东向运动,开始急剧地转向西方;经济和道德的破产要求转向,要求给人民生活以新的道路。"③"经济需要是俄国从东方转向西方最深刻的原因。"但当时的现实情况并不容许俄国走资本主义道路,沙皇专制制度和农奴制度正处于确立和发展时期。这样,彼得受两种相互排斥的热情所左右:一方面,他要向西方学习先进的文化,力图赶上或超过西欧;另一方面,却拒绝采用资本主义政治制度和生产方式,在国内强化落后的农奴制度。"这是在(西欧)这种充满毫不留情的争夺领土战争的文明中求得生存的代价;封建主义发展的不平衡迫使它们在还没有达到与西欧相

---

① 哥萨克:15—17 世纪的俄国历史上的自由人,是逃往顿河、查波洛什等地的农奴、城市贫民;或者指 18 世纪起领有领地,终身服役的哥萨克军官或士兵。1917 年革命后,指旧哥萨克军区的农民或哥萨克骑兵。

② [美]尼古拉·梁赞诺夫斯基、马克·斯坦伯格著:《俄罗斯史》,杨烨、卿文辉译,上海人民出版社 2007 年版,第 206 页。

③ [俄]戈·瓦·普列汉诺夫著:《俄国社会思想史》第 1 卷,孙静工译,商务印书馆 1999 年版,第 246 页。

似的向资本主义转变的阶段就必须赶上西欧的国家结构。"①

　　作为自卫手段，彼得执政后，面对俄国落后的社会状况，并不是率先在政治领域、经济领域进行改革，以迎头赶上世界现代化的第一次浪潮，而首先感兴趣的是向西方借用军事技术，继续奉行传统的外交战略，为打通出海口，不惜投入大量人力物力进行战争准备。特殊的客观社会环境和他个人坎坷的生活经历使彼得有时表现出残酷无情、刚愎自用，有时表现出博大的智慧、充满善心和贤明。"他时而是一位科学院院士，时而是一个英雄，时而是一名航海家，同时又是一个木工。"②彼得一世具有积极和务实的头脑，能够很快地发现问题并找出解决办法，但不擅长构建理论。他让"俄罗斯腾空升起，又用铁笼头将它拽住"③。"彼得国家的形象，包括无休止的强制措施和领土扩张，必须置于其压抑落后的环境中来考察。"④

　　1695年、1696年彼得一世率军两次远征亚速夫，俄国获得了在黑海扩张的立足点。1697年，为了巩固和扩大反土联盟，他随高级使团进行了一次以考察学习西方军事为目的出访。出访的结果使他放弃了寻求反土联盟，转而北上夺取波罗的海出海口。北方大战，纳尔瓦战役惨败，这是彼得改革的前期。在此期间没有本质性的改革，只是在社会生活方面加快欧化的步伐，通过各种方法改革旧的习俗、提倡西欧的服饰礼仪和生活方式。而军事改革是此时期改革的重要内容。从1709年波尔塔瓦战役到《尼斯塔特和约》的签订是彼得改革的后期。此时他的政治经济改革和军事行动同时进行，并逐渐向全面改革过渡。此间的政治经济改革具有浓烈的军事化味道。其改革的起点是战争，战败诱发改革，改革促进

---

　　①　［美］佩里·安德森：《绝对主义国家的系谱》，上海人民出版社2001年版，第210页。

　　②　［俄］T.C.格奥尔吉耶娃著：《俄罗斯文化史——历史与现代》，焦东建、董茉莉译，商务印书馆2006年版，第148页。

　　③　［俄］尼·伊·帕甫连科著：《彼得大帝》，斯庸译，国际文化出版公司2002年版，第426页。

　　④　［美］佩里·安德森：《绝对主义国家的系谱》，上海人民出版社2001年版，第362页。

战争。彼得一世成为改革家仿佛出于偶然,似乎并非出于本意,乃是身不由己,是战争引导他,并且推动他终身从事改革。各国历史上,一般来说,对外战争和内部改革是不相容的,改革需要和平环境,战争通常是其阻碍。在彼得一世当政时期,战争乃是进行改革的环境,它引发改革并指导改革。"战争在其他时代是改革的摇篮,而在彼得时代,它却是改革的学校。"①但这两股互相妨碍的力量不自然的结合也导致了不利的后果,战争仍是改革的阻碍,改革又造成了战争的旷日持久,从而引起了人民的抗议和暴动,反过来妨碍了集中全民力量彻底打击敌人,彼得一世就是在这种恶性循环的重重矛盾中进行改革。

改革的主要内容有:

军事方面:在征兵制的基础上建立起数量可观的、分为 4 个兵种的正规军,创建有数百舰只的海军;制定了一整套军事训练和军队纪律条例,建立并逐步完善陆海军指挥管理和后勤供应体系;在持续 25 年的北方战争中打败了瑞典,夺取了波罗的海出海口;在南方则夺取亚速海和里海西海岸。在彼得大帝去世之时,俄军已经拥有 21 万人的常备军和 10 万名保留独特编制的哥萨克骑兵。②

经济方面:鼓励开矿建厂,兴办大批与军工有关的大规模官私企业;从欧洲引进大批专业技术人才并予以重用;实行重商主义政策,扶植商业和外贸;改革财政,增进税收;统一度量衡,发展水陆交通。颁布《一子继承法》,强制贵族子弟为国家服役。

政治方面:建立取代贵族杜马职权的、直属沙皇的最高机关——参政院(Сенат),③下辖外交、海军、陆军、财政、手工工场、世袭领地、宗教事务

---

① [俄]瓦·奥·克柳切夫斯基著:《俄国史教程》第 4 卷,张咏白等译,商务印书馆 2009 年版,第 200 页。

② [美]尼古拉·梁赞诺夫斯基、马克·斯坦伯格著:《俄罗斯史》,杨烨、卿文辉译,上海人民出版社 2007 年版,第 213 页。

③ 18—19 世纪俄国国家最高权力机构的演变历程:波雅尔杜马→参政院→最高秘密委员会→内阁会议→最高宫廷会议→最高宫廷委员会→御前会议→常设咨议会→沙皇办公厅→大臣会议→大臣委员会。

等12个委员会,"委员会制度鼓励了政府内部出现更多的观点和各种观点的交锋,因为在这种体制下,国家事务是根据多数票而不是个人意愿来决定的,这样就有助于在国务中严格地依法行政和照章办事。"①尝试建立政务监督制度;建立完善统一的、包括省州两级(后改为省县两级)和市议会的地方行政机构;改革用人制度,颁布《官秩表》,打破门第限制,量才使用,论功取仕。"为国家服役对彼得而言具有神圣的宗教内涵,似乎是在国家大教堂里永不停息的弥撒,服役就是他的祷告。"②"国家是改造社会的手段和工具,只有利用这种工具,才能保证公众的利益。"③可见,"彼得一世时期,无论在事实上还是在法律形式上,君主的权力都具有了专制的性质。彼得一世将政权合法性的原有内容一分为二,道德、宗教和传统对王权的限制被抛之脑后,而君主的自由则被奉为金科玉律。"④

宗教方面:制定宗教事务管理条例,取消牧首制和牧首公署,由沙皇担任俄国正教会的"最高牧首",教会对国家的监控权被取缔,在行政上上受制于隶属参政院的主教公会,正教公会是具有一定自主权力的俄罗斯东正教会的最高立法、行政和司法机关。彼得一世认为,僧侣利少而害多,他们大多都是不劳而获的人。"游手好闲是一切罪恶的根源,许多分

---

① ［美］尼古拉·梁赞诺夫斯基、马克·斯坦伯格著:《俄罗斯史》,杨烨、卿文辉译,上海人民出版社2007年版,第215页。

② Ю.М.Лотман.Беседы о русской культуре: Быт и традиции русского дворянства (ⅩⅧ-начало ⅩⅨ века),сиб.,1994.С.20.

③ Т.С.格奥尔吉耶娃认为,在彼得一世时期俄国就出现了"开明专制"的思想理论,它以俄国国务活动家费奥凡·普罗科波维奇的《宗教条例》、《帝王的真正意志》为代表,这种理论的基础原则就是建立在强大的和开明的国家权力基础之上的世俗原则、理性原则和科学知识,而国家权力的主要义务就是要"为全国人民谋福利";教育和推进科学事业的发展,则是国家强大和国民生活美满的基础。因此,国家权力的拥有者应该是"坐在金銮殿上的哲学家",也就是说,帝王必须是一个开明的君主,他应该在严格遵守法律的前提下管理国家。［俄］Т.С.格奥尔吉耶娃著:《俄罗斯文化史——历史与现代》,焦东建、董茉莉译,商务印书馆2006年版,第171页。

④ ［俄］鲍里斯·尼古拉耶维奇·米罗诺夫:《俄国社会史》下卷,山东大学出版社2006年版,第124页。

裂教派的迷信和扰乱治安的歹徒由此产生,这是人所共见的。僧侣在我国都是来自农民,农民应当工作,而不是夸夸其谈,农民在获得僧侣称号后并不放弃世俗福利;相反,却比以前享受更多。"①1701年修道院衙门的设立大大削弱了教会的经济实力,使教会从此完全依附于沙皇政府,成为其统治工具,宗教界人士(僧侣和神甫)开始变成与贵族和市民一样的等级,同样具有一定的义务,并肩负着必须完成且艰巨的任务,即打破忏悔的保密制度,协助政府寻找并抓获改革的反对者。"教会变成了非宗教的政权管理部门,犹如一个非常顺从的'女佣',变成了被国家承认的'教会'"。②"俄国的东正教会与国家是协调一致的整体。"③彼得一世的宗教改革不同于德国和瑞典的宗教改革,而是宗教生活的世俗化,改革是为了国家利益,即把原来作为民族意识领头人的东正教变成国家机制的辅助工具。彼得一世力图在俄国建立世俗国家,俄罗斯东正教自身、宗教世界观、教会的职责、礼拜的语言和仪式、神职人员的社会地位并没有发生任何结构和观念上的变化,教会内部依然存在着严格的等级制度;"教会是世俗社会的一面镜子:主教是僧侣的大公,僧侣是主教的臣民。"④受到改革的只是宗教事务的管理体系,使宗教事务的管理世俗化和国家化。结果教会失去了独立性,必须服从国家,服从宗教事务管理局的权力。"僧侣界不应成为国中之国,如军人、文官、医生以及各种艺人各有专业。由于有其特殊事业,僧侣遂成为国家的特殊官员。但他们必须服从最高政权。实际上,他们早就不过是国家的一种特殊官员,即国王的祈祷官。教会人士大胡子顶好不过是一些有知识的书呆子,即不过是在宗教文献

① [俄]戈·瓦·普列汉诺夫著:《俄国社会思想史》第2卷,孙静工译,商务印书馆1999年版,第25页。
② [俄]T.C.格奥尔吉耶娃著:《俄罗斯文化史——历史与现代》,焦东建、董茉莉译,商务印书馆2006年版,第157页。
③ [俄]鲍里斯·尼古拉耶维奇·米罗诺夫:《俄国社会史》下卷,山东大学出版社2006年版,第127页。
④ [俄]鲍里斯·尼古拉耶维奇·米罗诺夫:《俄国社会史》上卷,山东大学出版社2006年版,第383页。

方面具有某些渊博知识。至于比较重要的科学或哲学教育,他们是完全谈不上的。"①主教公会成为沙皇直接控制下的国家官僚机构。"东正教会是一个与国家结构平行的且享有很大自治权的特殊机构。"②此外,教会改革还使许多被弃置不顾的宗教事务一一就绪,并将宗教教义及道德说教修改得更适合于国家的世俗要求。彼得一世禁止农奴剃度为僧,只有取得地主的"放行证"除外。不识字的农民,庙宇是不收容的。

文化教育方面:他把培养人才视为俄国进步强盛的根本大计,为此创设各级各类学校,强迫贵族接受教育,派遣了大批俄国贵族子弟到西方留学;积极筹办彼得堡科学院,从欧洲招揽科技人才;重视出版印刷事业,组织编纂和翻译各类专著和教材;1703年莫斯科出版了俄国第一份印刷报纸《新闻报》。

社会文化生活方面:彼得一世创办图书馆(1714年)、博物馆(1718年)、公园和剧院;进行历法改革,用儒略历代替旧的"创世纪年历";从剪胡须开始,强制改变服饰和生活习惯,移风易俗,倡导新式社交等,如字体的世俗化改革,"不仅是大贵族和贵族太太们,而且连字母也脱去了宽大的皮袄,换上了夏装。"③兴建彼得堡。"莫斯科终于像一位太后向年幼的公主行礼那样,开始服从于彼得堡城,莫斯科终于让出了自己原有的首都称号。"④

彼得一世改革是17世纪改革的继续。"整个17世纪是为彼得大帝

---

① [俄]戈·瓦·普列汉诺夫著:《俄国社会思想史》第2卷,孙静工译,商务印书馆1999年版,第46—47页。

② 米罗诺夫认为,尽管教会最高管理机关——正教公会在很大程度上相当于国家机关,而且从18世纪末开始,教会管理便建立在官僚体制之上,但教会的行政和司法组织实行的是一种特殊的管理机制,有很强的自主性。即在整个国家体制的框架内,僧侣是一个享有高度自治权的等级。[俄]鲍里斯·尼古拉耶维奇·米罗诺夫:《俄国社会史》上卷,山东大学出版社2006年版,第91页。

③ [俄]M.P.泽齐娜、Л.B.科什曼、B.C.舒利金著:《俄罗斯文化史》,刘文飞、苏玲译,上海译文出版社1999年版,第121页。

④ [俄]T.C.格奥尔吉耶娃著:《俄罗斯文化史——历史与现代》,焦东建、董茉莉译,商务印书馆2006年版,第184页。

改革做准备的时代"。① 17 世纪不仅在实践中进行了许多改革的实验，而且在许多人的思想中已具有了强烈的改革观念，他们意识到不能再如往常一样地生活下去了，意识到新的需要和自己知识水平的矛盾。伊凡四世乐于强调自己的西欧出身，1573 年他在给瑞典国王的信中写道："我们同源于奥古斯都大帝。"较早接近西方的俄国沙皇鲍里斯·戈都诺夫曾派 20 个青年去欧洲学习，还试图把女儿嫁到西方，在混乱时期还打算在莫斯科建立大学。

18 世纪彼得改革增强了俄国的国力，把俄国推上了通向西方世界的文明大道。"任何一个民族的历史也不曾有过如此伟大的多方面的，甚至可以说全面的改革，这一改革不仅大大改变了国内人民的生活，而且在各国人民的共同生活中，在世界历史上提高了俄国人民的地位，产生了十分巨大的影响。"②"彼得一世的改革是改变国家落后面貌的最初尝试，也是俄国向西方学习的开端。"③改革克服了 17 世纪下半期俄国所面临的制度危机、传统主义危机，俄国不仅没有失去民族独立，丧失领土，而且扩大了版图，建立了官僚主义原则基础之上日益现代、高效率的国家制度，实现了社会结构、经济、财政制度的改组，出现了新的工业部门，拥有了现代的经验、良好的教育体制和现代陆军和海军武装力量，开通了波罗的海出海口，俄国开始在世界经济体系中发挥作用，最终成为世界强国之一。

在生活方式上，贵族穿上欧洲的裙子，居住在欧洲建筑师设计的豪华房间里，部分人居住在欧洲的城市里，享用欧洲风味的美味佳肴，开始接受欧洲的信息和采用欧洲休闲的生活方式。"18 世纪前半期的改革对于俄国自身来说是一剂有益的良药，治愈了俄国重病缠身的机体。"④

---

① ［俄］瓦·奥·克柳切夫斯基著：《俄国史教程》第 3 卷，左少新等译，商务印书馆 1996 年版，第 362 页。

② ［俄］瓦·奥·克柳切夫斯基著：《俄国史教程》第 4 卷，张咏白等译，商务印书馆 2009 年版，第 197—198 页。

③ 白晓红：《俄国斯拉夫主义》，商务印书馆 2006 年版，第 197 页。

④ А.Б. Каменский. От Петра I до Павла I : реформы в России XVIII в.: Опыт целостного анализа. М.,1999.С.155.

　　彼得一世的改革是俄罗斯思想的试金石,他的改革不仅涉及历史,而且涉及宗教;不仅涉及民族的道路,而且涉及民族的生存。彼得一世因其功绩被参政院授予"全俄罗斯大帝"和"祖国之父"尊号。"改称皇帝旨在追随西欧的传统,而沙皇的尊号则在强调俄国君主的拜占庭血统。"①他从来没有患上目空一切的妄想症,也不曾迷失在迫害的幻觉中,他甚至拒绝把自己等同于国家。如在改革军队时,他不同意把"沙皇陛下"的利益作为军队效忠的对象,而代之以"国家利益"。他的努力向来都是以服务国家、改变国家的面貌和促进它的教化为目的的。② 首席参政院大臣 Г.И.戈利津在贺词中说:彼得大帝使俄罗斯人"从愚昧无知的深渊登上了世界光荣的舞台……"③参政院说服彼得一世接受"大帝"、"国父"、"皇帝"的头衔,俄国从此正式称俄罗斯帝国。索洛维约夫认为,彼得一世改革的世界历史性的后果是:一是通过传播文明,引导软弱贫穷,几乎默默无闻的人们以一个在各国人民政治生活中的强大活动家的面貌登上历史舞台;二是由于斯拉夫种族的参与,把东欧和西欧联合在共同的活动之中,斯拉夫种族从此通过自己的代表——俄罗斯人民积极参与了欧洲的共同生活。④ 新的政体意味着"它解除了传统习俗对君主的束缚,传统习俗不再神圣不可侵犯,国家古制也不再完美无缺,这便为君主在合法的名义下,打着谋取共同幸福的旗号,对国家制度和社会生活作出重大改变创造了条件。从此,神圣国家变成了世俗国家"⑤。"俄国若不经彼得大帝的独裁专断,仅仅依靠自身的自然发展,即使环境适宜、有利,就文明与光

---

　　① [俄]鲍里斯·尼古拉耶维奇·米罗诺夫:《俄国社会史》下卷,山东大学出版社2006年版,第125页。
　　② [美]尼古拉·梁赞诺夫斯基、马克·斯坦伯格著:《俄罗斯史》,杨烨、卿文辉译,上海人民出版社2007年版,第202页。
　　③ 孙成木、刘祖熙、李建:《俄国通史简编》上卷,人民出版社1986年版,第258页。
　　④ [俄]瓦·奥·克柳切夫斯基著:《俄国史教程》第4卷,张咏白等译,商务印书馆2009年版,第198页。
　　⑤ [俄]鲍里斯·尼古拉耶维奇·米罗诺夫:《俄国社会史》下卷,山东大学出版社2006年版,第125页。

荣而论若想达到它今天的程度,那需要多少时间啊。"①

但彼得改革所处的时代使他不能触及国家根本的社会制度,由此注定了它的命运——改革的双重效应。② 一方面俄国成为具有强大军事实力的大帝国;另一方面俄国社会产生巨大的分裂,贵族文化与农民村社文化的对抗,俄国成为为数不多的富人和受教育者的欧洲文化外围地带。"他渴求知识,总是寻找新事物,在他的改革计划中灌注着自己强劲狂热的精力。可是他所揭示的改革愿望和他不惜任何代价、务求达到目的的决心却只产生无根而不能持久的表面改革与变革。"③"彼得的改革绝不具有从根本上改变我国历史的意义。"④

在经济领域,虽然工业化克服了俄国的技术落后,建立了许多新型工厂,引进了许多先进的生产方式,但是俄国的工业基础和雇佣劳动力是建立在农奴制的基础之上的。工业生产的发展速度很低,缺乏提高劳动生产率的刺激力,工厂缺乏专业干部和专家。在农奴制下,潜在的工人群众处在贵族的监督下,而在工厂里的短工是农奴身份,他们为地主挣代役租。这样俄国企业家没有,也不可能有条件自由发展企业。"国家鼓励私人在经济方面发挥积极作用,但由于保留了监督的权力而挫伤了它的积极性。"⑤此外,俄国工业的发展基于国家的军事需要而非居民的生活需求,拥有丰富资源和充足劳动力的国家却无力扩大再生产,而外国资

---

① [俄]瓦·奥·克柳切夫斯基著,张咏白等译:《俄国史教程》第 4 卷,商务印书馆 2009 年版,第 202 页。

② T.C.格奥尔吉耶娃认为,彼得的改革带有双重性:一方面,所有领域的改革都是为了保证贵族的利益,是在农奴制条件下进行的改革,这种改革使人民的处境进一步恶化,专制者的权力得到了进一步强化;另一方面,彼得一世的改革激发了封建制度的内在潜力,并以此而促进了社会经济和文化的发展。[俄]T.C.格奥尔吉耶娃著:《俄罗斯文化史——历史与现代》,焦东建、董茉莉译,商务印书馆 2006 年版,第 149 页。

③ [美]拉伊夫著:《独裁下的嬗变与危机——俄罗斯帝国二百年剖析》,蒋学祯、王端译,学林出版社 1996 年版,第 26 页。

④ [俄]Н.П.巴甫洛夫-西利万斯基:《俄国封建主义》,商务印书馆 1998 年版,第 176 页。

⑤ [美]拉伊夫著:《独裁下的嬗变与危机——俄罗斯帝国二百年剖析》,蒋学祯、王端译,学林出版社 1996 年版,第 26 页。

本也不能引进,这就决定了俄国工业在未来的发展中必遭失败和遇到新的技术困难。政府并没有为俄国建立相应的资本主义的竞争机制,最终使俄国的现代化表现在形式上,俄国的经济建设速度依然处于落后状态。

早期西方的现代化,以扩张、战争等暴力手段进行现代化所需的资本原始积累,达到经济发展的目的。而彼得却把战争作为改革和发展的目的,通过物质层面的欧化,实现富国强兵,而把经济的发展、生产方式的变革作为进行战争的手段。"战争虽然是改革的主要推动力量,但它也给改革的进程和成效带来了不利的影响。改革在通常伴随战争出现的惊恐万状、不知所措的气氛中进行。它每时每刻造成的贫困和艰难迫使彼得急于求成。战争给改革传递一种神经质的极其亢奋的节律,过分地加快了它的进程。"①彼得一世运用空前的强制手段进行改革,国家受到外部威胁的紧迫性不容许停滞不前的人们自然发展。这种移西方资本主义先进技术之花,接俄国封建经济基础之木的做法,"不过是同一性质的、浮在固有经济体制上对西方重商主义措施的模仿,在模仿中还带有历史遗留的扭曲,俄国的农奴制度依然故我。"②

第二节　宫廷政变时期

彼得一世去世到叶卡捷琳娜二世(1725—1762年)继位期间是俄国历史上的宫廷政变时期,此间更换了6个沙皇,其中两个沙皇被杀,其他4个都是年幼无知的儿童和妇女,真正掌权的是沙皇的宠臣和亲信。"每一次政变都伴随着内讧、逮捕、流放,成千上万的人以恐惧的心情期待着

---

① 〔俄〕瓦·奥·克柳切夫斯基著:《俄国史教程》第4卷,张咏白等译,商务印书馆2009年版,第209页。
② 吴于廑:《亚欧大陆传统农耕世界不同国家在新兴工业世界冲击下的反应》,《世界历史》1993年第1期,第63页。

新国王的早上登基,人们不相信自己的明天。"①目前俄国史学家对这个历史时期有不同的看法。② 笔者部分认同 А.Б.卡缅斯基的观点。具体来说,第一阶段(1725—1741 年)是贵族对彼得一世改革结果的矫枉过正;第二阶段(1741—1762 年)是贵族继续改革时期。"上层的悲喜剧并不能掩盖那些充分影响了整个国家的重要事态发展。西方化进程继续着,影响了更多的人,也改造了社会生活的更多领域。"③彼得大帝死后,俄国统治集团内部爆发了争夺皇位的斗争。以 Д.М.戈利津为首的旧贵族主张拥立阿列克塞的小儿子彼得为沙皇,以 А.Д.缅什科夫、П.А.托尔斯泰、Ф.М.阿普拉克辛为首的新官僚贵族则主张拥立彼得一世的第二个妻子叶卡捷琳娜·阿列克谢耶芙娜为王。А.Д.缅什科夫等人得到近卫军的支持,发动宫廷政变,让叶卡捷琳娜一世(1725—1727 年)登上王位。叶卡捷琳娜一世出身寒微,以前只是一个立陶宛农民的女儿,所以,她徒有虚

---

① А.Б. Каменский. От Петра Ⅰ до Павла Ⅰ: Реформы в России ⅩⅧ в.: Опыт целостного анализа. М.,1999.C.165.

② 瓦·奥·克柳切夫斯基认为:一个曾经是世界上最突出的君主专制帝国陷入了没有法定王朝的境地,只有行将绝灭的皇室某些无足轻重的残余;帝位的继承并非依继承法行事;国家局限于宫廷之内,其主人频繁更迭,且往往出自偶然;名门望族和高官贵爵组成的统治阶级乃是乌合之众,而帝王本人却全无实权,且每分钟都有可能被人随意处置;宫廷之中阴谋迭出,倾轧不断,近卫军频频出动,警察刑讯逼供——这就是当时国家政治生活的全部内容。[俄]瓦·奥·克柳切夫斯基著,张咏白等译:《俄国史教程》第 4 卷,商务印书馆 2009 年版,第 323 页。索洛维约夫认为:宫廷政变使改革走入了死胡同,当然也是改革历经时间检验的时期。А.Б.Каменский.От Петра Ⅰ до Павла Ⅰ:Реформы в России ⅩⅧ в.:Опыт целостного анализа. М.,1999.C.168.А.Б.卡缅斯基认为,宫廷政变并不完全是历史的倒退,而是适应俄国社会现实,在一定意义上化解了彼得一世改革出现的矛盾危机,推进俄国改革历史的进程。А.Б.Каменский.От Петра Ⅰ до Павла Ⅰ:Реформы в России ⅩⅧ в.:Опыт целостного анализа. М.,1999.C.521.基尔契纳认为,虽然一方面是一个肤浅、混乱和腐朽的时代,另一方面这个时期是不乏精神上的成长和政治上的进步。事实上是二者兼而有之。迅速而猛烈的变化不复存在,在彼得二世的统治期间就是这样。但西方化进程仍在进行,虽然缓慢但更有深度。在西方化的抱负与其实际潜能之间也有了更好的平衡。转引自[美]尼古拉·梁赞诺夫斯基、马克·斯坦伯格著:《俄罗斯史》,杨烨、卿文辉译,上海人民出版社 2007 年版,第 225 页。

③ [美]尼古拉·梁赞诺夫斯基、马克·斯坦伯格著:《俄罗斯史》,杨烨、卿文辉译,上海人民出版社 2007 年版,第 226 页。

名,国家实际权利控制在 А.Д.缅什科夫等人手里。А.Д.缅什科夫为了家族的利益,进一步扩大自己的权势,试图与罗曼诺夫皇族结亲,逼迫叶卡捷琳娜一世去世前,留下遗嘱,立 12 岁的彼得·阿列克塞维奇(彼得一世之孙)为沙皇,称为彼得二世(1727—1730 年)。鉴于沙皇年幼,名义上由最高秘密会议(Верховный тайный совет)摄政,实际上贵族 А.Д.缅什科夫充当了摄政王。他的野心遭到了最高秘密会议中多尔戈鲁基、奥斯捷尔曼、戈利津等人的联合反对,彼得二世也不信任他。1727 年 9 月 11 日,А.Д.缅什科夫及其家族被放逐,多尔戈鲁基家族得势。多尔戈鲁基企图促成自己女儿与彼得二世的婚事,因彼得二世的猝死而未得逞。

彼得二世夭折后,王位继承问题成为急需解决的大事,最高秘密会议大臣认为伊丽莎白·彼得洛芙娜是非法继承人,应该邀请彼得一世的侄女安娜·约安诺芙娜为沙皇。但是安娜·约安诺芙娜必须遵守一些条件:一是必须与最高秘密会议共同治理国家;二是未经最高秘密会议同意,不能宣战和签订和约;三是近卫军和其他军队的指挥权归于最高秘密会议;四是不能擅自委任上校以上的军官;五是未经最高秘密会议同意,不能耗费国家巨款;六是未经法院判决,不能下令处死任何贵族;七是未经最高秘密会议同意,不能改嫁和指定继承人。对贵族的依赖迫使专制君主尽量满足他们的要求,对他们作出让步,甚至百般迎合,尤其是在宫廷政变的一段时间。"这些苛刻的条件在俄国历史上是破天荒的,与彼得大帝关于君主的地位和作用的观点和实践截然相反。"①安娜·约安诺芙娜(1730—1740 年)为了登上王位,违心地接受了这些条件,答应无保留地遵守一切。但最高秘密会议限制王权的企图遭到了大多数贵族的排斥,安娜·约安诺芙娜利用大多数贵族对王权的支持抗拒最高秘密会议。登基后,她解散最高秘密会议,制裁最高秘密会议大臣,组建内阁会议

---

① 〔美〕尼古拉·梁赞诺夫斯基、马克·斯坦伯格著:《俄罗斯史》,杨烨、卿文辉译,上海人民出版社 2007 年版,第 227 页。

（Кабинет）。内阁由宠臣、德国库尔兰贵族比隆领导，А.И.奥斯捷尔曼、Т.И.戈洛夫金、А.М.切尔卡斯、А.Б.沃伦佐夫、А.Б.别斯杜日夫－柳明、П.И.雅古任斯基为内阁大臣。1740 年，安娜·约安诺芙娜病死，因无嗣，她在临终前确定侄女安娜·列奥波丽朵芙娜的婴儿伊凡·安东诺维奇为继承人，比隆为摄政王。"俄国社会把他看做是外国势力统治俄国并在内外政策上拒绝维护俄罗斯民族利益的代表。"①比隆摄政，引发了俄国贵族的极大不满。以米尼赫为首的德国贵族看到形势不利，1740 年 11 月 8 日，伙同 А.И.奥斯捷尔曼，逮捕比隆，以平公愤，并且宣布安娜·列奥波丽朵芙娜为摄政王，实权掌握在 А.И.奥斯捷尔曼手中。

在叶卡捷琳娜一世、彼得二世、安娜·约安诺芙娜、安娜·列奥波丽朵芙娜统治时期，俄国政府的政策基本上围绕着化解彼得一世改革带来的社会矛盾，并在完善赋税、行政制度、促进工商业发展方面采取了积极的措施。

彼得一世去世后几年，俄国农业歉收，饿殍遍野。沉重的人头税弄得民不聊生，农民大规模逃亡。国家的人头税只能摊在没有劳动力的老人和孩子身上，国家也不能从饥饿、死亡和逃亡的农民中招募到新兵。

叶卡捷琳娜一世时期，贵族 П.И.雅古任斯基建议政府降低人头税，和平时期军人可以依靠一半的薪水生活，但这种措施只能暂时缓解社会的压力，不能解决根本的社会问题。为此，必须让军官轮流休假，贵族家中的幼子可以免服军役，留在家中经管领地。政府应该每年派遣官员到各省察看征税情况，避免滥用税收。应该暂时中止彼得一世时期的大型工程建设，奖励商业，尤其为外国商人提供优惠条件，在农业歉收时期以补充国家财政的不足，及时修正一度夸大军队建设作用所造成国家人力、财力的贫乏。他的建议成为俄国政府政策的指导方针。1726 年叶卡捷

---

① ［俄］鲍里斯·尼古拉耶维奇·米罗诺夫：《俄国社会史》下卷，山东大学出版社 2006 年版，第 220 页。

琳娜一世发布谕令,成立最高秘密会议。原来由参政院管辖的外交委员
会、陆军委员会和海军委员会直接隶属于最高秘密会议。未经最高秘密
会议的同意,女皇叶卡捷琳娜一世不得擅自作出重大决定和发布任何法
令。瓦·奥·克柳切夫斯基认为:"最高秘密会议的建立是为了安抚旧
贵族受辱的感情,排挤上层机构中非贵族出身的暴发户。"①1725 年 2 月
4 日,叶卡捷琳娜一世颁布法令,人头税从 74 戈比降为 70 戈比,约
5.4%。2 月 9 日颁令,惩罚逃跑的士兵。1726 年 11 月 12 日颁令,补充
军队、行政、教会官员;完成彼得一世时期开始的战列舰工程;邀请外国学
者来俄国科学院;委托 П.П.沙菲罗夫编写彼得大帝史;容许商人子弟出
国学习数学、德语。1726 年颁令再次降低 70 戈比人头税为 60 戈比,缩
减军队编制,缓解政府的经济压力。1726 年 2 月 17 日颁令,政府按照卖
出价向农民收购军粮、饲料;延长勃良斯克的军舰工程期限。1728 年颁
令,不再制造新军舰,改造旧军舰;允许贵族出身的军官、警察回家休假,
经营地产;在城市屯兵;取消宫廷法庭;开放阿尔汉格斯港口,建立以奥斯
捷尔曼为首的商业委员会;给予外国商人在俄国经商的优惠权。1727 年
6 月,彼得二世颁令取消市议会,把世袭领地委员会迁到莫斯科。1728 年
颁令,控制荷兰的俄国资本,扩大俄国的出口范围。

　　1730 年 6 月 1 日,安娜·约安诺芙娜恢复参政院的权力,把参政院
划分为五个委员会(宗教、军事、财政、法律、商业),提高参政院机构的行
政效率,打破参政员无所不包的权力局面,参政员每周要向沙皇汇报他们
的业绩,参政员成为沙皇意志的纯粹执行者。1730 年 3 月 17 日责令,正
教院保护信仰自由,恢复沙皇和王族的命名日,以及为沙皇生日举行的宗
教游行。5 月 8 日颁令,严禁来自波兰的天主教徒进入俄国,打击宗教分
裂势力,没收其财产,并惩罚分裂分子到船上做"划手"(一种苦役名称)。
但很快又发布法令,在东正教堂的异教徒无罪,信仰路德教的神职人员享

---

① А.Б. Каменский. От Петра Ⅰ до Павла Ⅰ: Реформы в России ⅩⅧ в.: Опыт целостного анализа. М., 1999.С.170.

有自由。9 月 15 日正教院恢复亚历山大·涅夫斯基的纪念日①。1732 年,责令修士大司祭监督僧侣的自由迁徙。1735 年禁止从事非东正教事务的宗教领袖返回俄国。1730 年 6 月 22 日颁令,恢复莫斯科的司法、搜查衙门。1730 年年底颁布"西伯利亚"法令,加强对远东地区的管理,使其直属于参政院;调整地方机构,指定地方官员的任期为两年,两年后应该向参政院汇报其业绩,如果没有什么过失,才可晋升下一个官职。1730 年 4 月颁令调整警察事务法,取消虚假的告密制度,对虚假的告密者处以死刑。1730 年 6 月颁令,建立新的委员会,整治军队中混乱无序的现象,监察俄国军队的武器装备,平衡俄国军官和外国军官的赏赐,禁止外国军官购买连带农奴的土地等。1730 年 7 月颁布法令,禁止流浪生活,把乞丐送往救济院。1730 年 9 月建立医疗办公厅,改善官员的医疗条件。1730 年 9 月颁令建立新的近卫军团,士兵来自独院小地主,军官由波罗的海的外国贵族和没有确定军衔的俄国人充任。1730 年 10 月颁令,禁止农民购买和抵押他所居住的土地,扩大不动产的范围:领地、世袭领地、庭院、教堂、地窖、农奴。

由于《一子继承法》破坏了旧的继承传统,次子负担过重,土地分散,不易管理;地主获得更大的权力支配土地上的农民,国家税收减少。1730 年 10 月政府颁令,取消《一子继承法》。1731 年 6 月政府颁令设立贵族士官武备学校,贵族子弟免去当士兵的苦差,毕业后即可当军官,在行政机构成为有品级的官员。1731 年颁令,恢复以前航海学校的编制和学生人数。1732 年颁令,创办士兵子弟学校。1735 年颁令,为居住在喀山的少数民族(沃佳克人、莫尔多瓦人、楚瓦什人等)创办四所学校。1731 年

① 亚历山大·涅夫斯基(1220—1263 年)是俄罗斯国务活动家和统帅,诺夫哥罗德大公。1252 年起为弗拉基米尔大公,雅罗斯拉夫·弗谢沃洛多维奇王公之子。他率领俄国军队抵抗和德国的侵略,捍卫了基辅罗斯西北部边疆领土。他用巧妙的计策制止了蒙古鞑靼人对罗斯的蹂躏。为了纪念他,1725 年 5 月 21 日,制定了亚历山大·涅夫斯基勋章。1742 年 7 月 29 日制定了苏联军队的亚历山大·涅夫斯基勋章。详见苏联科学院历史学部、苏联百科全书出版社学术委员会编:《世界历史百科全书——人物卷》,商务印书馆1992 年版,第 26—27 页。

颁令,允许各种身份的外国人在俄国自由贸易;降低关税,从 75%降至 20%;取消出口商品的税率;开设新港口和驻外领事馆。1731 年政府委托扎特拉佩兹兄弟在莫斯科建立了造船手工工场。1732 年颁令增加造船厂,给新工厂贷款。1733 年颁令,新设立一个委员会,研究如何把国有工厂转让给私人。1736 年颁令,把手工工场委员会和贸易委员会合并为矿业部。1736 年 9 月颁令,奖励开采新的矿产资源。1738 年建立新委员会,解决矿山发展前途问题。改革的结果,1730 年俄国输出生铁产量增加 5 倍,谷物 22 倍。1740 年俄国金属的开采量超过欧洲主要国家。[1] 开矿者多为贵族,他们把开矿获得的收入主要用于奢侈性的生活消费。1732 年颁令,再次重申彼得一世时期的身份证制度。1736 年颁令,确定贵族服役期限为 25 年。

А.И.奥斯捷尔曼的当政并没有满足俄国贵族的利益。彼得一世的女儿伊丽莎白·彼得洛芙娜在近卫军刺刀的掩护下,以合法继承人的身份登上了王位。伊丽莎白·彼得洛芙娜开始实行新政策。她一贯注重保护本民族的一切东西,让外国人远离政治。她在所有方面都努力遵循父亲的遗训,其政绩表现在外交、军事、经济、文化和教育等方面。"但是,那位著名的改革家的精神和气魄在伊丽莎白女皇的身上是找不到的,女皇也从未认真地想把它们找回来"。[2] 在政治上,恢复参政院和外交、海军、陆军委员会,恢复宫廷法庭和总市议会,取消司法、搜查衙门。在经济上,1741 年 12 月颁令,减少 1742—1743 年的人头税 10 戈比,赦免 1730 年的欠税和罚款。1742 年 8 月颁令,收缴地方政府的欠税;以没收村庄惩罚不纳税的地主。1742 年 12 月颁令,从军官、文官、教会官员的薪水中扣除 20—50 戈比,以充实国库。通过两次人口普查,国家税收提高 17%。[3]

---

① А.Б. Каменский. От Петра I до Павла I: Реформы в России ⅩⅧ в.: Опыт целостного анализа. М., 1999.C.239.

② [美]尼古拉·梁赞诺夫斯基、马克·斯坦伯格著:《俄罗斯史》,杨烨、卿文辉译,上海人民出版社 2007 年版,第 228 页。

③ А.Б. Каменский. От Петра I до Павла I: Реформы в России ⅩⅧ в.: Опыт целостного анализа. М., 1999.C.281.

恢复彼得一世时期所设立的手工工场委员会、矿业委员会、市总议会。在农奴制问题上,伊丽莎白·彼得洛芙娜继续奉行彼得一世的政策。1744年,允许工厂主购买农奴,但购买农奴的数额要依赖生产规模的大小。1753 年颁令,对私人工厂里的国有农民定编制,剩余的国有农民转到国家工厂;允许购买一定数量的不连带土地的农民;禁止工厂主购买整村农民到新开办的工厂。1750 年颁令,丈量土地。1754 年规定,贵族获得农奴的财产资格。1758 年颁令,没有法律根据的农奴拥有者必须在半年内出卖。1747 年颁令,拥有 300—800 卢布的农民才有资格注册为工商居民,但必须向原来的农奴主交纳 70 戈比。1760 年 12 月颁令,农奴主有权不经审判即将年龄不超过 45 岁、不顺从的农奴流放到西伯利亚,为了不让他们夫妻分居,孩子留在农奴主那里做人质,农奴主有义务为他们提供流放的一切费用。"固然,伊丽莎白女皇废除了死刑,这个开明的、可称道的行动确实大不同于安娜治下政府的所作所为,但在农奴制带来的巨大、持久和不断膨胀的罪恶面前,这个善意的举动是苍白无力的。"①

除此之外,伊丽莎白女皇任命大臣舒瓦洛夫进行新一轮的改革。其内容:调整盐、酒商品的价格;减免人头税(8 戈比)和关税(13 戈比);制定海关条例,不允许农民去港口城市经商,而贵族却可以在此出售领地上生产的产品;降低乌克兰的赋税负担,恢复盖特曼②制度;1754年在莫斯科和圣彼得堡成立贵族土地和商人银行,向贵族发放低息贷款,如果贵族贷款 500—1000 卢布,可以用贵重物品、田庄做抵押,也可以抵押农奴;遏制商人对农奴、土地资源的欲望,贵族垄断酿酒业;实行铜币改革;成立莫斯科大学;建议缩短贵族的服役期限,取消贵族的体罚。伊丽莎白女皇大量赏赐有功之士,一次性赏给近卫军连获男性农奴 14000 人,还把 10 万农奴赏赐给她的宠臣。"维护国家最高利益使她在社会上享

① [美]尼古拉·梁赞诺夫斯基、马克·斯坦伯格著:《俄罗斯史》,杨烨、卿文辉译,上海人民出版社 2007 年版,第 228—229 页。
② 盖特曼:17—18 世纪乌克兰统治者的称号。

有很高的威望。"①

1762 年彼得三世时期的改革。其内容有:贵族无需财政委员会的同意,只要到地方机构进行登记就可以取消农民的迁徙权利;颁布《御赐全俄罗斯贵族特权与自由诏书》;教产世俗化。他被推翻的原因在于,他不尊重东正教和俄罗斯的历史传统,并且还改变了俄国的传统对外政策。

宫廷政变时期,尽管历史很复杂,但并不完全存在反改革的倾向,这是彼得一世改革的实践时期。1725—1740 年虽然改革的速度降低了,但在极为困难的经济条件下实现的改革,首先修正和完善彼得一世改革的不良结果。正是由于他们的修正和完善,彼得一世的改革结果得以巩固,新的社会、政治、文化制度才逐步适应了俄国社会现实。与此同时,王权危机迫使政府对贵族作出很大的让步,在经济、政治方面给予贵族很多权益。"在君主们看来,贵族不仅是专制的可靠支柱,也是全体民众的代表,因为正是贵族始终代表着土地所有者等级,同其他社会群体,尤其是农民以及外省生活、地方社会势力等有着最为密切的联系。社会舆论被贵族舆论所代替。因而,沙皇把赌注押在贵族身上是一项最为实际、最合情理的举措,对那些通过非法手段攫取俄国皇位的人来说尤为如此。"②彼得一世的后继者们在贵族,首先在世袭贵族中找到了强有力的社会支持。1740 年以后,俄国政府完成了对彼得一世改革的适应期,开始新一轮的改革。改革不仅运用西方现成的模式,而且运用西方先进的社会经济思想。尽管由于统治阶级内部的矛盾,许多改革的意图没有实现,但它毕竟为叶卡捷琳娜二世的改革奠定了社会基础。

---

① [俄]鲍里斯·尼古拉耶维奇·米罗诺夫:《俄国社会史》下卷,山东大学出版社2006 年版,第 220 页。

② [俄]鲍里斯·尼古拉耶维奇·米罗诺夫:《俄国社会史》下卷,山东大学出版社2006 年版,第 132 页。

第三节　叶卡捷琳娜二世时期的改革

叶卡捷琳娜二世(1762—1796 年)和其子保罗一世(1796—1801 年)时期的改革政策差别不大,在俄国历史上统称为"叶卡捷琳娜二世时代"(1762—1801 年)。

叶卡捷琳娜二世以奉行"开明专制"著称于世界历史。"这个国家最光荣的几页历史,正是靠叶卡捷琳娜二世获得的"①。她选择"开明专制"作为治国之道,与她的个人经历和所处的历史环境有关。叶卡捷琳娜二世原为德国小公国安哈特-策尔布斯特的公主,1744 年被伊丽莎白女皇选为彼得三世之妻。在伊丽莎白宫廷的 18 年里,她目睹了尔虞我诈、争权夺利的政治黑暗,磨炼了坚强的意志和顽强的毅力。为了实现远大的政治抱负,她改奉东正教,苦学俄语,如饥似渴地阅读大量书籍,使自己俄罗斯化;同时笼络人心,积蓄力量,终于在 1762 年依靠近卫军贵族发动宫廷政变,废黜其夫,登上皇位。

通常把叶卡捷琳娜二世改革时期分为两个阶段:以 1773—1775 年普加乔夫农民起义为界,前期为"开明专制"时期,后期为"贵族专政"时期。

"开明专制"是 18 世纪欧洲专制政体中的一个令人瞩目的政治现象。18 世纪是资本主义生产关系在西欧成长、壮大并逐渐克服、战胜封建主义的时期,启蒙运动全面地表达了新生资产阶级的理念和要求。启蒙学说经过百余年的发展已经形成为完整成熟的思想理论,"开明专制"体现了 18 世纪启蒙思想家的政治主张。启蒙学派激烈地反对封建制度和君主专制,反对宗教迷信,宣传人类理性至上,认为"宗教、自然观、社会、国家制度等一切都应受到最无情的批判,一切都应站到理性的审判

---

① ［波］瓦利舍夫斯基:《叶卡捷琳娜二世传》,上海译文出版社 1982 年版,第 3 页。

台前。"①

　　但在政治观上,启蒙学派主观上力求达到的不是革命,而是适时的急进改革。他们把社会改造的希望寄托于"开明君主"的身上,希望在避免革命的前提下,通过哲学家和君主的结合——政治改革和立宪,化解社会矛盾进而富国强兵。尤其是,在西方资本主义工业世界冲击下,陷于危机的各国封建君主急于寻找解救之道,而资本主义带来新生命力和社会经济的繁荣、启蒙学说对现实问题的深刻分析和对未来社会的完善设计、"开明专制"的主张对封建君主具有强大的说服力和吸引力。出现了普鲁士腓特烈二世、奥地利玛利亚·特丽萨及其子约瑟夫二世、西班牙查里三世等一批开明君主主导的改革。其中以叶卡捷琳娜二世的"开明专制"为典型。"西方学说的种子,落在有了特殊准备的土壤之上。"②历史证明,"开明专制"适应了俄国的社会发展现状,在维护专制主义的前提下,采用了资产阶级学说的某些内涵,因而不可避免地带有悖论性。"这种模式的思想并没有影响叶卡捷琳娜二世加深对农奴的压迫,也未能阻止她这种奴役思想继续向其他新领域的扩散。"③

　　与以前的沙皇不同,叶卡捷琳娜二世是个精力过人、智力非凡、野心勃勃的专制君主,终生周旋于爱情与战争之间。她在上台前博览过欧洲学者的著作,阅读过法国女作家玛丽·拉表庭-善塔尔·塞维亚的《书翰集》、普卢塔克的《道德》、塔西佗的《阿古里亚传》、巴罗尼亚的《教会史》、Π.巴伊的《德国史》、Π.别伊里利亚的《历史评论辞典》,她对启蒙学者孟德斯鸠的《罗马盛衰原因论》、《法意》,伏尔泰的《哲学辞典》、《论各国的风俗与思想》,贝卡利亚的《论罪与罚》以及狄德罗等百科全书派学者的著作极为感兴趣。她不仅阅读他们的著作,而且经常与他们通信,征

---

　　①　[德]恩格斯:《反杜林论》,人民出版社 1961 年版,第 13—14 页。

　　②　[俄]戈·瓦·普列汉诺夫:《俄国社会思想史》第 3 卷,商务印书馆 1999 年版,第239 页。

　　③　[俄]T.C.格奥尔吉耶娃著:《俄罗斯文化史——历史与现代》,焦东建、董茉莉译,商务印书馆 2006 年版,第 231 页。

求他们对俄国社会改革的意见,热情邀请他们来俄国访问。伏尔泰把她称为"北方的一颗明星"。当狄德罗入狱后,她不仅设法营救他,而且还出资五万法郎购买了狄德罗的藏书,然后赋予他这些藏书的终生使用权。

从伏尔泰的《论各国的风俗与思想》中她领悟到军国大事不能操之过急,尤其是孟德斯鸠的《法意》被她称为"每一稍具常识君王的每日必读之书"。登位之初她试图根据启蒙学者的建议实行改革,以法治国。"君主的宽容与和解胜过成千上万个法律,政治自由会给全民以灵魂"①。"我只希望上帝让我统治的那个国家繁荣富强;上帝是我的见证人……自由是万物的灵魂,没有自由,一切都将死气沉沉。我需要人人遵守法律,但不需要进行奴役。我需要一个使人人得到幸福的总目标,不需要破坏这个总目标的任性、奇想和暴政……"②即位后,1763 年她曾考虑取消刑讯,"我厌恶一切暴力。在任何情况下,我都认为柔顺温和的方法比暴力要好得多。"③实际上她在贯彻启蒙思想方面并无实际兴趣,只是为了培育哲学家做她在巴黎的政治宣传员。"他主张每个社会成员都要监视别人,并有告密的义务。每个人属于大家,大家属于每个人。人人都是奴隶,从奴隶的地位来看,大家一律平等。只有在万不得已的时候才能诉诸诽谤和凶杀,而主要的则是平等。"④

"开明专制"最为突出的是成立自由经济协会、新法典编纂委员会和颁布的《圣谕》(*Наказ*)。1767 年 8 月她召集了由 596 名代表组成的新法典编纂委员会,准备重新制定一部新法典以取代《1649 年法典》。这些各界选出的代表共带来了 1465 份委托书,表达了社会各个等级的利益

---

① [俄]瓦·奥·克柳切夫斯基著:《俄国史教程》第 5 卷,张咏白等译,商务印书馆 2009 年版,第 66 页。

② 转引自徐云霞:《叶卡捷琳娜二世的政治思想》,载《河南大学学报》1990 年第 1 期,第 34 页。

③ [波]瓦利舍夫斯基:《叶卡捷琳娜二世传》,上海译文出版社 1982 年版,第 282 页。

④ [俄]安德兰尼克·米格拉尼扬著:《俄罗斯现代化与公民社会》,徐葵等译,新华出版社 2003 年版,第 106 页。

要求。

叶卡捷琳娜二世向法典编纂委员会发布《圣谕》,长达 22 章,655 条。从立法的目的到具体的细则,反映了"开明专制"君主的绝对权威与事必躬亲的专制主义作风。"它宣告公民的平等在于人人服从同样的法律,国家享有的自由,即政治自由,不仅指依照法律许可的权利行使一切,而且指不能用强制手段做非分的事,还要坚信本国的安全会产生人心安定;为了这种自由,就需要这样的政府,有了它,一个公民不用害怕另一个公民,人人只害怕同一种法律。这是俄国公民在自己那里从未见到过的事。"①但叶卡捷琳娜二世从来没有考虑把西方启蒙思想理论的精髓移植到俄国,即使《圣谕》有华丽的辞藻,但只是对欧洲启蒙思想的表面借用,她完全用自己的意志解释欧洲启蒙思想的理性主义原则。"她在承认共和精神优异的时候,却认为专制政体或独裁政治最适合俄国的管理形式"。② 在强调"第三罗马"的文化特性时,《圣谕》指出,俄罗斯是欧洲的大国。彼得大帝的改革之所以成功,其原因在于他把欧洲的风尚与习俗引入俄罗斯,将俄国人改造成欧洲民族。在强调专制君主权力上,孟德斯鸠认为,共和制只能在少数国家实现,欧洲多数国家应该实行君主制。这种思想被女皇运用到《圣谕》中,她进一步解释为,"伟大的俄罗斯帝国正在衰落,如果俄罗斯帝国要重建,只能选择君主制。其他的统治方式都有害于俄国,君主制适合统治俄国幅员辽阔的土地,任何统治形式都不能把它们连为一体。"③

女皇并不赞同 1789 年法国大革命后建立的"主权在民"的共和国统治形式,而仅仅借用了法国共和国的政策内容:发展工商业、社会宽容、发展教育和医疗卫生,达到"共同福利"。"这个乾纲独断的君主只是借鉴

---

① ［俄］瓦·奥·克柳切夫斯基著:《俄国史教程》第 5 卷,张咏白等译,商务印书馆 2009 年版,第 70 页。

② ［俄］瓦·奥·克柳切夫斯基著:《俄国史教程》第 5 卷,张咏白等译,商务印书馆 2009 年版,第 66 页。

③ А.Б. Каменский. От Петра Ⅰ до Павла Ⅰ: Реформы в России ⅩⅧ в.: Опыт целостного анализа. М.,1999.С.345.

了这位法国哲学家的思想,并没有照搬:她在口头上服膺他的思想,但在针对俄国国情应用它们的时候,她要么有意把它表达得模糊晦涩,要么面目全非。"①她不承认俄国存在第三等级,认为在俄国只有独立的等级——农民。孟德斯鸠认为,君主的权力来自于民众,并受到自然法、国家法的制约,而自然法、国家法是让民众服从的前提,因此,君主不能任意修改法律。但这个法律不能千篇一律,应该与具体国家的气候、宗教、土壤等相适应。这个思想被女皇大肆渲染,用来解释平等、自由思想。她认为,俄国国民的平等是由法律确定的,破坏法律的结果将遭到惩罚;自由是在法律许可范围内的,做自己想要做的事情。孟德斯鸠认为,自由包括合乎情理的自由和政治自由,合乎情理的自由只能在小国内实现,在大国君主应该运用法律限制政治自由。女皇认为,政治自由是在法律保护下的公民安全,服从一个人的法律比服从多人的法律要好,专制的目的不在于剥夺民众的天赋自由,而是指导他们的行为。她坦言与狄德罗的交往的目的在于:"这主要是出于好奇,而不是为了谋求利益。假如我真的听信了他的话,那么,我恐怕就不得不对我的整个帝国做一番大刀阔斧的改革了,不得不取缔现行的法律、变更政府、改变政策并调整财政方案,并以难以实现的幻想取代现行的一切。"所以,狄德罗感慨道:"哲学家与专制君主对同一个问题有着截然不同的看法。"②

1789 年法国大革命爆发后,她断言,"平等是恶魔,君主无论如何也不能容忍它。"③这正好应验了伏尔泰的"平等是一种最自然的东西,同时也是一种最难实现的东西"④的理论在维护社会稳定的罪与罚问题上,主

① [美]尼古拉·梁赞诺夫斯基、马克·斯坦伯格著:《俄罗斯史》,杨烨、卿文辉译,上海人民出版社 2007 年版,第 241 页。
② [俄]T.C.格奥尔吉耶娃著:《俄罗斯文化史——历史与现代》,焦东建、董茉莉译,商务印书馆 2006 年版,第 231—232 页。
③ А.Б. Каменский. От Петра I до Павла I: Реформы в России XVIII в.: Опыт целостного анализа. М.,1999.C.346.
④ [俄]戈·瓦·普列汉诺夫:《俄国社会思想史》第 3 卷,商务印书馆 1999 年版,第 3 页。

张废除肉刑。在农奴制问题上,《圣谕》认为,应该赋予农奴私有财产,"让那些出生时是自由的人沦为奴隶,是同基督教和正义格格不入的……"①她在按照自己的思维方式来解释法国思想家学说的同时,极力为专制和农奴制寻求新的可靠依据:"在莫斯科,比在其他任何有人类居住的地方,都能更好地培养专制欲,这种欲望自幼就潜入到了孩子们的心灵中,因为他们随时可以看到,他们的父母是如何残酷地对待自家佣人的;在莫斯科,每个家庭里都备好了铁锁、手铐、脚镣和其他各种刑具,只要那些生来就低贱的下等人哪怕有一丁点的过失,他们随时都要遭到各种刑具的拷打,而这些被拷打的佣人如不通过违法的手段,他们是永远也不可能挣脱套在身上的枷锁的。"②

在贵族权利问题上,明确规定贵族向农民收取租赋的数额;军役是贵族首要的权利和合适的工作。在民族和宗教问题上,容许信仰的自由。可见,法国启蒙思想家与"开明君主"之间存在着思想分歧。启蒙思想家希望利用君主的权力解放自己的臣民,消灭专制制度,而开明君主则相反,他们讨好启蒙思想家,力图在他们的帮助下巩固这个权力,消灭一切使这个权力受到约束的旧制度。女皇自己也承认,《圣谕》中确定的原则都是从法国启蒙思想家那里抄袭来的。"彼得一世卵翼下的小学生们主要是从直接和实际效用的观点来看待启蒙运动。他们向西欧学习的首要目的,是为了在本国增加各种技术知识的储备。"③

尽管,作为"开明专制"的政治诏书——《圣谕》使叶卡捷琳娜二世赢得了欧洲知识分子的尊重,被翻译成法文在欧洲各国流传。她与法国当代思想家的沟通,有助于俄国文人的欧化,也有助于纠正西方视俄国为野蛮国度的观点,许多俄国人效尤叶皇,纷纷和法国作家通信,从而使俄国

---

① [法]亨利·特罗亚著:《风流女皇——叶卡捷琳娜二世》,冯志军译,世界知识出版社1983年版,第161页。

② [俄]T.C.格奥尔塔耶娃著:《俄罗斯文化史——历史与现代》,焦东建、董茉莉译,商务印书馆2006年版,第232页。

③ [俄]戈·瓦·普列汉诺夫:《俄国社会思想史》第3卷,商务印书馆1999年版,第23页。

文化受到法国文化、作风和艺术的影响。拜访巴黎的俄国人日渐增多,其中不少人带回一些新思想,参加营建了 19 世纪俄国文学的辉煌。"彼得只给了俄罗斯人躯体,叶卡捷琳娜赋予的才是——灵魂"。① 但最终结果,她以俄土战争爆发为由,解散了法典编纂委员会,一部法典也没有制定。因为"政府容许他们极其自由地讨论有关宗教、哲学、道德乃至政治的种种一般和抽象的理论。只要人们不恶意评论政府的芝麻小官,政府甘愿容忍他们攻击社会当时赖以存在的基本原则,或者讨论上帝存在的问题,政府认为那些事与它无关。"②"它绝对不能忍受公民以任何方式去介入对他自身事务的讨论;它宁愿让社会生活变得完全枯燥无味和停滞不前,也不要竞争。"③所以,她采取措施加强专制,颁布法令,把参政院合并为 6 个委员会,自己主管 3 个最重要的:陆军、海军和外交委员会;参政院之上设立总检察官一职,监督参政院的事务,同时设立最高宫廷会议作为女皇咨询机构,从而降低参政院的作用和地位,这样使政权归于沙皇一人。与彼得一世的"重商主义"思想不同,她倡导欧洲重农主义学说。1765 年叶卡捷琳娜二世成立自由经济协会,出版刊物介绍西欧流行经济学说,并发表一系列有关农业经济的文章。她还设立"手工工场委员会",告诫委员们不要担心手工工场太多或发展太慢。1779 年干脆解散了这个委员会,反对给某些企业专营垄断权,反对国家为发展经济指定统一的计划,赞成私有财产制度。"自彼得大帝以来,俄国第一次有了一位夜以继日地辛勤劳作、事无巨细都要过问的君主。永无休止的野心是她众多活动的唯一公分母,很明显也是她唯一在乎的东西。"④

镇压普加乔夫农民起义后,叶卡捷琳娜二世继续进行改革事业。其

---

① [俄]瓦·奥·克柳切夫斯基著:《俄国史教程》第 4 卷,张咏白等译,商务印书馆 2009 年版,第 195 页。

② 安德兰尼克·米格拉尼扬著:《俄罗斯现代化与公民社会》,徐葵等译,新华出版社 2003 年版,第 104 页。

③ [法]托克维尔:《旧制度与大革命》,商务印书馆 1997 年版,第 103 页。

④ [美]尼古拉·梁赞诺夫斯基、马克·斯坦伯格著:《俄罗斯史》,杨烨、卿文辉译,上海人民出版社 2007 年版,第 239 页。

内容:

地方行政改革。1775年颁布《全俄帝国各省管理体制》,以省县两级代替以前省州县三级管理体制,[①]按照人口重新划定全国50个省及下辖县,每省30万—40万人,每县2万—3万人,规范了省级、县级及城市管理机构设置;接受1767年贵族委托书和城市委托书的要求,容许贵族参与地方政权的管理,城市市长和市政局成员则由商人和市民选举产生;中央政府向地方派遣总督,由参政院成员分别担任,每个总督负责2—3个省,总揽当地军政大权,以此加强中央对地方的控制。

中央政府机构的改革。逐步撤销财政、手工工场、司法和矿业委员会,将其职能下放到省;中央权力逐步向三个主要机构——外交、陆军和海军委员会集中,三个委员会的大臣都是参政院和最高宫廷会议成员,后演变为各委员会大臣;女皇通过总检察官传达圣谕和听取汇报,参政院的作用进一步削弱;加强对新兼并地区的管理。向乌克兰、白俄罗斯、西伯利亚、波罗的海沿岸、伏尔加河流域等地强制推行省县管理体制和俄罗斯化的政策,派遣俄罗斯贵族担任地方长官的同时,也扶植当地的贵族;在这些地区推行农奴制和俄语等。

加强军队建设。1762—1796年陆军总数从33万增加到50万,分为步兵、骑兵、工兵兵种,成为欧洲最强大的军队;鲁缅采夫、波将军、苏沃洛夫等人的军事理论和战争实践大大提高了俄军作战水平;波罗的海舰队实力大大增强,主力舰达到37艘,新建黑海舰队主力舰达到22艘。军火工业规模大大扩大,兵工厂3座,炮厂15座,弹药厂60座。[②]

扩大和加强沙皇的政权基础。1785年颁布《贵族特权敕书》,从法律上确定了贵族在俄国的特权等级地位。这个等级不承担任何国家义务但却享受一切特权;赋予乌克兰、白俄罗斯、西伯利亚、波罗的海沿岸、伏尔

---

① 另外有学者认为,俄国在1775年《全俄帝国各省管理体制》中,取消了以前省、州、县的三级管理体制,而代之以省、县的二级管理体制。全国划分为50省。孙成木、刘祖熙、李建:《俄国通史简编》上卷,人民出版社1986年版,第344页。

② 孙成木、刘祖熙、李建:《俄国通史简编》上卷,人民出版社1986年版,第349页。

加河流域等地非俄罗斯贵族,享有与俄罗斯贵族同等的特权;确认贵族占有农奴、土地、矿藏、森林、水源的垄断权,以及购买村庄,在城市购买房屋,开办工厂,设立市场和定期集市的权利;选举和担任各级官员、免除贵族人头税、体罚和服兵役以及军队宿营等义务;对商人和手工工场主也给予一定特权。《俄罗斯帝国城市权利和利益敕书》把以前城市获得的所有权利和特权用法律的形式肯定下来,同时满足 1767 年城市委托书中市民委员会的要求,使市民操纵城市自治权,提高他们的政治地位。二者相比,前者的权利要大得多。

推行国民教育计划。叶卡捷琳娜二世为此问题经常与欧洲启蒙学者通信,请求他们为她出谋划策;她从法国召回教育家伊凡诺维奇·别茨科伊,让他制订教育计划。1764 年伊凡诺维奇·别茨科伊向女王呈递了俄国教育总体改革报告,该报告以《男女青年教育的基本制度》为题公布并获得法律效力。1782 年在圣彼得堡成立"国民学校委员会",由奥地利皇帝推荐的大教育家扬科维奇总负其责。1786 年委员会制定《俄国国民学校章程》,规定在各县开设国民小学,学制两年;在各省开设国民中学,学制五年;这些学校都由地方当局管理。1782 年在圣彼得堡设立师范学院性质的"中心国民学校",科学院和莫斯科大学的专家按照《俄国国民学校章程》规定的所有课程编写教科书,制定《国民学校教师指南》和严格的教学大纲。但是这些宏伟计划只实现了一部分。1786 年俄国有小学165 所,学生 11088 人;1800 年达到 315 所,学生 35915 人。① 各省城都有中学,但半数以上的县城没有小学。18 世纪末期俄国共有各类学校 550所,学生 62000 余人。但是按人口平均,每千人中只有 2 人就学,文盲率仍在 99% 以上。②

在农奴制问题上,尽管她喜欢法国启蒙思想家的某些观点和写作方法,但她从未认真地遵循它。当新的法国哲学家答应给她利益时,她便是

---

① 〔俄〕苏联科学院历史所列宁格勒分所著:《俄国文化史纲要》,张开、张曼真等译,商务印书馆 1994 年版,第 236 页。

② 孙成木:《俄罗斯文化一千年》,东方出版社 1995 年版,第 87 页。

这个哲学的拥护者。而只要哲学家敢于向她提出这样或那样的实际要求时,与她的利益背道而驰。如在普加乔夫农民起义之时,狄德罗建议她废除农奴制以消除农民起义危险时,她便傲慢地付之一笑并用铁腕手段镇压了农民起义。"如果我的《圣谕》适合狄德罗的胃口,那么一切就将颠倒了。"①她亲自签署给予地主流放农奴权利的法令。叶卡捷琳娜二世给予贵族地主放逐"无礼"农奴去做苦工的权利。1767 年发布敕令,把农奴对地主的一切控告都定为诬告,诬告者终生流放。该敕令发布后的头五年,仅被流放到托博尔斯克省和叶尼塞克省的农奴达 2 万人。18 世纪下半期她将强占的少数民族地区的土地以很低的价格转让给贵族地主达5000 俄亩。② 1764 年 2 月颁令,将原属于教会和修道院的土地、农奴一律收归国有,然后逐渐赏赐给世俗贵族。1785 年颁布《贵族特权敕书》,从法律上确认了贵族的特权地位。叶卡捷琳娜二世在位的 34 年间把 80万国有农民连同大片国有土地赏赐给宠臣和贵族,使这些农民变为农奴,并把农奴制推行到新并入俄罗斯的乌克兰、白俄罗斯、伏尔加河中下游及黑海北岸。保罗一世在位的 4 年间把 60 万国有农民变为农奴,把农奴制推行到南方叶卡捷琳诺斯拉夫、高加索、塔夫利达及顿河地区。这些措施使农奴在俄国总人口的比重进一步增大,如卡卢加省农奴占总人口的83%,斯摩棱斯克省和图拉省占 80%,雅罗斯拉夫省、科斯特罗马省、普斯科夫省占 72%—76%,在尼什涅哥罗德省、奥尔洛夫省、弗拉基米尔省、莫斯科省、特维尔省占 64%—69%,平扎省、萨拉托夫省、诺夫哥罗德省、西姆比尔斯克省占 51%—86%。③ 根据 1794—1796 年人口普查,俄国总人口达到 3600 万,半数以上是贵族的农奴,其余是国有农民;农奴中 80%属于那些拥有农奴 100 名以上的大贵族,如舍列梅捷夫、拉祖莫夫、斯特罗

---

① 〔俄〕戈·瓦·普列汉诺夫:《俄国社会思想史》第 3 卷,商务印书馆 1999 年版,第27 页。

② Поломалев.История СССР:Том Ⅲ.М.,1967.С.431.

③ 〔俄〕梁士琴科著:《苏联国民经济史》第 1 卷,中国人民大学编译室译,人民出版社 1959 年版,第 436—437 页。

加诺夫、勃兹保罗德克家族;15%属于拥有 20 — 99 个农奴的中等贵族,
5%属于拥有 20 名以下的小贵族。①

与 18 世纪前期的改革相比,叶卡捷琳娜二世的改革是在 18 世纪西欧启蒙运动影响下的系统化和成熟化的改革。"启蒙时代的女皇给专制政权的合法性注入了全新的内容。启蒙专制君主可能也应该将知识同权力相结合,动用所有的权力来传播难以为蒙昧的民众所理解和接受的天赋人权的思想与合乎理性的真理,引导人们'去谋求最大的幸福',并保证他们应享有的'天赋自由'。叶卡捷琳娜二世比彼得一世更为不可动摇和始终不渝地致力于在俄国确立'合法的君主专制',以满足为每个臣民谋取幸福的社会需求。"②改革致力使俄国成为法律化、封建正统主义的君主国家。改革涉及 18 世纪社会生活的各个方面,对俄罗斯帝国行政区域的重新划分,中央对地方的垂直统治,新的国家管理制度、司法制度、财政制度的建立,以欧洲资本主义国家为楷模的国家初等学校教育制度的建立,发展工商业的新政策,贵族等级地位的法律化。改革实现了她想要做的,改革没有破坏社会的稳定。"俄国贵族代表虽然很热情地阅读启蒙思想家的著作,但作为等级,他们却未能笃信解放哲学的灵魂,既致力于消灭一切等级特权,从而把劳动群众置于新的、更加自由的生存条件下。贵族不仅情愿保存农奴制,而且很成功地争得了这种制度的扩大"③。俄国在 18 世纪下半期终于迎来了贵族的"黄金时代"。

总而言之,18 世纪的俄国改革是复杂的、多方面的社会政治现象,它涉及社会秩序、社会制度、社会结构的改造、变革和重建,并没有消灭现存的社会结构,它在总体上表现为社会发展的进步性。"彼得和叶卡捷琳娜两个'大帝'都是创新改革者,但他们的改革计划过于激进,不为当时

---

① 孙成木、刘祖熙、李建:《俄国通史简编》上册,人民出版社 1986 年版,第 299 — 300 页。

② [俄]鲍里斯·尼古拉耶维奇·米罗诺夫:《俄国社会史》下卷,山东大学出版社 2006 年版,第 124 — 125 页。

③ [俄]戈·瓦·普列汉诺夫:《俄国社会思想史》第 3 卷,商务印书馆 1999 年版,第 24 页。

的社会所接受。"①

人类历史的发展进程表明,解决社会基本矛盾,推动社会发展的方式大致有两种:社会革命与社会改革。二者的相同之处则要解决人类社会的基本矛盾,推动社会进步。就改革的任务和社会作用而言,改革也是一场革命。彼得一世的改革从根本上改变了俄国倾向东方的状态,改变了俄国历史发展的方向,因而改革是俄国历史上的重大事件。"过去的俄罗斯处于封闭的状态之中,那种状态使它受到鞑靼人的压迫,保留着莫斯科王国的亚洲风格的全部特色。俄罗斯应当从封闭状态中走出来,走到广阔的世界中去。彼得大帝的改革对人民来说是如此巨大的痛苦,但是没有彼得的强制性改革,俄罗斯就不能完成自己在世界历史中的使命,也不能在世界舞台上讲自己的语言。"②

彼得一世的改革是俄国历史的重大转折,它影响了18世纪俄国政治、经济和社会发展的方向。他为创立正规军和海军,繁荣工商业,建立新的行政体系并为民族文化和教育的发展开辟了新的道路。他制定的积极对外政策消除了与西方之间的鸿沟,建立了一个强有力的国家。他所创立的社会政治制度显示出了自己的生命力,最终,赢得了社会的好评,甚至是民众的好评。彼得一世死后,他的形象很快被美化。但彼得一世文明与野蛮交织的矛盾性格和当时的社会状况决定了改革没有制度化,缺乏计划性,许多法令都是在刹那间具体事件影响下作出的。他的对外军事政策"对俄国既无商业利益,也无经济利益,仅仅是他个人的野心和奢望"。③ 建立的数学和航海学校、陆军学校都是一些具有实利主义性质学校。"彼得打破所有先例,去西欧旅行,直接学习外国的种种制度和惯

① ［美］拉伊夫著:《独裁下的嬗变与危机——俄罗斯帝国二百年剖析》,蒋学祯、王端译,学林出版社1996年版,第7页。

② ［俄］А.Н.别尔嘉耶夫著:《俄罗斯思想》,雷永生等译,三联书店1995年版,第14页。

③ А.Б.Каменский.Российская империя в ⅩⅧ веке: традиции и модернизация.М.,1999.С.72.

例。他对法国文化和英国议会制度没有兴趣,但是,他像一个普通劳动者那样在英国和荷兰的造船场做工,以便了解在他看来对他国家最有用的东西。"①"专权的概念直到彼得一世统治时期才在理论上最终形成。"②如果伊凡雷帝的专制理论是建立在神奇的传说(与罗马皇帝奥古斯都的血缘关系)上,那么,彼得一世的专制理论则是建立在启蒙学派合乎情理的契约论上。"18 世纪初,为国效力以求得共同幸福的思想代替了为沙皇效力以求得精神完美和灵魂自救的观念。"③从这个意义上讲,改革是一次统治权力世俗化的改革,促使等级君主制变成了专制君主制。④

对于彼得一世的改革,学者中间存在着截然相反的立场。⑤ 大多数研究者认为:彼得一世的改革更是一种文化大转变,是一次历史性质的飞跃,是强制性的历史转折。⑥ "改革的阶级性并不能抵消改革的全民意义,彼得一世的改革毕竟还是促进了俄罗斯文化的蓬勃发展,并使俄罗斯坚定地走上了文化发展之正路。"⑦改革的重要内容是文化的世俗化,文化的世俗化破坏了具有特殊意义的古罗斯宗教文化的整体性,"促成了全部符号体系的果决的更换。"⑧"对于没有彼得大帝的彼得改革时代可

---

① 〔美〕斯塔夫阿诺斯著:《全球通史》下卷,吴象婴、梁赤民译,上海社会科学出版社1992 年版,第 377 页。

② 〔俄〕鲍里斯·尼古拉耶维奇·米罗诺夫:《俄国社会史》下卷,山东大学出版社2006 年版,第 117 页。

③ 〔俄〕鲍里斯·尼古拉耶维奇·米罗诺夫:《俄国社会史》下卷,山东大学出版社2006 年版,第 128 页。

④ 〔俄〕鲍里斯·尼古拉耶维奇·米罗诺夫:《俄国社会史》下卷,山东大学出版社2006 年版,第 136 页。

⑤ 第一种把沙皇改革俄国的举动看做是为应对紧急事态、特别是为了应付北方战争的压力而采取的一系列、更确切地说是一堆杂乱无章、互不相关的特殊措施。相反的观点认为是一个范围广泛、全新的和内在协调的规划指导下的行动。〔美〕尼古拉·梁赞诺夫斯基、马克·斯坦伯格著:《俄罗斯史》,杨烨、卿文辉译,上海人民出版社 2007 年版,第 211 页。

⑥ 朱达秋、周力:《俄罗斯文化论》,重庆出版社 2004 年版,第 152 页。

⑦ 〔俄〕Т.С.格奥尔吉耶娃著:《俄罗斯文化史——历史与现代》,焦东建、董茉莉译,商务印书馆 2006 年版,第 193 页。

⑧ 〔俄〕德·谢·利哈乔夫著:《解读俄罗斯》,吴晓都、王焕生等译,北京大学出版社2003 年版,第 274 页。

能需要七代人,并且俄罗斯的改革就得到 1892 年才能结束。"①笔者更认同这种观点:彼得一世学习西方的出发点是为了俄国的富国强兵,而彼得一世改革的结果,它的历史意义更多的不在于改变国家落后面貌的程度,而在于改变了俄国国家的历史发展方向,从此,俄罗斯开始了自己漫长的西化历程。②"彼得一世的改革是指从形式到内容上仿效西欧,实质是后进国家在文化形态和物质制度方面对西欧的趋同过程。1861 年农奴制改革是从前资本主义社会向近代资本主义社会的转变,实质是传统社会向现代社会的整体转变过程。彼得一世时期正值农奴制迅速发展和专制制度最终确立,它与现代化在经济上(工业化)和政治上(民主化)的要求都相去甚远。"③"彼得大帝不是一个理论家或者策划者,而是一个精力充沛的实干家。"④18 世纪俄国贵族文化与其说是表面上的西方资本主义化,还不如说是本质上的世俗化;与其说是表面上的个性化,还不如说是骨子里渗透的是东正教苦行僧的集体主义精神,有时,两者并列出现,但其主流意识是后者,俄国人永远为理想而活着。

改革的结果使俄国摆脱了经济落后的局面,但造成了社会的巨大分裂,有悖于俄国社会的转型。"一个无底深渊把俄罗斯一分为二,一个是在彼得堡办公室里制定出来和当时的政治思想装饰的有很大说服力的许多法规、指示和命令的俄罗斯,另一个则是单调乏味、平淡无奇的当时真实的俄罗斯。"⑤"彼得一世把俄罗斯传统文化和西方文化这难以解决的现代化问题凸显了出来,尖锐地摆在了俄罗斯面前,搅得人们几个世纪都

---

① [俄]德·谢·利哈乔夫著:《解读俄罗斯》,吴晓都、王焕生等译,北京大学出版社 2003 年版,第 264 页。
② 白晓红:《俄国斯拉夫主义》,商务印书馆 2006 年版,第 28 页。
③ 张建华:《俄国知识分子思想史导论》,商务印书馆 2008 年版,第 33 页。
④ [美]尼古拉·梁赞诺夫斯基、马克·斯坦伯格著:《俄罗斯史》,杨烨、卿文辉译,上海人民出版社 2007 年版,第 212 页。
⑤ [俄]Н.П.巴甫洛夫-西利万斯基:《俄国封建主义》,商务印书馆 1998 年版,第 177 页。

不得安宁,总是面临进退两难的艰难抉择。"①克柳切夫斯基认为:"他虽然成了具有欧洲精神的改革家,但他身上仍保留着莫斯科彼得之前的沙皇的许多特征,他既不考虑人民的法制意识,也不考虑人民的心理状态,而希望能够像改变衣服款式或呢绒幅宽那样轻而易举地彻底根除千百年的老习惯,建立起新的概念,他用强制手段引进一切,甚至强求公众表现出主动性,就这样,他将合法的秩序建立在公众无权的基础上,因此,在他的合法的国家中虽然有政权和法律,却没有与之并存的使大众活跃的因素,没有自由人,没有公民"。②

彼得一世以后,政府在舶来西方完善的物质文明的同时,给俄国带来了浸透西方唯理主义精神的西方政治制度,破坏了俄罗斯固有精神。上层社会盲目追随西方潮流,但在下层人民中间,在基于东正教精神的村社生活中,保存着俄罗斯大地的完美——能够对抗西方物质文明的俄罗斯道德精神。③ 贵族文化朝着西方化的方向发展,而农民文化继续朝着相反的东方化的方向发展。宗教改革一方面导致了世俗政权与宗教的疏远,另一方面导致了世俗成规和文化现象的宗教化。文化的分裂使俄国专制制度具有东方君主专制模式和西方资本主义模式的互相支撑,由此充满了尖锐的矛盾。在经济上,改革不仅没有触动农奴制,而且开辟了为国家和启蒙运动的利益强化农奴劳动的利用机制,依靠农奴劳动建立了采矿业和工业、建筑业和手工业、常规的陆军和海军。"俄国政府企图采用西方技术以提高产品水平和国民的技能,使它们更接近西方水平,往往这一努力却远远地背离了西方"。④ 因为这种强制性的发展已经超出了人们身体所承受的压力。"彼得改革始终未能穿透到社会或民族的心坎

---

① 朱达秋、周力:《俄罗斯文化论》,重庆出版社 2004 年版,第 152 页。

② [俄]瓦·奥·克柳切夫斯基著:《俄国史教程》第 4 卷,张咏白等译,商务印书馆 2009 年版,第 349 页。

③ 白晓红:《俄国斯拉夫主义》,商务印书馆 2006 年版,第 148 页。

④ [俄]亚历山大·格申科伦著:《从历史的角度看经济落后》,崔艳泉译,参见谢立中、孙立平主编:《二十世纪西方现代化理论文选》,上海三联书店 2002 年版,第 838 页。

中去。上层分子对西方的知识文化表现出,而且继续表现出真诚的兴趣,全心全意的接受了新俄国的文化价值。有文化修养的俄国人不久就能同有教养的西方人士平起平坐了。但大众文化绝大部分并没有被彼得革命触及,仍然停滞在 17 世纪传统上。这不但使高等文化与大众文化之间出现日益广大的鸿沟,也使后者僵化丧失活力,最后凋谢。由于这个原因,彼得一世王朝之后的俄国社会始终循着一条特殊的、畸形的道路前进。"①

"自彼得一世去世,贵族事实上成了一个享有统治权的等级,它决定着皇位的继承等国家重大事项,对国家内外政策的制定起着至关重要的影响,更是除沙皇外唯一的国事参与者和连接皇权与社会的纽带。"②

18 世纪中后期,以"开明专制"著称的叶卡捷琳娜二世,通过与欧洲启蒙思想家的交往,制定了改革的政治纲领《圣谕》。她的内外政策符合俄国社会的根本需要,因此,得到了大多数居民,特别是贵族和市民等级的好评。尽管"俄国的君主极力想在西欧文明的镜子中显露光辉,因此兢兢业业地模仿他们法国或西班牙同侪的历史记录,对前来报道他们辉煌业绩的西方作家极尽谄媚之能事。"③但改革广泛引进西方技术的目的并不是为了改造俄国的社会,而是为了保护它;改革借助于物质层面和精神层面的进一步欧化,以适度扩大贵族的政治经济特权,巩固和完善俄国专制主义国家的政治制度为宗旨。"我是一个贵族,这是我的优势。"1785 年《贵族特权敕书》是贵族政治地位法律化的标志。"女皇考虑的与其说是改革,还不如说是为了获得土地所有者的爱戴。"④"以她本人为首的立法者受当时法国哲学的熏陶,天真地以为只要国家有正确认识和满

---

① 〔美〕拉伊夫:《独裁下的嬗变与危机——俄罗斯帝国二百年剖析》,学林出版社 1996 年版,第 40—41 页。

② 〔俄〕鲍里斯·尼古拉耶维奇·米罗诺夫:《俄国社会史》下卷,山东大学出版社 2006 年版,第 132 页。

③ 〔美〕佩里·安德森:《绝对主义国家的系谱》,上海人民出版社 2001 年版,第 244 页。

④ Головатенко.История россии:спорные проблемы.М.,1993.С.98.

腔热忱,便可易如反掌地制定出新的法规,并借此在一个最短的时期内改变俄国的社会制度和国家体制。"①这样,改革不再以国家利益为重,而仅仅以贵族等级利益为重;在化解彼得一世改革矛盾危机的同时又带来新的社会矛盾,农奴制的扩大使她最终无法走出制度危机的泥潭。

可以说,俄国的启蒙运动以西方为模式,但被俄国贵族臆造的文化模式不伦不类,这种模式的标准在很大程度上是虚构的,结果导致了贵族文化的错位,即俄国贵族在自己的祖国觉得自己处在外国人的位置,在他们眼中"别人的"获得了标准的性质;俄国的启蒙运动缺乏西欧启蒙运动的民主发展基础。所以,"这些表面的进步并不能改变启蒙时代欧洲绝对主义的东欧样板的性质和地位。因为这些君主政体的基础结构,甚至在它们极其辉煌之时依然是古代和倒退的。"②反映在贵族等级的权利问题上,政治上俄国官僚体制的贵族化和贵族等级的巨大分裂;经济上贵族权利的扩大导致了农奴制的进一步深化。其改革结果最终只能是封建制度的自身调整,而非政治意义上的资本主义性质的改革运动。

---

① [俄]鲍里斯·尼古拉耶维奇·米罗诺夫:《俄国社会史》,山东大学出版社 2006 年版,第 135 页。

② [美]佩里·安德森:《绝对主义国家的系谱》,上海人民出版社 2001 年版,第 244 页。

第三章 18世纪的政治改革与贵族

第一节 《官秩表》与贵族官僚体制的建立

一、《官秩表》的任职原则及其演变

17世纪末期俄国已经有君主制的萌芽,18世纪的政治改革、贵族官僚体制的建立使俄国君主专制主义制度得到充分的发展。在资本原始积累时期,资本主义尚未在各国取得普遍发展,新兴的资产阶级没有足够的力量在政治和经济上迅速取得统治,实行工商业政策的决定力量不可能是资产阶级本身,而只能是利用强制的国家行政措施来扶持。所以,西欧各国实行重商主义的经济政策,"……资本的加速发展不是依靠所谓的自然道路,而是要用强制的手段来得到。"①一个国家要用这种强制手段来谋求经济的发展,首先在政治上必须有一个强大的中央集权的国家政权,必须是一个领土统一的大国;在经济上必须有统一的国内市场,有一定的程度的社会分工,有工业和手工业的发展、商品流通和货币流通的发展。总之,要有资本主义关系最初形式的发展以代替封建农奴制关系。西欧这个过渡时期在18世纪已宣告结束,而在俄国却经历了漫长的过程,直到10月革命前也未全部完成。18世纪落后的俄国没有强大的工商业资产阶级,通过国家政权来发展工商业成为历史的必然。贵族在俄国专制主义的国家机器中服役,必然导致专制主义国家要为贵族的政治

---

① [德]马克思:《资本论》第3卷,人民出版社1953年版,第1024页。

利益服务。

1. 彼得大帝颁布《官秩表》

与西欧国家相同,俄国专制主义制度的形成是18世纪社会经济政治发展的必然结果。正如列宁所言:"实行贵族杜马和贵族政治的17世纪俄国专制制度就不同于实行官僚政治、官吏等级制和有过个别'开明专制'制度时期的18世纪的专制制度……"①18世纪的政治改革使"政权原有的传统和宗教目的以及君主的行为规范都发生了变化。关心全体国民的利益和幸福也被视为君主的责任,而且,包含其中的宗教意味日益淡漠,世俗色彩则越来越浓——国民的利益和幸福不再是灵魂的救治,而是物质的满足及国家政治和经济的繁荣。"②彼得大帝为了提高俄国政治经济发展水平,他一开始就十分关注俄国贵族。

17世纪下半叶,农奴制得到了长足的发展,几乎所有的社会群体都沦为农奴。当时的社会尚未形成真正意义上的等级和等级组织。"在西欧各国,没有各个社会团体、各等级的合作,任何君主都将难以对人民严行法纪或为前途着想。而在俄国的中间阶层维护传统的风俗习惯、思想与生活方式,过分消极落伍,不能适应新文化。而且它们本身的性质和对变革的顽强抵制对国家构成威胁。如射击军、哥萨克和老派教徒。他们由于抗拒新政权,不能参加彼得的现代化事业,政府甚至不让他们与现代化事业有任何联系。这种处于萌芽状态中的集团机构,无论是从法律的,还是从社会的角度来看,都只不过是一个古怪的结合……它们缺乏时间发展成为真正的中间阶层。"③

最具有社会影响力的贵族获得了较大的经济利益,他们对缙绅会议这一全民代议机构不感兴趣,对贵族会议和宗教会议从来就无任何好感,

---

① 《列宁全集》第15卷,人民出版社1959年版,第310页。

② [俄]鲍里斯·尼古拉耶维奇·米罗诺夫:《俄国社会史》下卷,山东大学出版社2006年版,第124页。

③ [美]拉伊夫著:《独裁下的嬗变与危机——俄罗斯帝国二百年剖析》,蒋学祯、王端译,学林出版社1996年版,第29—30页。

早已梦想着要攫取教会和农民的土地。贵族曾试图独立自主地获取自己的社会和政治利益,其途径就是获得贵族特权。波雅尔杜马、宗教会议、缙绅会议及沙皇的权力是依赖传统习俗得以维系的,并无法律基础。直到彼得一世统治时期,法律才成为权力的基础。彼得一世利用这些机构之间的矛盾逐渐占据上风。1700 年取缔波雅尔杜马之后,彼得一世先是将贵族安置在更适合他们身份的沙皇陛下的御前办公厅,1711 年将御前办公厅改为参政院及附属的 12 个委员会。

18 世纪以前,俄国旧的官僚制度逐渐萎缩,世袭贵族(аристократия)①的作用日益降低,贵族杜马已经不能适应国家内外政策的需要。② 为加速改革的进程,保证贵族在陆军和海军中以及在官僚机构中的统治地位,沙皇并没有彻底铲除古老的贵族,而是将他们改造成了新的社会精英。1695 年彼得一世禁止晋升御前大臣、宫内杂务和贵族(Дворяне),停止使用旧官职,自己誉名为大尉。1709 年对他的廷臣授予新的官职:Г.多尔戈鲁基为 2 品文官,波雅尔穆辛-普希金为 3 品文官。1710 年弗拉基斯拉维奇-拉古津斯基被授予 7 品文官,1711 年伯爵费多尔·马特维耶维奇·阿普拉克辛被授予亚速夫总省长和 3 品文官,参政院取代职官部,旧官职最终消失。1718 年彼得一世把少将、准将、3 品文官与波雅尔、御前侍臣相提并论。1722 年彼得一世颁布《官秩表》(Табель о рангах),贯彻量才使用、论功取仕的原则。

《官秩表》制定的历史分为四个阶段:1719 年 9 月—1720 年 10 月以贵族 А.И.奥斯杰尔曼为首的外交委员会酝酿第一个《官秩表》方案;1721

---

①　旧的世袭贵族(аристократия):它是指 18 世纪彼得一世改革以前俄国的旧贵族。

②　彼得一世年幼时,波雅尔剩 51 个,1705 年剩 23 个,1718 年剩 6 个。御前侍臣在 1691 年剩 61 个,1705 年剩 18 个,1718 年剩 4 个。杜马贵族在 1705 年剩 15 个,在 1718 年召开的会议上邀请了几个杜马贵族。御前大臣在 1686 年剩 2724 个,其中升到团长的达 59 个,1712 年提到了室内御前大臣和普通的御前大臣。宫内杂务在 1686 年剩 1893 个,1703 年几个宫内杂务改为皇帝贴身侍从。杜马书吏在 1686 年剩 9 个,1705 年剩 6 个,其中乌克兰人在 1700 年改名为杜马参议员。老住户在 1711 年剩 300 个。А. Романович-словатинский.Дворянство в России,М.,2003.С.190—191.

年 1 月彼得一世创建第二个方案;1721 年 2 月到 10 月参政院、陆军委员会和海军委员会讨论第二个方案;1722 年参政院最终完善了《官秩表》方案。《官秩表》方案的制定历经三年,沙皇是《官秩表》方案的主要创作者。他起初委托 A.И.奥斯杰尔曼为首的外交委员会,后来亲自出访欧洲,仔细研究西方国家的官职条例、章程,尤其是那些实行君主制国家(瑞典、丹麦和部分普鲁士)的法律政策。以它们的法律形式作为蓝本,有条件地加以选择,并参照 16—17 世纪俄国的法律文献(陆军、海军和炮兵条例),按照军队的官阶秩序组建俄国的官僚机构,授权参政院制定具体的细则,最终在矿山、林业委员会的官员中加以实施。

《官秩表》把文武官员分为 14 品(Ранг),三个平行的官阶,共 262个官职:军官 126 人、文官 94 人、宫廷官员 42 人。《官秩表》第一次把文官和军官区分开来,15 品为将官,6—8 品为校官,9—14 品为尉官;文官最低的是 14 品文官,最高的是 1 品文官。另外,《官秩表》按照官阶高低又把俄国官员分为四类:一类是 1—4 品的最高行政长官,二类是 5—8 品的中层行政长官,三类是 9—14 品的下层行政长官,四类是没有进入《官秩表》国家行政机关中处理公文的书吏人员,没有职务级别。

表 1 《官秩表》①

等级	军官官阶		文官官阶	宫廷官阶
	陆 军	海 军		
1	大元帅	海军大将	1 品文官	—
2	炮兵上将、骑兵上将、步兵上将	海军上将	2 品文官	总宫廷高级侍从、总宫廷事务大臣、总御马司、总狩猎官、总典礼官

---

① И.Порай-кошиц.История русского дворянства,М.,2003.С.310—311.

续表

等级	军官官阶		文官官阶	宫廷官阶
	陆　军	海　军		
3	中将	海军中将	3品文官	宫廷事务大臣、御马司、狩猎官、皇室侍从长
4	少将	海军少将	4品文官	—
5	准将	海军准将	5品文官	5品宫廷典礼官
6	上校	海军上校	6品文官	6品宫廷典礼官
7	中校	海军中校	7品文官	—
8	少校	海军少校	8品文官	—
9	大尉或骑兵大尉	海军大尉	9品文官	—
10	上尉或骑兵上尉	海军中尉	10品文官	—
11	—	—	参政院文书	
12	中尉	海军准尉	12品文官	—
13	—		13品文官	—
14	准尉或骑兵少尉	—	14品文官	—

《官秩表》的最初内涵,官阶(Чины)①和品级(Класс)意味的不是后

---

① 米罗诺夫认为,"官僚"与"官吏"是指参与国家管理、有相应职衔、收取俸禄的文职人员。官僚和官吏是政府权力的代表,因而,所有参与国家行政管理的文职人员无论是入品的,还是不入品的一般职员,均在官僚的范畴之内。17—18世纪初,在国家管理机构任职的人被称为"官宦"或"衙吏",在18世纪则为"官吏",在19世纪初,"官员"一词专指担任文职的国家公务员。在俄语里,构成"官员"一词的"官"字有行事和秩序之义,因而,取其直意,"官员"指的是维护秩序的人或警察。19世纪的俄国,人们只把占据高位的文职人员称为高官,而其他文职人员被称为官员。见[俄]鲍里斯·尼古拉耶维奇·米罗诺夫:《俄国社会史》下卷,山东大学出版社2006年版,第108页。

来通过法律程序确认官员的知名度或荣誉爵位,而是其本身的现状,即官职(Должности)。官阶以职责为前提,并与其占有的地产存在着有机联系:按照彼得大帝的意图,官阶只是相当于外部荣誉称号,除了责职,它没有任何含义。如:6 品文官实际上是供职的各委员会的参议员,与此在 6 品级上共事的参政院总秘书和各委员会检察长并不称做 6 品文官。依此类推,8 品文官、秘书或者记录员是供职的各委员会法官、秘书和记录员,他们没有高低大小之别。① 文官晋升的决定权完全取决于参政院,他们投票决定高级文官,直接任命低级文官。1711 年颁布第一个军人编制册,军官通过法律方式获得行政权力。1712 年出现了很多官阶。文官在《官秩表》颁布前已经实行。1709 年 6 月 27 日,波尔塔瓦战役告捷后就给军事和行政参政员很高的奖赏。

针对宫廷官员,瓦西里·尼基季奇·塔季谢夫评价道:"彼得大帝以他的辉煌业绩著称于世,宫廷官阶无论如何,在品级上也就走到尽头了,而且很低;这个官职完全被鄙视,最好说,什么都没有。"②政府不再把他们变成《官秩表》中的新官员,让其自行消亡。这些莫斯科罗斯时代的旧官员留恋过去的荣耀而不愿成为新官员,他们留须,并且深居简出。

《官秩表》把所有分布在海军、陆军和行政机构的俄国官员划分为 14 个品级。不仅反映出国家官阶秩序的变动,而且比较它们之间的相互作用。《官秩表》确定了供职的规则:一是获得贵族称号的三种方式:官员的业绩;君主的赏赐;徽章和爵位的赏赐。二是军官对文官所享有的优势。

彼得大帝时期授予官阶的主要规则:不依据门第的高低,而是根据任职情况授予官阶,进入《官秩表》者都可成为贵族;根据贵族的教育程度提拔官吏。"对于名门望族来说,在没有为我们和祖国建立功绩之前不

---

① И.Порай-кошиц.История русского дворянства,М.,2003.С.137.

② И.Порай-кошиц.История русского дворянства, М.,2003.С.138.

能享有任何官职。"①《官秩表》在军官、文官和宫廷官吏三种职官的管理上实行统一的官阶制,该官阶采取论功取仕的原则,这就使沙皇进一步摆脱了世袭贵族政体,也使官僚们以及中小贵族成为专制制度的强大的社会基础。

获得贵族称号的第一种方式:官阶的取得要从最低的品级做起,尽管出身低贱,凡服军役和行政、宫廷役的官员供职至8品者,连同他任此职时所生的法定子女一起获得世袭贵族(Потомственное дворянство)称号。凡是文官、宫廷官员供职14—9品者获得终身贵族(Личное дворянство)称号,贵族的称号只限于本人而不能世代相传。但也有两个例外:一是如果本人属非贵族出身,在初次获得8品尉官,此时还没有子弟,如果以后出生的子弟,可以容许其父申请把贵族称号赏赐给后来出生的其中一个子弟;二是1724年1月31日法令确定终身贵族的权利。如果其祖孙三代有终身贵族称号者,容许他们的子孙继承该贵族称号。同样,父亲和儿子有终身贵族称号且勤奋地服役20年,那么容许其孙子继承该贵族称号。"他们的后代尽管出身低微,也永远享有优秀的长辈贵族爵位的一切荣誉……受到同等的尊敬。"②

获得贵族称号的第二种方式为:在彼得大帝时期还不存在对贵族的赏赐,因为当时真正意义上的贵族并没有,只有官员。只有两个人(库兹马·古利亚耶夫和阿金菲·尼基季奇·杰米多夫)通过赏赐获得贵族称号。

获得贵族称号的第三种方式为:18世纪以前,西欧早已存在证明贵族称号、门第的标志——徽章(гербы)和爵位。即便17世纪有人在贵族等级中使用徽章,但俄国政府还没有对徽章的明确法令。波罗的海的骑士和乌克兰贵族(Шляхетство)对波兰徽章的喜好激发了俄国贵族对徽

① И. Порай-кошиц. История русского дворянства, М., 2003. C.10.
② [俄]Б. Б. 卡芬加乌、Н. И. 巴甫连科主编:《彼得一世的改革》上册,商务印书馆1997年版,第225页。

章的青睐。俄国没有类似西方的骑士,也就没有任何有关徽章历史的记载。彼得一世之前俄国并不存在真正意义上的贵族(Шляхетство),也就没有在贵族中利用徽章标志图案的风俗。贵族希望模仿外国贵族的风范,政府也希望俄国贵族佩戴外国贵族的标志,故制作并颁发徽章。徽章作为某个贵族的外部象征,只有彼得大帝一人有权力赏给那些个人业绩和战功卓著并有一定官职的杰出人才。但在 18 世纪俄国贵族对徽章的酷爱与日俱增,某些贵族私自利用徽章,按照自己的意愿发明自己祖先没有的徽章,另外一些人则大胆利用皇冠和名门望族的徽章。沙皇责令参政院设立专门的机构贵族铨叙局(Герольдия)①,规范贵族徽章和爵位的使用。规定无论贵族出身,还是非贵族出身,以及以前没有服役者,只要能够证明其贵族称号达 100 年者的尉官就可以得到徽章。

在贵族爵位的授予上,基辅罗斯时期只有一个公爵爵位,但它只属于留里克大公和王公后代②、立陶宛大公后代——格季明家族③、亚洲游牧人公爵——格鲁吉亚王、鞑靼人和山地人后代④所有。大部分公爵在彼得一世前已经衰落。1550 年伊凡雷帝把波雅尔子弟(1500 人)安置在莫斯科附近,给他们分配领地。这些人都来自公爵家族,但在当时都已经沦为下层官员。可见,彼得一世以前的爵位是家族性的,完全不以服役级别上的个人地位为先决条件。

俄国的第一个伯爵 Ф.А.戈洛温是 1701 年由神圣罗马帝国皇帝利奥波德一世授予的,1702 年 Г.И.戈洛温获得伯爵称号。随着贵族等级的形成,彼得大帝从西欧引进了贵族爵位制——公爵、伯爵、男爵。1713 年彼

---

① 贵族铨叙局:18 世纪以前审核和管理贵族服役事务的机构是职官部。1711 年取消衙门制度后其职能转到参政院下属的职官处。1722 年参政院设置贵族铨叙局专门管理为国家服役的贵族。

② 留里克大公和王公的后代:奥多耶夫斯基、戈尔恰科夫、多尔戈鲁基、维亚泽姆斯基、沃尔孔斯基、列普宁、谢尔巴托夫等。

③ 立陶宛大公后代格季明家族:霍万斯基、戈利津、库拉金、特鲁别茨基等。

④ 鞑靼人和山地人的后代:巴格拉季翁、伊梅列季斯基、梅谢尔斯基、乌鲁索夫、尤素鲍夫等。

得大帝授命久伊斯谢制定俄国赏赐贵族爵位的方案。1706 年 Б.П.舍列梅捷夫第一个获得伯爵称号,后来授予戈洛温、戈罗夫金伯爵称号。神圣罗马皇帝时期的伯爵成为俄国的伯爵,如 1710 年扎托夫,1722 年阿普拉克辛,1724 年托尔斯泰被授予俄国伯爵。在保罗一世时期就赏赐了 17 个新伯爵。在新沙皇继位前就创建了 63 个伯爵,如叶夫多基莫夫、穆拉维约夫和托尔斯泰家族。俄国的名门望族获得伯爵称号(1706 年舍列梅季耶夫、1732 年萨尔特科夫、1750 年布图尔林、1797 年沃伦佐夫、1797 年穆辛-普希金、1801 年塔季谢夫、1846 年乌瓦洛夫等),有时是一些非名门望族(1746 年舒瓦洛夫、1775 年波将军、1797 年别兹博罗德科、1797 年扎瓦多夫斯基、1819 年古利耶夫、1829 年康克林、1839 年基谢廖夫、1839 年克莱米赫),甚至是非贵族出身者(1726 年杰韦耶尔、1797 年西韦尔斯、斯佩兰斯基等)。① 由于许多俄国血统公爵家族的衰落,他们之中许多人被迫自给自足,从事农业生产,为此,新的外国伯爵称号比俄国血统的公爵爵位日益受到当时追逐名利者的青睐。

军官享有比行政官员更多的特权。这一点明显地反映出彼得一世家政权体制的军事性质。1712 年彼得一世颁布法令:"所有贵族(Шляхетство),在各种情况下,每一个尉官因成为贵族而具有荣誉和第一等级地位,如果他不接纳这个称号就不赐予军官称号,罚款,薪水只有 1/3。"② 尚武精神是彼得一世所有活动的重要特征。他高度肯定军事服役的社会作用,在参加国内重大政治活动时,他自己从不卸去他的军职。他自认为是国家的第一个仆役,第一个官员和官僚体制的创始人。在《官秩表》中,所有服军役的 1—14 品官员有权力享有世袭贵族称号,而服行政役的 8 品官员才有享有世袭贵族权利。最低的军官不仅胜任上校,而且在法律上拥有贵族权利,与同等的行政官员相比,军官更加得到沙皇的厚爱。所有国家机构和宫廷官员都有相应的军阶,大部分文官的

---

① И.Порай-кошиц.История русского дворянства,М.,2003.C.211—212.

② И.Порай-кошиц.История русского дворянства,М.,2003.C.142.

官阶都比军官低 1—2 品级，贵族在军队中居于领导地位。① 由于近卫军
的几个军团伴随着彼得一世一起成长，所以成为他的最忠诚最热情的拥
护者。彼得大帝不时绕过正常的行政渠道，让近卫军中的现役和非现役
的军官来执行特殊任务。"由于被赋予了相机处置的大权，他们可以把
总督和其他高官戴上枷锁，押解到京城，对行政部门的腐败和滥用职务的
指控进行调查。"②

《官秩表》是俄国服役制度发展历史上的重要里程碑，它从整体上
改变了贵族的地位，使世袭贵族占据文官和军官职位合法化，也使普通
贵族有可能升迁到最高职位。无论俄国贵族如何尽力把自己封闭在狭
窄的圈子内，无论讲述多么优美的巴黎贵族式的语言，无论如何与民众
隔绝，但最终结果，官僚原则（бюрократическое начало）战胜了旧世袭
贵族原则（аристократическое начало），俄国贵族开始习惯于服从政府
的法令并觊觎高的品级。这样，确立了俄国社会中官阶对门第的优势，
官阶决定了荣誉和功绩的外部特征，极大地降低了对名门望族的
尊重。

《官秩表》确立了官职对门第的优势，在祈祷仪式和宫廷的典礼上官

---

① Ю.М.洛特曼认为，服军役的军官享有特权地位。所有服军役的 1—14 品官员都
有继承世袭贵族称号的权利，而服行政役的 1—8 品官员才享有此权利，这就意味着服军
役的 14 品尉官与 8 品或 7 品的文官一样享有继承世袭贵族称号的权利。《官秩表》的第
15 条规定："凡服军役的尉官，即使出身低贱也能获得世袭贵族称号。其子弟对世袭贵族
称号的继承有两种情况，第一次获得 8 品尉官的官员，容许他获得此官职时所生的子弟继
承贵族称号；如果其子弟不是当时出生的，而是以后出生的，可以容许其父申请把世袭贵族
称号赏赐给后来出生的其中一个儿子。非贵族出身的行政和宫廷官员，其子弟不能获得贵
族称号。"这种状况在尼古拉一世统治时期有所改变，非贵族出身的官员也可以获得贵族
称号，贵族官员的素质大大提高。后来又出现了世袭贵族（Следственное дворянство）和终
身贵族（Личное дворянство）之别，这主要针对 9—14 品的行政和宫廷官员而言。后来终
身贵族获得"十字贵族勋章"等称号，并且享有贵族等级权利：摆脱了体罚、人头税和征兵，
但他不能把这些权利传给子弟，也没有权力控制农民、参加贵族会议和参与贵族代表的选
举。Ю.М.Лотман.Беседы о русской культуре：Быт и традиции русского дворянства（ХⅧ-начало ХⅨвека），СПб.，1994.С.23—24.

② ［美］尼古拉·梁赞诺夫斯基、马克·斯坦伯格著：《俄罗斯史》，杨烨、卿文辉译，
上海人民出版社 2007 年版，第 213 页。

员所在的位置取决于品级，如果官员要抬高自己的品级，或者退居到下一个品级，则要处以两个月薪水的罚款。丈夫的品级可以扩展到他们的妻子；父亲品级高的少女要比丈夫品级低的太太占优势。品级是由服装、轻便马车、仆役人员的数量来标志的。"它的目的是为了让勤奋服役者获得荣誉，而不是那些寄生虫。"①《官秩表》的品级对官员外部特征的制约，引发了官员的荣誉问题。在受辱中开始抱怨的不是个人、不是等级，而是官阶。

官僚原则战胜了在贵族(Шляхетство)中发展起来的世袭贵族原则。"名门贵族在俄国一无所有。即使再高贵的贵族，在俄国如果没有品级、没有官职则意味着什么都没有。"②俄国国务活动家的长子不能因为自己的出身，如同英国和法国的贵族、西班牙的大公一样享有任何权利；世袭贵族家族的威望随着其家族重要人物的去世而下降，其财产在所有子女中间分配；继承性的爵位(公爵、伯爵、男爵)因未有官职、文武供职而失效。"在俄国没有绅士，但有少校、大尉、法官和办事员。"③一些有名望的血统贵族家族因无功而破落、消失，俄国贵族经常由来自民间的新生力量补充，终身贵族不仅获得了"贵族证书"，而且还获得连带农民的领地，加入到贵族地主的行列中去。"人已经不再只是罪恶的源泉，而是一种具有积极活动能力的个性。一个人如能攀登到最高的社会地位，并不是由他的财富所决定的，也不是由于他出身于名门贵族所致，更不是由于他来自一个强大的民族，而是取决于他对社会所做的贡献如何。对社会作出特殊贡献的人本身就是一种财富，因为他'对祖国有功'。"④如戈利津、库拉金、舍列梅捷夫等家族，以及早期在政治边缘上无足轻重的人物和家族(纳雷什金、洛普欣、奥尔辽夫、舒瓦洛夫、拉祖莫夫、祖博夫等)壮大起

---

① Ю.М.Лотман.Беседы о русской культуре：Быт и традиции русского дворянства (ⅩⅧ-начало ⅩⅨ века)，СПб.，1994.С.23.

② А.Романович-словатинский.Дворянство в России，М.，2003.С.198.

③ А.Романович-словатинский.Дворянство в России，М.，2003.С.192.

④ [俄]Т.С.格奥尔吉耶娃著：《俄罗斯文化史——历史与现代》，焦东建、董茉莉译，商务印书馆2006年版，第172页。

来。青年时期曾在莫斯科街头卖过馅饼,当过马夫的 А.Д.缅什科夫,因为"他有取之不竭的精力,处处表现出首创精神,进取心强,又具有毋庸置疑的组织才能"而被提拔为陆军元帅。① 犹太商人家庭出身的 Б.П.沙菲罗夫博学多才被提升到参政员的高位。"这些新人跻身官员行列,对统治阶级的戮力同心并无促进作用,然而在破坏统治阶级原有的系谱和道德成分的同时,终究给它带来了某种类似竞争的勃勃生气,大挫了大贵族们的骄矜气势和破除了衙门的因循守旧习气。"②"在历史上几乎找不到像彼得统治时期这样的先例,即他把这么多出身低微的人提拔到如此的高位之上,或者说竟有这么多名门出身的富人与最底层的人平起平坐。"③

《官秩表》民主化特征使俄国政治制度表现出巨大的活力。"在彼得时代,为国家供职是唯一晋升的阶梯。踏进供职阶层不但享有许多社会和物质上的利益,而且有心理上的裨益。因为只有服役的人才能享受哪怕是微小的人身和财产保障。"④北方战争末期俄国军官中大约 14%来自非贵族等级,1861 年终身贵族占帝国贵族总数的 44%。⑤ 18 世纪上半叶、18 世纪下半叶和 19 世纪上半叶,从其他等级流入贵族的人口分别占贵族增加人口的 30%、40%和 50%。到 19 世纪中叶,通过服役获得贵族身份的"官僚贵族"占贵族总数的 59%,19 世纪末期至 20 世纪初则占66%。⑥ 18 世纪 20 年代、18 世纪中叶和 1816 年,非贵族出身的人分别占军官总数的 38%、14%和 26%。19 世纪 30 年代以前,很多非贵族出身的

---

① [俄]尼·伊·帕甫连科著:《彼得大帝》,斯庸译,三联书店 1982 年版,第 141 页。
② [俄]瓦·奥·克柳切夫斯基著:《俄国史教程》第 4 卷,张咏百等译,商务印书馆 2009 年版,第 229 页。
③ 帕尔默·科尔顿:《近现代世界史》上册,北京大学出版社 2009 年版,第 305 页。
④ [美]拉伊夫:《独裁下的嬗变与危机——俄罗斯帝国二百年剖析》,蒋学祯、王端译,学林出版社 1996 年版,第 30—31 页。
⑤ Ю.М.Лотман.Беседы о русской культуре: Быт и традиции русского дворянства (ⅩⅧ-начало ⅩⅨвека),СПб.,1994.С.41.
⑥ [俄]鲍里斯·尼古拉耶维奇·米罗诺夫:《俄国社会史》上卷,山东大学出版社 2006 年版,第 121 页。

下级军士当上了军官,从而成为贵族。① "俄国喜欢官阶制度,因为《官秩表》深刻地体现了为斯拉夫民族所重视的一个原则——法律面前平等的原则,俄国所珍视的思想,是每个人都能够通过自己的努力达到高级职务。"②

可见,彼得一世依据俄国历史上的法律文献,批判地吸收了欧洲君主国的经验,形成了独具特色的选官的制度。它极大地完善了俄国政府的管理制度,"成为形成高效的官僚机构和合理的政权机关必不可少的先决条件,也是自上而下地实施社会现代化的必备条件。"③《官秩表》使俄国的贵族成为一个统一的社会等级。18 世纪彼得一世召集了散居在各地王宫贵族(Дворяне),通过做官的方式把他们组成一个统一的社会等级——贵族(Шляхетство)④。起初贵族(Шляхетство)的称号完全是由普通官员——贵族(Дворяне)和波雅尔子弟组成,而沙皇宫廷里的显贵(Царедворец)、杜马则与此相对独立。如 1713 年法令,国家选拔新官员时,坚决反对把贵族(Шляхетство)选为上层官员,以前的法令也把沙皇宫廷里的显贵与其他官员区分开来。1712 年贵族(Шляхетство)这个称号才开始扩大到所有等级,1713 年以后宫廷人员再也未与上层官员分开。贵族(Дворянство)作为整个贵族等级称号的确定是在 18 世纪下半期,即 1762 年的《御赐全俄罗斯贵族特权与自由诏书》、1767 年的法典委员会成立和 1785 年的《贵族特权敕书》颁布以后。

贵族(Дворянство)称号在许多情况下更为符合俄国贵族形成的历

----

① М. Д. Рабинович. Социальное происхождение и имущественное положение офицеров регулярное русской армии в конце Северной войны .М. ,1973.С.147.

② С.乌瓦罗夫的奏折。转引自许金秋:《19—20 世纪初俄国国家机构和官员制度》,吉林大学 2008 年版,第 361 页。

③ А. Н. Медушевский. Утверждение абсолютизма в России: Сравнительно - историческое исследование.М. ,1994.С.245—290.

④ 因为当时在俄语中没有一个准确表达此含义的词汇,彼得一世借用波兰—德国语言,德国氏族部落名称。如同彼得一世把城市居民——商人称为基尔德(гильдия),手工业者称为楚夫特(цунфт)。

史特征,西欧的贵族术语(Nobility、Noblesse、Adel、Шляхетство)表明的完全是另外一种含义——门第(пород)、血缘(Кровь)。"同服役相比,财富本身算不了什么,而一个人的社会背景同他在特权阶层的地位和晋升机会相比,也微不足道。结果国家与君主取得了控制等级社会的绝对权力,从而也控制了帝国社会的上层。它使君主对社会有终极的控制权力,又留有余地,使那些与这个有序的集权国家的价值与目标完全认同者有机会跻身于经济、政治与文化上层。在没有中间阶层的情况下,服役阶层就成为统治上层与社会变革的执行人。"①贵族(Дворянство)更好地归纳了俄国上层等级发展的历史,即它源自贵族(Дворяне)、公国和沙皇的廷臣,甚至出身为奴的地方官员也称为贵族(Дворяне)。② 18 世纪乌克兰的仆人把富裕的哥萨克上层(Старшина)和贵族(Шляхетство)也称为贵族(Дворяне)。

贵族术语第一次出现在 1175 年的苏兹达尔的文献中,后来扩展到所有等级。在莫斯科罗斯时期,贵族(Дворяне)意味着官员,而且是下层官员。当时如果称波雅尔和御前侍臣为贵族则是对他们的侮辱,只有彼得一世运用波兰—德国语言的称号给这个等级命名时,上层官员才加入了这个行列。后来随着历史的发展,这个意味着级别不高的官职——贵族(Дворянство)的贬义痕迹逐渐消失。

俄国的上层等级运用贵族(Дворянство)这个术语,有其内在的含义,即植根于西欧封建社会环境,后来按照俄国的民族传统演变而来。沙

---

① [美]拉伊夫著:《独裁下的嬗变与危机——俄罗斯帝国二百年剖析》,蒋学祯、王端译,学林出版社 1996 年版,第 31 页。

② 米罗诺夫认为,俄国贵族有两种划分法:一是按照获得贵族身份的途径分为六类(封号贵族、古老贵族、赏赐贵族、军职贵族、文职贵族、外国贵族),此外还有一个终身贵族;二是按照收入、教育和威望将贵族分为大贵族、中贵族和小贵族。贵族的文化程度、威望和影响力取决于农奴带给他们的收入:小贵族是拥有不到 20 个男性农奴,无领地或只有小领地的贵族;中等贵族是拥有 21—100 个男性农奴及中等领地的贵族,为殷实贵族;大贵族是拥有 100 个以上的男性农奴及大量领地的贵族,为富裕贵族。终身贵族官阶不高,薪水和退休金也不多,是小贵族中最低的阶层。[俄]鲍里斯·尼古拉耶维奇·米罗诺夫:《俄国社会史》上卷,山东大学出版社 2006 年版,第 74—75 页。

皇的官员进入贵族(Шляхетство)的行列大都是俄国人,而贵族(Шляхетство)进入贵族(Дворянство)几乎都是外国人,这样是为了保留自己的传统观念和对祖国的情感。到1785年《贵族特权敕书》的颁布,贵族才真正享有了法律地位,这个等级最终形成。历史学家米勒认为:"这是一个非同小可的历史转折,没有特殊的法令,没有来自上层法官的确认,当时俄国在这个概念上不可能达到最后的一致。"①

《官秩表》为平民知识分子和过去衙役子弟进入仕宦之路开辟了道路。然而非贵族沿军衔阶梯,尤其是沿着文官阶梯升迁绝非易事,非贵族只有经过长期服役,才能升为尉官。1724年规定,禁止那些不熟悉士兵条例,未在近卫军当过兵的贵族为军官;非贵族文官不得越过低级官阶直接擢升为12品以上文官。至于小官吏子弟,只有建立了特殊功勋,经过参政院审核并赐予该非贵族人员12品文官以上官职者,才可以升为高级官阶。为了督促贵族恪尽职守,完成学业,他们定期检阅贵族少年。但是无限期的服役,特别是军职,往往与贵族渴望扩大自己领地经济的意愿相违背,所以,经常出现检阅时贵族缺席的现象,而另外一部分贵族在官阶升迁上落伍者,逃避义务教育、逃避出国留学。戈·瓦·普列汉诺夫认为,彼得一世的"门第在官阶面前是瞠乎其后"的原则与建立特辖制的伊凡四世的原则没有多大区别。②

《官秩表》缺乏中世纪西方封建社会的重要特征:世袭爵位贵族和僧侣、等级会议。"如果西方国家的法律条例首先满足了宫廷的需要,那么,通过《官秩表》,彼得一世把国家的利益放在第一位"。"欧洲国家的文职领域,凭借出身、财富或天赋获得贵族地位。而在俄国文官整体及每个文官个人的地位不取决于出身、财富,甚至是天赋,而是取决于最高政权赐予他们的官阶,没有这个官阶,谁也不能完全享有出身名门、巨额财

---

① А.Романович-словатинский.Дворянство в России,М.,2003.С.189.
② [俄]戈·瓦·普列汉诺夫:《俄国社会思想史》第2卷,商务印书馆1999年版,第34页。

富和出众天赋所带给他们的种种好处。"①别林斯基认为《官秩表》:"彼得大帝的改革并没有摧毁城墙,或者破坏城墙,也没有把它们彻底推倒。只不过是把城墙推到了一边;可是那些墙壁却一天比一天倾斜得更厉害了。"②《官秩表》"最终并不是解放人,而是由国家重新控制它"。③ 这样,反映贵族等级利益的代表会议没有恢复,而加剧社会成员之间分裂的等级制度却仍然存在。

2. 18 世纪 20—80 年代《官秩表》的调整

宫廷政变时期是俄国贵族势力膨胀的时期,沙皇进一步发展了《官秩表》的任职原则,显示出对大贵族势力的倾斜:提高某些官职的品级,增加了宫廷官员的人数;除服役为官外,还可以利用君主的赏赐为官获得贵族称号;国家通过缩短贵族的服役期限和创办各级各类贵族学校,提高贵族服役和接受教育的积极性。

《官秩表》继续保留了门第制度的残余。安娜女王时期官员的晋升违背了《官秩表》的初衷,官阶开始脱离职责,获得了具有独立意义的外部荣誉称号。官职具有了不依赖职务、具有外部荣誉爵位的独立意义。

在伊丽莎白时期,第一次确定了官阶晋升的期限,叶卡捷琳娜二世时期其原则进一步完善化。官阶的晋升完全有利于贵族。④ 官阶在古俄语里意味着"秩序",后来它与官职(Должности)发生分歧转变成为具有神秘官僚制的色彩。文官是接受赏赐之人,他的地位高低完全取决于国家,

---

① C.乌瓦罗夫的奏折。转引自许金秋:《19—20 世纪初俄国国家机构和官员制度》,吉林大学 2008 年版,第 361 页。

② T.C.格奥尔吉耶娃著:《俄罗斯文化史——历史与现代》,焦东建、董茉莉译,商务印书馆 2006 年版,第 172—173 页。

③ 曹维安:《俄国史新论》,中国社会科学出版社 2002 年版,第 90 页。

④ 官阶失去了彼得一世时期对职务以及与职务薪水相关额度的旧关系。现在不是所有的高级官阶获得越来越多的服役权利、活动范围和高薪水。官阶称号不仅不能反映职务,而且它只是针对《官秩表》14 品中的某一个职务。而且,现在职务不再依赖于某人获得的这个官阶,与高级官阶相比他所承担的低级职务。相反,军官按照官阶获得薪水;文官不是按照官阶,而是按照所承担的职务大小获得薪水。服役者官阶的晋升按照所承担该职务的服役期限来确定。И.Порай-кошиц.История русского дворянства,М.,2003.С.138.

由于官员每月要接受国家行政官僚机构的薪水,他们成为国家最值得信赖的仆役。"如果 18 世纪法国革命中穿袍贵族的理想是成为第三等级,那么俄国文官在后来革命运动中的积极性大大低于其他人。"①

官阶开始制约着官职,它成为确定一个人所有外部特征的标志,即社会地位、在教堂里所占据的位置、装束、拥有的仆役和轻便马车的数量。《官秩表》用官阶决定了官员的外部特征,由此引发了官员的荣誉问题,官员在受到污辱时开始抱怨的不是具体的个人、等级,而是官阶。原有的血统贵族非常鄙视出身贫贱的官僚贵族,他们羞于与官僚贵族共事、为伍,"宁可做与众不同的乞丐,也不做同其他人一样的富人。"②而为国家服役、出身贫贱的官僚贵族观念保守,社会、政治和文化生活范围极为狭窄,即使有才干者为官后,享有了高贵的门第,开始居功自傲,互相指责对方低下的出身。1727 年参政员米哈伊·沙菲洛夫和总检察长斯科尔尼亚科夫-皮萨列夫斯基之间发生冲突。男爵的兄弟米哈伊·沙菲洛夫度了 6 个月的长假,却享有外国官员级别的薪水,为此,斯科尔尼亚科夫-皮萨列夫斯基指责他:"米哈伊·沙菲洛夫不是外国人,而是犹太人、波雅尔奴仆沙尤什科的儿子,你父母至今生活在奥尔沙城"。米哈伊·沙菲洛夫则回应道:"我的父母是品行端正的基督教徒,他们最终在莫斯科贵族的圈子中去世。而你出身下贱的书吏和熟皮匠家庭,你的父亲没有农民,他教你种庄稼。"③为此政府一再强调贵族官员之间要相互理解,达成谅解。

按照任职年限和个人功绩的原则只适用于下级官职。如果贵族世袭称号达 100 年以上者,即使该贵族不服役,也能得到贵族徽章;14 到 9 品属于终身贵族,8—1 品属于世袭贵族,官员升迁仍然按照个人的财产状

---

① Ю.М.Лотман.Беседы о русской культуре: Быт и традиции русского дворянства (XⅧ-начало XⅨ века),СПб.,1994.С.26.

② [俄]安德兰尼克·米格拉尼扬:《俄罗斯现代化之路——为何如此曲折》,新华出版社 2002 年版,第 27 页。

③ А.Романович-словатинский.Дворянство в России,М.,2003.С.194.

况,在中央和地方机构的要害部门仍由贵族的头面人物把持。如特鲁别茨科伊公爵担任市政总局长,П.А.托尔斯泰担任贸易委员会大臣,В.Я.诺沃西利采夫担任工场手工业委员会大臣,Б.П.舍列梅捷夫在北方战争初期是俄国骑兵的指挥员,战后仍然是俄军的总司令和元帅。"门第制虽然取消了,但门第制的秩序并未完全打破,依旧按照出身,不按照功绩在波雅尔、御前侍臣中选拔官员。许多年轻人享有高官,如公爵 И.Ю.特鲁别茨科伊至少当了 20 年的波雅尔,沙皇给他委以重任。"①

除此之外,在外表上,贵族(Дворянство)身穿德式长衣、剃须,在生活方式上日益接近,而且极为讲究。这种因素强化了原有的俄国贵族等级差别性,并且日益渗透到整个贵族等级的社会意识中,最后在 18 世纪开花结果,充分表现在 1762 年《贵族特权与自由诏书》颁布和 1767 年法典委员会上贵族的申诉中。

随着国家机构不断地增加和某些机构职能的复杂化,彼得一世就从因父辈涉嫌重大案件而无品级的名门贵族和省级市政区的工商居民中选拔检察员。叶卡捷琳娜一世和安娜·伊万诺夫娜大力提拔波罗的海贵族的官职。1758 年伊丽莎白·彼得洛芙娜为了扩大俄国的对外交往,增设 7 品大使参赞官职。与此同时,18 世纪 20 年代,由于国家财政支出费用的扩大,大幅度削减官职的数量。1726—1727 年撤销了 27 个官职,但不包括高级官职。机构的精简并未给国家带来经济效益,反而堵塞了出身低贱的官员获得终身贵族和世袭贵族的渠道,而政府把这些职位赏赐给那些已退役转为文职的军官。如谢苗诺夫近卫军团的中尉 Н.奥斯塔菲耶夫在退役时得到了地方法院的副院长职位,相当于中校(7 品)。②

彼得一世去世后,由于内部争权夺利,政府又重新设置了一些官职。1725 年 9 月俄国驻柏林的大使 А.Г.戈洛夫金上书外交委员会 А.И.奥斯杰尔曼男爵,要求给他相当于普鲁士宫廷官员的官职。同年 9 月 Г.И.戈

---

① А.Романович-словатинский.Дворянство в России,М., 2003.С.193.

② С.М.Троицкий.Русский абсолютизм и дворянство в ХⅧв.М.,1974.С.121.

洛夫金请求注册相当于法国宫廷官员的官职。1719—1722年政府未对官员的任职原则加以改变，唯一重大的改变是，1728年2月26日确立了最高秘密委员会官员在官职中的最高地位，而其他官职按照欧洲一些国家的范例，根据任职年限的长短不同而加以确认。

粉碎最高秘密委员会大臣试图限制君权的密谋后，安娜·伊万诺夫娜开始关注《官秩表》，提拔A.И.奥斯杰尔曼男爵，仔细研究外国和俄国历史上的官职原则。1730年4月，深得女皇赏识的外交委员会大臣K.布雷韦恩整理了西欧和俄国历史上所有的官职条例细则，但在任职原则上没有什么本质性的改变。1734年，伊丽莎白·彼得洛芙娜女王下令，把外交委员会的总司仪官从5品升为4品，司仪从7品升为5品，这些官职由世袭贵族充任。1745年，提高了7品文官的一个品级，1748年最高秘密委员会秘书的官职从5品加为6品，相当于军队的团长。

1728年，政府开始大幅度增加宫廷官员的编制，提高宫廷官员的品级。如总高级侍从的职位从4品提为2品，高级侍从的职位从6品提为4品。这显然背离了彼得一世重用军人、国家机构行政官员的原则，大力提拔宫廷官员，给予参加宫廷政变的宠臣以高官厚爵。按照1722年《官秩表》，高级侍从改为上校，低级侍从改为大尉。1737年1月12日，安娜·伊万诺夫娜下令，把高级侍从改为少将，低级侍从改为上校。1742年，伊丽莎白·彼得洛芙娜统治时期，占据宫廷要职的世袭贵族在晋升中又获得新的优势，高级侍从改为4品，低级侍从改为准将。叶卡捷琳娜二世统治时期，把这两个官阶授予名门望族的子弟，有的还是襁褓中的婴儿。某些上层贵族出生时则享有了4品和5品官阶。与此同时，由于军官的提拔快于其他官员，低级侍从还获得另外一个特权，即与军官相同的晋升速度，而这些官职常常是由A.И.、П.И.舒瓦洛夫兄弟、Р.И.沃伦采夫和某些帮助伊丽莎白·彼得洛芙娜上台的人所控制。

由于宫廷内讧，彼得一世时期晋升官职所依据的法律原则（任职年限、功绩和教育程度）实际上被破坏了。许多贵族在军队中滥用这个原则，安插自己的亲信。争权夺利者在军队，尤其是在近卫军中寻求靠山，主要反映在尉官的选拔上。1721—1742 年,政府四次改变军官晋升的次序。1726 年叶卡捷琳娜一世通过秘密选举方式,按照长幼次序原则补充校官、尉官的空缺。1731 年 2 月 5 日,安娜·伊万诺夫娜恢复了军队中的选举制度,避开参政院,而且军队中高级职位的赏赐由女王裁夺,这种做法是为阻止军队中因投票选举而造成的冲突事件。18 世纪 30 年代安娜·伊万诺夫娜把波罗的海贵族补充到军队和近卫军中,还容许波罗的海贵族不经女王同意补充少校之前的空缺。1736 年安娜·伊万诺夫娜确认,通过秘密选举方式提拔军队中士官到准尉、大尉到少校的官职,而其他官职按照功绩的大小予以提拔。

应该指出,彼得一世时期的法令给予贵族官职时考虑的只是国家的整体利益,而宫廷政变时期,政府在选拔官员时经常考虑的是上层官员的利益,而很少考虑下层官员的利益,特别是常常忽视个人功绩的原则。А.И.奥斯杰尔曼男爵则上书女王,应该注重功绩,而不是任职年限:"如果一个人对君主没有什么特别的贡献,那就应该看他的功绩,因为年轻人不可能有什么突出的功绩。"①这样,使得参加过 1730 年宫廷政变的贵族都得到了高品级的官位,如 Г.Д.尤苏波夫、И.Ф.巴里亚京斯基、И.И.德里特米耶夫-马莫诺夫、Г.Д.切尔内绍夫。注重功绩,而非任职年限的政策也扩及莫斯科、圣彼得堡服役的中层等级中。1741 年 12 月,安娜·利奥波里朵芙娜时期,获得 4 品文官的 11 个官员就有 2 个跨越了 2 个品级,获得 5 品文官的 14 个官员就有 3 个跨越了 3 个品级,30 个参议员中有 14 位来自普通官员。俄国中层贵族力量的扩大,引起了下级贵族的不满,他们要求政府杜绝一个家族占据几个重要官职的现象,不能让一个人兼任几个官职,应该按照任职年限授官。为了满足下级贵族的要求,1742 年伊丽莎白·彼得洛芙娜颁布法令,按照长幼和功绩晋升官职。由于 1722 年的《官秩表》并未规定官员的任职期限长短,贵族铨叙局对所有 14 品级的官员进行考察。1754 年,加里奇省办公厅的秘书 К.А.波斯尼科夫已

---

① С.М.Троицкий.Русский абсолютизм и дворянство в ХⅧ в.М.,1974.C.125.

经在这个官位上服役了18年,才享有地方军事办公厅中的司书职位,他上书参政院要求晋升下一个官职。1764年,已经在参政院手工业委员会任职2年并拥有宫廷参政院品级的H.杜拉索夫拒绝6品文官的官职。①

　　由于政府提拔官员的任职年限原则并未考虑到官员的知识和能力,有文化、有能力的官员对长幼顺序制度极为不满。如H.Φ.阿尔菲莫夫是一个拥有150个农奴的地主子弟,1737年他就读于参政院的士官学校,1747年因通晓拉丁语、德语、法语和其他学科而荣获优秀证书、中尉军衔。他在外交委员会做了两年翻译后才得到大尉军衔,他请求晋升8品文官,但被拒绝。因为在外交委员会已经有11位翻译,他们的任职年限都比他长,参政院不能绕过《官秩表》快速提升他。②

　　但是富有的贵族和贵族子弟却绕过《官秩表》得到变相提升。1715年Г.П.切尔内绍夫的儿子5岁时就被彼得一世注册为普拉奥布任斯基军团的士兵,7年后又注册为宫廷少年亲兵。1724年,元帅M.M.戈利津的儿子出生时就被注册为近卫军的士兵,18岁时为普拉奥布任斯基军团的大尉。1731年,11岁的Д.M.戈利津就已经成为伊兹玛仪洛夫斯克军团的准尉。1726年,A.A.纳雷什金刚满1岁时,已经成为海军准尉。③ 但是这样的幸运之人并不多,大部分行政官员通过任职年限获取官职和品级。

　　一般来说,在军队中服役时晋升的机会最多,特别是在一些重大战役中,对战功卓著军官的提升往往不看重任职年限和家庭出身。但退役和转业军官经常破坏任职年限原则,为了防止冲突的发生,1753年1月政府颁布法令,参政员和三大委员会(陆军委员会、海军委员会、外交委员会)首领的提升依据服役期限的长短和原有的品级,但最终结果由沙皇裁夺;参政院办公厅有军衔的其他官员依靠长幼,以及各委员会的编制来确定官职;官员在参政院和贵族铨叙局、沙皇贴身秘书等的监督下确定自

---

① С.М.Троицкий.Русский абсолютизм и дворянство в XⅧ в.М.,1974.С.127.
② С.М.Троицкий.Русский абсолютизм и дворянство в XⅧ в.М.,1974.С.128.
③ С.М.Троицкий.Русский абсолютизм и дворянство в XⅧ в.М.,1974.С.129.

己的任职年限。1754 年 2 月,参政院颁布法令,政厅处和法院的士官生晋升按照长幼,不限服役地区。以上措施便是伊丽莎白·彼得洛芙娜按照任职年限原则提升官员的结果。实际上从颁布总章程、《官秩表》和1753—1754 年的法令,政府则是以官职高低的门第制来取代血缘关系的门第制,以此刺激官员服役的热情。

为了保护贵族服役的权利,18 世纪 60 年代初政府继续引用个人任职年限原则加速贵族等级的官僚化。按照"顺序"、"门第"原则区分爵位贵族、世袭贵族、纳税人和形成中的平民知识分子。如 1750 年少将 Φ.B.梅谢尔斯基试图绕过顺序制快速晋升未成,被责令转业。尽管 1729 年留学回国的 И.克罗克博学多才,通晓多种语言和法律。因为没有世袭领地,1753 年才被提升为 6 品文官,1764 年他请求叶卡捷琳娜二世晋升下一个官职。①

虽然有形式上的平等,但沙皇为了照顾贵族上层的利益,尽量创造有利于他们的升迁条件,一些军阶的品级完全被他们把持。为吸引达官贵人进入行政机构,减轻学习的负担,从彼得一世起就试图让贵族承担国家机构的所有官职。但是贵族不愿去士官学校上学,不愿学习行政管理学当衙役。如果不能留在自己的世袭领地上,他们宁愿去军队或近卫军服役,这样,使得参政院和各委员会仍然有很多空缺官职。1724 年,为了培训地方法院的士官生,召集了 100 个贵族子弟,但由于他们不情愿而未成功。

1724—1726 年,政府颁令,保障出身贫贱人才有服役升迁的可能,其贫贱出身并不妨碍获得世袭贵族称号,加速平民贵族化的趋势。1730 年宫廷政变方案的设计者建议,政府应该把世袭贵族与终身贵族区分开来,但反对把过去是奴仆、教士、小书吏和农民的子弟列为贵族。18 世纪20—30 年代由于政府削弱了对地方行政机关的监督,省长和军事长官破坏任职期限原则,通过受贿方式私自指定办公厅秘书,并给予这些人贵族

---

① С.М.Троицкий.Русский абсолютизм и дворянство в Ⅹ Ⅷ в.М.,1974.С.131.

称号。这不仅引起了政府的忧虑,而且引发了官员的不满。如Д.М.戈利津非法把财政委员会的Л.佩罗夫安置到秘书处,安娜·伊万诺夫娜则严惩Л.佩罗夫和财政委员会的其他官员。[①] 为了防止滥用职权,安娜·伊万诺夫娜责令最高秘密委员会重新对中央和地方机构的秘书进行登记;同时确定秘书人员的编制;通过考试制度选拔秘书人才。由于秘书职位的不足,政府不得不让平民充任,但限制他们获得贵族称号。1739年颁布法令,禁止在西伯利亚城市商人、哥萨克中选拔军事长官。

除服役为官外,18世纪中期《官秩表》确定选拔官员的第二种方式,利用君主的赏赐为官获得贵族称号。1726年,安娜女王赏赐出身图里的农民阿金菲·尼基季奇·杰米多夫和科米萨罗夫-科斯托罗马为贵族。1741年,伊丽莎白把普列奥布拉任斯基近卫军团的所有士官、军士和普通近卫兵注册到贵族铨叙局的《贵族家谱》中。1742年诺夫哥罗德人米哈依罗·谢尔久科夫因疏通姆斯塔河有功而被赏赐为贵族。伊丽莎白还把自己的牧师杜比扬斯基和她的情人尼基塔·安德烈诺维奇(以前宫廷的马夫)赏赐为贵族。叶卡捷琳娜二世把乌克兰人博日科(盲人班都拉琴的演奏者和宫廷唱诗人)和大夫亚历山大·达尼洛维奇·马尔科夫(为女王治疗天花有功)赏赐为贵族。

3. 18世纪中期《官秩表》的完善

18世纪60年代,叶卡捷琳娜二世时期进一步完善《官秩表》的任职原则。重新强调晋升官职的基本法律原则——任职年限、功绩和教育程度,尤其强调个人功绩原则的重要性;取消贵族的服役义务,进一步满足贵族从事领地经济的愿望;贵族铨叙局通过各种方式,规范和提高贵族服役和学习义务的效率;取消做官获得贵族称号的方式,社会出身成为选拔官员的主要依据;《贵族家谱》把世袭贵族划分为六类;1785年颁布的《贵族特权敕书》最终确立了贵族等级的特权地位;规范贵族徽章和爵位制度。

---

① С.М.Троицкий.Русский абсолютизм и дворянство в ХⅧв.М.,1974.С.134.

尽管选拔官员的个人功绩、教育程度原则经常在实践中与平均主义任职年限原则发生冲突,但政府为了国家的整体利益,开始注重官员的个人功绩和能力。1760 年 8 月,伊丽莎白·彼得洛芙娜颁布法令,不按照资历、而是按照官员的功绩评估和赏赐官员。"开明专制"女王叶卡捷琳娜二世又重复了此法令的思想内容,按照功绩、特长提拔有能力的官员,淘汰那些不尽职的贵族。后来政府也不再把任职年限作为提拔官员的主要依据。叶卡捷琳娜二世继续提拔出身贫贱但有才干者,如出身仆役的西韦尔斯成为杰出的地方官和女皇最信任的人。Г.Н.捷普洛夫是普斯科夫建筑学院锅炉工的儿子,他以非凡的才干成为叶卡捷琳娜二世时期的著名国务活动家。虽然乌克兰的贵族别兹博罗德科、扎瓦多夫斯基、特罗辛斯基没有贵族身份证明,但也成为俄国重要的国务活动家。

1722 年,设立的贵族铨叙局开始发挥作用,其主要职责是统计现有的贵族人数;审查贵族证明书的真伪;管理贵族服役事务。1761 年,贵族铨叙局规定,只有那些其祖先拥有赏赐领地和世袭领地者,如果他们能够出示这个家族的贵族证明,那么当年则可以确认其贵族身份。1762 年,叶卡捷琳娜二世责令贵族铨叙局每年一月对所有国家机关进行登记,责令贵族汇报其服役状况,以此奖赏那些服役成绩突出者。但贵族铨叙局不可能得到有关贵族人数和服役状况的准确报道,后来被名册(Сказки)和 1754—1756 年人口普查所取代。1763 年 3 月政府颁令,对所有俄国官员的服役情况进行评定。政府建立官员的履历表,要求贵族铨叙局每半年对所有国家机关官员的服役状况进行总结,1764 年政府责令参政院创办杂志,公开刊登官员任职、退役或转业的所有情况,据此俄国官员获得了来自政府方面的权威鉴定。1764 年叶卡捷琳娜二世责令参政员 И.И.涅普柳耶夫了解各委员会、办公厅所有在岗官员的服役情况,结果发现 17 位官员不称职。建议替换 2 个已经年老的官员、5 个长期酗酒的官员、5 个没有能力的参政员官员、3 个无所作为的官员,但也发现了 2 个非常杰出的官员。但在审查官员时也经常出现漏洞。1764 年 3 月 2 日,苏兹达尔省的副军事长官、参政员 Т.И.博罗特尼科夫请求参政院在他原来职位的基础上,再给他1品文官官职。西伯利亚省办公厅的秘书A.卡京出身于士兵家庭,请求政府给他6个鉴定。①

贵族铨叙局为了强化对贵族的控制,继续沿用莫斯科罗斯时期设立的《贵族家谱》。② 根据1787年米勒尔在莫斯科印刷的《贵族家谱》,许多在《贵族家谱》中有记载的家族在18世纪末期已经衰落了,出现了因赏赐和做官成为贵族的新贵族家族。1761年伊丽莎白就把7品文官普里克隆斯基载入《贵族家谱》。1782年《贵族家谱》把世袭贵族分为六类:①赏赐和享有100年贵族称号的贵族。②服军役的军事官僚贵族。③服行政役的行政官僚贵族。④外国贵族。⑤爵位贵族。⑥享有古代世袭100年贵族称号而不被世人知晓的、清高的血统贵族。

为了防止非贵族进入《贵族家谱》,1764年女王规定,谁申请进入《贵族家谱》,参政员应该呈报给女王。此外,该申请者要具备以前职官部档案材料的证明和有关家族亲属的详细证明材料。此人是否属于这个家族,还是属于这个家族的旁系,以及其祖先服役的城市和定居村庄的名称。1771年法令确定,如果要弄清贵族家族现存地方的真伪,必须引证两个首都(莫斯科、圣彼得堡)贵族铨叙局的档案材料,而不是职官部的档案材料。对贵族证书的滥用导致了公爵谢尔巴托夫在1767年的法典委员会上主张在每个县设立贵族会议。

为了鼓励官员服役,叶卡捷琳娜二世对1764年以来任职连续35年、不准备转业的官员发放退休金。因为他们的退休金是原工资一半的(一年工资25000卢布),并不能在退役时获得下一个官职。由此,18世纪60

---

① С.М.Троицкий.Русский абсолютизм и дворянство в XⅧв.М.,1974.С.145—146.
② 《贵族家谱》:第一个《贵族家谱》是按照伊凡三世的法令制定的,《贵族家谱》这完全消灭了贵族的出走权,把流浪的服役人员改为定居者和领地占有者,自由的波雅尔和仆役变为沙皇的奴仆。但这在内讧中被毁坏。1682年出现的《贵族家谱》把俄国世袭贵族家族分为五类:①名门家族——大公和过去曾经是波雅尔、御前侍臣和杜马贵族。②在伊万·瓦西里耶维奇担任大使和军事长官。③在米哈伊尔·费多尔维奇时期的官员。④中层官员。⑤继承父业的莫斯科下层官员。1686年和1687年法令又增加了许多新的贵族家族。

年代法令调整了官员任职的期限,强调了官员个人功绩、能力的作用,提高了国家机构的工作效率,保障了最有能力官员的快速提升。

1762 年以后,物质保障(奖金、退休金)刺激了贵族官员为国家服役的热情,而贵族在退役后的一年内可以到任何地方服役,然后进入行政部门服役。这样退役的官员得到了双重的官职,他们在官职和奖金方面高过了其他官员。为了杜绝这种事情的发生,参政院严格按照 1762 年《御赐全俄罗斯贵族特权与自由诏书》中的第二条,关于军官退役条款的规定:官员去行政部门服役不能保留退役前的职位,打破用换位法尽快提升的做法。

1775 年的省级行政改革造成了《官秩表》里官职名称的巨大变化。1776 年女王引进新的官职:7 品法官、9 品法官、12 和 14 品的委员会和城市委员。在贵族铨叙局的监督下,45 年内俄国警察和士官武备学校里引进了 33 个不同级别的行政官职,10 个艺术学院官职和 9 个矿山机构的官职。新编制极大地补充了《官秩表》中俄国官员的人员数量,恢复了被彼得一世继承人破坏、缩减的地方原有机构的编制,尤其是扩大了省级和县级文官的编制。1763 — 1766 年在正教院、炮兵和筑城办公厅扩大了办公人员的编制。

1785 年《贵族特权敕书》最终确立了贵族特权的法律地位,其主要内容为:①贵族服役的自由和特权。②贵族个人纳税的自由,贵族服役时不纳税,而把税摊在农民头上。③取消体罚,体罚不能触及那些出身高贵的贵族,甚至包括那些担任下层官职的血统贵族。④贵族特权神圣不可侵犯,以前贵族荣誉和称号没有任何保障。只有当贵族犯罪时违背了贵族称号的基本原则,贵族可以丧失其荣誉和称号;但没有法庭的判决,贵族既不失去头衔,也不失去生命和财产;而且,贵族称号的丧失要有高级法庭的裁决。⑤贵族即使不服役也可以继续领有世袭领地的特权。到1785 年贵族几乎具有了所有等级的特征:一是贵族等级权利得到法律确认;二是等级权利是世袭的,无条件的;三是县和省贵族会议等团体组织;四是等级意识和思维方式;五是自治权和参与地方管理的权利;六是标志身份的外部特征。

　　叶卡捷琳娜二世同时把《官秩表》任职原则扩大到国家的其他部门。1764 年在设立艺术学院时政府责令给建筑师授予军官品级。艺术科学院院长为 4 品官员(少将),校长为 6 品(上校),副校长为 7 品(中校),绘画、雕塑和建筑学教授以及科学院的校务委员为 8 品。他们的官职比科学院和士官武备学校的教授高 2 级。由于艺术家和建筑师的学生、手艺人大都是出身平民,政府竭力阻止这些人员的后代进入贵族行列,不给予他们任何品级。但为了把他们与其他纳税人分开,提高他们为国家服役的兴趣,参政院建议女皇只给他们颁发特殊印章标记的证书、佩剑以及艺术家的尊号。女皇也把《官秩表》运用到国家工厂、陆军士官武备学校和新的警署部门。此外,为了使官职和品级之间的分离法律化,1755 年参政院确定官员在一个官职上的任职期限:1745 年以前荣获尉官的所有国家行政官员可以提高一个品级并留在原职。1760 年参政院对任职 10 年的官员提高一个品级。1767 年又确定在一个官职级别上任期 7 年后,才能得到下一个官职的晋升。对宫廷官员的赏赐也是如此。

　　18 世纪中后期政府进一步完善贵族徽章和爵位的授予,开始发售贵族徽章,每枚 2 卢布。1727 年在颁发贵族爵位证书时,徽章和官阶都要纳税,以此使徽章的利用合法化。获得贵族称号后相应则要颁发证书和徽章。如近卫军连长进入贵族行列则获得了由沙皇签字核准的徽章。1762 年《御赐全俄罗斯贵族特权与自由诏书》规定:一是没有沙皇的容许,不得改变和补充徽章图册中的徽章标志;二是纳入徽章图册的贵族家族,为了证明其家族贵族的真实身份,必须提供羊皮纸的复印件;三是相信这些证明并存放在参政院。1767 年法典委员会规定了徽章的作用:"这是为了让我们的后代知道,他们曾是这项伟大事业的参加者。"①保罗一世时期最终确定了徽章获得者的权利。法令把徽章获得者分为三部

---

① И.Порай-кошиц.История русского дворянства.М.,2003.С.209.

分:第一部分包括所有旧血统贵族家族,从公爵、伯爵开始,然后是男爵和贵族,相应地要把领地和世袭领地融为一体;不能把罗马帝国时期的公爵和伯爵纳入俄罗斯帝国时期的伯爵和公爵行列,按照他们的出身加以确定;鞑靼公爵不能进入俄罗斯帝国的公爵行列。第二部分通过君主赏赐获得贵族称号者。第三部分通过供职获得贵族称号者。后来确定徽章纳税 30 卢布。1816 年徽章图册里共注册了 103 个爵位家族和 1285 个非爵位家族。①

18 世纪俄国的伯爵是先由神圣罗马帝国皇帝授予,后来由俄国沙皇加封的。

公爵爵位是俄国贵族家族的血统爵位。А.Д.缅什科夫是第一个被沙皇授予的公爵(1705 年成为神圣罗马帝国的公爵,1707 年被彼得大帝授予伊若的特级公爵)。后来得到神圣罗马帝国赏赐俄国贵族为公爵的是波将军、奥尔洛夫、普拉托夫、祖博夫。保罗一世给 4 个家族赏赐了公爵爵位:罗莫达诺夫斯基-拉德任斯基、洛普欣、苏沃洛夫-雷姆尼司基、阿尔古京斯基-多尔戈鲁基。赏赐的公爵和伯爵在彼得大帝开始称为公爵大人(Сиятельство—Erlaucht)、公殿下(Светлость—Durcherlaucht),但公殿下比公爵大人更有威望。沙皇就把某些公爵家族称为特级公爵(Светлейший),如科丘别伊和瓦西里奇科夫为公爵大人,缅什科夫、萨尔蒂科夫、切尔内绍夫、沃伦佐夫为特级公爵。

贵族沙菲洛夫和亚历山大·斯特罗戈夫是俄国第一批男爵。男爵爵位在俄国很少受到贵族的推崇,男爵爵位不仅大部分被赏赐给了外籍的财政和工业领域的显赫人物(如 1727 年的索罗维约夫、1742 年的切尔卡索夫、1743 年的弗里德里克斯、1777 年的梅斯特玛赫、1800 年的韦洛、1826 年的施蒂格利茨、1840 年的博得等),而且赏赐给了有军功和行政功绩的人(1789 年的将军梅勒-扎果梅利、阿拉克切耶夫、瓦西里耶夫)。

---

①　И.Порай-кошиц.История русского дворянства.М.,2003.С.210.

　　除了由俄国君主赏赐爵位的家族外,还有许多带着原家族爵位臣服于俄国的外国家族,以及从外国君主那里获得爵位的家族。某些贵族家族即使没有公爵爵位,但出身公爵家族者也被纳入了俄国爵位家族:萨京、弗努科夫、叶罗普金、勒热夫斯基、奥辛等。这些家族与众不同,他们有王室给予的徽章和礼服。俄国上层贵族追逐名利者醉心于外国爵位,如同醉心于《官秩表》一样。也有例外,在彼得一世时期的纳雷什金自认为是纯正的贵族血统,拒绝接受各种爵位的赏赐。对爵位的喜好在波罗的海贵族中尤甚。库尔兰、立陶宛和爱沙尼亚,波罗的海贵族不拥有任何门第和爵位,他们伪造男爵爵位。直到19世纪政府对此行为加以规范,才杜绝了滥用爵位的现象。

　　18世纪前期政府因解决内外危机而制定的贵族爵位政策具有随意性及特殊性。18世纪中期政府因调整宫廷生活而制定的贵族爵位政策具有庞杂性。18世纪后期政府因吸引贵族服行政役、军役而制定的贵族爵位政策具有明显的政治外交色彩。①

　　《官秩表》在社会生活上对官员进一步限制。1740年安娜·伊万诺夫娜时期规定,1—3品的官员可以穿戴衣服是丝绸花缎的质地,并镶嵌价值4卢布的金银饰品,他可以乘坐跟随大批仆役的轻便马车。1742年,伊丽莎白·彼得罗芙娜颁令,容许1—5品官员穿戴进口丝绸花缎的衣服,衣服价格一俄尺不超过价值4卢布,其仆役制服不能镶嵌金银饰品。而6—8品的官员可以穿戴进口丝绸花缎的衣服,一俄尺不超过价值3卢布。其他官员不能穿戴衣服价格一俄尺超过2卢布、花边宽度为4指的普通面料。叶卡捷琳娜二世时期的法令规定,只有1—2品的官员可以乘坐套6匹马、2个骑士驾驶的轻便马车,3—5品的官员可以乘坐套6匹马、没有骑士驾驶的轻便马车,6—8品的官员可以乘坐套4匹马、没有骑士驾驶的轻便马车,8品尉官可以乘坐套2匹马、没有骑士驾驶的轻便马车。禁止没有品级的贵族在夏天驾驶套1

_____

① О.И.Хоруженко.Дворянские дипломы ХⅧ веки в Росии, М.,2000.

匹马的双轮马车,冬天驾驶套 1 匹马的雪橇在城里闲逛。对贵族仆役的制服规定,容许 1—2 品的官员仆役穿戴有装饰的衣服,3—5 品的官员仆役可以穿戴侧边有装饰的衣服,6 品的官员仆役可以穿戴领口和翻袖上有装饰的衣服,8 品尉官的仆役禁止穿戴有装饰的衣服。只有那些贵族称号世袭达 50 年以上,且妻子出身贵族的官员可以乘坐四轮轿式马车逛街。

由上可见,18 世纪中后期政府对《官秩表》调整和完善,进一步扩大了贵族的特权:一是彼得大帝时期,贵族军官晋升得很快,但却没有任何等级优势。无论是贵族,还是平民,都应该从士兵开始服军役,这样,在近卫军里服役的所有士兵都是贵族。从女皇伊丽莎白时期,贵族子弟服军役,不再从士兵开始,而是按照长幼、爵位的高低直接升为士官、尉官。1765 年女皇叶卡捷琳娜二世规定,按照 1762 年《贵族特权与自由诏书》,终身贵族在下级官员的岗位上服役 12 年者才可以升为士官,而服军役的世袭贵族(准尉、下士)应该比终身贵族获得更高的军官职位;在近卫军服役的贵族子弟必须有省级长官签名的贵族身份证书。二是开始对平民和其他等级进入国家行政机关加以限制。彼得大帝时期主要是从贵族中选拔官员,但对于其他等级进入国家机构也未加以限制,某些省的文书官职由农民担任。女皇叶卡捷琳娜二世开始对此加以限制,1771 年正式接纳纳税等级担任行政官职,但优先进入者为贵族,即使许多省的文书空缺很多。1760 年确定了文官晋升的期限:记录员升为办事员,记录员升为秘书,必须在这个岗位上供职 8 年作为前提条件;1767 年法令把 8 年的期限缩短为 7 年;如果贵族转到另外一个官职,就不能享有这个特权。1790 年确定了文官贵族的等级特权,不断缩短贵族晋升的期限,延长 8 品非贵族晋升的期限;非贵族从 10 品升到 9 品,9 品升到 8 品,必须无过失地供职 12 年后晋升,具体的晋升的期限由沙皇确定;对于即将退役的贵族晋升下一个品级只能按照该官员最后一年所供职的官职为根据;容许贵族自由地从文职转到军职,而不容许非贵族的文官自由调动。1791 年法令补充规定,晋升到 8 品文官必须有贵族身份证明书。

二、俄国官员复杂多样的社会成分和民族地区成分

根据 18 世纪俄国官僚机构中最有价值的资料《名册》(Сказки) 和 1754—1756 年人口普查统计:1754—1756 年俄国共有 5379 个官员,军官 2051 人,文官 3328 人。文官比军官人数多 3.5 倍,到 1764 年俄国官员共有 16504 个。[①] 按照《官秩表》的规定,1—8 品的官员是世袭贵族,9—14 品的官员是终身贵族。贵族和普通居民的主要区别是纳税和服劳役。18 世纪前半期,政府为了把贵族变成特权等级,尽力阻止纳税等级进入贵族等级,而从事行政事务的贵族官员为了保持在社会中的特权地位,与其他纳税居民分开,极力证明了自己的社会出身。贵族铨叙局根据血缘关系、服役状况、教育程度、占有土地和农奴的数量来确定官员的贵族身份。

血缘关系:1754—1756 年贵族铨叙局根据血缘关系,确定了 4165 个官员的社会出身。1758 年政府下令,其祖先为城市贵族、波雅尔和波雅尔子弟、十人长者为贵族。1761 年政府确定其祖先有领地收入和世袭领地赏赐者为贵族。为避免在确认身份时发生冲突,政府规定官员不仅要出示各种形式的血缘关系证明,而且要有职官部文件的摘抄本,以及在血缘关系上与其祖先最亲近的证人。如 1755 年参政院发现,阿拉托斯克县 20 岁的贵族 И.涅韦尔诺夫拥有 10 个农奴,自称其祖先曾是阿拉托斯克县的贵族,经过贵族铨叙局的核实,他的名字在《名册》中没有记载,故未予以确认。贵族铨叙局以同样的理由否定了 Г.亚戈涅捷夫、М.霍宁、И.加莫夫、А.里夫斯基、П.克罗波托夫的贵族身份。而在谢苗诺夫近卫团的士兵 Г.В.雷卡乔夫,经过贵族铨叙局的认证,他的祖先曾是旧贵族,并在 1649 年和 1700 年的贵族《名册》上有记载,由此确认了他的贵族身份。1773 年尼古拉·波列塔列夫是韦利科卢茨基陆军团的副官,为了确认自

---

① С.М.Троицкий.Русский абсолютизм и дворянство в ХⅧв.М.,1974.С.163.

己的贵族身份,他向贵族铨叙局提出呈请:其父亲阿尼西姆·费多尔是贵族捷连季·阿尼西姆的儿子,而贵族谢明·捷连季是他的外曾祖父,谢明的儿子谢明洛夫是他的亲祖父,他的贵族祖辈在美丽的城市服役,并领有沙皇给予的领地。贵族铨叙局在审核职官部的档案材料时发现,虽然尼古拉·波列塔列夫战功卓著,曾经拯救了 100 个服役的士兵,但他是阿斯特拉罕军营军需给养员米哈伊尔的儿子,而米哈伊尔是公爵多尔戈鲁基的农奴,所以,没有确认他的贵族身份。为此,雅罗斯拉夫省的贵族代表在 1767 年法典委员会上强调道:"这是一种秩序,贵族铨叙局要有俄国贵族的准确报道,以此阻止其他等级成员在贵族家族名义下得到选举。"①由于年代久远,贵族谱系模糊不清,在俄国官员中将近有 442 人(占总数36.3%)无法证明自己的贵族身份。② 为此,Л.М.萨维奥罗夫评价道:"18世纪是俄国贵族历史上最黑暗的一页,因为旧的秩序已被破坏,而新的秩序尚未建立起来,贵族铨叙局局长只是根据那些残缺不全的材料来判定贵族的身份。"③

服役状况:从 17 世纪起,由于沉重的军事服役负担,一些贵族逐渐沦为宫廷和国家农奴,穿制服的服役者和衙役开始进入贵族行列,出现了因服役而获得贵族称号者,他们大部分都未在《名册》中登记。1785 年《贵族特权敕书》颁布后,他们极力掩饰自己低下的身份。虽然俄国任何一个服役人员成为贵族后可以享有一切特权,在军队或宫廷服役,拥有土地、农奴,不纳税,在法庭上享有特权,但由于俄国历史发展的特殊性,抵御外来侵略的严峻形势,1762 年《御赐全俄罗斯贵族特权与自由诏书》颁布后,国家义务对贵族来说不再是特权而且是责任。担负国家义务的不仅仅是贵族,还有俄国社会的其他成员,国家给他们土地和货币赏赐,他们摆脱了纳税负担并在 18 世纪组成了服役下层。

18 世纪初期,尽管政府法令一再禁止,但衙役、穿制服者的后代继续

① А.Романович-словатинский.Дворянство в России,Москва, 2003.С.221.
② С.М.Троицкий.Русский абсолютизм и дворянство в ХⅧв.М.,1974.С.183.
③ С.М.Троицкий.Русский абсолютизм и дворянство в ХⅧ в.М.,С.186.

领有土地和农奴,部分工商居民和商人也拥有农奴,而当时的国家官员却没有土地和农奴。"正是从18世纪初期,俄国出现了无地贵族。"①有些贵族掩饰自己的身份,通过亲属的贵族身份来证明自己。如外交委员会的翻译 П.В.巴古宁回避自己的社会出身,而讲其父 В.М.巴古宁是外交委员会的参议员,他自然也成为贵族。通过这种手段确定直系亲属为贵族的官员有29人。②

由于彼得一世不止一次地强调贵族子弟先要在近卫军中当士兵,然后才能当军官,所以,大部分官员的仕途生涯都是从军队起步的。有些官员所在服役的军团,其父亲曾经受到过沙皇的宠爱,所以,他们的贵族身份比较容易确定。俄国奥布拉任斯基近卫军团和谢苗诺夫近卫军团的成员都是贵族,沙皇很熟悉这些人,经常提拔他们。在安娜·约安诺芙娜时又组建了2个近卫军团,军官不仅有俄罗斯人,而且有波罗的海的贵族和外国人。但在伊兹玛依洛夫军团的350个士兵中只有100个贵族,其他近卫军团的部分士兵是从纳税等级中招募的。1730年以前曾在近卫军中服役的著名官员:参政员 И.И.巴赫梅捷夫、手工工场委员会大臣 С.尤里耶夫、白俄罗斯省长 П.М.萨尔特科夫、基辅省副省长 И.И.科斯秋林、斯摩棱斯克省长 А.И.卡尔塔绍夫。大约有40个军事长官都是在近卫军当过士兵。当时官员在宫廷中服役也被视为特权,他们往往来自一些有名望和富有的贵族家族,在《名册》中就有21个官员年轻时曾在沙皇宫廷中当侍从官。如拥有363个农奴的莫斯科副省长、中校 И.Л.尼基福罗夫开始服役时就在公主叶卡捷琳娜·伊万娜娃的宫中当高级侍从。按照法令,官员在宫廷中担任低级侍从(听差、驯马师、饲马官、宫内杂役、狩猎长等)不能成为贵族,如 Д.А.西蒙诺夫、М.И.拉里奥诺夫和 С.И.拉里奥诺夫曾经在宫中当低级侍从,他们却要证明自己的贵族身份。③ 为了

---

① Е.Н.Кушева.Дворянства.Очерки истории СССР. Период феодализма России во первой четверти ⅩⅧ в,Москва ,1954.С.80.

② С.М.Троицкий.Русский абсолютизм и дворянство в ⅩⅧ в.М.,1974.С.187.

③ С.М.Троицкий.Русский абсолютизм и дворянство в ⅩⅧ в.М.,1974.С.190.

逃避人头税和其他税收,1782 年奥廖尔和库尔斯克省的许多独院小地主都在贵族名义下服役和获得军官官职,并且请求在选拔地方名流时进入贵族等级。①

教育程度:1720 年的条例规定,参政院、各委员会、中央和检察行政部门的空缺官职由贵族子弟补充。1730 年法令规定,委员会的士官生必须是贵族。按照《官秩表》可以把有文化的官员作为士官生;拥有 100 个农奴的贵族可以把子弟送到参政院所属的士官学校;拥有不少于 25 个农奴的贵族则可以把子弟送到委员会和办公厅附属的士官学校,成为后备干部队伍的人选。此外,如果官员能得到国家赏赐并拥有一定数量的农奴,不仅可以确定其子弟的贵族身份,而且他们可以去国家要害部门任职。

为了阻止士官生经常休假回家经营领地经济,法令规定委员会士官生只能胜任录事。18 世纪俄国著名的国务活动家 Д.В.沃尔克,出身小书吏,1742 年在外交委员会附属院校上大学,由于受到良好教育,1745 年政府授予他准尉和终身贵族的称号。而 1755 年外交委员会的秘书 А.О.普戈维什尼科夫,出身衙役家庭。按照《官秩表》他只是一个 10 品的终身贵族,由此影响了他儿子的仕宦生涯。因法令规定,下级衙役的子弟不能成为贵族,所以,他多次想把儿子 А.А.普戈维什尼科夫送到委员会学校当士官生,未成。有些官员冒充著名的贵族家族姓氏,在一个贵族家族姓氏下有几个相同的人员。1755 年世袭领地委员会的秘书 А.Г.季亚科夫的祖先曾是古代图里城的贵族,并接受过沙皇的领地和货币赏赐,所以,参政院检查时,他请求把 15 岁的弟弟德米特里升为 9 品贵族以等待空缺,贵族铨叙局经严密的调查加以确认。官员伊万·瓦西里·奥洛文尼科的高祖父过去担任杜马小书吏,年收入 250 卢布,他在 1755 年请求确认贵族身份,而参政院查实,他的祖先只是终身贵族而未被确认。② 可

---

① A.Романович-словатинский.Дворянство в России,М., 2003.C.221.

② C.M.Троицкий.Русский абсолютизм и дворянство в XVIII в.М.,1974.C.195.

见,出身社会下层的官僚贵族经常掩盖自己的社会身份,而公之于世的贵族家谱也很难确认官员的真实社会身份。

财产资格——拥有土地和农奴的数量:18世纪政府力求让富有的贵族担任军事长官,如阿拉托尔斯克省 И.Г.韦里金拥有172个农奴、彼尔姆省 И.А.沃尔奇科拥有375个农奴、伏尔加省 Н.И.达维多夫拥有393个农奴、维亚茨省 А.Н.杜别斯基拥有400个农奴、加利奇省 М.И.齐科列尔拥有500个农奴等。① 衙役后代是18世纪俄国官员的重要补充,还有一些官员来自于教会学校的教师、外国人、普通学校的教师、手工业者、工匠的子弟。

总之,18世纪50年代中期俄国所有行政和宫廷机构(军事机构除外)的5379官员中,3190个是平民,2189个是贵族官员,贵族官员占总数40.6%,其中1160个是世袭贵族,1029个官员因服役而成为官僚贵族。贵族在18世纪中期的国家机构官员中占21.57%,其他等级成员占78.43%,其中衙役后代占国家机构官员70.75%。② 18世纪50年代俄国军队中共有3737军官,贵族占3116人(83.38%),非贵族占621人(16.62%),可见,贵族在行政机构中所占比例小,而在军队中占比例大。③

俄国官员的基本社会成分:贵族、衙役、工商居民和商人、农民。

曾作为基辅罗斯王公亲兵的贵族几个世纪以来偏重于军事义务。17世纪以来俄国衙门里的审判官、书吏、小书吏却很少受到重视。18世纪彼得一世为了加强君主专制的统治基础,通过《官秩表》、赏赐制度竭力吸引贵族从事行政事务,其结果为平民进入国家机构打开了方便之门,在原有的贵族基础上出现了一大批因服役而获得贵族称号的官僚贵族(Чиновное дворянство)。尽管如此,18世纪中期世袭贵族在俄国上层高官(参议员、委员会大臣、秘书、省长和副省长)中占

① С.М.Троицкий.Русский абсолютизм и дворянство в XⅧв.М.,1974.C.200.
② С.М.Троицкий.Русский абсолютизм и дворянство в XⅧв.М.,1974.C.212—216.
③ С.М.Троицкий.Русский абсолютизм и дворянство в XⅧв.М.,1974.C.222.

87.5%，在 6 品到 8 品文官中占 76.8%。① 如 17 世纪的城市贵族和波雅尔子弟戈卢布佐夫、莫斯科贵族巴古宁、老住户瓦斯科夫、宗主教贵族奥斯托洛夫、波雅尔和御前侍臣索巴金、俄罗斯化的外国人卡尔家族在俄国中央机构占据要职。对戈卢布佐夫、巴古宁、瓦斯科夫贵族家族来说，行政服役是他们长期和唯一的义务，而对大部分贵族来说，世代相传的是军事义务。

衙役子弟成为补充官僚队伍的主要成员。② 按照法律，18 世纪以前衙役实际上属于服役等级的下层、非名门望族，但他们的地位又高于穿制服的服役者，他们得到了服役等级的所有特权，但他们中间也存在着等级差异。13%的官员来自衙役，2611 个衙役中的 2354 个衙役后代在基层机构当文书，257 人获得了尉官和终身贵族称号，21 人获得了贵族称号并身居要职。《官秩表》打开了衙役的仕途之路，他们按照服役阶梯迅速提升而汇集到官僚贵族行列。如 A.库尔巴托夫出身书吏家庭，1718—1728 年他在外交委员会、参政院担任秘书，他的儿子 16 岁就在外交委员会上大学，毕业后派驻西欧国家，1753 年成为 7 品官员，年薪 800 卢布，拥有 1130 个农奴。③

工商居民和商人、农民构成了俄国官僚贵族的一部分。俄国政府法令没有加速农民和市民向另外一个等级的转化。如果说 1762 年《御赐全俄罗斯贵族特权与自由诏书》以前对贵族和衙役来说，服役是必需的义务，那么后来政府利用物质和道德等刺激因素吸引贵族进入国家行政机关，严禁农奴进入国家行政机关，就由此堵塞了纳税等级进入国家行政机构的渠道。农民和工商居民出身的官员被迫掩盖自己的真实身份，1755 年官员中只有 75 人过去是农民。如 18 世纪 50 年代在斯摩棱斯克省办公厅当文书的德·奥·谢杰利尼科夫兄弟俩，自称是地主出身，实

---

① С.М.Троицкий.Русский абсолютизм и дворянство в Ⅹ Ⅷ в.М.,1974.С.234.
② 法伊佐瓦认为，退役军官是补充官僚机构的主要来源。
③ С.М.Троицкий.Русский абсолютизм и дворянство в Ⅹ Ⅷ в.М.,1974.С.241.

际上是逃亡农民。①

国家为发展工商业,保护有支付税收能力的工商区,开始限制工商市民、商人向另一个等级转化。1755年俄国官员中有83人是市民和商人,他们成为国家官员后也尽力掩盖过去的纳税身份。如斯塔里察军政部门的文书E.A.苏斯列尼克夫,出身小商人家庭,在1739年被授予军政部门的录事职位。② 政府为了保证机关中文书官员的相应编制,经常吸收城市居民、国家农民和平民来补充,所以,俄国滨海和西伯利亚城市,以及欧俄中心和南部县份的部分市民、商人获得了离开村社进入国家机关的资格。当然这是市民和商人进入国家机关,脱离纳税等级的第一步。如莫斯科梅夏恩斯克镇居民的儿子彼得·安季波维齐·休金,1717年出生,在亲友帮助下,1726年进入斯拉夫-希腊拉丁学院学习,此后被派往君士坦丁堡追随7品文官韦什尼亚科夫,1750年他被授予年薪400卢布的翻译,1759年担任外交委员会相当于少校的秘书,由此获得了贵族称号。③

18世纪政府大力发展工业和贸易,在手工业委员会、贸易委员会和地方的市议会开始把大商人作为专家吸引到国家机关。在彼得一世时期就出现了商人官员:市长И.И.伊萨耶夫、И.И.维赫利亚耶夫。如贸易委员会大臣Я.М.叶夫列伊洛夫,其父是18世纪前半期莫斯科工商社的总代表。1715年,他被父亲送到荷兰学习贸易4年,回国后彼得一世让他以商务人员的身份派驻西班牙做领事,年薪2400卢布。1732年他成为大商人和丝绸业主,熟知欧洲市场的贸易和经济事务,成为财政委员会的成员、贸易委员会大臣、参政员。1753年被任为贸易委员会大臣,年薪1058卢布10戈比。他的两个儿子在普列奥布拉任斯基近卫军团当军士,其他三个在家里接受教育。他获得世袭贵族称号后就成为大地主,在

---

① С.М.Троицкий.Русский абсолютизм и дворянство в ХⅧв.М.,1974.С.244.

② С.М.Троицкий.Русский абсолютизм и дворянство в ХⅧв.М.,1974.С.248.

③ С.М.Троицкий.Русский абсолютизм и дворянство в ХⅧв.М.,1974.С.250.

彼得堡、莫斯科、奥尔洛夫、喀什斯科等县拥有 700 个农奴。① 但某些贵族因无力经营工商业而被迫走进国家机关。1762 年《御赐全俄罗斯贵族特权与自由诏书》颁布后,许多没有土地或土地面积少的贵族为了提高在国家中的权力和地位,仍留在国家机关。

俄国官员还存在着复杂的民族和地区成分:波罗的海贵族、波兰贵族、乌克兰贵族、哥萨克军队中选拔的官员、鞑靼出身的公爵和穆尔扎贵族、格鲁吉亚的公爵和贵族、比萨拉比亚贵族、西伯利亚贵族。

三、俄国政府对贵族的强制教育

从某种意义上讲 18 世纪的改革更是一种文化大转变,是一次历史性质的飞跃和转折。"没有彼得一世的强制改革,俄罗斯就不能完成自己在世界历史中的使命,也不能在世界历史上讲自己的语言。"②贵族是强制教育的主要对象,贵族成为西方资本主义文化的传播者和效仿者。贵族教育经历了三个阶段:彼得一世时期训练炮兵和水手的军事教育;宫廷政变时期的机械式的文雅教育;叶卡捷琳娜二世时期的法国启蒙文学式的教育。瓦·奥·克柳切夫斯基认为,"彼得一世时期的炮兵和水手变成了伊丽莎白时期的纨绔子弟,而他们在叶卡捷琳娜二世时期变成了自由思想者、共济会会员,或伏尔泰信徒。"③

1. 彼得一世时期对贵族的强制教育

16 世纪,上层服役人员对于军队装备、服装甚至如"禁宫"那样的风俗都是以东方为榜样。到 17 世纪,尤其在 1650 年以后,宫廷领导人物都瞻望西方,特别是波兰,以求启发。17 世纪文化、精神和政治的革新几乎都限于莫斯科上层人物、宫廷朝臣和克里姆林宫的权

---

① С.М.Троицкий.Русский абсолютизм и дворянство в ⅩⅧв.М.,1974.С.251.

② [俄]别尔嘉耶夫著:《俄罗斯思想》,雷永生、邱守娟译,三联书店 2004 年版,第 14 页。

③ [俄]瓦·奥·克柳切夫斯基著:《俄国史教程》第 5 卷,张咏白等译,商务印书馆 2009 年版,第 153 页。

贵显要。① 为了强化发展中的工业建设,实现富国强兵的目的,彼得一世上台后急需大量人才,即军事、航海、矿山工程师、医生、学者、艺术家、专业教师、翻译等;在国家机构中政府官员不仅要有高贵的出身、财产资格,而且要具备一定的文化教育水平。彼得大帝具有非凡的智慧、超人的才能、钢铁般的意志和用之不竭的精力,他经常佩戴着一枚镶嵌着宝石的戒指,上面有这样的题词:"我想成为一个有教养的人,我随时为自己寻找老师。"②"我们既然已经打败敌军,保证了国家安全;现在就应该努力用艺术和科学来为国家赢得荣誉。鉴于知识的益处和基础作用,我们不妨把它比作一切对教会和国家有益和有用的事务的根基、种子和首要原则。"③他亲自参与所有的国事,不管是技术性、专业性的还是一般性的问题,他无所不知;他能深入到外交、行政、司法、财政、商业、工业和教育等所有领域的细节中去。他抽时间学了约二十种技艺,他几乎什么都能做,大到一条船,小到一双鞋。

彼得一世统治以前,贵族接受教育的主要途径是出国留学。1697 年彼得大帝率先出国,学习俄国所需要的一切,向意大利派遣留学生 28 人,英国和荷兰派遣 22 人。1717 年向法国派遣 20 人,威尼斯派遣 27 人。④但留学归国贵族深感这条教育途径困难重重,收效甚微。他们已有家室,年纪已大,根底浅薄,态度冷淡,目瞪口呆地观看欧洲社会生活和习俗、制度和环境,分辨不清什么是文化奇迹,什么是骗人的幻术和不值一顾的事物。西方新鲜奇异的印象在他们头脑中并没有形成什么新的想法。彼得一世希望贵族子弟学会海军技术,认为国家最可靠的主要根基就在于海军,他驱使成百名贵族子弟出国学习航海科学,但海军恰恰是俄国贵族最

---

① ［美］拉伊夫:《独裁下的嬗变与危机——俄罗斯帝国二百年剖析》,学林出版社1996 年版,第 15—17 页。

② ［俄］T.C.格奥尔吉耶娃著:《俄罗斯文化史——历史与现代》,焦东建、董茉莉译,商务印书馆 2006 年版,第 148 页。

③ ［美］尼古拉·梁赞诺夫斯基、马克·斯坦伯格著:《俄罗斯史》,杨烨、卿文辉译,上海人民出版社 2007 年版,第 202 页。

④ И.Порай-кошиц.История русского дворянства,Москва,2003.С.158.

深恶痛绝的,"彼得想使贵族成为欧洲军事和航海技术的苗圃,但他很快发觉技术知识很难灌输到这一等级,俄国贵族很少,也很难成为工程师或船长,而且他们所学到的知识在国内也很难实用。"①贵族子弟宁愿当低等的普通士兵,或陆地上的任何科学,只是别学航海。分布在西欧各城市的贵族子弟"逃学去游圣山、玩'多面堡'、到赌场妓馆鬼混,在那里挑衅斗殴、互相残杀"。② 富有的贵族学会了酗酒宴饮、挥金如土,囊中告罄时便变卖财物,甚至出让庄园,以免在国外欠债进监狱;贫穷的贵族不能按时领到菲薄的薪饷,几乎饿得要死,有的不得不在国外为外国人供职服役。"这些本应传播西方文化的使者归国后,异国的习惯和对科学研究的印象,犹如薄薄一层旅途的尘土很轻易地就一扫而光,带回来的是一种集外国坏毛病和本国恶习惯之大成的混合物,令外国人惊讶不已"。③

18 世纪初期俄国还没有专门的学校培养国家行政机构所需的人才,国内有能力承担行政责任的人是相当少的。行政部门中只是一些拥有土地财富、门第和习惯尚武的军事贵族,他们没有受过系统的教育培训,其知识和技能都是在实践中获得的,完全不能适应时代的发展。"国内人数最多的农民阶级不符合要求,而且,俄国不像英、法,在某种程度上也不像德国,它没有乡绅,或名流之类的人可以担当地方行政官和经济文化方面的领导,军队是农民走向上层的唯一门径。很少人走完全程。"④

彼得一世把改革仅仅局限在紧迫的战争和财政事务上,对国民教育的关心只是集中在建立学校上面。1714 — 1716 年彼得一世设立了教贵族和书吏子弟识字、算术的国立小学。1715 年让小书吏的子弟去柯尼斯

---

① [俄]戈·瓦·普列汉诺夫著:《俄国社会思想史》第 2 卷,孙静工译,商务印书馆1999 年版,第 6 页。

② [俄]瓦·奥·克柳切夫斯基著:《俄国史教程》第 4 卷,张咏白等译,商务印书馆2009 年版,第 231 页。

③ [俄]瓦·奥·克柳切夫斯基:《俄国史教程》第 4 卷,张咏白等译,商务印书馆2009 年版,第 231 页。

④ [美]拉伊夫:《独裁下的嬗变与危机——俄罗斯帝国二百年剖析》,学林出版社1996 年版,第 31—32 页。

堡(今加里宁格勒)学习德语。彼得一世创建了几个专业学校,强制贵族子弟学习。1701年创建航海学校、炮兵学校,1707年创建医学院,1712年创建工程学院,1716年创建奥洛涅茨工厂的矿山学校,诺夫哥罗德、纳尔瓦、塔林的航海学校,1715年创建海军科学院,1721年创建乌拉尔的矿山学校。在许多教区创建了教会学校,又为水兵、工匠的子弟在圣彼得堡、塔林、塔弗罗瓦等城市设立学校。俄罗斯帝国建立初期职业学校里的社会成分五光十色,不仅有贵族的子弟,而且有衙役、教士、其他平民的子弟。18世纪初期出现了第一所培养国家行政官员的学校——大使衙门附属的外语学校。1715年贵族向彼得一世提议在俄国建立行政科学院。德国哲学家莱布尼茨建议彼得一世,为了鼓励教师,应该给他们与宫廷和国家机构中服役人员相应的官职。到18世纪20年代,已经在各地开办42所国立小学,学生总数达2000人,此外还兴办教区学校46所。[1]

此外,政府制定了学校教育发展的大纲,规定贵族子弟从15岁从最低的官职开始服军役。在军队,贵族子弟只要当过士兵,就可以晋升到士官、尉官。而对一些未注册服役贵族子弟,政府把他们召集到莫斯科、圣彼得堡,对他们进行考核检阅,然后派遣他们去当士兵、水手、书吏和出国留学。其他留下来的贵族子弟继续接受军事科学培训。1704年检阅中有8000个贵族子弟被选派到2个龙骑兵团,380个贵族子弟被选派到普列奥布拉任斯基近卫军团当士兵。[2] 为了防止一些贵族子弟企图在家族名望的庇护下,不当士兵而晋升为士官,彼得大帝颁布法令,贵族只有到近卫军中服役才能够晋升为军官,所以,大量贵族补充到普列奥布拉任斯基近卫军团和谢苗诺夫近卫军团,有些不富裕的贵族子弟也加入进来。

彼得大帝还鼓励贵族子弟去国家机关做文牍人员。在检阅贵族子弟后,贵族铨叙局安排16岁的贵族子弟到各委员会、地方法院任职,以便使

---

① 张建华:《俄国知识分子思想史导论》,商务印书馆2008年版,第37页。

② И.Порай-кошиц.История русского дворянства,М.,2003.С.153.

他们尽快晋升。但由于当时格柳克中学是俄国唯一的普通学校①，国立和教会学校只是一些初级学校，贵族官员中已有很多文盲，政府不得不把他们安排在最基层的行政或警察职位上，政府的这些措施并没有解决干部奇缺问题。"服役上层的不论贵族或平民都只对彼得计划中广义的文化感兴趣……年轻公务人员对技术或财政经济简直毫无兴趣，大多数人也对经济事务尽量避开。但远超过军政工作要求的最低要求（能读、能写、会算）的文化修养却被认为十分需要，是进入上层的重要条件。未来的国家行政官员在上任时就已经准备过一种西方式的生活。"②

可见，彼得一世的教育政策不仅是功利或实用主义的，而且具有明显的贵族特征。首要的目标是培养专业精英，如军事专家、工程师、海员、外交官和财务行政人员。彼得一世关注的只是贵族的利益，力求经过相应的培训，让贵族担任国家的重要官职，但是贵族、市民和衙役却认为去学校受教育也是一项沉重的国家义务，他们并不愿意把自己的孩子送到学校，尤其是贵族却不愿子弟在学校学习行政科学。于是国家采取强制手段招收学生，把他们关押在监狱里，设置岗哨监视。在派赴各省的 47 名教师中有 18 人没有招到学生；梁赞的学校直到 1722 年才开办成功，共招收 96 名学生，但有 59 人逃走了。③"把教育青年变成驯兽的学校只能引起学员的厌恶，在他们身上培养起独特的反抗形式——逃走。从学校逃走和征兵时的逃亡，这已成为俄国国民教育和国家防务方面的慢性痼疾。政府不把学校教育当成社会的精神要求，而看做青年人为准备义务供职所必须履行的自然徭役。当学校被看成军营或者衙署的预备班时，青年

---

① 格柳克中学：1705 年创办，学校的宗旨是免费培养大贵族、侍臣、杜马成员、近臣以及各种官吏和商人的子弟，教授他们各种外语和哲理思想。它是俄国世俗普通教育的第一次尝试。

② ［美］拉伊夫：《独裁下的嬗变与危机——俄罗斯帝国二百年剖析》，学林出版社 1996 年版，第 45 页。

③ ［俄］瓦·奥·克柳切夫斯基著：《俄国史教程》第 4 卷，张咏白等译，商务印书馆 2009 年版，第 242 页。

们也就把学生当成永远避之如虎的监狱和苦役所了。"①

为此,彼得一世采取措施,严厉惩罚不顺从者。"开办手工工场不能光靠建议,还要强迫手段,靠训诫。要采用机器和其他一切手段,这样,他们才像是个好当家的。"②1722年参政院下谕,责令彼得堡海军学院莫斯科航海学校的127名逃跑学生(享受助学金),其中贵族子弟33人,尽快返校,否则严惩不贷。1723年彼得一世强调强制教育的必要性:"我们的人民如像儿童、不曾学习,不懂字母,当教师强迫他们学习的时候,最初觉得苦恼,但在后来学成之后,才知感激,才知现在的一切事情不都是强迫做成的吗? 从此听到许多感激之声,从此产生效果。"③

彼得一世有计划地加强国家的教育事业,给俄国人民带来了欧洲的文化与军事、工业技术。强制学习虽然没有形成可观的科学知识储备,但终究使贵族习惯了学习过程,刺激了某种程度的求知欲。"新制度一旦为人民所接受,它就逐渐改变了统治上层工作与文化生活的面貌,甚至奠定了进入上层的标准。国家服役的性质和相应的文化要求,最终决定了帝俄上层的精神气质与社会作用。"④传统的服军役的贵族上层分子后来都进入官僚阶层,变成井然有序国家的主要工具。贵族成了政府官员,承担办理国家或君主交代的任务,保证以最优方式开发所有可用资源。

2. 宫廷政变时期的贵族教育

彼得一世去世后,他的后继者在教育方面依旧奉行他的改革方针。"这个靠国内资源和知识建立起来的新社会没有依靠人民的力量,主要

---

① [俄]瓦·奥·克柳切夫斯基著:《俄国史教程》第4卷,张咏白等译,商务印书馆2009年版,第236—237页。

② [俄]鲍里斯·尼古拉耶维奇·米罗诺夫:《俄国社会史》下卷,山东大学出版社2006年版,第236页。

③ [俄]戈·瓦·普列汉诺夫著:《俄国社会思想史》第2卷,孙静工译,商务印书馆1999年版,第30页。

④ [美]拉伊夫:《独裁下的嬗变与危机——俄罗斯帝国二百年剖析》,学林出版社1996年版,第32—33页。

是靠统治上层的力量。彼得一世创办的专科院校和高等学府都是为造就服役人员、僧侣教士和在商业、制造业或为平民子弟而设。这些受命治理的俄国上层分子将成为不是根据家系门第,而是根据理想、价值与行为形成的新阶级。彼得去世后,没有人要走回头路,也没有人放弃对服役子弟进行西方科学、技术、文学艺术教育的努力。欧洲文化因而成为统治上层分子的一项先决条件。"①1725 年 12 月叶卡捷琳娜一世创办科学院,1747 年又在科学院下设立三个分院。1731 年安娜女王设立专门的特权贵族学校——士官武备学校,详细制订了教学计划和接纳贵族子弟入学的方式。新学校的主要任务是为军队培养军官,同时也传授西方生活方式(跳舞、击剑、骑马),以及外语。

彼得一世时代,贵族必须按照班级和法定的大纲进行学习。他们必须具有一定的服兵役所需要的数学、火炮和航海知识;具备公务所需的某种政治、法律和经济知识。贵族的这种义务随着彼得一世的去世而消失被另外一种自愿教育而取代。如彼得一世时期设立在首都的两所海军学院都未能招足定编人数。彼得一世时期,名门和富裕贵族把自己的子弟送进学院;伊丽莎白时期,只有那些领地少和无领地的贵族子弟才进入学院。贫困贵族的子弟领取 1 卢布的助学金,他们因为贫困以致不能听学院的课,无心考虑学习,而只关心自己的生路,到校外挣钱养活自己。上流社会生活方式的教育代替了炮兵和航海教育,这种教育传授的就被彼得一世时代称为"德国和法国人彬彬有礼的步态"。1717 年出版的《青年处世箴言》成为风雅风度的指南。

军校比莫斯科大学重要得多。军校 1732 年正式开学。军校是服役人员,或至少是那些活跃于行政、军队或文化生活中的贵族们所建议创办的,主要是为了其子弟能接受有助于他们将来仕途发展的教育。军校首先是迎合服役人员的需要而设,表明他们承认教育,认为教育是应该有

---

① [美]拉伊夫:《独裁下的嬗变与危机——俄罗斯帝国二百年剖析》,学林出版社 1996 年版,第 37 页。

的,换言之,彼得使俄国与俄国文化欧洲化的愿望内在化了。其次是军校令更多的人接受欧洲式教育,从而在俄国文化生活中起积极作用。因此,军校和公私立学校都对传播大众文化有帮助。"军校的计划以德国的骑士学校为样板的,计划体现了彼得对技术的功利信念,也满足了宫廷上层要求开拓通向西方文化与文学之门的愿望。"①

贵族教育的这种倾向直接冲击了俄国的学校教育。彼得一世访问欧洲回国后建立的彼得堡科学院大学,满目凄凉。罗蒙洛索夫描写道,这所大学不像个样子,丝毫看不出是所大学。教授通常不讲课,学生像招募来的新兵,主要来自别的学校,大部分人对教授讲课的接受能力极差。虽然教授不上课,但学生因笨拙还得挨教鞭。18世纪30年代,彼得堡科学院大学负债3万卢布。该大学20年的历程中的科研成果:出版了日历;出版了拉丁文和俄文科学院通讯;聘用了几个德国副教授。院士从事的学术研究有高等数学,有对人畜体格结构的研究,还探讨远古民族的语言和居所。1755年创办的莫斯科大学情况也不佳,开办时学生人数有100名;30年后学生人数只有82人。1765年法律系全系仅有17名学生;几年以后,医学系也只剩下一名学生,医学系取得文凭的学生一个都没有。② 贵族上层对上大学不感兴趣,大学里不仅根本学不到东西,而且还可能丧失在家里已具备的端庄举止。

社会教育主要把根基扎到期望最小的专门军事学校。这类学校有两所:1731年设立的贵族陆军士官学校,1750年建立的海军士官学校。士官武备学校是俄国历史上最著名的高等院校,这里毕业的学生可以直接晋升为军官,如鲁缅采夫、卡梅涅茨基、费尔森等。学校教学的训练大纲很有趣。士官学校招收5岁的儿童,学校大量时间主要教授语言,以迎合贵族社会的口味和需求。"这种做法与彼得一世形成鲜明的对比,彼得

---

① [美]拉伊夫:《独裁下的嬗变与危机——俄罗斯帝国二百年剖析》,学林出版社1996年版,第45页。

② [俄]瓦·奥·克柳切夫斯基著:《俄国史教程》第5卷,张咏白等译,商务印书馆2009年版,第146页。

一世是坚持军官只能通过军队中的实际锻炼晋升的"。① 在私立学校,不仅教学大纲类似于公立的学校,教授神学、数学、语法、历史以及神话学、徽章学,而且教师素质很差。法语的教授很成功,严禁学生讲俄语。贵族上层主要对自己的子弟实行家教。

1733 年参政院为了惩罚逃跑的见习生,规定,第一次逃学的贵族子弟要与士兵子弟一起送到当地的卫戍学校学习一年半,第二次逃学的贵族子弟则要延长学习期限三年。1736 年 5 月 6 日安娜颁布法令,所有贵族子弟必须完成法定的学业。为了阻止贵族子弟逃避学习,政府经常给贵族子弟宣传学习的好处,贫穷的贵族子弟去学校就可以像军队里的士兵一样得到国家的赏赐,否则将没收领地。1737 年 5 月政府丈量贵族的世袭领地面积后,接纳不同财产资格的贵族为各委员会的学生。拥有 25—75 个农奴的贵族去各委员会和办公厅学校学习;拥有 100 个农奴的贵族去参政院学校。规定学生每周两天学语法、算术、数学、地理和拉丁文。

1737 年政府确定了监督贵族子弟接受检阅的秩序。贵族子弟 7 岁时要去军事和省级行政部门接受第一次检阅,此后才能回家学习。12 岁时接受第二次检阅,此后部分贵族子弟要到各类学校注册,拥有 100 个农奴的贵族才有资格让子弟回家学习,其目的是使他们具备基本的读书、写字能力,学习教义、算术、几何。16 岁时接受由参政院和贵族铨叙局在莫斯科举行的第三次检阅,此后部分贵族子弟要到近卫军、军团注册或者去机关供职。打算继续接受教育的贵族可去士官武备学校、航海科学院和其他学校学习。富有的贵族子弟 20 岁以前必须在家里学习历史、筑城学、地理和外语。如果贵族子弟在 16 岁以前没有掌握基本的知识,就要被发送到海军当水手。第四次检阅后,政府根据每个贵族所掌握的文化程度再指定其相应的供职岗位。1739 年法令规定,彼得堡 15—17 岁、有

---

① [美]尼古拉·梁赞诺夫斯基、马克·斯坦伯格著:《俄罗斯史》,杨烨、卿文辉译,上海人民出版社 2007 年版,第 268 页。

文化的贵族子弟去参政院、各委员会和办公厅供职,但是必须有一定财产资格限制。在参政院供职的必须是拥有100个农奴的贵族,在各委员会和办公厅供职的必须是拥有25个农奴的贵族,如果没有这种文化水平则打发他们到野战军当士兵。

　　1740年伊丽莎白·彼得洛芙娜时参政院采取措施,国家机构中不通晓科学和行政事务的27个贵族被打发当士兵,而28个具有丰富科学知识、请求服军役的贵族派到士官武备学校、海军科学院培训士兵。[①] 1748年政府颁令,让见习军官尽量偏重于文职、法理学和算术,压缩以前的军事学内容。1755年参政院为了使贸易委员会的士官生经商有道,规定他们必须学习历史、地理、法语、德语和其他学科,应该经常去科学院参观。1761年几个士官生去波罗的海省和省级机关从事海关法和经济法的研究。1762年颁布《御赐全俄罗斯贵族特权与自由诏书》,贵族摆脱服役义务,同时调整对贵族的监督。贵族有权决定,他们的子弟在国内还是国外接受教育,他们如何学习和学些什么? 国家在这方面给予他们很大的自主权。叶卡捷琳娜二世曾把146个贵族送到炮兵、工程兵学校学习。[②]贵族如果从事行政工作,政府则快速提升他们到委员会大臣、省长等重要岗位上。

　　为了提高国家机构的工作效率,专制君主力求把形成中的知识分子和地方市议会自治机构中的上层人员纳入国家机构,把他们变为普通的国家官员。17世纪俄国外交官都是具有实践知识和经验者,18世纪为了扩大与欧洲国家的对外交往,政府增加外交委员会官员的编制,由大学生和士官生补充其空缺。实际上外交委员会的贵族很少,这里多是一些通晓外语,出身终身贵族、翻译、小书吏、平民和外国人的大学生、士官生。获得世俗教育的官员中具有外语水平的人更少,而且他们的社会和民族成分复杂,他们来自世袭贵族、商人、衙役和平民,还有纳税等级和外国

---

①　И.Порай-кошиц.История русского дворянства,М.,2003.С.155.

②　И.Порай-кошиц.История русского дворянства,М.,2003.С.164.

人。波罗的海的贵族有许多特权，他们有权送子弟去国外留学，但没有政府的容许不能去另外一个国家服役。7 品文官 K.西莫林出身爱沙尼亚贵族家庭，21 岁时未服役接受家庭教育，后来去欧洲游历。波罗的海省的官员多来自瑞典、德国的大学生，或者他们把子弟派往西欧学习。如塔林省办公厅的秘书 O.Я.加尔别、Г.Я.杰尔林克、X.P.里泽马，他们出生在爱沙尼亚，毕业于德国哈雷大学法律系。[①]

家庭教育成为贵族逃避国家义务的一种方式。[②] 1736 年和 1737 年诏书颁布后，家庭教育成为贵族的权利和义务。在 1754—1756 年的普查中，调查 147 个官员发现，216 名子弟为了逃避国家义务而自愿在家接受教育，其中 26 人是一类官员的子弟，70 人是二类官员的子弟，120 人是三类官员的子弟。可见，大部分三类官员子弟的父母来自平民，他们不仅想获得阅读、文法、算术的初级教育，而且想学习历史、地理、数学和多门外语。不仅首都的官员子弟，而且省级官员子弟也想借助家教获得知识。如莫斯科副省长 Г.热列博夫的 3 个儿子接受家庭教育。拥有大量世袭领地和高额赏赐的贵族特别重视对子弟的家庭教育，他们先让子弟去学校注册而后为子弟聘请家庭教师。如 A.Д.缅什科夫 1718 年就给法语教师米哈依尔 200 卢布，舞蹈教师 Я.塞格列尔 100 卢布，家庭女教师布丽泽多娅 80 卢布。1719 年他又给子弟雇佣了新法语教师 И.哈根，每年赏赐 150 卢布。18 世纪 50 年代元帅 A.Б.布图尔林花费了 652 卢布给子弟请法语教师。接受过正规教育的官员亲自给子弟上课，如著名学者 B.H.塔季舍夫，博学多才，他给子女讲授科学和法语、德语。[③] 外国家庭教师的费用在当时很便宜，只是教材昂贵，所以大部分官员和小贵族让子弟勉强学点知识，自学或者让小书吏和退役士兵当老师。应该说，俄国家庭教育具备了培训官员基本的职业水平，而家教老师大部分是知识渊博的上层官

---

① С.М.Троицкий.Русский абсолютизм и дворянство в XⅧ в.М.,1974.С.283.

② А.罗曼诺维奇·斯拉瓦京斯基认为，家庭教育是贵族教育歧视的一种形式。

③ С.М.Троицкий.Русский абсолютизм и дворянство в XⅧ в.М.,1974.С.288—291.

员,他们与专制政府关系密切,身居要职,决定着国家的内外政策。①

贵族对孩子的教育和培养既没有任何理论基础,又缺乏实践经验,所以女孩们经常待在家里无所事事,或对着镜子空叹,或一心只想着稀奇古怪的事情,或只想着自己的未婚夫,或拨弄是非和传播流言飞语。因此,当时著名作家方维津笔下的米特罗法什卡式的女人并非个别现象,而是当时社会的主流现象。当时社会对女孩子的教育和培养很不到位,一般都采取家教方式。女孩接受教育的目的是为了出嫁,她们的大好时光全部用于学跳舞、行礼、请安和装腔作势方面;至于发展她们的智力和增长知识,她们根本用不着操心。这种教育和培养的结果使她们始终处于幻想和伤感之中,使她们完全脱离了现实生活。②

贵族子女的教育方式使父母与子女之间缺乏深厚的感情纽带。富裕家庭的孩子一出生就被奶娘和保姆所左右;5—7 岁时被家庭教师管着;随后又进入某所学校。毕业后,男孩服役,女孩嫁人。学业一般在 16 岁以前完成。如果在国外留学,就要到 18—20 岁完成。青年贵族从此步入事业旅途,根据地位和接受教育程度被授以军职、文职和宫廷职务。19 世纪下半叶,16—18 岁被认为是服役的正常年龄。即使在特权学校里,学习气氛压抑,学生处在因命运坎坷而变态的老妇人的监督下,她们把自己生活不幸的怨气无情地发泄到学生身上,繁重的课业,使女生过着修道院和兵营式的生活,而与现实世界完全隔绝。

由于男人常年在外服役,母亲在贵族家庭的子女教育问题发挥着重要作用。18 世纪后期,由于受启蒙运动的影响,受过教育的贵族女性在失去参加社会活动的机会后开始以教育和培养孩子为主。19 世纪中叶母亲的作用更加突出:她们鼓励女儿放弃仅限于家庭关系的传统妇女角色,提高女儿参与社会和政治生活的兴趣,培养女儿的个性和独立性。其

①　A.罗曼诺维奇·斯拉瓦京斯基认为,18 世纪俄国贵族的家庭教育费用昂贵,而且教师素质低,这些都是贵族附庸风雅所致。

②　[俄]T.C.格奥尔吉耶娃著:《俄罗斯文化史——历史与现代》,焦东建、董茉莉译,商务印书馆 2006 年版,第 200—202 页。

教育的成效在 10—20 年后显现出来:数十个特权等级的女性参加了俄国革命运动。①

　　18世纪中叶,贵族社会形成了两种奇异生活方式的典型代表人物,他们在伊丽莎白女皇当政时期获得了特殊称号:按照法国方式培养出来的"纨绔子弟"和"卖俏女子"。对纨绔子弟而言,不存在俄国社会,或者俄国社会只不过是他们嘲笑和蔑视的对象;俄语也同德语一样遭到蔑视;关于俄国,他们什么也不知道。18世纪的喜剧和讽刺剧作品对这类人物描绘得非常透彻。在苏马洛科夫喜剧《丑八怪》中,一个纨绔子弟谈起法典时说:"法典! 是个什么玩意儿? 我不但不想知道俄国的法律,就是俄语我也不想知道,真是裘语! 我生为俄罗斯人值得吗? 学会怎么穿衣、怎么戴帽、怎么开鼻烟壶、怎么闻鼻烟,一辈子都值得,为以此报效我的祖国,我真的学到了。"②卖俏女子觉得无论在哪里都像在家里一样;其日常生活的全部信条就是:穿戴时髦,举止高雅,仪态悦目,笑容优美。这种怪癖空虚的生活方式存在着许多可悲而又可笑的东西,不过这种空虚由于养成的读书爱好而开始逐渐得到充实。"物理学是可笑的戏法,数学是最基本的常识,只有文学课比较好。"③起初,读书纯粹是填补空闲,即消除苦闷懒散的一种手段,后来,这种无意中的爱好变成了时尚,变成了上流社会必要的礼节,变成了具备良好教养的条件。很多人贪读凡能弄到手的一切东西。生活在社会最底层的乡村贵族也受到这种风气的影响。一个图拉地主寡妇不识字,但每天都要摊开一本书,随便什么书,凭记忆背诵圣母颂歌。首都和省城的轻佻风流之辈的所作所为就是根基于这种社会底层的乡村文化土壤。这种风雅的消遣活动影响了贵族的审美能力和敏感力。

---

　　① [俄]鲍里斯·尼古拉耶维奇·米罗诺夫:《俄国社会史》上卷,山东大学出版社2006年版,第262页。

　　② [俄]瓦·奥·克柳切夫斯基著:《俄国史教程》第5卷,张咏白等译,商务印书馆2009年版,第149页。

　　③ Ю.М.Лотман.Беседы о русской культуре:Быт и традиции русского дворянства(ⅩⅧ-начало ⅩⅨвека),СПб.,1994.С.79.

3. 叶卡捷琳娜二世时期的贵族教育

贵族成为法国文学的传播者。贵族通过各种方式阅读法国文学作品,伏尔泰成为俄国科学院荣誉院士,并受托撰写彼得大帝史。崇尚法国文学的舒瓦洛夫帮助伏尔泰。"服膺洛克、百科全书派和卢梭理论的叶卡捷琳娜大帝起初希望通过教育创造一个道德高尚、举止文明的新的民族。"①在青年时代就迷恋法国文学的叶卡捷琳娜二世继位后,与法国启蒙学派的人物直接交往。她出资 1500 法郎资助法国百科全书派出版图书。法国启蒙学者达兰贝尔差一点成为俄国王储的教师。她在教育领域的贡献值得称赞:从破天荒地为女生提供受教育机会,到推行俄国第一个教师培训项目,再到将学校制度推广到许多省和镇。贵族上层为酬谢外国教师的教学工作慷慨解囊,库拉金伯爵给在他家执教 14 年的外教布里克奈尔支付了 3.5 万卢布。② 在叶卡捷琳娜二世执政之日起,法国文学作品的原版和译本在俄国社会畅行无阻,法国人的作品在俄国遥远的偏远乡村广泛流传。在法国军界和政界年轻人中间很容易找到当时法国文学的所有作品。受此影响,俄国贵族出国留学的目的也发生改变。彼得一世时期,出国留学是学习火炮和航海技术;宫廷政变时期是学习上流社会的习俗;叶卡捷琳娜二世时期贵族出国则是拜访哲学家。"女皇和她的顾问试图将启蒙主义推广到中产阶级,希望看到在俄国国土上出现受过教育的平民阶级。"③"在她统治期间,俄罗斯高等贵族已开始欧化到脱离民族传统的程度。"④

法国启蒙文学连同法国的时尚习俗在叶卡捷琳娜二世时期像一股

---

① 〔美〕尼古拉·梁赞诺夫斯基、马克·斯坦伯格著:《俄罗斯史》,杨烨、卿文辉译,上海人民出版社 2007 年版,第 269 页。
② 〔俄〕瓦·奥·克柳切夫斯基著:《俄国史教程》第 5 卷,张咏白等译,商务印书馆 2009 年版,第 152 页。
③ 〔美〕尼古拉·梁赞诺夫斯基、马克·斯坦伯格著:《俄罗斯史》,杨烨、卿文辉译,上海人民出版社 2007 年版,第 269 页。
④ 〔美〕斯塔夫阿诺斯著:《全球通史》下卷,吴象婴、梁赤民译,上海社会科学出版社 1992 年版,第 270 页。

巨大的流水涌入俄国贵族社会。有些人获得了高超的技巧,却又无用之极。俄国的一位贵族布图尔林与法国人交谈时,能准确无误地讲述巴黎的街道、剧院和纪念碑,令法国人惊讶不已。彼得堡人对法国首都情况的了解比这个城市的老住户更清楚。"当地知识青年是欧洲文化和哲学水平最高的青年,他们知道的东西比法国大学毕业班的学生还要多。"①

18 世纪的法国文学"是头一次对建立在旧传统基础上的制度相当轻率的反抗,是对欧洲占统治地位的传统道德观的反抗。社会制度靠封建主义维持,而道德观浸透着天主教教义"。② 18 世纪法国文学家在频繁抨击封建主义和天主教时,使用老一套的说教和抽象概念。不知道封建主义和天主教的俄国贵族只是从字面上来接受这一概念,"反对天主教和封建主义的人总是使政治自由或平等之类的抽象术语具有日常生活的现实意义。"③这些有限的抽象术语在他们那里就变成了无限定的政治教条和宗教—道德信条,并且不假思索地接受这些教条,结果使这些抽象术语的人更加脱离与这些思想毫无共同点的周围实际。由此导致了俄国18 世纪文献中出现两大特点:一是丧失了思考的习惯和兴趣;二是失去了对周围现实情况的了解。如 18 世纪的文学家冯维津,其文学作品无论是表现道德高尚的普拉夫金和斯塔罗杜姆家族,还是讽刺涅多罗斯和布里加季尔,不知取材于何种现实基础,都不是现实生活中的人物,而是可笑的轶事趣闻。"抽象观念、陈词滥调、夸夸其谈,这些东西被叶卡捷琳娜二世时代人们用来充实头脑,但丝毫没有对感情产生影响;头脑充实

---

① 〔俄〕瓦·奥·克柳切夫斯基著:《俄国史教程》第 5 卷,张咏白等译,商务印书馆2009 年版,第 154 页。

② 〔俄〕瓦·奥·克柳切夫斯基著:《俄国史教程》第 5 卷,张咏白等译,商务印书馆2009 年版,第 154 页。

③ 〔俄〕瓦·奥·克柳切夫斯基著:《俄国史教程》第 5 卷,张咏白等译,商务印书馆2009 年版,第 154—155 页。

了,但惊异的冷酷心理,对道德取向缺乏鉴别能力的现象依旧保留下来。"①俄国科学院院长达什科娃公爵夫人,早在少年时代因读贝尔、卢梭、伏尔泰的作品过分入迷致使神经失调。在结束其飞黄腾达的日子之后,离群索居在莫斯科,谁也不接见;对孩子的前途漠不关心,毫无顾忌地同女仆打架;而把全部慈母般的感情和报国激情都集中在顺服她的小官吏身上;儿子的死并没有使她悲伤,小官吏遭受的不幸却深深打动了她的心。从崇拜伏尔泰开始而以顺服小官吏告终的人可能只有在叶卡捷琳娜二世时期才有。

　　尽管如此,18世纪强制教育的结果导致了贵族接受教育的人数增加,文化素质水平的提高。"学习被视为贵族的一种特殊的公务,贵族的公务具有了一种与官阶制度相关的新特性。在这些学校中,知识的世俗倾向、新的教育形式、与实践的联系扩大了人的视野,增强了人认识周围世界的可能性。"②"以前俄罗斯人不知道任何地方的消息,别国的道德风俗和政治的,大都一无所知,因而不得不忍受别国的辱骂责备和许多使人苦恼的事,像无知的婴孩和少年一般,除家中事外别无所见。现在帝国彼得的钥匙打开了俄国的大门,俄国可以通过这个大门而与世界其他部分交往了。"海军不仅在教育意义上,而且在发财致富的意义上,也大有益处,"有了海军,可以了解世界上发生的事情,看到各国的政治形势,城市的美丽,以及各阶层道德风俗的不同和许多前所未见的奇怪现象,有了海军,可以迅速致富。"③上百的俄国青年完成了学业,成为熟练的专业人才,加入陆海军。如航海学校的学生参加了对俄国边远地区的地理考察,该校毕业生 H.K.基里洛夫绘制出了第一部俄国地图全集。海军培养出

---

　　① 〔俄〕瓦·奥·克柳切夫斯基著:《俄国史教程》第5卷,张咏白等译,商务印书馆2009年版,第155页。

　　② 〔俄〕M.P.泽齐娜、Л.B.科什曼、B.C.舒利金:《俄罗斯文化史》,上海译文出版社1999年版,第120页。

　　③ 〔俄〕戈·瓦·普列汉诺夫著:《俄国社会思想史》第2卷,孙静工译,商务印书馆1999年版,第30页。

了像 С.И.莫尔德维诺夫海军上将、水文地理学家 А.И.纳加耶夫、探险家白令和 А.И.奇里科夫等著名人物。"强制教育没有提供很大的科学知识的储备,但无论如何,却教训了贵族去认识学习的过程,刺激了他们的知识欲。"①"贵族子女不是由于父母或教师的因循守旧或残酷无情,不是由于善意的尖刻言词责罚,更不是由于毒打,而养成了正直的意志和勇敢的精神。"②

但总的来说,18 世纪俄国的总体教育水平不高,彼得一世时期创办的学校教育效果不显著,"受教育"仅仅成为贵族的生活时尚,家庭教育在贵族家庭中获得了广泛发展。但这种家庭教育通常是肤浅的,目的在于学到"法国式的优雅"。俄国当时不存在初等学校,纳税居民接受教育的基本途径仍然是识字学校。由"识字先生"(神父)开办的识字学校里的教学课程仍旧是东正教的《日课经》和《诗篇》,世俗内容很少。俄国贵族学校都是特权式的、封闭式的大学型学校。其结果,18 世纪俄国官员接受教育的比例不高,国家机构中大约 80% 的官员没有受过系统的教育。1775 年,获得高等教育的官吏在官吏总数中所占比重为 1.1%,获得中等教育的官吏所占比重为 18.3%,获得初级和家庭教育的官吏所占比重为 80.6%。但到 19 世纪中叶,受过高等教育的官吏占 29.4%,受过中等教育的官吏占 36.9%,受过初等教育的官吏占 33.7%。到 1897 年,这一比例则相应为 39.5%、22.8%、37.7%。③

在俄国的政治生活以及行政机构中发挥过重大作用的军官,尤其是近卫军军官,只是一些具有初级知识(读写能力)和服役实际经验的获得者。18 世纪初期,在军队中服役的 719 个官员中就有 204 个军官曾在近卫军服役。在国家学校接受教育的共计 396 人,占 1—3 类官员

---

① [俄]戈·瓦·普列汉诺夫著:《俄国社会思想史》第 2 卷,孙静工译,商务印书馆 1999 年版,第 7 页。

② [俄]戈·瓦·普列汉诺夫著:《俄国社会思想史》第 2 卷,孙静工译,商务印书馆 1999 年版,第 9 页。

③ Б.Б.Дубенцов.Самодержавие и чиновничество в 1881—1904гг.Л.,1977.С.6—10,204.

的19.31%。普通院校和军校的毕业生为186人(9.07%)、教会学校毕业生为26人(1.27%)。18世纪莫斯科和塔林的初级学校为国家机关培养的毕业生达41人(2%),后来有19人去科学院学习,但是这些毕业生只占国家官员的一小部分。① 而那些服役的录事占一至三类官员的1/3,在俄国官员中占的比例很小(只有75人,占3.6%)。② 在1754—1756年普查中大约25%的官员子弟受过教育或正在接受教育。③

18世纪导致国家行政官员奇缺的原因在于:一是随着国家官僚机构职能的日益复杂化,部门之间分工进一步的明细化,政府急需大量具备一定文化素养和专业知识官员。二是尽管政府一再吸引贵族及子弟从事文牍工作及衙役工作,但在传统等级观念的长期作用下,贵族始终认为刀剑服役比舞文弄墨更为光荣、神圣,他们鄙视和回避行政工作,任职期间经常找借口回家休息,也不愿意把子弟送到贵族学校,在校的贵族子弟也不好好学习,经常逃学。许多在国外留学的贵族子弟经常打架斗殴,挥霍无度,回国后,崇洋媚外。如公爵 И.Б.布图尔林在毕业证书的注册上俄语和外语混杂不清。④ 由于贵族官员在军队服役可以得到很高的官职和薪水,所以他们尽量利用父辈的名望、财富和关系网,按照传统继续去军队、近卫军服役。这样,几乎一半的贵族官员子弟在军队中注册服役。三是专业师资的缺乏,贵族学生不能获得系统的知识,仅仅掌握了一些为官的行为规范知识。而国家培养士官生的目的主要是军官,而很少注重行政官员的培养。这样,国家以前培养军官的学校,由于教师不足,经常招募军校毕业生,不让他们按期毕业,而是让他们到行政机关任职,其结果俄国军政机构的界限日益模糊。1755年贵族军校毕业的184人中58人是

---

① С.М.Троицкий.Русский абсолютизм и дворянство в ⅩⅧ в.М.,1974.С.275—279.

② С.М.Троицкий.Русский абсолютизм и дворянство в ⅩⅧ в.М.,1974.С.282.

③ С.М.Троицкий.Русский абсолютизм и дворянство в ⅩⅧ в.М.,1974.С.285.

④ Е.Н.Кушева.Дворянства∥Очерки истории СССР:Период феодализма : России во первой четверти ⅩⅧ в.М.,1954.С.202.

武备士官毕业生。士官武备学校培养的贵族官员可以直接去行政机构注册报到,手续简便。政府让军校毕业生去行政机构当衙役,去矿山工厂当工程师、艺术画家,这些贵族子弟在上军校前都曾有过军官生涯的梦想。四是贵族青睐家庭教育方式。

　　总之,彼得一世时期,俄国首次成立了培养职业军官的官吏学校,官吏们受的教育水平开始不断上升。"但是,在相当长一段时间里,俄国官吏的任免和升迁都没有学历的限制,只要识字就行。"①"文化与教育领域的落后、大多数居民的缺乏政治文化,导致了国家必须对形成中的公民社会实行经常的监护,使国家对包括家庭关系在内的各种关系的影响得以扩大。"②

四、贵族团体组织

　　社会组织最基本的理想模式有两种:公社(Gemeinschaft)和社会(Gesellschsft)。社会组织关系也相应地分为两种模式,即公社关系和社会关系。家庭属于公社模式,官僚阶层属于社会模式。③ 公社是由生活在同一区域、共同拥有土地的一个或几个村落的农民和城市的部分或全体居民,为着共同的利益而结成的社会联盟。18 世纪俄国的城市工商业者和农民都生活在城乡公社里,一般被称为"米尔"。城乡公社属于自治组织,"自治不仅仅是一种特权,而且也是国家加之于民的、双方都有利

---

　　① 〔俄〕鲍里斯·尼古拉耶维奇·米罗诺夫:《俄国社会史》下卷,山东大学出版社2006 年版,第 213 页。米罗诺夫认为,导致俄国文化分裂的原因有四个:城市化进程缓慢;工业化分散;等级制度导致社会流动程度低;民众识字率低,主要以口头方式传承文化。〔俄〕鲍里斯·尼古拉耶维奇·米罗诺夫:《俄国社会史》下卷,山东大学出版社 2006 年版,第 314 页。

　　② 〔俄〕安德兰尼克·米格拉尼扬著:《俄罗斯现代化与公民社会》,徐葵等译,新华出版社 2003 年版,第 22 页。

　　③ 公社是以情感因素而在亲属邻里之间建立起来的传统社会组织;社会是以有意识交换物品和服务而产生的理性社会组织。现实社会中既没有纯粹的公社,也没有纯粹的社会。详见〔俄〕鲍里斯·尼古拉耶维奇·米罗诺夫:《俄国社会史》上卷,山东大学出版社 2006 年版,第 444—445 页。

可图的实物贡赋。"①18 世纪以前,贵族主要生活在封闭的地方军事集团——"服役城"②。贵族既是军人也是地主,他们定期服役,在春夏两季服兵役,在秋冬两季管理领地,或者,服役一年,务农一年。

"服役城"首先是一个国家用来控制服役的军事组织,同时也是具有一定自治成分的县级贵族团体。"服役城"各成员之间彼此为对方担保,始终致力于保护集体的荣誉免受他人伤害。但"服役城"不是公社,其社会成员之间的关系为社会型关系。贵族按照各自的财产状况、出身及军阶而分属不同的阶层。他们经常为了土地和农奴彼此争斗不休。"土地之争为日常生活带来了激情,也为相互之间的关系增添了亲近的色彩。"③作为军事和社会组织,"服役城"在 16 世纪下半叶达到其发展的顶峰,但在 17 世纪开始走向衰亡。随着"服役城"的瓦解,贵族的团体组织几乎荡然无存,贵族也被迫沦为个人主义者。④

彼得一世的改革把国家义务和经济利益的等级标准搅乱了,工厂主——商人享受贵族特权,吸引贵族参加工业企业,所有等级一律承担服兵役的义务。"彼得在连续不断地制定法律的过程中,对各不同职业阶层的负担和特权进行了总结,同时也把阶层拆散了,结果通过实施共同权利和义务的办法,使各阶层趋于平等。"⑤18 世纪上半叶,协助皇权的贵族形成了一个等级。彼得一世之后的历届政府,开始赐予贵族等级特权,即不增加新负担而且还减轻旧负担。"这种分散等级义务的片面做法,

---

① [俄]鲍里斯·尼古拉耶维奇·米罗诺夫:《俄国社会史》上卷,山东大学出版社 2006 年版,第 451 页。
② 服役城是由国家来控制,同乡人组成的县级军事服役组织,他们共同承担在边防和团队的服役责任,参与各项军事行动。
③ Н. П. Павлов—Сильванский. Государевы служилые люди: Происхождение русского дворянства.СПб.,1909.C.229.
④ 瓦·奥·克柳切夫斯基认为,彼得一世的军事改革,不分地域的正规军代替了县民团,阻碍了贵族等级团体的正常发展。[俄]瓦·奥·克柳切夫斯基著:《俄国史教程》第 5 卷,张咏白等译,商务印书馆 2009 年版,第 112 页。
⑤ [俄]瓦·奥·克柳切夫斯基著:《俄国史教程》第 5 卷,张咏白等译,商务印书馆 2009 年版,第 96 页。

把与义务相关联的经济优势割裂开来,结果成了一种纯粹不正当的特权。"①1721—1722 年的军事检阅促进了全俄贵族的团结,不仅有助于地方机构选拔贵族官员,而且有助于地方贵族团体组织的形成。1762 年,贵族摆脱了服役的义务,充分利用了所获得的这些权利。直到农奴制被废除为止,贵族不仅垄断了文武高官的职位,而且把持着中央政府的各个要害部门。在 1762—1771 年,大约有 7500 人——主要是军人辞去了公职,另有近 20%的退役军官改就文职,其余的人则回到了各自的领地。②绝大多数贵族返回农村过起了田园生活,彼此之间产生了联系,各自的利益也开始趋向一致,从而促进了外省贵族团体的形成。1766 年,因选举代表参加新法典委员会,各县贵族正式组成了自己的团体组织。1775 年县级贵族团体的组织更趋于完善,贵族也获得了组建贵族法庭及选举代表以充实地方行政机构的权利。1775—1785 年间贵族获得了在各省建立等级组织——贵族会议及参与国政的合法权利。"各地贵族形成了一个官官相护的庞大网络,首都贵族同外省贵族相联合,组成诸多个利益相关的在野团体。"③对势力最大的几个团体,就连沙皇也要另眼相看。1785 年《御赐全俄罗斯贵族特权与自由诏书》又将组建省级贵族等级的权利赋予贵族,从而限制了政府机关无视法律、专横跋扈的行为,贵族依法获得了自治的权利,贵族等级几乎完整无损地一直存在到 1917 年。

法典委员会的召开是叶卡捷琳娜二世"开明专制"政策的重要体现。在 1763 年法典委员会上,贵族就农民经商和社会各等级接受教育等问题展开了争论。

第一,在接受教育问题上。法典委员会各省贵族代表阐述了社会各

---

① ［俄］瓦·奥·克柳切夫斯基著:《俄国史教程》第 5 卷,张咏白等译,商务印书馆 2009 年版,第 96—97 页。

② И.В.Фаизова.Материалы Герольдмейстерской конторы о реализации Манифест о вольности дворянской в практике дворянской службы.М.,1992.С.180—182.

③ ［俄］鲍里斯·尼古拉耶维奇·米罗诺夫:《俄国社会史》下卷,山东大学出版社 2006 年版,第 131 页。

个等级必须接受教育的观点。一是对贵族而言:"没有良好的教育就不可能有熟练而勇敢的军官、明智的国家服役人员、深思熟虑的建筑师、善良的国家公民。"①莫斯科省卡申县的贵族代表认为:"学校教育的首要任务在于,培养年轻人对国家法律的忠诚","但由于地方上学校的不足,则无法普及教育。因为经济不富裕的贵族无力把自己的子女送到首都去上学,扩建学校,出版书籍则可以提高贵族服役的热情。"普斯科夫县的贵族说道:"通过一定形式的教育等级考试,贵族子弟可以获得什么优惠权? 应该让士官武备学校的毕业生尽快当军官。"②由于地方上许多贵族的经济实力有限,贵族无力把自己的子弟送到首都,而家庭教育又不可能,所以,贵族代表建议除在莫斯科、圣彼得堡建立学校,还应该在地方建立学校,在首都建立男女生分离的特殊学校,在校学生应该是拥有 100 个农奴的贵族子弟。在学校教育的教学计划中,除了必需的军事学之外,还应该扩大学生的知识面,让他们获得语言、数学、地理、历史、医学等方面的知识。可见,在贵族等级的教育问题上,贵族代表注重的是自己等级的利益,而不是国家整体的利益。在农奴制趋于解体的前提下,政府尤其是要求保障贵族学校的等级特征,以此捍卫贵族的统治地位和特权。二是对待其他等级的教育问题上,大多数贵族代表回避或者沉默,只有少部分贵族加以关注,对农民:"创办农民学校的目的是为了整顿社会秩序,规范农民的道德行为。让 7 岁的农民孩子去学校上学,让书吏、教士任教师,其父母要付费,而且教学内容必须在法律规定的范围之内。"③可见,贵族对待农民等级教育问题的看法完全与当时俄国经济发展水平相适应。对商人子弟逃避教育者政府应该罚款:一等商人 50 卢布,二等商人 25 卢布,三等商人 5 卢布,把这些罚金作为办学基金,没有三年学历的商

---

①　А.Г.Манько.Дворянство и крепостной строй России ⅩⅥ-ⅩⅧ вв.М.,1975.С.244.

②　А.Г.Манько.Дворянство и крепостной строй России ⅩⅥ-ⅩⅧ вв.М.,1975.С.245.

③　А.Г.Манько.Дворянство и крепостной строй России ⅩⅥ-ⅩⅧ вв.М.,1975.С.250.

人不能服役。① 为了扩大教学内容,培养能干的批发商人和能工巧匠,应该让市民子弟优先进入商人学校。他们也提出了孤寡、贫穷子弟的教育问题,但一再声明,要把教育权控制在贵族手中,不同的学校要有不同的等级成分,其他等级的教育目的在于培养他们对沙皇的忠诚和顺从意识。

第二,在农民经商对国家有利还是有害问题上,形成了以 П.И.舒瓦洛夫、А.И.舒瓦洛夫兄弟贵族为代表的激进派,以 М.И.沃伦佐夫、Р.И.沃伦佐夫兄弟贵族为代表的保守派。1762 年和 1763 年他们曾向叶卡捷琳娜二世递交了自己的看法。1765 年法典委员会上,Я.П.沙霍夫斯克、Н.Е.穆拉维耶夫、Т.克林施泰特、Э.米尼赫认为,农民经商获得了地主的庇护,他们并未分担城市市民的赋税负担,这样危害了贵族的很多利益。Я.П.沙霍夫斯克认为:"这些农民从事的是最轻松的职业,他们抛弃国家是最基本的社会财富——土地,而把土地收入补贴到城市生活中。农民流向城市造成了土地荒芜、城市农产品价格上涨。"②Н.Е.穆拉维耶夫、Т.克林施泰特认为:"应该尽力增加产品的数量,而不是生产商品的人数。"贵族担心农民打短工会使他们失去原有的收入:"因为经商和耕种不能同时进行。作为一个社会成员,不耕种的农民如同不识字的教士、不服役的贵族和不经商的商人。国家的强大有赖于社会各等级的共同协作,农民和商人这两个不同职业混淆在一起,完全违背自然规律和社会实际。如果破坏了这个原则,难道可以容许其他等级去经商?"Я.П.沙霍夫斯克认为:"需要注册为商人的农民必须具备高额的财产资格,以此控制农民流向城市。"③Я.П.沙霍夫斯克、Н.Е.穆拉维耶夫、Т.克林施泰特三人为了证

---

① А.Г.Манько.Дворянство и крепостной строй России Ⅹ Ⅵ－Ⅹ Ⅷ вв.М.,1975.С. 251.

② А.Г.Манько.Дворянство и крепостной строй России Ⅹ Ⅵ－Ⅹ Ⅷ вв.М.,1975.С. 230.

③ А.Г.Манько.Дворянство и крепостной строй России Ⅹ Ⅵ－Ⅹ Ⅷ вв.М.,1975.С. 231.

明自己的论点,利用中世纪俄国贵族中广为流行的观念,即国家义务分配在各个等级,他们认为:"土地是国家财富的基础,在保护社会各个等级义务的前提下,政府必须规范农民的经商行为。"①

　　法典委员会的实际领导人Г.Н.捷普洛夫却认为:"彼得一世去世后,虽然俄国商业增长了三倍,但它的增长更多的是来自于农民的商业活动,政府禁止农民经商的政策并没有取得成效。"接着他驳斥了这三人的论点:"由于农民脱离地主注册为商人,在整个国家土地所有者中所占比例很小,此外,一些省(雅罗斯拉夫、科斯特罗马、加里奇、沃罗基米尔、苏兹达尔、阿尔汉格尔斯等)可耕地少或者不够,这里的农民很少关注自己的劳动结果。但这些省的农民比黑土地上农民更多地补充了商人的流失,部分经商农民已经割断了与土地的联系,经商农民人数上升,造成了产品价格上升,农民大量涌入城市反过来刺激农业生产的扩大。可见,农民自由经商并没有造成土地荒芜,农民从贫穷的乡村流向城市成为必然的趋势。而商人人数之少,他们的经验、知识和资本的不足,又将导致大部分商人关注和保护农民的商业活动。"②他认为,这三人的论据纯属维护商人上层利益和特权,他们并没有注意到商人本来就来自于农民。在西方国家,所有地主都不会排斥商人,有些商人本身就是地主。在俄国商业发展处于萌芽的状态下,政府制止农民的商业活动,将导致没有人去乡村收购农民和地主的亚麻、大麻,其结果,一方面在农村造就了一些不愿从事农业生产的游手好闲者,另一方面,降低了国家和贵族的收入,引发了贵族的不满,所以,制止农民经商的政策不适当,它造成了国家订货的落空和商业税收的减少,商业资本的流失和从事商业经营人员的缩减、失业,这种强制措施对国家经济发展极为不利。

　　Н.Е.穆拉维耶夫、Т.克林施泰特反驳Г.Н.捷普洛夫否定俄国商人贫

---

　　①　А.Г.Манько.Дворянство и крепостной строй России ⅩⅥ-ⅩⅧ вв.М.,1975.С.232.

　　②　А.Г.Манько.Дворянство и крепостной строй России ⅩⅥ-ⅩⅧ вв.М.,1975.С.232—233.

穷和人数少的现实,他们认为:"他似乎没有考虑商业带给农民的巨大利益,在经商中农民得到地主的庇护,农民对地主承担的义务要比商人少。"①他们指出了Г.Н.捷普洛夫观点的弱点:"商人来自农民,贵族和教士不也是来自农民吗?自由农民在俄国和西欧都不存在。"②随着农村商业的发展,大部分法典委员担心,农民将会脱离地主注册为商人,他们煽动那些庇护农民的地主,说农民经商将使他们失去商业带来的法定收入,但他们不反对农民在自己内部市场上从事小型商业活动,农民注册为商人必须在法律的范围内。Г.Н.捷普洛夫起初反对农民完全经商,后来同意农民在政府的监督下经商。他把俄国农民的经商活动与国家的经济发展联系起来,肯定农民经商在俄国经济发展中发挥的作用,主张保护那些资本实力雄厚、土地未荒芜农民的经商活动。1765 年 10 月法典委员会向叶卡捷琳娜二世递交了他们在这个问题上的不同意见,资料证明,Г.Н.捷普洛夫的报告符合法典委员会大部分成员的意见。鉴于贵族成员在这些问题上的不一致,叶卡捷琳娜二世终止了贵族对此问题的进一步讨论。

1767 年在法典委员会的召开,与会代表 564 人,其中 28 人是任命的,536 人是选举产生的。选举产生的代表来自帝国人口的不同部分:61人来自领地贵族,208 人是城镇居民,79 人是国有农民,88 人来自哥萨克及各少数民族。农奴和受到启蒙思想影响的教士被排除在外。③ 贵族代表针对很多问题再次展开了讨论。

第一,在《官秩表》取消与否问题上。M.M.谢尔巴托夫认为,《官秩表》和与此相关的法令造成了贵族等级和其他等级之间的摩擦,贵族

---

① А.Г.Манько.Дворянство и крепостной строй России ⅩⅥ-ⅩⅧ вв.М.,1975.С.236.

② А.Г.Манько.Дворянство и крепостной строй России ⅩⅥ-ⅩⅧ вв.М.,1975.С.236.

③ [美]尼古拉·梁赞诺夫斯基、马克·斯坦伯格著:《俄罗斯史》,杨烨、卿文辉译,上海人民出版社 2007 年版,第 242 页。

地主人数的增加,上等贵族与非血统贵族连为一体,降低了贵族的荣誉。①

为了维护既得利益,大贵族代表不止一次地重新解释和修改《官秩表》的任职基本原则。许多代表认为,《官秩表》应该是一个临时性的法令,它给彼得一世的改革造成了不利后果,所以,18世纪头25年,贵族就改变了服役态度,他们谴责政府奖励其他等级服役者。另外一部分代表没有直接表示取消彼得一世的法律政策,只是建议限制服役人员的权利。贵族代表 H.霍米亚科夫和 И.П.古巴廖夫认为,应该禁止尉官—军官退役后享有贵族特权,而尉官—文官退役后可以买卖村庄。在这个问题上,勒热夫-弗拉基米尔斯克县的贵族 И.М.伊格纳季耶夫表示同意。出身独院小地主的贵族代表 М.И.达维多夫认为,为了履行上述措施,政府应该容许文官购买不动产或者给他们发放退休金。

为了使服役的血统贵族能够得到更多的优惠条件,C.斯克里皮岑认为,政府应该建立奖励贵族的秩序,依据功绩大小,对正常服役12年的尉官进行奖励。而 Б.А.波将军认为,有文化的贵族服役时可以马上得到尉官官职,但这种建议遭到了法典委员会上小贵族代表和其他社会等级代表的反对。Я.П.科泽尔斯基坚决捍卫彼得一世的改革,他认为,贵族地主人数的增加要比旧贵族土地的破产好得多,而出身非贵族官员勤奋服役却不能得到贵族称号,这样降低了他们的服役热情,对国家不利。"不是所有的贵族家族都能够来自那几个名门望族,只要自愿服役且服役出色者可以获得贵族称号。"②城市、黑土地农民、独院小地主的贵族代表赞成他的观点。大贵族代表 М.М.谢尔巴托夫发展了贵族等级的历史和政治理论,认为:"按照继承权,荣誉和门第还有农奴垄断权均属于现在的贵族,——他们是历来天生的贵族,他们身后有许多建立了光荣业绩的显

---

① А. Б. Каменский. Российское дворянство в 1767 году:(К проблеме консолидации)//ИСССР.1990. № 1.C.62.

② А. Б. Каменский. Российское дворянство в 1767 году:(К проблеме консолидации)//ИСССР.1990. № 1.C.63.

赫前辈。"①以此反对贵族中人数最多的服役人员。在贵族的起源问题上,他认为所有贵族或者起源于留里克和外来王公,或者来源于为罗斯大公服务的非常显赫的外国人。应该以古代的《名册》为依据,每个贵族必须出示理由充足的出生证明,以及对国家有功者方可获得贵族称号,但他的建议并没有得到多数贵族代表的支持。一个服役人员则质问他:俄罗斯贵族先生们能不能说自己的祖先全都出身于贵族。那么,第一个贵族是什么出身? 天生的贵族谁也无法回答这个问题。

曾在彼得一世时期担任贵族铨叙局长的著名政论家 H.H.马托尼斯认为,俄国的纳税等级:地主、市民和贵族,他们所有的荣誉称号都是通过自己的劳动、良好的教育和道德品行换来的。另外一些人之所以下贱,是由于他们的恶行造成的,他们有愧于祖国,游手好闲地混日子。而市民、地主出身的贵族并不比他们下贱,他们品德高尚,彼得一世只是把晋升贵族的原有秩序法律化。但也有贵族代表针对《官秩表》中服役到尉官者可以获得贵族称号原则的合理性提出质疑。A.B.纳雷什金反问:"如果这些官员已经是贵族,下一步该如何办? 如果这些官员不是贵族又该如何办? 事实证明,这个原则并不符合实际。"②贵族代表 Я.И.乌尔辛努斯教授反对贵族称号的继承,认为,许多贵族不服役却享有祖先留下的权利。贵族应该是那些人,即他们拥有我们至尊君主赏赐的证书,他们拥有合法化的子女,他们正在服役或者将要去做官。彼得一世已经把他们纳入贵族,他们合法的继承人有资格加入贵族行列。可见,在 1767 年法典委员会的初期,大贵族代表势力处于劣势。

第二,在管理工厂的问题上。彼得一世曾力图使自己的官员乐于从事工厂事业,用赐予贵族权利的办法鼓励厂主占有土地和农奴。现在,贵族在坚持垄断土地和农奴的同时,不放弃拥有工厂的权利,而商人也声明

---

① 〔俄〕瓦·奥·克柳切夫斯基著:《俄国史教程》第 5 卷,张咏白等译,商务印书馆 2009 年版,第 85 页。

② А.Б.Каменский.Российское дворянство в 1767 году:(К проблеме консолидации)// ИСССР.1990. №1.С.63.

要求拥有农奴的权利。

贵族代表要求取消彼得一世时期的法令,即贵族管理工厂,必须经过矿务总局的同意,它极大地限制了工业领域里贵族特权。库尔斯克的贵族代表 Ф.亚济科夫认为,工厂主不应该拥有村庄,而只容许他们建工厂时购买土地,购买没有土地的农民当工匠。贵族也不应该拥有工厂,如果要想得到更多的收入,不应通过雇佣工人的方式,而应该利用私有农奴的劳动,否则将给俄国农业经济发展带来不利。因为雇佣工人离开家乡后,他们不可能再从事以前的农业生产。贵族 O.科任反驳道:“工厂里的工作可以在农业歉收时帮助农民,工厂主将给国家带来巨大的效益。但工厂只应帮助那些不服役或者已经退役的贵族,由于企业里的生产有一定期限,10月到第二年4月,所以它不干扰农业生产。由于大部分商人待在城市里,在他们开设的小酒馆里,劳动者游手好闲、酗酒、丑态百出,工厂主不应该完全支持商人。”①这两个观点没有引起商人和贵族的反对。商人出身的贵族代表 A.波波夫认为:如果商人失去了控制工厂的权利,国家的商业将会凋敝,应该容许商人开办工厂,而且还可以购买世袭领地上的农奴。相反,应该禁止贵族控制工厂,贵族可以出售其世袭领地上可以出卖的农产品。城市代表 P.A.格林科夫、С.Д.索洛多尼克认为:“由于贵族在社会上占据首位,他们在服役中得到了领地和世袭领地的赏赐,商人服役仅仅是获得了商业利润,所以,贵族不应该经商和管理工厂,贵族经商有损于贵族尊严,也将有害于商人。如果所有的人都不恪尽职守,各司其责,那么如何促进国家的发展?”②

大多数城市贵族代表一致同意他的意见并认为:俄国商人与其他欧洲国家的商人不同,他们没有相应的特权,在工厂里做工的都是农奴,应该容许一等商人购买3—5户农奴。大贵族代表 M.M.谢尔巴托夫承认

---

① А. Б. Каменский. Российское дворянство в 1767 году:（К проблеме консолидации）//ИСССР.1990. №1.С.64.

② А. Б. Каменский. Российское дворянство в 1767 году:（К проблеме консолидации）//ИСССР.1990. №1.С.65.

商人管理工厂的必要性,以及创办工厂所需要的土地,但他反对农民购买工厂,这将有害于农业的发展。他赞同国家保护已购买了农民的工厂主,他看到附居农民①的贫穷,认为必须关心他们的生活状况,逐渐把他们转变为自由人,并且对他们的良好品德、高超的艺术技能给予奖励。此外,为了感谢工厂主,容许附居农民服役一定的期限,把不属于贵族的工厂卖给他们,同时把附属的村庄归还给他们。在工商业领域中的特权问题上贵族代表的意见比较一致。他们认为,在法律基础上,政府应该容许贵族在自己的土地上开办工厂。

第三,在俄罗斯贵族与其他民族的关系问题上,第一个提出抗议的是西伯利亚贵族。西伯利亚贵族形成于 17 世纪末期,大部分贵族并不是名副其实的贵族(Благородство),他们大多来自流浪者和被流放的哥萨克。1680 年俄国政府招募哥萨克去克拉斯诺亚尔斯克卫成部队服役,这是哥萨克权利得到承认的第一步。但这种权利被当地服役哥萨克等级所垄断。西伯利亚哥萨克等级长期处于封闭状态,在 17—18 世纪初期西伯利亚出现了俄国最大的土地所有者。如西伯利亚省长 Д.И.奇涅林向叶卡捷琳娜二世抱怨两个工厂主:"他们出身于西伯利亚普通贵族,从下层爬到上层,获得西伯利亚贵族称号,他们一年的薪水为 10 万—15 万卢布,拥有 400—800 匹马匹和许多牲畜财物。"②但是大多数西伯利亚贵族占地少,贵族之间的交往少,而且其官职不能继承。政府开始限制西伯利亚行政机构人员的编制,乐意注册但不服役的贵族后代、或者贵族亲属要纳税,这样,他们不具备俄国贵族应有的特权地位。西伯利亚贵族代表叶尼谢伊斯克.C.萨莫伊洛夫认为:应该拉平西伯利亚贵族和俄罗斯贵族之间的差别,应该在西伯利亚创办贵族士官武备学校,让西伯利亚省长选拔贵族,容许贵族购买土地,但只能从异族人那里购买。俄国矿务总局的贵

---

① 附居农民(Лодсуседки):16—17 世纪俄国因完全贫穷化而附居于别家农户帮助耕地的农民。

② А.Б.Каменский.Российское дворянство в 1767 году:(К проблеме консолидации)//ИСССР.1990. №1.С.66.

族代表 A.A.纳尔托夫认为:必须取消西伯利亚贵族称号。为此,M.M.谢尔巴托夫反驳道:"尽管西伯利亚官员获得贵族称号的方式有别于俄罗斯贵族,但按照委员会大多数人的意见,只有沙皇可以赏赐贵族,而西伯利亚省长没有资格选拔贵族。"①

在波罗的海贵族和俄罗斯贵族的关系上,利夫兰骑士要求政府承认波兰和瑞典国王已经给予他们的特权,要求波罗的海贵族与俄罗斯贵族平起平坐,由此引起了俄罗斯贵族的愤怒。伯爵罗曼诺夫·E.杰米多夫引证伏尔泰、罗蒙诺索夫的著作和《克兰采夫编年史》,并认为,利夫兰古代居民以前享有的特权根本就不存在。俄罗斯贵族 A.波赫维斯涅夫认为,俄罗斯帝国的所有臣民都应该服从于一个法律,这种统一性有助于国家的强大。叶卡捷琳娜二世在给 П.A.鲁缅采夫的信中说道:"利夫兰绅士的文化教养和他们的所作所为,让我们大失所望。"②由此,利夫兰贵族的委托书很快被政府否决。

在 1767 年的法典委员会上,乌克兰贵族代表递交了委托书,要求获得与俄罗斯贵族相同的权利。如契尔尼戈夫贵族代表的委托书:"为了使我们保留原有的权利,政府应该把我们视为俄罗斯民族的重要组成部分。如同他身体的一部分,政府应该统一法律。为了加强我们与俄罗斯民族的团结和友谊,政府应该让我们与俄罗斯贵族享有同等的财产和统一的称号。政府应该给予我们在买卖、抵押、出让不动产上的自由,以及去国外服役、学习和定居的自由。应该接纳乌克兰贵族为政府各级官员,在教育权利上享有与俄罗斯贵族相同的权利自由。"③普里卢基的贵族代表请求保留《立陶宛 18 条款》中有关乌克兰服役人员官员的权利。格卢霍夫的贵族代表认为,为了达到荣誉和官职的一致,请求加入俄罗斯贵

---

① А.Б.Каменский.Российское дворянство в 1767 году:(К проблеме консолидации)//ИСССР.1990. №1.С.67.

② А.Б.Каменский.Российское дворянство в 1767 году:(К проблеме консолидации)//ИСССР.1990. №1.С.67.

③ А.Романович-словатинский.Дворянство в России,М., 2003.С.257.

族,并在贵族铨叙局注册为永久的贵族,请求在平等的基础上,与俄罗斯贵族一起共同为国家服役。佩列斯拉夫贵族代表要求:"乌克兰贵族因为各种原因没有职官部,加上政府也没有采取相应的强制措施,因而军人用鲜血和生命换来的功绩得不到承认,乌克兰贵族在国家机构经常受到排挤,为此乌克兰贵族失去了应有的权利地位。我们强烈要求加入俄国贵族,与俄罗斯贵族连为一体,共享自由与平等。所有服役的乌克兰军官都应注册为贵族,融入俄国贵族社会。"①乌克兰贵族在法典委员会上公开要求恢复盖特曼制度,在选举盖特曼时与扎波罗热-谢奇同等看待,但由于乌克兰贵族缺乏可靠证据未成。斯摩棱斯克的贵族也奢望得到类似特权,也都遭到政府的拒绝。1768 年 9 月 9 日,А.И.比比科夫表达了政府的态度:"无论是利夫兰、爱斯特兰和芬兰贵族,还是乌克兰和斯摩棱斯克贵族,你们要求恢复原有的特权,与俄罗斯贵族共享特权,你们希望在此问题上政府作出让步,并要求法典委员会对这些问题重新进行审查。可以说,政府只能在制定贵族权利法案时加以考虑,但不可能采纳你们的建议。"②

第四,在贵族称号、服役原则等问题上。彼得一世的拥护者和反对者在如何理解"贵族"概念上,即贵族(Дворянство)与贵族(Благородство)的区别上发生了争执。В.Г.巴斯卡科夫认为,贵族(Дворянство)永远意味着封号(Достоинство)或者享有这个封号的很多人,而贵族(Благородство)则意味着品德高尚的人。这样,法案应该确定俄国贵族为贵族(Благородство)这个概念。尽管它有不同的名称,如贵族(Шляхетство)和贵族(Дворянство)称号,但在内在的含义上是一致的。

俄国贵族社会意识发展的不成熟不仅表现在对贵族概念的理解,还表现在政府的法律文件中。如 М.М.葛罗米柯指出,1765 年政府官员瓦西里和叶菲姆·捷库杰维在官方文件中称,西伯利亚博尔科夫斯克村庄

① А.Романович-словатинский.Дворянство в России,М.,2003.С.258.

② А.Б.Каменский.Российское дворянство в 1767 году:(К проблеме консолидации)//ИСССР.1990.№1.С.68.

的贵族为"居民"。在难以确认的情况下,这样的称呼经常出现在西伯利亚和其他地区的公文中。

此外,贵族代表在贵族证书、徽章、《贵族家谱》等问题上进行了争论。1761年伊丽莎白时期,政府编订了新的《贵族家谱》,但它并没有满足世袭贵族的要求,以 M.M.谢尔巴托夫为代表的世袭贵族要求把贵族分类,但法典委员代表不赞成。他们认为,所有贵族应该凭借个人能力获得贵族封号并享有同等权利,爵位贵族与其他贵族只是拥有爵位与否。在讨论贵族权利方案时,公爵 И.А.维亚泽姆斯基建议叶卡捷琳娜二世编订新的《贵族家谱》。贵族代表 Я.И.乌尔辛努斯和 E.博尔佐夫却认为,不应该为此事打搅女王,此事应该由贵族铨叙局审理。经过一段时间,女王审理了贵族代表的申请,转交参政院并向贵族代表提出四个问题:一是有必要对贵族分类吗? 二是目前怎么确定时间期限? 三是通过什么样的方式进行分类? 四是分类时应该遵循什么样的规则? 贵族代表为此进行了长达一个月的讨论。在获得贵族身份证明的方式上,切尔诺维克的贵族代表 A.P.沃伦佐夫认为:"由于职官部的档案材料因各种原因被毁坏,所以,不应该按照此来确定贵族身份。现在应该按照世袭领地委员会的人口普查清册来确定,服役的贵族家族何时获得领地和世袭领地的赏赐。"①但 П.И.巴涅尔、Д.В.沃尔科夫和 Г.Н.捷普洛夫不同意,他们认为,过去下层衙役和服役人员的薪水都来自领地薪水,他们不可能具备贵族服役的证明,所以,不能仅仅按照领地薪水,而是要根据贵族的服役状况来确定。在涉及贵族家谱时,究竟谁可以成为贵族? 贵族代表认为,服役到尉官的官员不能自动获得贵族称号,而应该亲自向沙皇提出申请,请求赏赐后成为贵族称号,与此同时,贵族要拒绝经商。秘书官职的获得只能在地方机构,而不能在中央机构。应该取消秘书官员的贵族封号,把他们归入文职、宫廷官员之内。在编订新的《贵族家谱》时,罗曼诺夫的贵族

---

① А.Б.Каменский.Российское дворянство в 1767 году:(К проблеме консолидации)// ИСССР.1990. №1.С.69.

Н.达维多夫要求按照已过时的规则赏赐贵族,贵族 Ф.亚济科夫认为,政府应该重新审查所有贵族家族身份,取消不够资格的贵族。出身独院小地主的 М.И.达维多夫认为,应该搞清独院小地主的贵族身份,取消那些出身纳税等级的独院小地主的贵族称号。最后政府采取了折中态度,把贵族分为六类。

第五,在农奴制问题上,自从 1762 年 2 月 18 日《御赐全俄罗斯贵族特权与自由诏令》颁布以来,"农奴制度在贵族操纵下已经失去了政治上的合理性,尽管仍然合法,但已无公正可言"。① 由于来自地主庄园的雇用奴吊儿郎当、懒惰狡猾,事先拿钱,没有做完工就逃走,商人代表坚持要求拥有契约奴和雇员的权利。谢尔巴托夫公爵认为,效忠君主和祖国是贵族身份的职责所在。这种效力在于管理好本国君主的其他臣民,为此必须受培训。办法是赋予贵族掌管乡村和奴隶的权力,在此基础上使他们从幼年时代起就学会管理帝国的一些地区。商人代表希望拥有农奴,但不零售土地。谢尔巴托夫公爵运用统计方法证明商人占有农奴对国民经济的危害。商人也利用了谢尔巴托夫公爵的统计方法维护自己的贸易垄断权以抵制农民。贵族不满足于自己现有的地产,把目光扩大到过去的教会土地及其农民。在涉及农民逃亡的原因问题上,贵族代表认为,主要是地主在支配农民劳动和财产方面的可恶专横,建议在不触动地主对农奴个人统治权的条件下,限制贵族对农奴通过个人劳动所得的权力。但他认为,对农奴个人的统治权属于充当政府警察代理人的地主。他把这种权力同农奴私人占有者的权利分割了,把农奴个人当做物品,以此来拒绝法律对农奴财产的保障。对农奴私人财产的法律保护,应该扩大到对农奴劳动和作为纳税人的个人本身的法律保护。1861 年 2 月 19 日法令就是从划分司法警察权力和地主占有权开始的。政府和地主在农奴问题上的观点的全部虚伪性就在于把这些不同的因素混淆在一起了。叶卡

---

① [俄]瓦·奥·克柳切夫斯基著:《俄国史教程》第 5 卷,张咏白等译,商务印书馆 2009 年版,第 87 页。

捷琳娜二世对贵族代表关于农奴和奴隶的观点表示愤怒:"如果不能承认农奴是人的一分子,因而他就不算人,那就请承认他是牲口,这样全世界将会由于我们而增添不少的光荣和博爱;关于奴隶所发生的一切,都是由于时下慈善规章纯粹把奴隶当成畜生所造成的后果。"①总之,在法典委员会里代表们没有把农奴制当做法律问题,而是当做猎获物,社会各等级都想抢到一份。

18世纪60年代法典委员会上贵族代表的争论说明,由于没有制订出工作计划,讨论题目是临时指定的,没完没了地变换题目;"虽然讨论的范围日益扩大,逐渐从地方琐事上升到国家制度的共同问题,但在讨论贵族和商人的法案时陷入纵横利益交错和乱成一团的境地";②等级权利问题仍是1767年法典委员会召开的主要目的所在。

可见,俄国贵族等级建立了起来,但贵族等级联盟却没有形成,并且由于贵族代表的争论加剧了这种矛盾冲突。俄国贵族的联盟如果建立,它必须具备一定的法律形式:一是与其他等级相比较,应该具备统治阶级应有的权利和特权,并且把自己封闭在一个狭小的圈子内。二是必须消灭某些贵族集团在权利上的差别,即不仅要消灭在社会出身、财产资格上的差别,而且要消灭由差别所导致的矛盾。三是必须消灭俄罗斯贵族与其他民族和地区贵族之间的矛盾,首先是西伯利亚、乌克兰和波罗的海贵族的不平等地位。四是贵族应该具有统一的等级意识,作为特权等级应该具备的基本权利和特权,这样,贵族等级的理想化模式才能得以完成。但1767年法典委员会的召开,仅仅是向这种模式的接近。由1767—1768年新法典编纂委员会的活动及其代表的委托书可以判断,"代表和选民们把俄国社会看做是一个地域性社会群体。这个群体和谐、稳定,并以沿袭下来的权利、义务和社会职能的分配为基础。以君主为首的等级社会是这

---

① 〔俄〕瓦·奥·克柳切夫斯基著:《俄国史教程》第5卷,张咏白等译,商务印书馆2009年版,第89页。

② 〔俄〕瓦·奥·克柳切夫斯基著:《俄国史教程》第5卷,张咏白等译,商务印书馆2009年版,第84页。

些人的理想。君主与自己的臣民就社会生活的重大问题进行协商,就像在大公国时期一样。她按照委托书提出的要求建立了等级社会,并遵循欧洲开明人士的建议使自己的统治以明确的法律为依据。建立一个合乎法律、合乎规律的国家是从彼得一世开始俄国专制制度所奉行的方针。"①

根据 1785 年《贵族特权敕书》的规定,各省贵族组建了享有法人和相应特权并拥有固定徽章的组织——贵族会议。它有权拥有财产和资本,进行各项财产交易并提供担保,也有权拥有举行会议的场所、印章、公文及档案。贵族会议完全摒弃了"服役城"带有的公社成分。省级会议和县级会议是贵族团体组织的代表机构。参加会议的方式有如下三种:直接参加会议;享有消极选举权,出任当选者职务,参与表决贵族会议作出的各项决策,但无权选举贵族及政府公职人员;享有积极选举权,参与表决各项决策,选举并出任贵族及政府公职。凡年满 25 岁、在本省家谱登记注册、无犯罪前科、未被所属团体除名的男性世袭贵族均有权参加贵族会议。要获得消极选举权,除具备上述条件外,还必须拥有不少于 100卢布的年收入。要获得积极选举权,必须享有官阶或曾受过勋,并在本省拥有人口较多的领地。在 18 世纪末期要想获得 100 卢布的收入,必须拥有至少 20 个男性农奴。财产资格的限制剥夺了所有终身贵族参加贵族会议的权利,只有 40%的和约占男性贵族总人数 16%的世袭贵族分别享有消极选举权和积极选举权。此后,参加贵族会议的资格标准基本未变,只是将年龄放宽到 21 岁。可见,贵族会议始终操纵在贵族精英们的手中,其人数很少超过整个贵族等级总数的 10%。无论在 1861 年改革以前还是之后,世袭贵族始终是贵族会议的基本组成人员。②

18 世纪上半叶,最高政权与社会的沟通主要是通过贵族来进行。这些贵族既在国家任职,同时又是地主和当地的居民。由于贵族的利益始

---

① [俄]鲍里斯·尼古拉耶维奇·米罗诺夫:《俄国社会史》下卷,山东大学出版社 2006 年版,第 221 页。

② [俄]鲍里斯·尼古拉耶维奇·米罗诺夫:《俄国社会史》上卷,山东大学出版社 2006 年版,第 536 页。

终与农业有关,贵族的社会基础不仅在外省,也在乡村。俄国贵族政治上保守贵族会议不同于城乡公社大会,根本没有民主可言。贵族等级鄙视自治权利,缺席会议成为贵族中普遍存在的现象。小地主和特大地主并不热衷于参加贵族会议事出有因:小地主由于囊中羞涩而怕自尊心受到伤害,特大地主则不愿受制于地方贵族团体组织。特大地主经常接近宫廷,身居高官显位,相互之间保持着较为密切的接触,将直接参与地方贵族组织的活动视为多余。

　　贵族缺席贵族会议的结果表明,贵族的自治不是贵族享有的特权,而是他们应尽的义务,他们有责任进政府机关出任公职。但是,由于依照法律,不得强制贵族出任公职;拒不参加会议的人大都是贵族中的极端分子;贵族更乐意在军界和中央机关中谋得更实惠、体面的官位。在首都谋求官位受挫后贵族回到外省,就职于某个地方机构。由于受挫的贵族大多为家境贫寒、默默无闻的贵族,所以,贵族选举便成为富裕贵族向落魄贵族分派官职的聚会。

　　贵族会议分为省县两级。省级贵族会议的权限:选举贵族自治机构、贵族法院及政府机关公职人员;向政府及沙皇呈递反映当地贵族疾苦和需求的奏折;确定贵族团体组织所需费用的收缴数额;将"行为不端分子"开除出贵族会议;查验《贵族家谱》;支配和使用贵族团体组织名下的财产;预算及摊派地主领地承担的地方赋税。县级贵族会议的职能权限很有限。它在省级贵族会议召开前3个月举行,旨在拟定两份名册:其一是有权参加省级贵族会议的县级贵族名册;其二是有意出任公职的人员、财务核查委员会后选人员及土地纠纷调停人员名册。省县两级贵族会议很少举行。

　　贵族会议依法定期向政府及沙皇呈递请愿书。请愿事由只限于地方事务,但并非一定同贵族有关的事项。由于贵族会议为贵族等级减免税收进行了不懈的斗争,贵族团体的资产猛增,但这些通过各种方式获得的资产大多用于教育、慈善事业及养老金和奖学金的发放。贵族等级自治机构的经营活动很有限。1900年贵族会议终于获得了省级贵族登记造册的自主权。1861年改革前后,省县两级贵族会议除了选举贵族自治机构的公职人员外,还选举省县两级各类政府机关的公职人员。出任政府机关公职被视为贵族团体组织最为重要的国家职能,当选出任政府机关公职是俄国贵族的最大的心愿。处于各类公职人员首位的是省县两级的首席贵族。省县两级的首席贵族彼此独立,互不干涉。

1785—1917 年省级首席贵族的权限是处理本等级及地方行政管理事务。省级首席贵族的等级事务:主持贵族会议的日常活动,向政府反映贵族的疾苦,掌管并支配贵族等级所拥有的钱财,搜集与贵族的出生、行为、生活方式及财产状况有关的信息并发放相关证明。地方行政的管理事务权限包括:做政府同贵族会议的接洽人,罢免当选贵族的公职,出任省建筑委员会、地方赋税委员会等省级机构的参事等。1785—1917 年县级首席贵族的等级自治权限为:负责县级贵族的登记造册,主持贵族监管机构及财务报表审核监察委员会的工作。县级首席贵族地方行政的管理权限:监护公职人员的子女,授予地方赋税的包收权,向被地主流放至西伯利亚的农民发放证明文件。

贵族代表会议由省级首席贵族及任期为三年的各县当选的首席贵族组成,负责审议提交给即将举行的省级贵族会议的材料和报告、省级贵族的注册及当选公职人员的履历登记,发放贵族身份证明文件,编制贵族花名册,将贵族除名及监管贵族领地等事务。代表会议实际上是在履行监察机关的职能,负责审核进入贵族等级及参加贵族会议的资格。县级贵族监护机构由县级首席贵族及其他人员组成,负责未成年孤儿、老人及"败家子"的监护工作。

贵族等级从未拥有过公社型组织。贵族始终在自行承担公职义务,自行承担犯罪和债务责任,对其他法人的各项责任也均由贵族个人承担。贵族等级也从未产生过环保制度和土地及其他财产的集体所有制形式。贵族彼此之间的人际关系从不具有友邻或伙伴的性质。自发产生并为法律认可的贵族团体组织与城乡公社截然不同:它由上层社会的自由人士组成,接受代表会议及在代表会议上选举产生的公职人员的领导,因而不存在强制性的行政管制,其权限范围也有明确的法律规定。与城乡公社一样,贵族团体组织的机制及职能也有明显的两重属性——既在维护地方等级的利益,也在维护国家的利益。但相比之下,贵族始终受到国家的保护。

由此可见,1762年《御赐全俄罗斯贵族特权与自由诏书》的颁布不仅使贵族获得了自由,摆脱了国家农奴制的压迫,而且促成了外省贵族团体的形成。至于贵族参加地方事务,由于繁忙的军务消耗了它们的精力,这种权利在18世纪并未实现。非贵族出身的小官吏——在1762年时占官吏总数的70%,18世纪末至19世纪初则占官吏总数的50%——直到19世纪初,他们仍如同农奴一般依附于自己的岗位,充其量只是享有特权的国家机器的奴隶。[①] 如同农奴一样,他们被固定在自己的职位上,不得随意变换工作,不得随意改变身份。免交赋税是他们享有的特权。1790年,小官吏们得以从农奴的境遇中渐渐解脱出来,他们获准进入军界服务。1808年,又获得进入商界、手工业行会或充当小市民、国家农民的权利。虽然贵族等级组织(贵族会议)建立了起来,但由于财产资格的限制,在贵族会议中,领地贵族占据多数,而且领地贵族的社会基础在农村,最终阻碍了贵族等级意识的形成。省县两级贵族代表会议的权限内容表明,它们仅仅是沙皇专制制度的统治工具,从来没有提出过自己等级的政治要求,也根本没有与沙皇政府相抗衡的迹象。"我们有等级界限,但没有等级灵魂"。"俄国贵族不是封建制度的固有因素之一,而是人为地由国家强制传播西方文明的结果,与俄国的现实格格不入。"[②]

五、俄国专制主义官僚体制的特征

建立开明的官僚体制是确立国家合法统治的必备条件,也是决定国家转向法制国家的先决条件。马克斯·韦伯认为,"官僚政体意味着知

---

① [俄]鲍里斯·尼古拉耶维奇·米罗诺夫:《俄国社会史》下卷,山东大学出版社2006年版,第158页。

② А.П.Корелин.Дворянство в пореформенной России 1861—1914гг. М.,1979.С.7.

识治国,这也正是其合理的特殊性所在。"①18 世纪的俄国官僚体制具有以下特征:一是在彼得一世时期,各级官员向沙皇宣誓效忠,即保证按规章、条例及指令行事;二是 1722 年颁布《官秩表》,统一、稳定的公职人员的官位等级制得以确立;三是 1720 年的总条例及各部门的具体规章制度划分了官员之间事务性的关系和等级并列与从属的关系,确立了政府行政机构的组织制度和活动程序,规定了不同职务所享有的权限;四是 1762 年《御赐全俄罗斯贵族特权与自由诏书》颁布以后,贵族官吏,即有贵族头衔及各类官阶的官吏——1762 年至少占官吏总数的 30%,18 世纪末至 19 世纪初则接近官吏总数的 50%——这些人连同贵族出身的小官吏都获得了人身自由,得以从事自由选择的工作。② 国家公职的责任和义务变成了特权;五是 18 世纪,只有少数官员在学校接受过专门教育。在大多数情况下,实际经验决定了一切,是官员们获得专业知识的唯一

①　按照马克斯·韦伯的标准,理想的官僚应具备如下条件:一是享有人身自由,只服从于公职;二是作为一个必不可少的环节,归属于统一有序且相对稳定的官阶;三是具有一定的职权;四是由自由选举产生并如约行事;五是具有一定的专长,并从事对口工作;六是领取固定的薪俸;七是将其公职视为唯一的职业;八是职务晋升遵循严格的标准,包括个人能力等,而不取决于上级长官的好恶;九是并不将其职位视为一己专有的私产;十是须严格遵守统一的公务规章制度;十一是严格按规定程序履行其职责;十二是公事公办,照章办事。17 世纪的官员(或差役)与理想的官员大相径庭:一是他们依附于自己的职位,并没有人身自由,慑于惩罚而尽心尽职,他们服役是必尽的义务;二是他们被排除在统一的官位等级之外,即公职人员或军人的官位等级之外而自成一派,形成特殊的一族;三是他们身兼数职,须依次履行名目繁多的义务;四是他们担任公职是应尽的义务或是被逼无奈;五是他们没有专门的才学,需要干什么便干什么,唯上级长官之命是从;六是他们领取实物——货币薪俸,部分来自他人的敲诈勒索,并已形成习惯;七是他们并未将所任公职视为唯一的职业;八是他们职务的晋升取决于其任职时间的长短、出身及上级长官的好恶三方面的因素;九是他们将所获职位视为捞取钱财的某种特权;十是他们不受统一的规章制度的约束,各级官员因职位不同,须遵守的规章制度也不相同;十一是他们按一定的程序行使某些职权,但并无法律可遵循;十二是他们与同事、当事人、原告及受其指使的百姓交往时常感情用事。17 世纪的差役是一个封闭的社会群体,他们自生自灭、自成一体、自觉自醒,在社会具有一定的影响力。[俄]鲍里斯·尼古拉耶维奇·米罗诺夫:《俄国社会史》下卷,山东大学出版社 2006 年版,第 156—157 页。

②　[俄]鲍里斯·尼古拉耶维奇·米罗诺夫:《俄国社会史》下卷,山东大学出版社 2006 年版,第 158 页。

途径；六是从 1764 年起，所有官员都开始领取薪金，成为大多数人的主要收入来源；七是官员们将公职视为唯一的职业，在此，有关的规章制度起着决定的作用；八是《官秩表》一改职位沿袭的传统，职位的接替取决于个人的业绩、能力和经验，并形成了制度。所有人员，不管是否出身于名门望族，一律从低职干起。职位的晋升不仅取决于所受的教育、工龄、业绩及能力，还取决于社会出身、上级长官的好恶以及某位官员所属的交际圈；九是 1708 年取缔了原有的任命职位的原则，如"国家赏赐"等。所有的地方行政官员无须呈请即可任命，而且，可长期出任此职；十是 1720 年的总条例确定了政府行政官员的公务守则；十一是上述规章确立了政府官员履行义务时须遵守的公务程序；十二是政府行政官员与同事及当事人之间的人际关系，由私人关系转变为公事公办的关系。

与理想官员相比，18 世纪的俄国贵族官员有五点特殊之处：一是未接受过专门教育；二是他们是行行都通的多面手；三是并未完全按照公事公办的原则执行公务，官官相护在整个 18 世纪贵族官员间的工作关系中仍起着主导作用，这样便阻碍公事公办原则的确立；四是不能始终坚持按原则办事、不徇私情；五是执行公务时收受当事人的礼品。

帝俄时期俄国官吏的典型特征有：他们总是把国家利益和官僚这个群体利益当做首要的目标来维护。每个官吏基本上对他的上司负责，听命于他，并且在自己的工作中首先遵循官僚的规章制度。等级结构森严、严格的规章制度、对国家的完全依附，使这些官吏成为上层政权实现其目的的强有力的驯服工具。[①]

18 世纪俄国官僚体制的发展具有明显的贵族化特征。官员大部分是世袭贵族，或为国家服役而获得一定官职并成为世袭贵族、终身贵族称

---

① ［俄］鲍里斯·尼古拉耶维奇·米罗诺夫：《俄国社会史》下卷，山东大学出版社 2006 年版，第 221 页。

号的官僚贵族。在 1755 年的普查中,一至三类的尉官有 2051 人,其中世袭贵族有 1022 人,1029 人是因服役而为贵族。① 即使政府在 18 世纪 60 年代采取措施阻挠非特权等级获得贵族称号,但《官秩表》中任职年限的基本原则继续发挥作用,以及政府一再调整军官和文官的人数。这样获得贵族徽章、教育水平的途径更趋于简单化,为纳税等级进入贵族行列创造了有利条件,造成了贵族等级数量的急剧扩大。

1. 首先表现为 18 世纪贵族等级数量的增长

1700 年俄国有 2.2 万—2.3 万贵族,连同他的家庭一共是 7 万人。1737 年有 5 万贵族,连同他的家庭一共是 15 万人,增长了共两倍。② 根据 M.B.科布扎里的统计,1782 年的第 4—5 次人口普查,俄国有 10.8 万贵族,占全国居民总数的 0.8%,1795 年有 36.2 万贵族,占全国居民总数的 2%。③ 从 1727 年起,小领地贵族及其占有的农奴比重不断降低,大领地贵族及其占有的农奴比重不断提高,中等领地贵族及其占有的农奴比重在 18 世纪降低,在 19 世纪上半叶则有所回升。到 20 世纪初,贵族连同其家庭达到 1.8 百万人,或占居民的 1.5%。其中 1.2 百万是世袭贵族,其他是终身贵族。④

贵族人数的增长导致了贵族继承制度的分散化,贵族变得越来越穷。平民、贫穷贵族、省级参议员的后代、陆军和骑兵尉官开始与古代留里克家族后代、富有贵族、王公和莫斯科沙皇的杜马成员融为一体,他们在权

---

① С.М.Троицкий.Русский абсолютизм и дворянство в ⅩⅧв.М.,1974.С.296.

② В.И.Буганов.Российское дворянство.С.33.

③ 有另外两种说法:一种说法是根据第 7 次普查,在 1816 年俄国有 15 万 5 千贵族(35%),而在 1858 年贵族人数达 20 万 6 千贵族(44.5%)。他们之中因服役获得终身贵族者在 1816 年占所有封建主的 44.18%,而且在首都省(圣彼得堡和莫斯科)这种贵族的比例高达 90.3% 和 75.6%。В.М.Кабузан、С.М.Троийкий. Изменения в численности, удельном весе и размещении дворянства в России в 1782 — 1858гг.//История СССР, 1971,№ 4.С.159—160. 另外一种说法是,在彼得一世时期的 1678—1719 年,贵族增加了 14.6 万人。在 1782—1795 年贵族人数激增到 50.8 万人。从整体上讲,彼得一世改革后,贵族人数呈下滑趋势。[俄]鲍里斯·尼古拉耶维奇·米罗诺夫:《俄国社会史》上卷,山东大学出版社 2006 年版,第 118—119 页。

④ А.Б.Зубова.История России ⅩⅩ век（1894—1939).М.,2009.С.75.

利和财产方面没有任何法律上的区别。但贵族原有的纯正血统被农民、市民和教士的血统所冲淡,纯粹贵族血统的人数在减少。据统计,18世纪末期,就俄罗斯贵族整体而言,纯正的贵族血统家族不多,基辅罗斯时期留里克家族出身的贵族只有39个,格季明家族出身的贵族只有39个,非爵位家族但出自留里克家族的有21个,进入《贵族家谱》的有76个,存在了1600年的882个家族,但其中有738个家族已经衰败。①

这些家族大部分很贫穷,他们家族的土地财产已经转移到新的特权贵族手中。俄国血统贵族中还完全保留地产的家族有:舍列梅捷夫、斯特罗戈夫、戈利津、沃伦佐夫、帕宁等,但他们的大部分地产只传到第三代。此外,一个贵族家族又分为几支,一支破落了,另外一支或多或少地保留着家族的财富和昔日的辉煌。当时血统贵族的家产大多分散在诸多的继承人之间,或者它们被俄国达官显贵和出身平民贵族官员的糜烂生活所耗尽。为了与名门贵族平起平坐,他们不断积聚大笔财富。这些暴发户用巨额财富获取名门贵族的名声,如出身名门望族的Г.萨尔蒂科夫拥有8万农奴,他给不富有的贵族赏赐了几千农奴,给儿子留下了1.6万农奴。梁赞市民出身的贵族留明以承包商的方式积攒了巨额财富,给自己的儿子留下了1.2万农奴。出身农民的特韦尔登什伏起初口袋里只有5卢布。②

2. 表现为贵族官员占有农民、土地面积的上升

来自不同社会等级的大多数官员,特别是那些刚刚脱离社会下层的平民官员想方设法证明自己的贵族身份,或者期待着更高一级的官职,他们都在尽力购置地产以便尽快获得贵族称号。根据1754—1756年报道:5379个官员中有3326人没有农奴,在四类官员中81.4%没有农奴,在三类官员中大约有40%的人没有农奴,在一和二类的官员中没有农奴者为

---

① А.Романович-словатинский.Дворянство в России,М.,2003.С.202.

② А.Романович-словатинский.Дворянство в России,М.,2003.С.203.

10%—13%。①

官僚上层中拥有世袭领地的世袭贵族占优势,在 3—4 类的官僚下层中来自非特权等级的社会成员比例很大,他们没有权力管辖世袭领地。根据 1754—1756 年的普查,还有 156 个外国人没有世袭领地者。有趣的是,没有农奴的官员不仅仅是昨天的市民,而且是因各种原因失去土地的世袭贵族。如 17 世纪波雅尔子弟的孙子 M.B.科斯特里茨基,他们家族的世袭领地在其父辈时就变卖了。手工业委员会的法官 H.И.布图尔林、Я.Я.杰蒙里、公爵 Г.С.格罗瓦洛夫、行政监事 M.B.方维津、Д.Ф.杰尼索夫没有世袭领地和农奴。拥有农奴的贵族官员共有 2053 人,占官员总数的38.16%,最大的贵族官员拥有 29.5 万个农奴。一类的 110 个贵族官员共拥有农奴 157.2 万人,平均每一个贵族官员占有 1430 个农奴。二类的470 个贵族官员共拥有农奴 9.3 万人,平均每一个地主占有 198 个农奴。三类的 793 个贵族官员只拥有 38.1 万农奴,平均每一个贵族地主占有 48个农奴。四类的 619 个官员共占有 7011 个农奴,平均每一个地主占有 11个农奴。②

按照 H.M.舍普科夫对俄国地主财产资格的划分③,这样俄国官员里小地主有 1484 人,他们占官员总数的 79.4%,拥有 33000 个农奴(11.3%);中地主有 320 人,他们占官员总数的 16.5%,拥有 75 万个农奴(25.6%);大地主有 88 人,他们占官员总数的 4.1%,拥有 187 万个农奴(63.3%)。④

---

① С.М.Троицкий.Русский абсолютизм и дворянство в ХⅧв.М.,1974.С.143.

② С.М.Троицкий.Русский абсолютизм и дворянство в ХⅧв.М.,1974.С.300—301.

③ 按照 H.M.舍普科夫对俄国地主财产资格的划分:小地主拥有 1—100 个农奴,中地主拥有 100—800 个农奴,大地主拥有 500—1000 个农奴以上。另外一种划分:E.H.库谢瓦认为,小地主拥有几个到几十个农户;中地主拥有几十个到 100 个农户;大地主拥有 100个到 500 个农户。B.И.谢梅夫斯基认为,小地主拥有至少 20 个农民,中地主拥有至少 20—100 个农民,大地主拥有至少 100 个农民。И.В.Фаизова.“Манифест о вольности” и служба дворянства в ХⅧстолетии.М.,1999,С.50.

④ С.М.Троицкий.Русский абсолютизм и дворянство в ХⅧв.М.,1974.С.302.

一类官员45个官员中有18个来自其他等级,其中3个外国籍官员没有农奴。如财政委员会副委员会大臣 M.C.科兹明出身于旧的小书吏家庭,在1754—1756年普查中,他在许多县中有世袭领地,拥有463个农奴。贸易委员会副委员会大臣 Я.M.叶夫里伊洛夫出身于著名的大商人家庭,拥有700个农奴。3品文官 B.Ф.布拉京耶夫职位很高,但他只有10个农奴。① 由于当时政府已经取消了领地赏赐制度,社会下层人士只能通过服役获得贵族称号并进入俄罗斯帝国高层,或者借助于沙皇的赏识、与富有贵族通婚等手段获得世袭领地。

二类和三类官员大部分来自无特权的等级,他们很少有机会从沙皇那里得到农奴。如 Д.И.涅韦任是衙役的后代,父亲在北方战争中牺牲后,他继承了60切季②荒地,在49年内他并没有成为大地主,1755年他只有11个农奴和90切季土地。参政院的总秘书 И.C.叶尔马洛夫出身于17世纪衙役家庭,在奔萨和斯塔里查县拥有331个农奴。但某些旧有的小衙役家族拥有大世袭领地,获得了高的职位,如6品文官 B.C.波利亚科夫拥有240个农奴。这些贵族家族代表不仅保留了17世纪其祖先的世袭领地,而且后来又增加了许多,但是大部分因服役获得贵族称号的平民和衙役却没有大的世袭领地。出身衙役的 И.O.和 A.O.普科维什尼科夫兄弟都是外交委员会的高级官员,他们只有一个农户的农奴。7品文官 C.Ю.马尔采夫只有6个农奴。③

与富有的贵族通婚也是官员获得世袭领地的一种方法。16世纪小书吏就已经与拥有领地的贵族通婚,双方的亲友商谈世袭领地的归属问题,这种现象在18世纪极为普遍。某些官员经常表明,他们的所有世袭领地和部分世袭领地来自妻子的嫁妆。如出身小书吏的 E.M.马克西莫夫从妻子的嫁妆得到了4个农奴。少尉 И.A.佩切宁从妻子那里得到了18个农奴。少尉 П.И.科宁谢夫得到了5个农奴。著名的经济学家 П.И.

---

① C.M.Троицкий.Русский абсолютизм и дворянство в ⅩⅧ в.М.,1974.С.304.

② 旧俄国地积单位,1切季=40俄丈长×30俄丈宽,1俄尺=9英寸。

③ C.M.Троицкий.Русский абсолютизм и дворянство в ⅩⅧ в.М.,1974.С.305.

雷奇科夫服役时获得 6 品文官官职,从妻子那里得到了 2709 个农奴。婚姻帮助世袭贵族,特别是不富裕的贵族提高了社会地位,伯爵 И.И.沃伦佐夫是伊丽莎白·彼得洛芙娜时的低级侍从,他拥有 2655 个农奴,其中 2000 个农奴是妻子的嫁妆。他的兄弟 Р.И.沃伦佐夫是俄国著名的参政员,由于与西伯利亚大商人 М.И.苏尔米纳的女儿结婚而发财。手工业委员会检察员 А.Ф.舒瓦洛夫只从父亲那里继承了 20 个农奴,通过两次婚姻获得了 482 个农奴。①

18 世纪西方价格革命的冲击,农产品价格的急剧上涨,俄国官员无论享有怎样的高级职位,都渴望得到更多的土地和农奴。平民官员经常购买世袭领地和农奴。如帝国办公厅的秘书 Я.И.巴哈列夫出身别列夫斯克县的小书吏家庭,购买了 167 个农奴。根据 1754—1756 年普查,官员在购买无地的农奴后,不仅把农奴当做仆役,而且让他们在买来的土地上耕种,自己成为名副其实的地主。奥伦堡省的秘书 И.С.伊万洛夫出身衙役家庭,他获得了乌法县 14 个农奴。

由于国家限制贵族购买滨海地区黑土地上的世袭领地,所以,官员不择手段地购买土地并奴役农奴。如维亚特卡省的秘书 А.И.佩尔米洛夫出身于哥萨克军士家庭,拥有 30 个农奴。他不仅让农奴在城市做仆役,而且让他们从事农业生产。在莫斯科和其他城市中小书吏官员拥有成千的奴仆,根据 7 个城市(弗拉基米尔、雅罗斯拉夫、喀山、乌法、塞兹兰、察里津、阿斯特拉罕)的统计,大约 10.3% 的文书购买农奴,83.5% 的小贵族购买农奴,其他省级官员长期购买农奴。如小书吏 Д.杰米亚洛夫在 1715 年、1716 年、1720 年、1722 年购买了 18 个无土地的男劳力。外国国籍的贵族官员由于信奉东正教而成为俄国臣民,他们为了获得贵族称号,也在尽力购置地产加入俄国贵族行列。如 8 品文官 И.Ф.马梅斯是被俘的瑞典军官的儿子,他就通过购买和获得妻子嫁妆的方式得到了 119 个

---

① С.М.Троицкий.Русский абсолютизм и дворянство в ХⅧв.М.,1974.С.306.

农奴。①

18 世纪前半期不仅仅是中小官员为获得贵族称号尽力购置地产和农奴,而且参政员和沙皇的宠臣也在购置地产、购买农奴。如公爵 А.Д.缅什科夫、伯爵 П.П.沙菲洛夫、财政委员会大臣 А.В.马卡洛夫、高级侍从 Н.Ф.巴尔克-伯列夫、海军委员会大臣、海军上将 П.Ф.戈洛温等从帝国那里得到了大量世袭领地。公爵 А.Д.缅什科夫在 1727 年拥有 15 万农奴,其中 20%—25%的农奴花费了 35 万—40 万卢布。财政委员会大臣 А.В.马卡洛夫深得沙皇的赏识,彼得一世赏赐了他大片世袭领地,他并未满足于此,在 1706—1734 年花费了 18027 卢布购买大片土地和农奴。②

尽管官僚贵族利用不同的手段,扩大对土地和农奴的占有,但官员的贵族化并没有导致俄国新型地主的出现。18 世纪初期,国家停止对贵族的领地赏赐,沙皇通过服役和个人功绩原则方式赏赐贵族,极大地限制了贵族世袭领地的获得和补充。但在整个 18 世纪沙皇分配了大量国家、宫廷以及没收来的土地和农奴,这些世袭领地大多都落在宫廷、宠臣、参政员的上层、军官和近卫军的服役者手中。部分官员成为贵族地主促进了他们对专制君主的依赖,也促进了他们与封建主下层等级的接近。正是在这种情况下,某些官员抛弃了国家公职,长期住在自己的领地上,这样,延缓了贵族官员向无等级市民的转变。"贵族只是服役而不想接受任何教育,他们的思想观念趋向于:不能凌驾于王权之上,国家的任何权力、任何法律不能在他们的头脑中引起最起码的反抗。这个等级最不受人尊敬、最为渺小,在精神上最愚昧,这就是我们国家的贵族形象。"③大部分贵族在服役中,在政府的摆布中寻求个人私利,很顺从、耍滑头,但不反抗,君主害怕的不是官员和贵族之间的对立,而是农奴的反抗。

---

① C.M.Троицкий.Русский абсолютизм и дворянство в XⅧ в.М.,1974.C.308.

② C.M.Троицкий. Вопрос аграрой истории Центра и Северо－Запада РСФСР. Смоленск,1972.C.89.

③ C.M.Троицкий.Русский абсолютизм и дворянство в XⅧ в.М.,1974.C.317.

3. 表现为俄国贵族等级内部的等级分化

回顾俄国贵族历史的发展,可以看出,俄国贵族的社会成分和民族成分呈现多样化和复杂化,在"贵族"概念的本质含义上,俄国贵族不可能与西欧贵族(以门第、血缘关系为主要特征的)完全吻合。但西欧封建贵族落后的等级歧视与偏见却在俄国贵族中发扬光大。

彼得一世以前,俄国不存在具有独立等级意义的社会组织——贵族,只有沙皇的官员。沙皇官员从来没有凝聚成为一个具有共同利益的社会整体,他们封闭在狭小的圈子内,与民众相脱离。

彼得一世把散居在各个宫廷的贵族(дворяне)召集在一起,把城市里的商人注册为基尔德(гильдия)行会,手工业者注册为楚夫特(цунфт),通过做官的方式,把这些人与古代留里克维奇和格季明洛维奇家族的波雅尔、御前侍臣、杜马贵族、贵族(дворяне)和波雅尔子弟一起组成为统一的社会等级——贵族(Шляхетство)。波雅尔、御前侍臣、杜马贵族、贵族和波雅尔子弟的官职逐渐被新的官职所取代。贵族在军队、行政机构里承担义务和接受教育。贵族迷恋西欧贵族的生活方式,效法西方的土地制度《长子继承制度》。

《官秩表》战胜门第制仅仅表现在原则上。"《官秩表》尚未来得及洗好家族系谱之牌,使官爵摆脱出身门第的桎梏。在这愚昧无知,贫穷没落,需要高官恩赐的贵族中,对出身阶层带着奴性习惯而敬仰;对已出现的官爵奴仆般地崇敬,两者并行不悖。"[1]《官秩表》的颁布,许多省长和省级军事长官在迷恋新官职的同时,也未失去对旧官职的迷恋,不希望把旧官职改为新官职。B.Ф 萨尔蒂科夫把彼得一世赏赐给他的御前大臣官职一直保留到 1730 年。[2] 1703 年宫内杂务苏马罗克夫、普洛霍伊改为高级侍从;1725 年叶卡捷琳娜一世授予御前大臣、公爵 И.Ф.罗莫达诺夫斯基为 2 品官;1727 年授予宫内杂务 Г.Н.恰普林少校。彼得一世前就已为

① [俄]瓦·奥·克柳切夫斯基著:《俄国史教程》第 4 卷,张咏白等译,商务印书馆 2009 年版,第 285 页。

② А.Романович-словатинский.Дворянство в России,М.,2003.С.192.

官的老官员,在自己的领地上深居简出,蓄须,循规蹈矩,生活在对往事的回忆中。波雅尔官阶的公爵元帅 И.Ю.特鲁别茨科伊去世于 1750 年;1740 年还可以碰见御前侍臣 А.А.尤什科夫、御前大臣 А.И.切利谢夫。大部分贵族不择手段地获取和占据重要的国家官职,由此出现了贵族(Шляхетство)为当官争风吃醋。贵族(Шляхетство)尽力站稳脚跟,获取具有社会威望的官职。如果某个官职被平民出身的官员得到,那么贵族(Шляхетство)必须在平民官员面前低三下四。"按门第决定官阶制度的破坏,在贵族中消灭了高贵的自尊心,因为从此受到尊敬的不是门第,而是官级、服役和功绩。而由于每人都在争官夺位,而不是任何人都能作出直接的功绩,所以,因缺乏功绩而不择手段地阿谀奉承国王和显贵的现象,比比皆是。"①公爵谢尔巴托夫对平民出身、交了红运的缅什科夫、拉祖莫夫讽刺道:"古代的贵族正在衰落,其他等级的人却得到了贵族等级的职位和荣誉。即使当之无愧、名副其实,但他们毕竟来自过去的贱民等级,如缅什科夫,总是对达官贵人奴颜婢膝。"②

《官秩表》第 15 条规定:干到尉官的军官不是贵族出身;当他获得了尉官官职,他和他的子女们(在他当尉官时所生的)本质上是贵族,如果不是当时所生的子女,那么,这个贵族称号只能给一个子女(父亲所请求的)。其他官职,无论是行政官员,还是宫廷官员在品级上都不是贵族出身,他们的子弟本质上也不是贵族。③ 1785 年《贵族特权敕书》进一步解释《官秩表》,低于 8 品的官员不能成为世袭贵族,只能是终身贵族,由此出现了一个新的社会等级。终身贵族的法律和社会关系没有完全确定下来,处于世袭贵族和纳税等级之间,他们被世袭贵族所抛弃,又不贴近纳税等级。在一些权利问题上,终身贵族追随世袭贵族,他们摆脱了体罚、纳税、征兵,但也同时失去了属于世袭贵族重要的政治权利——领有农奴

---

①　[俄]戈·瓦·普列汉诺夫:《俄国社会思想史》第 3 卷,商务印书馆 1999 年版,第 193 页。

②　А.Романович-словатинский.Дворянство в России,М.,2003.С.199.

③　И.Порай-кошиц.История русского дворянства,М.,2003.С.312.

和参加贵族团体的自治权利。终身贵族不是名副其实的"尊贵"（Благородство）贵族。终身贵族对血统贵族极为慎重，他们担心接近世袭贵族，会导致与民众一道融入世袭贵族。世袭贵族认为接近终身贵族比接近商人、平民更有损于他们的尊严。终身贵族物质生活条件差而心境高，害怕从事市民职业会玷污了他们高贵的双手，宁肯沉醉于不光彩、不稳定的职业。他们凌驾于民众之上，又被世袭贵族所蔑视，在世袭贵族面前卑躬屈膝，逢迎世袭贵族，而暗中算计自己的同伴。这种不确定的法律和社会地位阻碍了终身贵族道德的发展。"在古代人们在品德中追求幸福，在近代人们过久地致力于从幸福中去发展品德；甚至懂得并阐述了道德的全部最高纯洁性的人也认为需要使用一切阴谋诡计把幸福给予自己理想的人——诚然不是作为获得的好处，而是作为外部的奖赏。"[①]

《官秩表》确定为官就可以获得贵族称号，政府把名门望族和富有者、不富有的下层官员和军官后代融为一个社会集团，在俄国贵族历史上出现了这样的发展趋势。不富有的小贵族无力保留自己贵族等级荣誉，在风俗习惯、物质条件和生活方式上与民众差别不大，但并未失去贵族等级的傲慢。相反，上等贵族——血统贵族和由大官僚和将军组成的大贵族尽力把自己封闭起来，远离下层民众，他们在风俗习惯、生活方式，甚至在语言上与粗俗不堪的民众区别开来。中等贵族在经济方面压迫民众，迷恋世袭贵族的特权，现实的利益使中等贵族走向农村，耕种庄稼；人为的欲望引发的贪婪又使中等贵族涌向城市和首都、贵族沙龙中神赐的土地。很多公爵和伯爵是波雅尔和御前侍臣的后代，他们去国外旅游消遣或移民定居。这就是俄国中等贵族中不能产生的 Gentry，在世袭贵族中不能产生 Nobility。中等贵族脱离大自然——故乡的土地、茂密的森林，脱离农民，他们认为农民是另外一种血缘和气质的人，他们耻于把双手伸给自己的同伴而甘愿与大贵族一起享清福。这种分化在安娜女王时期已

---

① ［德］洪堡：《关于国家的活动界限》，莫斯科，1989 年版，第 4—7 页。转引自［俄］安德兰尼克·米格拉尼扬：《俄罗斯现代化与公民社会》，新华出版社 2003 年版，第 9 页。

经出现,《沃伦条例》就是让低下的贵族(Шляхетство)变为尊贵的贵族。此分化导致了官僚贵族的经济势力明显超过了血统贵族,但官僚贵族晋升官职时明显劣于血统贵族。1767年在法典委员会上,官僚贵族官员代表强烈要求按照原有的贵族经济势力选拔官员。

起初在《贵族家谱》中的六类贵族没有任何法律区别,赏赐贵族可以拥有农奴,甚至可以像血统贵族成为省级贵族代言人,但传统观念在六个类别中却不能逾越。血统贵族总是认为自己是最有优势的贵族,他们是国家的栋梁,认为1/3的贵族好出风头,血统低贱。随着血统贵族对外国贵族的蔑视,爵位贵族日益仰慕血统贵族,血统贵族与爵位贵族搅和在一起,并力争与官僚贵族断绝往来。而军事官僚贵族和行政官僚贵族上层却处心积虑地靠近血统贵族,这种发展趋势导致了贵族特殊军事学校的建立。

贵族等级差别表现在很多方面:

(1)贵族等级荣誉上的差别

由于贵族为国家服役,他们以本身的气质区别于民众。贵族逐渐脱离了落后的民众,在纳税居民或"低贱的人"与"高贵的人"之间形成了一条很深的、不可逾越的文化鸿沟。民众付出艰辛的劳动,贵族服役、学习,民众成为交纳人头税和征兵的对象,而贵族在人口普查册中成为不纳税、服军役和行政役、接受教育者。经过服役贵族成为高贵者,经过学习贵族成为有文化者。他们与民众根本有别,不纳税、不当兵,而且在外表上穿德式服装、剃须,讲德语和法语,在贵族中逐渐产生出一种明显的等级荣誉意识。M.M.谢尔巴托夫在1787年指出:"我可以坦诚地说,如果我们比其他民众晚一步接受教育,我们就不会拥有现在所拥有的一切,不会比民众提前一步理智地追求人生之路。我们确实在许多方面作出了表率,并且正在迅速地改变自己的外部形象。"贵族的自身荣誉感不断增加,参加宫廷政变培养了贵族的等级精神,使他们认识到了自己的力量。贵族再也不能忍受"高贵的人"与"低贱的人"一样对国家承担服役义务了。

彼得一世时期,由于沙皇喜欢让来自不同社会等级的贵族同业为伍,受到侮辱的只是普通贵族。沃伦斯基建议萨尔蒂科夫遣散准将科兹洛夫到喀山时,讲述 1730 年莫斯科出现的传闻:"由于实行《一子继承法》,失去继承权并在军队中担任下级军官的余子们陷入绝望。"[1]1708 年缅什科夫让两个贵族小女孩侍奉他的妻子。阿斯特拉罕省长沃伦金把海军准尉叶戈尔·梅谢尔斯基安置在中将马秋什金的家中当消遣。由于俄国贵族(Шляхетство)称号完全是外来移植的,在《官秩表》颁布后沙皇官员的血统、祖先的荣誉发生了剧变,官员的荣誉成为等级的荣誉,这样,上层贵族的荣誉开始受到侵犯。1722 年公爵多尔戈鲁基受到 2 品官员的当众侮辱。安娜女王时期的 6 个侍从包括公爵戈利津、沃尔孔斯基和伯爵阿普拉克辛。

贵族个人荣誉的体现往往以等级利益的统一为前提,这种意识在俄国贵族中日益深入人心。1730 年贵族要求参加选举国家机构官员的会议。在 1767 年的法典委员会上贵族自我意识得到了充分体现。贵族代表认为,军校是贵族固有的优势和保障;他们要求把军校作为贵族的权利和特权,这是所有贵族的共同心声;他们担心贫穷的贵族没有足够的财力培养自己的孩子,因而贫穷贵族的孩子在无知和守旧中长大成人,这些孩子在言行举止上不具备贵族等级最起码的风范。雅罗斯拉夫省贵族自称自己是帝国的栋梁。米哈伊洛夫斯克省的贵族代表纳雷什金说,贵族称号是最为神圣的称号,它区别于任何一个荣誉。库尔斯克的贵族代表斯特罗米洛夫认为,贵族应该由俄国特殊的家族成员组成,贵族为国家服务,由贵族来调节国家和纳税等级之间的平衡。谢尔巴托夫是贵族特权最为忠实的维护者,认为,改革前的俄国人具有道德坚定、清心寡欲质朴的生活方式,俄国是以宗法社会和传统结构为基础的中央集权国家。彼得一世让贵族模仿外国人的口味和时髦的衣着,模仿开放的酒席和大型舞会,模仿艺术和科学,在模仿中败坏道德。性欲、利己主义、贪得无厌、追名逐利,任人唯亲泛滥成灾,导致家族之间的紧密联系遭到破坏。

---

① А.Романович-словатинский.Дворянство в России,М.,2003.С.226.

　　高贵的出身和门第受到《官秩表》的排挤,坦率、彬彬有礼的生活方式深入俄罗斯生活,个人生活和社会生活之间以前的牢固界限遭受破坏,在理性和感情范围,在交际和活动中个性获得解放,所有这一切也就意味着家庭联系、国家责任、司法制度和爱国主义等不可避免地遭到破坏,最终结果是国家崩溃瓦解。"古代贵族是俄国最忠实的教民,古代贵族以自己的血统和生活方式摆脱了别人的压迫,以及来自异教徒对他们神圣教堂的侮辱。贵族是俄国文化传播的天使,哪里有贵族,哪里就有贵族的臣民;哪里有贵族的臣民,哪里就会有土地、手工工场,随之而来的财富和科学艺术的繁荣。"①按照谢尔巴托夫的话,古代和特权等级出身的俄国贵族未必不如西欧的贵族。贵族代表开始为俄罗斯贵族的真正起源寻找各种历史根据。留里克、弗拉基米尔和其他王室后代在 1767 年法典委员会上充分展示自己的出身。留里克维奇等家族起源于莫斯科罗斯时期,他们成为沙皇的奴仆。由于他从叶卡捷琳娜二世那里获得了很多爵位,所以对叶卡捷琳娜二世大加吹捧,由此引出叶卡捷琳娜二世的讽刺:"我让你们审查法律,而你们却对我的个人品质品头论足。"②最终,贵族代表一致认为,贵族权利的获得不应该通过做官,而是有赖于君主的赏赐和他们已有的功绩。

　　做官不再是成为贵族的条件,贵族代表开始重新审视彼得一世时期颁布的法令。叶涅茨的贵族代表主张,禁止把平民官员晋升为秘书。他认为,在北方战争时期彼得一世让一些平民担任行政官员,但在和平时期应该取消平民官员获得尉官贵族称号的法令。雅罗斯拉夫省贵族代表谢尔巴托夫也认为,尉官贵族称号的获得是在战时状态下确定的,但一般来说,官员不应该得到这种权利,君主只能给予官员奖赏。米哈伊洛夫斯克省的贵族代表纳雷什金认为,贵族从幼年时当军官仅仅获得了奖赏(良好品行),而非贵族出身的官员获得了与众不同的功勋奖赏,贵族再度成

---

①　А.Романович-словатинский.Дворянство в России,М.,2003.С.227.

②　А.Романович-словатинский.Дворянство в России,М.,2003.С.228.

为行政官员时获得的奖赏肯定要比非贵族出身的官员少。库尔斯克的贵族代表斯特洛季洛夫认为,如果所有的军官都能成为贵族,难道已被沙皇赏为准尉的所有师长要与这些平民军官一起成为贵族吗?科林斯克的贵族代表彼得·奥尔廖夫补充道:非贵族出身的军官不能因为做官而成为贵族,应该对他们重新安置。非贵族出身的军官即使品级很高,但也不能领导品级低的贵族出身的军官。贵族内部出现了血统贵族不接纳官僚贵族的现象,但是官员继续获得贵族称号,贵族人数不断上升。

取消《一子继承法》后,贵族等级的大量繁殖和继承权的分散导致了贵族等级的贫穷。贵族越穷,就越接近民众,而与自己的同伴陌生起来。17 世纪在数学和卫戍学校里培养出来的许多贵族子弟很穷,他们从父辈那里只继承了 3 个或 5 个农奴,其他什么也没有。1771 年 11 月 2 日普罗斯克的贵族代表斯捷潘·秋切夫向参政院汇报,他这里来了 200 多个衣不遮体、无以为生的贵族子弟,他们希望继续服役。1774 年女贵族艾哈迈托娃向诺夫哥罗德省长西韦尔斯陈诉,她没有土地和农奴,只能依靠从事农业生产或者陪同没有丈夫的贵族太太去圣彼得堡消遣,鉴于目前的经济状况,她不能让 3 个儿子接受任何教育,所以,恳请政府让她的 3 个儿子进入诺夫哥罗德士兵卫戍学校学习。① 参政院通过调查发现诺夫哥罗德省有很多没有财产的贵族,他们无力培养自己的孩子,自己从事体力劳动,由此,可以确信当时这样的贵族在俄国其他省肯定不少,所以决定,接纳这些贵族子弟,财政委员会每年给每个人 5 卢布 32 戈比。② 叶卡捷琳娜二世时期诺夫哥罗德-特维尔省里的许多村子居住大批没有农奴而自食其力的贫穷贵族。

贵族贫穷化的现象导致了俄国贵族内部的巨大分化。旧贵族、有物质生活保障的新贵族与新官僚贵族(经济条件差,被血统贵族排挤而衰落的)的分裂。旧贵族和新贵族成为一个特殊的社会集团——世袭门第

---

① А.Романович-словатинский.Дворянство в России,М.,2003.С.229.

② А.Романович-словатинский.Дворянство в России,М.,2003.С.229.

贵族（Аристократия），他们鄙视中小贵族和纳税等级，不愿自己的子弟与平民子弟一起接受教育，为此设立了特殊贵族学校。尤其是法国和西欧的旧贵族在法国大革命后逃亡到俄国，这些流亡贵族坚决抵制1789年法国大革命的民主自由原则，大批涌入俄国，在圣彼得堡的沙龙中寻找自己的追随者，他们腐朽的社会观念和偏见极大地影响了俄国贵族，俄国贵族学校里到处弥漫着附庸风雅的风气。1797年保罗一世接纳了法国整个孔杰王子军团来俄国服役。孔杰王子军团由旧贵族组成，其首领孔杰王子、公爵布尔博是封建王族的后代，戈格洛、公爵别里斯克是路易十六的侄子，公爵埃吉延斯基是孔杰王子的儿子。他们居住在弗拉基米尔、卢茨克，他们把法国旧贵族森严的等级观念传播到俄国。在法国旧封建制度腐朽原则的影响下，在18世纪末期最终形成了俄国上层贵族的道德规范，而中小贵族的代表知识分子——果戈理、别林斯基、卡维林日益与民众接近，他们在19世纪成为俄国启蒙运动的先驱。

从表面上看法国旧贵族的道德规范对俄国贵族的影响是18—19世纪出现的历史新现象，实际上这种现象由来已久。自18世纪以来，血统贵族尽力与官僚贵族区分开来。18世纪初期，彼得一世把旧的大小官员波雅尔、波雅尔子弟纳入贵族行列，让准尉、将官、8品文官和2品文官与他们平起平坐，俄国贵族成分呈现出多样化，出现了世袭门第贵族与普通贵族的对抗。贫穷贵族沃伦斯基的书信最具有代表性，1730年沃伦斯基在给高加索贵族萨尔蒂科夫的信中写道："你们做了什么？你们已经做了什么？难道我们这里存在着共和国。我郁闷透了，上帝保佑我，我们什么也没有做。一个专制君主正在被十几个独断专权的大家族所取代，为此，我们的贵族很苦闷，不得不为寻找以前的偶像和乞求得到偶像的恩赐而奔波，我们难以按照趋炎附势和谄媚求宠的生活方式生活，现在权贵之间没有达成一致。当然，他们没有什么了不起，只有一小撮贵族得宠，而大多数贵族将为此大怒。目前我国民众被胆怯和饥饿所困扰，他们具有共同利益。个别贵族被权贵所惊吓或引诱，这些人为了自己的利益游手好闲，或者胆战心惊。即使自由社会的所有法律对他们加以约束，但游手好闲的谄媚者总是说,应该这样……"①

那么血统贵族又是如何看待贫穷贵族呢? 他们的观点充分反映在 1801 年非官方会议上伯爵斯特诺加洛夫对普通贵族的歧视上:"我国的贵族是什么样的? 我国大多数贵族是由那些仅仅知道服役而没有接受过任何教育的人组成。他们在权利和法律观念上对沙皇政府没有一点深刻的认识,任何事情都不能在他们意识中唤起最起码的反抗。这就是在灵魂上最无知、最空虚、最墨守成规的等级,这就是我国大部分乡村贵族生活的最真实的写照。这些服役的大部分贵族为了个人私利而服从政府的安排,经常服役,从不反抗。政府所有限制贵族权利的政策措施之所以执行得如此准确无误,正是因为贵族自己敌视自己的伙伴,破坏等级利益和荣誉所造成的。"②这些观念表现出血统贵族对沙皇政府的极大不满和对普通贵族的蔑视。

(2)社会生活上的等级差别

尽管《贵族家谱》把俄国贵族划分为六类,但 1785 年的《贵族特权敕书》给予贵族自治权利,降低了财产资格条件,所有贵族都得到了同等的选举权利,由此抹平了世袭门第贵族和普通贵族的权利差别。世袭门第贵族非常敌视《贵族特权敕书》,极力抵制它,他们离开地方大批涌向首都,或者出国,他们不愿与普通贵族搅和在一起,共同参加地方自治。但在 19 世纪上半叶,在省城居住的典型贵族家庭要过上符合贵族身份的体面生活,年收入应该在 300—400 个银卢布,若在彼得堡和莫斯科居住,则要相应提高 50%至 1 倍。③

彼得一世前俄国社会也存在着上层官员对下层官员、地主对农民、主人对仆人的剥削和压迫关系,但并不存在这种等级之间的严格界限。这种等级差别在 18 世纪登峰造极,并延续到 19 世纪的大改革中。18 世纪

① А.Романович-слователинский.Дворянство в России,М.,2003.С.232—233.

② А.Романович-слователинский.Дворянство в России,М.,2003.С.233.

③ [俄]鲍里斯·尼古拉耶维奇·米罗诺夫:《俄国社会史》上卷,山东大学出版社 2006 年版,第 76 页。

中后期俄国贵族（Дворянство）分为世袭门第贵族（Аристократия）和中小贵族——普通贵族（Рядовое Дворянство）。彼得一世俄国的社会上层组成为贵族（Шляхетство），贵族拥有欧洲文明的外部特征：服装、生活方式、风俗习惯，与此同时，他们继承了西欧封建社会传统的历史偏见，这样由此确定了血统贵族与平民出身的普通贵族之间的等级差别、特权贵族等级（Дворянство）与农民等级的差别。贵族（Дворянство）成为高贵的社会等级，其他社会成员都是下贱人，社会成员这种高贵与低贱的区分长期渗透在俄国社会风俗习惯中。

　　彼得一世前俄国没有上层等级，也不可能高人一等，只有皇族高高在上，而其他社会成员都是隶属于沙皇的奴仆。18 世纪初期沙皇的皇族成员开始采用其他封号，贵族（Шляхетство）开始按照西方的模式称为高贵者（Благородный）。1721 年皇室家族成员的封号有所改变，所以，贵族正式被称为高贵的良民（Благородный Благоверный）。① 《官秩表》规定，服役到尉官的平民官员可以得到高贵的尊号（Благородие），②服役到校官的平民官员可以得到高贵的尊号（Высокоблагородие），③后来这种称号授予了所有贵族（Шляхетство）。1754 年法令第一次把整个贵族等级称为贵族（Благородный）。1762 年《御赐全俄罗斯贵族特权与自由诏书》贵族（Дворянство）被看做是国家的栋梁，起名为俄罗斯高贵的贵族（Благородное Дворянство）。1763 年叶卡捷琳娜二世钦赐波罗的海的骑士为（Благородство），最终确定贵族（Дворянство）为高贵的贵族（Благородный）。实际上 1785 年《贵族特权敕书》里的贵族（Благородный）是指《贵族家谱》中的血统贵族。

　　贵族高贵，而其他等级低贱，这种区分开始体现在官方的法律文件

---

　　①　当时很少把贵族称为高贵的殿下（Высочество）。1710 年的条约波罗的海东部的骑士被称为 Благородный Высокоблагородный，1649 年乌克兰贵族被称为 Благородный。

　　②　Благородие：俄罗斯帝国时期对 9—14 品级文武官员及其夫人的尊称。

　　③　Высокоблагородие：俄罗斯帝国时期对 6—8 品级文官及上尉至上校及其夫人的尊称。

中。1714 年法令,让下贱人破产。1715 年法令,实施告密法,告密者不仅要告发下贱人,还要告发显贵。1720 年法令,除下贱人外,容许其他等级盖澡堂。

普通贵族反驳世袭门第贵族的等级歧视。1767 年法典委员会上普通贵族莫托伊素对世袭门第贵族说道:"我们这里没有下贱人!地主、市民、贵族,这些人的所有荣誉与称号都是依靠自己的劳动、良好的教育、高尚的品德换来的。而一些人之所以下贱,是因为他们道德败坏,违法乱纪,破坏社会的安定,最终在碌碌无为中度过自己的一生。"1769 年贵族诺维科夫在《雄蜂》杂志中写道:"在某些愚蠢的贵族中能产生品德高尚和举止优雅的下贱人吗?" ①

按照彼得一世的法令,贵族穿德式长衣、剃须,从外部形象上与民众区别开来,与此同时,他们在社会意识上日益受到西欧封建传统观念的影响,他们把出身低下的贱民、平民、混血儿称为另类人,这种偏见来自于西欧封建贵族的影响。18 世纪初期,俄国贵族首先受到波罗的海高傲的德国骑士贵族的影响,许多定居外国的俄国移民贵族四处寻找贵族出身的证明材料,许多德国籍贵族在俄国国家军队和行政机构身居要位。1730 年安娜女王时期的 179 个官员中,其中 50 个是德国人。1717 年俄国贵族社会中流传的《治家格言》则译自德文版,它教育俄国贵族不要歧视自己的仆人。18 世纪后期,信奉封建正统主义原则的法国流亡贵族来到俄国,其中也有一些贵族批判封建歧视观念。1715 年贵族科农·佐托夫给彼得一世的信中写道:"下贱人不可能有更多的想法,他们考虑的只是如何填饱肚子。"18 世纪后半期,卢金在《书信集》中讲道:"这个军士虽然出身农民,但他是一个善良的士兵;虽然出身非贵族,但是他是个出色的人。"

但从整体上来看,18 世纪俄国贵族的封建等级歧视极为强烈。在 1767 年法典委员会选举时,乌克兰贵族鲁缅采夫向女王申诉,他不愿意

---

① A.Романович-словатинский.Дворянство в России,M., 2003.C.236.

与市民坐在一起。韦列伊的贵族代表斯捷潘诺夫污蔑农民："他们懒惰，是累赘！他们忙忙碌碌、顽固不化。"①《贵族特权敕书》颁布前方维津非常关注俄国贵族地位的提高，1782年他问女王："破落贵族的精神状况如何？怎么做才能使贵族成为一个名副其实的贵族？"女王回答道："与以前相比，贵族内心受到鼓舞或者情绪低落，贵族的外表和步态已经一目了然。"方维津为贵族辩解："我是贵族里最有荣誉感的前辈，在俄国看到奴颜婢膝的贵族我很吃惊。我是贵族，为此我的内心受尽折磨。"②

贵族被视为高贵等级，他们自身的荣誉感不断增强，与其他等级的区别日益明显。18世纪的教育家和作家А.П.苏马罗科夫认为，贵族的道德应该与农民有所不同。Д.И.方维津认为，贵族在各方面都应该超出平民。

在贵族的娱乐消遣活动中也存在着等级歧视。18世纪贵族逐渐脱离民众，政府在这方面起了推波助澜的作用。贵族的姓氏、言谈举止和服饰、欧化倾向和思维方式都独具特色。在宗教生活中，贵族也回避贱民，甚至寺院也开始按等级划分，一部分指定给贵族，一部分指定给民众。如1780—1790年，基辅弗洛罗斯基修道院只给贵族出身的尼姑剃度，而在波果斯洛夫修道院才给下层人剃度。伊丽莎白女王时期圣彼得堡设立的英式俱乐部，只有贵族有资格进入。18世纪初期彼得一世开办的假面舞会容许各个等级参加，18世纪后期成立的俄国贵族会议取代了彼得一世时期的假面舞会，不容许其他等级参加。1766年法令规定，如果入伍士兵的姓氏为贵族姓氏，则需要更改。如勃勃雷金被认为是贵族姓氏，如果一个新兵叫谢苗彼得洛维奇·勃勃雷金，那么，他就需放弃自己祖传的姓氏，改名为谢苗·彼得罗夫。保罗一世时期的骠骑兵团上校丘尔拜就非常喜欢给士兵改姓，其麾下所有的士兵都姓伊万诺夫、彼得罗夫或谢苗诺

---

①　А.Романович-словатинский.Дворянство в России，М.，2003.С.237.

②　А.Романович-словатинский.Дворянство в России，М.，2003.С.238.

夫,给军部士兵登记工作带来很多麻烦。①

（3）教育制度上的等级差别

俄国贵族鄙视中小贵族和民众,不愿其子弟与平民子弟一起接受教育,为此设立了特殊贵族学校——贵族寄宿学校、贵族女子中学、士官武备学校。世袭门第贵族为了与普通贵族分开,专门为血统贵族、波罗的海贵族和爵位贵族设立了特殊贵族学校——贵族军官学校、皇村中学、贵族法律学校。在这些学校里贵族子弟变得如此步态轻盈,高贵典雅,风情万种,完全摆出一副法国大革命前旧贵族的生活风范。波雅尔、御前侍臣的子弟、少将和 2 品文官的子弟大多毕业于这些学校。

17 世纪游历过俄国的外国人捷·列·拉·廖韦力说,伯爵 B.Л.多尔戈鲁基是当时唯一会说法语的俄国人。18 世纪彼得大帝强迫贵族学习外语,然后让他们再给子弟教外语。《守法镜》规定,年轻的贵族子弟之间交往必须讲外语,其目的是为回避不相识的笨蛋,让贵族的奴仆无法理解。1 品文官的儿子戈洛温通晓法语、英语和其他外语。公爵萨尔蒂科夫的法语讲得非常流利。公爵夫人叶卡捷琳娜·罗曼诺夫·达什克娃自己表白,精通四门外语,但俄语说得很别扭。18 世纪初期,14 岁的方维津与一个特权贵族的儿子去剧院看演出,贵族子弟之间交往彬彬有礼,而当知道他不会讲法语时则一起嘲弄他。外语学习本来是教育启蒙的工具,但在俄国封建贵族等级观念的作用下,贵族滥用外语。

贵族认为法语比俄语高贵,贵族以讲法语为荣,很多贵族,特别是富有的官僚贵族俄语都说得很差。"贵族把学习法语看成是为在近卫军任职做准备。"②在纯粹的俄罗斯人之间经常可以碰到母语水平很差的人。元帅鲁缅采夫则用德国腔调说话。公爵科丘别伊认为,自己习

---

① ［俄］鲍里斯·尼古拉耶维奇·米罗诺夫:《俄国社会史》上卷,山东大学出版社2006 年版,第 74 页。

② ［俄］鲍里斯·尼古拉耶维奇·米罗诺夫:《俄国社会史》上卷,山东大学出版社2006 年版,第 74 页。

惯用法语讲话,而用俄语感觉很轻浮。据说,莫斯科贵族召开会议时用法语交谈,而某些地方贵族会议召开时,贵族成员先用法语陈述自己的观点,然后用呆板的俄语发表议论。在特权贵族的等级偏见影响下,俄国普通贵族也紧随其后,对外语情有独钟,他们把子弟送往富人贵族家庭培养,由此在俄国出现了外语家庭教师①。这些人多半是外国人,他们教贵族子弟学自己国家的语言。他们曾教过 Б.П.舍列梅捷夫元帅的女儿娜塔里娅·鲍里索夫·多尔戈鲁科娃。② 由于这个缘故,后来教育俄国贵族子弟的外语家庭教师人数大大增长,他们控制了俄国贵族的家庭教育。那么这些教师的素质如何? 他们本身的素质不高,文化程度低,误人子弟,但由于当时俄国贵族地主注重子弟的培养,使外语家庭教师的薪水很高。1757 年法令规定,所有教授外语的家庭教师必须在圣彼得堡科学院进行考核,没有经过此项考试者没有资格从事家庭教育。

莫斯科大学的设立最初是国家为减轻贵族子女昂贵的家庭教育费实行的措施,但它并没有成功地拯救那些被素质低下的外国教师耽误的俄国贵族子弟。莫斯科大学创建之初并不接纳下层人,出身农民的俄国学者罗蒙诺索夫就是以非贵族身份进入莫斯科大学的。他坚决捍卫每个俄国人上大学的基本权利:"俄罗斯民众的荣誉,要求他们去展示他们在科学中的才能和敏锐,我们的祖国不仅需要能从事军事征战和其他重要工作的儿女,同时也需要能思考高深学问的子孙。"③此后,莫斯科大学开始按照欧洲模式接纳贵族和平民子弟,在大学不同等级的人可以自由学习文化和研究科学,但俄国贵族仍然想把子弟与平民子弟区别开来,这样,莫斯科大学对贵族而言并不具有诱惑力。

---

① 外语家庭教师称谓:家庭教师(Гувернер)、家庭女教师(Гувернернатка)、男仆人(Дядьки)、阿姨(Бонны)、外国女教师(Мадам-иноземка)。

② А.Романович-словатинский.Дворянство в России,М.,2003.С.241.

③ [俄]М.Р.泽齐娜、Л.В.科什曼、В.С.舒利金:《俄罗斯文化史》,上海译文出版社1999 年版,第 146 页。

彼得一世时期贵族和平民子弟就在一起学习。[①] 在斯拉夫—希腊—拉丁科学院学习的不仅有牧师的子弟,还有贵族子弟。1736 年,此学校接纳了 158 个贵族子弟,他们之中大部分来自名门望族。1774 年法令把卫戍军和数学学校合并成一个学校并接纳不同等级的子弟学习。安娜女王时期正式创办贵族学校,在尼古拉一世时期达到顶峰。安娜女王时期最高秘密委员会为了讨好贵族,设立士官武备学校,贵族子弟在这个学校毕业后可以直接去集团军或近卫军当军官,而不必从士兵做起。1731 年设立的贵族陆军学校有 200 个贵族子弟:150 个俄罗斯人、50 个爱斯特兰人、立夫兰人和在俄国服役的其他外国子弟。后来贵族陆军学校里贵族子弟人数上升:237 个俄罗斯人、32 个爱斯特兰人、39 个立夫兰人。但是贵族陆军学校不接纳乌克兰贵族子弟。[②]

为了防止贵族子弟逃避学习,1752 年政府为海军士官武备学校制订教学计划和人员编制。1755 年莫斯科大学附设 2 个中学,一个接收贵族子弟,另外一个接收除农奴以外的平民子弟。1762 年叶卡捷琳娜二世为146 个贵族子弟设立炮兵和工程学校。1764 年在圣彼得堡的复活修道院设立贵族女子学校,每个贵族可以把自己的女儿培养得知书达礼。后来斯摩棱斯克修道院的贵族女子学校划分为两部分:3 个贵族班级,2 个市民班级。1766 年公布的俄罗斯帝国陆军贵族守则,禁止接纳没有可靠贵族身份证明的人进入这个学校。所以,斯摩棱斯克修道院的贵族女子学校深得俄国贵族的信任,贵族乐意把自己的子弟送到这个学校。1767 年在法典委员会上,卡申贵族代表奥西普·科任认为,斯摩棱斯克修道院的贵族女子学校学生生源不足,应该设立在莫斯科。这个学校的贵族子弟一定要有贵族徽章,如果其身份不确定,马上取消资格。此外,为了给军

---

① 米罗诺夫认为,彼得一世开设的第一批学校就具有等级专业化的特点:士官武备学校专门从贵族子弟中培养军官;官吏预备学校专门从官吏子弟中培养官员;宗教学校专门从僧侣子弟中培养教士。[俄]鲍里斯·尼古拉耶维奇·米罗诺夫:《俄国社会史》上卷,山东大学出版社 2006 年版,第 74 页。

② A.Романович-словатинский.Дворянство в России,М.,2003.C.242.

校筹集资金,他建议把贵族子弟受教育的权利提供给其他等级,恢复已经取消的法令,即向不同次婚姻所生育的子弟征税,其额度为,除了商人,所有没有贵族称号者应该交纳第一次婚姻所生的子弟税50戈比。商人第二次婚姻的第一个孩子交纳1卢布,第三个孩子交纳1卢布50戈比。拥有100个农奴的贵族交纳2卢布,拥有10—100个农奴的贵族交纳1卢布,没有土地但因服役获得赏赐的贵族交纳1卢布。① 但此建议没有得到采纳。

叶卡捷琳娜二世时期贵族开始资助创办贵族学校。1777年特维尔的贵族创办了接纳180个贫穷贵族子弟的学校。俄国贵族为了把子弟培养得与众不同,他们不愿意把子弟送到莫斯科大学。因为莫斯科大学没有贵族子弟公寓,尤其是他们不喜欢下层学校,担心耽误了其子弟的前程。他们不愿意让子弟与平民子弟坐在一条凳子上,害怕沾染了下贱人的习俗和愚昧的生活方式。如B.C.赫沃斯托夫在自己的笔记中写道:"当父亲把我送到圣彼得堡的学校,学校的创始人伯爵 Г.奥尔辽夫奖励我。因为我是第一个以贵族子弟身份来到这个平民学校的学生。"②

1805年贵族季姆科夫斯基在哈尔科夫大学附属中学做调查,当时俄国贵族中间普遍存在着反对让子弟与市民、农民子弟一起接受教育的偏见。"从风俗习惯上,贵族与农民同时学习真是失大于得。因为某些平民的价值观念、生活方式、言行举止完全不符合贵族等级的道德规范。应该让其他等级了解贵族等级的内心世界和举止风度。应该在学校教室里为贵族子弟摆放特殊桌椅,不容许农民子弟进入。"③正如一位贵族史学家指出:"19世纪中叶以前,在俄国社会,贵族、官吏和地主的概念几乎与有知识的人的概念等同,社会普遍认为享有贵族等级特权的人都知识渊博。"④

---

① А.Романович-словатинский.Дворянство в России,М., 2003.C.243.

② А.Романович-словатинский.Дворянство в России,М., 2003.C.243.

③ А.Романович-словатинский.Дворянство в России,М., 2003.C.244.

④ [俄]鲍里斯·尼古拉耶维奇·米罗诺夫:《俄国社会史》上卷,山东大学出版社2006年版,第356页。

在思想观念上,由于 18 世纪法国启蒙运动的影响,俄国大部分贵族都沉迷于无神论的哲学思辨中。但是有一些贵族很快恢复了过去的东正教信仰,他们在东正教的圣物面前追悔自己对神的亵渎。"基督教仅仅通过罗马教会的教义深入到西方各族人民的头脑中,在俄罗斯它则是在整个东正教会的油灯上点燃起来的;西方的神学带有伦理的抽象性,东正教世界的神学则保持了心灵的内在的完整性;那里将智慧的力量一分为二,这里则力求有机结合。"①如贵族 A.Д.伯鲁多瓦是彼得大帝时期的一位俄国军官,他对于上帝的存在半信半疑,后因其他原因被捕入狱。他的家人为他祈祷,他经常也在监狱里一个画有圣像的走廊里祈祷,悔过自新,很快获释出狱。他在重病中曾得到圣像拯救的贵族 Щ.И.季米里亚泽夫便从一个激进的伏尔泰理性主义信仰者转变为虔诚的东正教信奉者,而且发誓一定要获得一枚在梦境中见到的伊维尔圣母的圣像。病愈后他便和自由主义思想决裂,坚持履行东正教的斋戒仪式,在极度的悔恨中死去。此圣像成为家族教堂崇拜的圣像。为了使自我精神达到更高的境界,俄国贵族之间还经常相互劝诫,一些贵族还在教堂的墙壁上刻下了对上帝的感激之情。1711 年曾嘲弄过圣像的贵族 B.ф.克列明涅茨在基辅洞穴修道院的墙壁上刻下了感激之词:"神的儿子主耶稣,宽恕我的罪孽吧。"②"西方的任何一个民族都没有过像处于特权阶层的俄罗斯人那样如此强烈的忏悔动机。忏悔贵族意识到自己的社会的而非个人的罪孽,意识到自己社会地位的罪孽,并就此进行忏悔。"③"古代罗斯'上层'和'下层'的所有差别,不在于法律上的权利和义务的大小,而在于掌握东正教学说的程度。上层全面理解它,在生活中发展它,而普通人部分地

---

① 〔俄〕H.П.巴甫洛夫-西利万斯基著:《俄国封建主义》,吕和声等译,商务印书馆 1998 年版,第 6 页。

② O.В.Кириченко、Х.В.Поплавская. Православная вера и традиции благочестия у Русских в ⅩⅧ-ⅩⅩ веках. М.,2002.C.22.

③ 〔俄〕安德兰尼克·米格拉尼扬:《俄罗斯现代化之路——为何如此曲折》,新华出版社 2002 年版,第 15 页。

理解它。"①

俄国教育制度上贵族等级偏见一直持续到19世纪亚历山大一世时期,这也是俄国官员整体文化素质差的一个很重要的原因。

(4)在民族和地区成分上的差别

波罗的海贵族②在俄国官僚体制的建立中大部分成为军官和文官。18世纪至20世纪上半叶高层官员中有超过37%的人为外籍人士,其中30%是德国人。③ 波罗的海贵族在俄罗斯帝国中独树一帜、没有被同化。他们依旧按照自己原有的历史文化和已获得的政治经济权利生活在俄国。他们认为自己不仅不隶属于俄罗斯帝国,而且以"大日耳曼民族"的姿态位居俄罗斯贵族之上,自认为是俄国英明的天才,赋有传播西欧文明的使命,在古代他们就与俄国政府建立了契约关系。这种关系成为他们在俄国权力和特权的法律基础,而俄国贵族从来也不具备,也不可能享有这种权利和特权。

波罗的海地区自古以来就是周边国家觊觎的目标。起初是北欧斯堪的纳维亚海盗和基辅王公雅罗斯拉夫·智者的入侵,但最终的征服者是德国移民。12世纪60年代,不来梅城的商人第一次沿着西德维纳河来到波罗的海地区,随之而来的是传教士。当地的部落联盟乐意与外来人通商,但他们以不友好的方式接待基督教的传教者。为了得到了物质奖赏,他们接受洗礼,但神甫一旦离开,他们就马上跑到附近的水池洗刷外来民族的信仰痕迹。

13世纪初在罗马教廷的积极支持下,日耳曼、瑞典、丹麦各封建主对波罗的海各族人民的侵略中断了其早期封建国家的发展。与罗马教皇几次冲突后,在教皇允许下土著居民被迫跟随主教阿尔贝特率领的十字军东征。主教阿尔贝特在德国北部和维斯特伐利亚征集了全副武装的朝圣

---

① 白晓红:《俄国斯拉夫主义》,商务印书馆2006年版,第136页。

② 波罗的海贵族东部沿海各省的日耳曼贵族。

③ 鲍里斯·尼古拉耶维奇·米罗诺夫:《俄国社会史》下卷,山东大学出版社2006年版,第163页。

者,1201 年在德维纳河口创建了里加城,1202 年创建了类似"剑骑士"的基督斗士勋章。主教临死时德国骑士成功地征服了波罗的海的大部分地区。13 世纪末最终征服了爱斯特兰和立陶宛。

在被征服的泽姆加尔人、库尔谢人、立沃夫、拉特加尔人居住地出现了封建国家。利沃夫的僧团、第聂伯、库尔兰—比里节和里加的主教管辖区。此外,里加和雷瓦尔(塔林)城市获得了自治权。主教和利沃夫僧团给自己的封臣赏赐土地,让他们补充当地的军政机构。还在每个地区建立了等级代表机构——三个库里亚(选民)组成的地方自治代表会,在地方自治代表会上贵族的社会地位最高。

与普鲁士人不同,由于与德国的爱沙尼亚人没有共同的疆界,所以爱斯特兰、拉脱维亚人的祖先未被同化。以僧侣、骑士为代表的德国人人数不多,是当时拥有政治特权的社会阶层以及经济和财政,作为统治阶级他们任何时候也没有感到自己地位的特殊。土著居民,首先是所有农民和一部分城市手工业者没有能力武装反抗外来征服者。

13 世纪末到 16 世纪中叶,波罗的海地区的德国与立陶宛大公国、诺夫哥罗德大公国、普斯科夫大公国发生冲突,他们没有扩大没有丧失自己的领土。外部环境的相对稳定造成了僧团和里加城市之间的争斗,以及上层等级之间的争权夺利。由于内讧,日渐衰竭的波罗的海地区的封建国家在俄国沙皇伊凡四世军队的几次打击下进一步衰落,当时周边的强邻也卷入了这场战争。1583 年经历了几次军事震荡后波兰和瑞典军队的干涉最后以不利于俄国人亚姆—扎波利普柳斯的停战而告结束。按照和约在南部建立了属于波兰管辖的库尔兰—泽姆加尔公国;大主教皮里杰建立了普鲁西亚;利夫兰再次归属于波兰;以雷瓦尔为中心的爱斯特兰归并到瑞典;埃耶里岛归并到丹麦,后来归并到瑞典。每个地区出现了由僧团和大主教封臣组成的贵族团体。1562 年以前的僧侣团,后来的库尔兰伯爵戈特加尔德·克特列尔从波兰国王西吉兹蒙德·奥古斯特那里获得了如下特权:保留宗教信仰自由、土地的领有权、旧的法律和风俗习惯。此外,波兰国王同意由德国人担任当地的军事和行政官员。战争的残酷和瘟疫的流行,许多土地成为无主土地。新兴的上层统治者开始给自己的官员分配无主的领地。波兰大臣巴尔采维奇获得了库尔兰的顿丹根斯克森林,1620年政府给瑞典大臣阿克塞尔·乌克先舍尔和元帅阿克塞尔·班尼尔赏赐了一大笔收入和利夫兰的城堡。

《贵族名册》成为限制社会其他成员进入贵族等级的重要手段。1618年成立了"骑士议席"自治委员会、审查贵族出身的委员会。自治委员会规定破落贵族必须在半年内寻找贵族家族证明,但不是所有的家族能够搜集到必要的证明,后来由于战争,委员会的工作被打断。1634年110个家族被列入《贵族名册》。1642年9个家族被列入《贵族名册》。①注册贵族只有可以买卖"骑士领地"时,才拥有对其领地上农奴无限权力。《贵族名册》巩固了列入花名册贵族后代担任公国官员和履行司法权力时所享有的特殊地位。如瑞典政府给贵族抵押国有土地,向贵族借钱,1724年在里加省抵押了国有土地953加克(Гак),在雷瓦尔省抵押了国有土地20加克,现在俄国政府已经把这些土地赎回来。1724年瑞典政府颁布法令,原瑞典王室拍卖给贵族的领地,现在已经成为俄国政府的领地,那么俄国政府应该把这些地产归还给当地的瑞典籍贵族。拥有辽阔土地财富并给俄罗斯贵族分配了土地的俄国政府绝对不会屈尊地以外国贵族债务人的身份分配土地,波罗的海贵族与俄国政府原有的契约关系仅仅反映在某些法律文件中。1719年7月4日伯爵舍列梅捷夫和利夫兰贵族自治局在里加签订协议书,此协议书成为后来利夫兰贵族和骑士特权的政治基础。1710年9月29日爱斯特兰(爱沙尼亚旧称)贵族和俄国3品官员鲍乌埃罗姆也签订了类似的协议书。

由于特权受到限制,利夫兰和爱斯特兰贵族的社会地位并不令人羡慕。如果出现微小的过失,贵族的领地权利则受到极大的限制。骑士不可能公开抵抗外国贵族的扩张和波兰统治下的天主教信仰。由于得不到

---

① М. Ю. Катин – Ярцев. балтийско – немецкое дворянство на российской службе XVI–XVIII в.//Вести московского университета,2000,№2.C.28.

当地居民的支持,波罗的海贵族不能期望建立自己独立的国家。此原因迫使利沃里亚骑士团不敢反对宗主国而尽力与之结盟。

在瑞典王国,许多来自利沃里亚省的外国人获得了很高的职位、品级、荣誉和爵位。1687 年利夫兰的大元帅和省长雅各布·约翰·封·加斯特费尔(1647—1695 年)被授予伯爵。1706 年最后一个瑞典籍的爱斯特兰省长卡尔·封·尼罗德(1650—1712 年)被授予男爵并同时授予伯爵。1648 年,爱斯特兰和英格曼兰的军事参议员、上校奥托·封·伊克斯库利(1653 年去世)获得男爵爵位并被补充到"封·希尔德布兰特"家族。旧贵族家族在宫廷获得威望,由此保障了其子女服役时的快速提升,并经常得到同乡们的支持。

在类似的贵族家庭,长子在父亲死后可以退役并继承领地,余子可以选择其他职业并随之获得所居住的领地。为了延续几个世纪的血缘关系和小集团的利益,波罗的海贵族不愿意其他社会成员进入自己的社会圈子,所以,直到 18 世纪末期骑士家族中都未见到"无领地"或者贫穷的旁系成员。18 世纪中期,尽管缺乏名册,但在历史档案中可以看到有名望的利夫兰和爱斯特兰贵族家族,他们的贵族身份确凿无疑。尽管历经政治变迁,蒂森豪森、弗兰格尔、布克斯格夫登、利文、温格恩、伊克斯库利、罗森家族依然人数众多和生命力旺盛,13—20 世纪这些家族成员聚集在政府周围,在俄国只有留里克王公可以和他们相提并论。

每个省的骑士都具有自己的特点。库尔兰贵族到其他国家服役改变了他们的经济地位。库尔兰公国的 200 个行政、军事职位上则有 600 个贵族,但不是所有人能够有美好的仕途并使自己的家庭有保障。人数众多的库尔兰人离开祖国来到波兰服役,后来依次去瑞典、丹麦、勃兰登堡、荷兰的军队服役。绝大多数爱斯特兰和利夫兰的贵族子弟选择去瑞典服军役。尽管 17 世纪初有好多次机会,但波罗的海贵族极少去俄国服役。例如,1636 年职官部外国衙门中约翰·封·特雷德向往"利夫兰德国人的领地",他经诺夫哥罗德来到莫斯科,为此,他获得了每张价值 20 卢布的 40 张貂皮。1660 年准尉约翰·封·布克斯格夫登来到职官部服役。

1673年工程师中校因戈利特·封·帕利姆什特拉乌赫获得服役证书,而在1678年菲利浦·封·德费尔登和列福尔托一起来俄国服役。①

西欧人不愿到俄国服役不是由于俄国遥远的地理位置,而是俄国人长期以来缺乏自由迁徙的权利并与外部世界人为地隔绝,社会的所有成员都必须臣服于专制君主,这种臣服自然也涉及贵族。例如,波兰的"立陶宛法律"巩固了贵族前往其他地方服役以获得更高官职的权利。如果长期驻外的俄国人,尤其是那些在外服军役的贵族不想回国者,则被认为是叛徒。彼得一世让贵族去欧洲国家学习,首先禁止对留学贵族处以死刑。在失去领地的威胁下,外国人被强制改信东正教。

不习惯外国风俗的俄国人渐渐疏远和仇视"德国人",1698年射击军的叛乱则是证明。此外,长期以来,俄国贵族家族的传说和克里姆林宫的建筑反映出出国留学对俄国人的巨大诱惑力。所有的俄国旧家族都来自于德国人、希腊人,或者至少来自"骑士团"。

从伊凡三世开始,国家乐意在医疗、建筑行业,以及在军队任用外国人。17世纪初期,在鲍里斯·戈都诺夫统治时期,出现了外国侨民来俄国服役的现象。内讧时期,强迫来到俄国宫廷的军队人数达到1000人。② 正是从1624年出现了专门的外国人衙门。外国人衙门管辖军队的分布,以及给沙皇的军官——波兰人、英国人、荷兰人、希腊人、法国人、德国人发放货币赏赐和领地赏赐。伊凡雷帝统治时期,首先是利沃夫的俘虏后代"老移民"得到了这部分赏赐。1558年、1564年、1577年第聂伯河流域的居民、雷瓦尔城堡和里加东部教区的居民被强行迁到俄国的城市科斯特罗马、弗拉基米尔、乌格利奇、卡申。鲍里斯·戈都诺夫统治时期,起初被俘的人被强制到俄国服军役,其他人经商。古代的贵族(过去曾是利沃夫骑士团的封臣)中,仕途最成功的是利夫兰人法缅金和爱斯

① М.Ю.Катин-Ярцев. Балтийско-немецкое дворянство на российской службе XVI-XVIII в.//Вести московского университета, 2000. No2. C.32.

② М.Ю.Катин-Ярцев. Балтийско-немецкое дворянство на российской службе XVI-XVIII в.//Вести московского университета, 2000. No2. C.33.

特兰人埃维尔拉科夫。官职最低的是采耶夫、法宁津、什特里克、弗兰基列夫、伊克谢列夫。最富有的商人是维斯托夫。在第聂伯河流域从事酿酒业的工厂主甘斯·维斯特戈弗从 17 世纪中期以来就在莫斯科做商人，17 世纪末期在军队中当上校。在斯摩棱斯克(1632—1634 年)和俄波战争(1654—1657 年)时期，由"外国移民"补充的俄国军队急需欧洲先进的军事装备和技术。为了招募雇佣兵，1631—1633 年政府派遣了非贵族出身的 А.拉西和 Г.法恩-达姆。他们之中许多人都来自于伊万诺夫、彼得诺夫、法国人波塔波夫家族。动荡的政局和丰厚的财产使那些在"莫斯科"服役的外籍贵族生活特殊。1650 年中期，在失地和减少领地的威胁下，外籍军官不得不受洗。如上校亚历山大·列斯里和准尉维力姆·勃柳斯，后来的俄国国务活动家、学者 Я.В.博柳斯。

1680 年年底，年轻的沙皇彼得·阿列克谢耶维奇开始接近德国城镇的居民。瑞典人 Ф.列福尔特和苏格兰人 П.戈尔顿成为沙皇的朋友。共同的宗教信仰自由和非东正教仪式成为沙皇结识这些人的前提。正如神圣罗马帝国的大使科尔勃指出，大部分外国军官都来自利夫兰和库尔兰。一位旅行家认为，居住在莫斯科城镇的外国人大多是波罗的海的德国人。他在书中提到了从大元帅到大尉的 80 个军官，真正出身于日耳曼人的只有 10 个。他们之中的将官伊万·封·缅格坚、大尉弗里德里希·采格·封·曼捷伊费利亚、上校维斯特戈夫、军官弗里维尔克和克尔列尔曼的祖先在 100 年前就来到波罗的海地区。1642 年，库尔兰人男爵勃洛姆别尔格来到俄罗斯，1695 年他们的老乡上校麦里晓尔·封·什里普片巴赫也来到这里。

北方战争初期，尽管日耳曼的骑士、信仰东正教的丰克和埃恩格利斯个人与年轻的沙皇很熟悉，并且定居在这里，但德国城镇的一部分服役人员没有成为一个集团，他们之中没有一个获得高官。令人惊奇的是在100 年内他们却得到了德国政府的支持并和德国人保持着紧密的联系。这些事实不仅仅印证了德国贵族世代相传家族的生命力，而且印证了他们与留在利沃夫贵族亲属的定期接触。

　　彼得一世执政初期,欢迎并邀请德国贵族来俄国创办企业,传授技艺。第一个给沙皇介绍波罗的海的历史和现状的是利夫兰人约翰·赖因霍尔得·封·帕特库里。他是一个瑞典国王的宠臣,德高望重。1680年瑞典国王卡尔十一世需要钱,向等级代表议会征税,把原来属于国王后来分给军官和达官贵人的土地收归国有。即使地主以承租人的身份留在领地上,他们的特权也受到极大的损害。某些波罗的海人向国王请愿,开始向往波兰和俄罗斯。1699年,帕特库里为了躲避国王的政治迫害而以波兰少将身份来到莫斯科,并为波兰和俄国的结盟作出了贡献。当他辗转来到俄国服役,期望波罗的海地区摆脱瑞典的控制,其期望和彼得一世不谋而合。为了推行彼得一世的行政改革,1697—1698年帕特库里出访欧洲,希望按照西方模式重建一个伟大的俄国。德才兼备的帕特库里进行铜币改革,仔细考察第聂伯河和维斯瓦河之间的运河建设,邀请欧洲人(工匠、学者、军人和水手)来俄国工作,并许诺给予优惠待遇。1701年诏书传到欧洲许多国家,保障每一个移民享有进入,信仰和宗教仪式的自由;在俄国服役犯罪时可以按照他们原国家的法律受到惩处;此外,每个人可自由返回自己的国家。帕特库里本人当年是作为外国军官被邀请到俄国服役并从事国务活动,在许多方面他被认为是波罗的海人的同乡。1702年他加入到萨克森兵团为俄国服役。帕特库里深得彼得一世的元帅卡尔·埃瓦里德·封·连涅(1663—1716年)(曾在瑞典和荷兰服役)将军的赏识。

　　1703年被沙皇召集到神圣罗马帝国服役的少将格奥尔戈·古斯塔夫·封·罗津曾在法国和丹麦国王的麾下作战。在维也纳,他的儿子约翰(1681—1752年)起初被培养为副官,后来成为俄国的少将。保存下来的档案资料里有一些波罗的海贵族,如格尔兹多尔夫和乌恩戈尔恩-什捷尔恩别尔格,但他们所担任的官职在俄国军官中所占的份额很小。其原因在于,舍列梅捷夫统帅的俄国军队对波罗的海的地区的占领,不仅造成了当地居民的破产,而且使少数德国居民破产。1702年利夫兰荒芜,1703年爱斯特兰荒芜,1708年杰而普特的德国居民跟随纳尔弗被流放到寒冷的西伯利亚。1705年瑞典人手里只留下了城堡里加、佩尔诺夫和塔林。毫无疑问,当时波罗的海骑士对俄国在波罗的海的统治并不感兴趣。尤其是在北方战争的初期,查理二世面对惊慌不安的波罗的海地区的臣民,正式宣布停止没收土地。在外交上波罗的海贵族依赖于邻近的强国,在占领波罗的海的过程中他们不得不被称为波罗的海贵族,波罗的海贵族在反对者之间获得随机应变的可能。

俄国沙皇对波罗的海贵族的政策一直持续到1709年。在波尔塔瓦取胜以前,1709年6月,彼得一世把元帅 Б.П.舍列梅捷夫派往里加。对沙皇而言,恢复地区贸易、正常的生活秩序,提高俄国军队在利沃里亚居民中的威信是当时的主要任务,为此,在里加派驻了乌尼维尔萨尔(自治机构),以此保障德国居民、非德国居民的财产、生命和权利。1710年春天,由于鼠疫的蔓延,6月军队备受疾病的折磨,而期待流亡土耳其的瑞典国王查理12世的帮助落空后,瑞典警备司令元帅斯特廖姆别尔格投降。投降后,骑士和市民在俄罗斯帝国获得了波罗的海德国人享有的法律地位。俄国政府给骑士承诺:保护路德教派的信仰,在教区设立宗教事务所;在骑士和市民中指定牧师,继续维持以前的省级编制,由德国人组建法庭,归还以前被没收的土地;最有趣的是在波罗的海地区不得吸收由哥萨克、鞑靼人出身的伊斯兰军人。这样贵族和当地人拥有像市民、军人享有的权利。

在叶卡捷琳娜一世时期,来俄罗斯经商的德国人享受的优惠政策甚至比俄国人多,德国人还获得了在俄国兴办工厂和购买农奴的权利,后来成为俄罗斯化的著名企业家。安娜·伊万诺夫几乎崇尚德国的一切,在她周围工作的许多是来自波罗的海的德国贵族。她特别喜欢库尔兰籍的比伦伯爵,后来成为俄国的实际掌权人。在"比伦苛政"时期,德国人在国家的管理过程中起了决定性的作用,外国人可以统率军队。出生于德国奥尔登堡的布哈德·克利斯朵夫·米尼希曾是俄国军事和国务活动家、俄国陆军元帅;出生于威斯特伐利亚的 A.N.奥斯捷尔曼一直掌管着俄国的外交委员会;К.Л.德国人门戈顿男爵曾掌管度支院,A.申贝格曾统领俄国的冶金工业,И.Д.舒马赫曾担任俄国科学院院长。

归顺俄国的臣民——利夫兰人开始动摇和不信任,但他们没有其他出路。波罗的海出身的文武官员有权进出所占领的土地,他们要向俄国宣誓,不愿意改变国籍的人可以在两周内离开省。瑞典军队在里加城倒戈被释放,但许多军官——波罗的海德国人留了下来,尤其是上校埃尔恩斯特·封·阿里别季利和男爵克洛德特·封·尤尔根布尔格,阿里别季利后来成为俄国军队的少将。驻扎在佩尔纳乌的卫戍部队则是归降的利夫兰人上校封·什文格里姆,他向沙皇宣誓效忠后管理自己的领地。1710年9月30日彼得一世通过庄严的仪式给利夫兰的贵族颁发了证书,确定他们的权利。1710年利夫兰的军事管理机制改革完成以后,已故的帕特库里的朋友格尔哈尔德·约翰·封·列文沃利杰被指定为俄国特派员,恢复战前的行政秩序。从1711—1721年自治会议举行,在此聚集了决定当地经济和财产问题的利夫兰社会名流。

从波罗的海骑士的家族发展史可以看出,被沙皇提拔的波罗的海贵族与俄国贵族的关系。1708年从萨克森转到俄国服役的列文沃里捷则与雷瓦尔的副省长、俄国少将弗里德里希·封·列韦(1654—1744年)的妹妹结婚。瑞典少将阿尔布雷希特·封·缅格坚与韦因戈里德·封·费尔克扎姆(1678—1736年)的外甥女指婚。自治的本质在于,正如历史学家祖蒂斯所言:"沙皇的代言人在里加成为省长:他们之中任何人也不争夺这个最高荣誉,但他们管辖的并不比省长多,但他们乐意成为代表贵族心愿的省参议员,他们比来自圣彼得堡的人更好地治理自治省的社会秩序。"①

根据1721年签订的《尼什塔特和约》,瑞典保留了代表波罗的海贵族权利和特权的"地方自治局和骑士团",利夫兰的官员开始在圣彼得堡成为专家。里加市民出身且在1694年瑞典获得贵族称号的格尔曼·

---

① М.Ю.Катин-Ярцев. Балтийско-немецкое дворянство на российской службе XVI-XVIIIв.//Вести московского университета,2000. №2. C.39.

封·布雷韦恩(1663—1721 年)成为第一个专家。与彼得一世私交很深的布雷韦恩成为里加的最高土地法庭庭长,并在 1718—1721 年成为利夫兰、爱斯特兰和芬兰事务在圣彼得堡司法委员会的副官。

对于在俄国服役的非波罗的海德国人而言,最大的愿望是在利夫兰的领地上了此一生。在俄罗斯帝国宫廷捍卫波罗的海骑士利益者成为贵族,并为此注册。1716 年来自加姆布尔格的法学家亨里赫·非克(1678—1750 年)被派驻瑞典,并成为俄国内部事务的设计师。俄国按照非克的模式建立了委员会,以及起草《官秩表》,他本人也在利夫兰获得了大片领地,以及在爱斯特兰的一大笔赏赐。

由于利沃利亚城市的投降,所有波罗的海的骑士都准备到俄罗斯服役,他们之中的许多人曾是瑞典统治者的忠实追随者。曾在瑞典统治下的埃泽里省长卡尔-亚当·封·施塔克尔贝格说:"我感到更加热爱我的祖国利夫兰,并坚信,在瑞典的领导下它将更加繁荣。"①

按照 1723 年和 1728 年法令,服役的俄国贵族获得的赏赐明显要少于外国人。外国人希望俄国强大并依赖于俄国,并可无限制地获得货币赏赐。北方战争快结束时,彼得一世则采取措施限制军队中雇佣兵的薪水,招致了他们的不满:"如果外国人自愿来到俄罗斯帝国临时服役,政府就要降低他们的品级,难道这是给他们的许诺,还让他们死后留在这里?"②

由于许多外国人雇佣兵的回国,"外国兵源"的不足以使俄国政府决定由波罗的海骑士来补充。1729 年政府的法令则是吸引波罗的海骑士加入俄国军队。3 月 14 日,最高秘密委员会一度减缓利夫兰、爱斯特兰人的服役负担;普通成员可以自己选举军事长官,而尉官和校官应归属于陆军委员会。这样,波罗的海骑士加入俄国军队很方便,并且他们在自己

---

① М.Ю.Катин-Ярцев. Балтийско-немецкое дворянство на российской службе ХVI-ХVIIIв.//Вести московского университета,2000. №2. С.40.

② М.Ю.Катин-Ярцев. Балтийско-немецкое дворянство на российской службе ХVI-ХVIIIв.//Вести московского университета,2000. №2. С.41.

所在省服役时,就已官运亨通。由于彼得堡的市民代表暗地进行反骑士的活动,所以,俄国政府对里加市民作出让步,即非贵族出身的波罗的海人可以进入军队当士兵,但要从最低的官职做起。1729年12月19日法令规定,波罗的海的德国人与外国人获得了相同的待遇,并且获得了多于俄国贵族两倍的货币赏赐。同时,利夫兰贵族可以因疾病、年老获准退役,而俄国贵族则必须终生服役。

1730年彼得一世的外甥女安娜在库尔兰贵族的簇拥下登上了王位。安娜在莫斯科重建了在利夫兰彼尔姆龙骑兵军团基础上的御林军,御林军上校的称号由沙皇本人指定,在奥布拉任斯基和谢苗诺夫近卫军兵团中有一定比例的德国军官。正是从18世纪30年代,波罗的海贵族在俄国军队中官运亨通,并因服役而得到好的报酬。

利夫兰和爱斯特兰贵族服从彼得一世的意志,成为俄国义务服役制度的忠实执行者。1734年安娜女王颁布法令,波罗的海贵族有权把自己的子弟送往士官武备学校,而乌克兰贵族却没有这个资格。可见,波罗的海贵族的地位高于其他民族的贵族。某些波罗的海贵族(如丰克)以占有原有土地财产为加入俄国国籍的先决条件,并为了得到俄罗斯贵族的尊重,他们自誉为德国贵族等级的当然继承者。著名的爱斯特兰贵族亚历山大·伊里奇·比比科夫得到了贵族特权证书,他在笔记中写道:"值得注意的是,在1787年的协议上,已归顺俄罗斯帝国的骑士总是表现出与众不同,自以为是的波罗的海贵族极力维护自己的特权,逃避俄罗斯帝国贵族应尽的义务。"[1]1739年安娜女王颁布法令,禁止出售爱斯特兰省达戈岛的农民。波罗的海贵族抵制俄国政府的人口普查,不赞同政府丈量土地,并为此进行了长期的抗争。只有公爵维亚泽姆斯基和伯爵别兹博罗德科意见一致,他们认为,作为俄罗斯帝国的一部分,利夫兰和爱斯特兰贵族应该无条件服从俄国王权,不应该以丈量土地为借口仇视政府,而应该感谢俄国政府的大慈大悲。

---

① А.Романович-словатинский.Дворянство в России, М., 2003.C.247.

为了规范波罗的海德国人在俄国的服役,1732 年参政院颁布法令,过去瑞典军官成为俄国官员后不仅要注册,而且要颁发特许证。期望获得官职者应向里加省长呈递申请书,然后由省长转送到陆军委员会。为处理外国人和波罗的海的呈请事务,国家专门成立了一个特别部门——陆军委员会的外事科。

元帅米尼赫是第一个按照普鲁士样板在俄国创建专门的军事学校的人,即陆军贵族士官武备学校,该校吸纳了很多从五六岁开始学习的贵族子弟。1731 年创办的士官学校 1/4 的学生是利夫兰和爱斯特兰人,毕业的见习军官即可直接当军官。尽管波罗的海贵族少年和俄国贵族少年的能力差别很大,俄国贵族的人数超过波罗的海贵族人数的几十倍,但波罗的海贵族对俄国政府的重视不屑一顾,他们不愿意被控制在乌克兰草原和东方地区,希望留守在距离自己领地不远的卫戍部队服役。从 1737 年俄国政府开始禁止已在利夫兰和爱斯特兰获得贵族称号的地方贵族到军团供职,但此项举措未成。与利夫兰的少女封·丰克结婚的爱尔兰人伯爵拉西把波罗的海骑士连成圣彼得堡的同乡。1737 — 1738 年波罗的海贵族云集到俄国,充实俄国的近卫军团和伊兹玛依洛夫军团。

1741 年波罗的海的陆军要职都把持在外国人手中。克朗·缅格杰诺夫-米尼赫在利文沃里德和比伦所属的勃拉乌恩什维伊戈军团服役,他的周围就聚集了很多外国人。外国军官享有高薪水,他们不熟悉当地的语言和风俗,与俄国军官发生冲突。从彼得一世到彼得三世,在帝国内波罗的海骑士的生活极为特殊,他们有自己的社交圈子,与俄国人交往仅仅在练兵场或者下命令时,绝对不是在正式的军官小宴会上。甚至 1736 年,在米尼赫的军队编制上,俄国军官与外籍军官等量齐观,疏远和彼此不信任显而易见。

1741 年的宫廷政变,近卫军把彼得一世的女儿伊丽莎白扶上王位,极大地改变了波罗的海德国贵族的地位。在圣彼得堡举行盛典后他们被派往莫斯科、乌克兰,甚至西伯利亚。后来他们以"疾病"、"年老体弱""经营自己的领地",甚至"要求继续学习"为由大规模退役。波罗的海德国贵族鄙视俄国服役义务而大规模退役,致使 1749 年伊丽莎白要求在外留学的军官须在一年内回国,并以没收领地要挟不服从者,并许诺给当时回国的军官以最大的优惠待遇。这样,后几年中波罗的海贵族部分地回到俄国服役。如何办理这个手续?回国军官必须向里加驻军元帅拉西详细说明他在外国服役的情况。尽管 1722 年的《官秩表》一再降低那些打算临时服役军官的官职,波罗的海人并不希望长期留在俄国军队服役,他们希望从外国军队中获得官职。为此,陆军委员会解释,"降低官职的"法令并不涉及作为俄国臣民的波罗的海贵族。可见,为了考验波罗的海贵族的忠心,伊丽莎白并未为难自己而讨好他们。

彼得三世赏识波罗的海贵族,在他的荷尔斯泰因近卫军中则有许多波罗的海贵族:卡尔·阿道夫、托马斯·封·拉姆、亚当·弗里德里希、别尔恩加尔德·封·皮斯托尔科尔斯。1762 年彼得三世给予他们特权并问道:"为奖赏你们对我的忠心,我应该给你们奖励什么?"他马上答复了波罗的海贵族要求贷款 30 万卢布的请求。仅统帅荷尔斯泰因波罗的海近卫军的元帅封·列文就得到了其中的 32 千卢布的贷款。①

叶卡捷琳娜二世改变了对波罗的海贵族的政策,要求他们尽快归还贷款。由于参政员约翰·阿尔布雷希特·科尔夫的袒护,政府同意波罗的海贵族分期付款并在 1768 年注销他们的贷款。彼得三世给进入荷尔斯泰因近卫军的波罗的海贵族许诺,来俄国服役者则可享有高官厚禄。但持续时间不长,荷尔斯泰因近卫被解散,派往远方当卫戍兵,其中一部分派往外国,容许荷尔斯泰因近卫军中的波罗的海贵族退役远离自己的领地,任何时候也不能服役。上台后的叶卡捷琳娜二世并未对波罗的海贵族发生好感。后来她不止一次明确与波罗的海贵族的关系。但英明的君主并未把削弱波罗的海贵族的显要官职作为自己的目的。1787 年法典委员会上,波罗的海贵族代表要求保留其在俄罗斯帝国中的特殊权利,

---

① М.Ю.Катин-Ярцев.Балтийско-немецкое дворянство на российской службе ХⅥ-ХⅧв.//Вести московского университета,2000. №2. С.44.

即古代俄国君主给予的特权和俄罗斯贵族共有的权利。如爱斯特兰维尔斯克县的贵族代表迪特里希·伊甘勒、列特斯克县的男爵温格恩·斯捷尔别科、埃泽里省的格尔曼·古斯塔夫·封·魏玛向法典委员会递交了委托书。但元帅比比科夫非常能领会叶卡捷琳娜二世女王政策的内涵，断然拒绝带有分离倾向的委托书。叶卡捷琳娜二世为了同化波罗的海贵族，把他们与俄罗斯贵族同等看待，她按照俄罗斯民族的历史传统赐予最高荣誉——6 — 8 品官职，即俄罗斯贵族（Благородство）的高贵称号。1783 年叶卡捷琳娜二世在里加和雷瓦尔推广领地制度，把波罗的海的土地变为直接继承领地。1775 年俄罗斯帝国的省级改革和 1785 年《贵族特权敕书》再次推广到波罗的海。叶卡捷琳娜二世女王要求波罗的海贵族官员应该加强学习和研究俄语，1783 年在利夫兰成立了管辖 9 个县份的里加省和管辖 5 个县份的雷瓦尔省。1795 年 4 月 15 日库尔兰和谢米加里斯克与周边的比利捷斯克归并到俄国，1775 年俄罗斯帝国的省级改革中波罗的海贵族封·杰尔·帕连纳当选为新的省长。

与彼得三世最亲近的爱斯特兰人、侍从将官、男爵 K.X.温格恩-什捷尔贝格（1730—1797 年）和炮兵总监 A.维利布（1717 — 1781 年）在沙皇死后保留了官职。出身于瑞典家庭的国务活动家雅各布·约翰·西韦尔斯（1731—1808 年）在协调波罗的海贵族和女王的关系上发挥了特殊作用。他的叔叔卡尔·叶菲莫维奇·西韦尔斯是女王的宠臣。由于功绩卓著，叶卡捷琳娜二世时期他就成为诺夫哥罗德的省长、特维尔的地方长官和水利官员（1797—1800 年）。

1775 年叶卡捷琳娜二世召集一些熟悉利夫兰和爱斯特兰事务的省委员，如省委员古斯塔夫·赖因霍尔德·封·乌尔里希被召集到宫廷，直接参加省机构的组建。1775 年省行政改革时期，西韦尔斯成为叶卡捷琳娜二世的重要参谋，1781 年第一次退役后，他被选为利夫兰的参议员并利用自己的影响缓和了女王和波罗的海省的关系。

著名的外交家、伯爵奥托·马格努斯·施塔克尔贝格（1736 — 1800 年）是享有威望的政治活动家。1771 — 1790 年他任俄国驻波兰大使，为此筹备了第一次、第二次对波兰的瓜分,同时成为库尔兰骑士和波兰国王的中介人,获得了亚历山大·涅夫斯基勋章,成为 2 品文官和爱斯特兰人中最富有的大地主。著名的建筑师 B.B.拉斯特列利为他在帕德达斯建了宫殿。

男爵奥托·格尔曼·菲京戈夫-舍利(1722—1792 年)成为元帅拉西的副官,1757—1787 年成为里加省长的参谋。他与元帅米尼赫的孙子结婚,继承了与叶卡捷琳娜二世宫廷的联系,成为著名的军事工程师和国务活动家。1788—1792 年他在里加设计剧院,从事酿酒业和亚麻业,成为全俄医疗委员会的官员。菲京戈夫成为富有的利夫兰的地主一度成为神话,当时人们称他为"利夫兰的半个国王"或者"半个上帝"。在民间留下了这样的谚语:"富人,就得像菲京戈夫那样的男人一样。"①在圣彼得堡他拥有自己的宫廷。

1775—1792 年波罗的海省的省长、爱尔兰人尤里·尤里耶维奇·布朗(1698—1792 年)与元帅拉西的姐妹结婚,由于参战受伤 11 处,他在1758 年成为利夫兰的省长。为表达对女皇的忠心,布朗当时与波罗的海贵族上层的关系密切。1761 年他在里加县得到妻子的一大笔钱,通过婚姻关系与波罗的海贵族菲京戈夫和梅杰毛弗生育了后代。

1784 年约瑟夫·安德烈维奇·伊格尔斯特龙伯爵(1737—1823 年)率领俄国军队占领了克里木,俘虏了最后一个克里木汗沙金-吉列。1784—1790 年伊格尔斯特龙成为西伯利亚和乌法的地方官。后来他与哈萨克人谈判并把中亚的汗谢尔加斯强制到俄国服役,参加了 1788—1790 年的俄瑞战争。1794 年伊格尔斯特龙被保罗一世召回来,被指定为彼尔姆的军事省长。1794 年 4 月,他在波兰统率俄国军队,正赶上波兰起义,他因仅仅拯救了部分军队而失宠。利夫兰人、元帅汉斯·亨里希·封·费尔森(1743—1800 年)则取代了他的官职。在波兰起义的末期,

---

① 　М.Ю.Катин-Ярцев. Балтийско-немецкое дворянство на российской службе ХⅥ-ⅩⅧв.//Вести московского университета,2000. №2. С.46.

1794 年 10 月他俘虏了 T.科斯秋什克和 A.B.苏沃洛夫。爱斯特兰人、中将奥托·威廉·封·德费尔登(1737—1819 年)成为西伯利亚和乌法的地方长官,在俄土战争中成为师团的长官,在 1793—1794 年他镇压了波兰起义。

埃泽里的贵族伊万·伊万洛维奇·封·魏马恩(1718—1792 年)获得上将军衔,1759—1762 年他成为西伯利亚军队的长官。经过多年服役,他在利夫兰的沃尔玛尔斯戈弗占有大片领地。利夫兰的小贵族奥托·阿道夫·魏马恩(1726—1774 年)1770 年俄土战争时期是杜奈地区的少将,在官运亨通时却牺牲在卡伊纳尔德日战役中。

与叶卡捷琳娜二世时期的著名军事活动家一样,出生在波罗的海骑士团的许多外国国籍的国务活动家和军事家退役后,在波罗的海省购买了领地。1753 年出生于苏格兰的元帅维利姆·维利毛维奇·费莫尔(1704—1771 年)在利夫兰获得领地玛尔特增。1759 年他从伊丽莎白获得大片领地,当年被编入名册。他的后代伯爵施滕博克·费莫尔在 1792 年没收前继承了这片领地。普加乔夫农民起义的镇压者、米尼赫的后代、上将约翰纳·马丁·封·埃里姆普塔拥有利夫兰、爱斯特兰和库尔兰的大片领地,成为当地的贵族,必要时他们有退役的机会。库尔兰的政治家格伊金格称纳·马丁·封·米赫里松成为库尔兰的"老朋友"。

世界主义是 18 世纪下期部分波罗的海贵族奉行的观念。И.A.伊格尔斯特龙的兄弟、利夫兰的地主成为萨克森选帝侯宫廷中高级侍从。波罗的海贵族出身的俄国军事长官,他们不是从俄国沙皇那里,而是从神圣罗马帝国那里获得伯爵爵位。彼得一世和叶卡捷琳娜二世选拔人才一样,不是按照民族,而是按照社会出身。波罗的海贵族占据高官的人数逐步减少,但并没有消失。大部分杰出的元帅为波罗的海贵族与俄罗斯帝国的交往作出了贡献。

18 世纪是波罗的海省自治的高涨时期,当时有 4 个骑士组织,地方政权几乎全部掌握在德国贵族手中。18 世纪 80 年代波罗的海省的大部分贵族是波罗的海贵族、圣彼得堡和莫斯科德国人的代表,以及出身于德

国、法国和其他欧洲国家的人。自从俄罗斯帝国出现波罗的海骑士，他们
与来俄国服役的德国人和其他外国人连成一片，拥有共同的利益、共同的
财产，在某些问题上成为一个共同体。由于波罗的海地区曾是俄罗斯帝
国的中心，长期在俄国服役的非波罗的海出身的外国人乐意进入波罗的
海贵族家族，他们愿意定居在这里并拥有领地。

　　1783年叶卡捷琳娜二世在省级改革中取消了波罗的海贵族的特权。
在省级法令中，取消《贵族名册》，按照《官秩表》所有服役的俄国贵族被
纳入《贵族家谱》，按照波罗的海地区的模式进行城市自治改革，用人头
税取代以前的土地税。俄国的其他省仿照波罗的海贵族名册建立《贵族
家谱》。

　　保罗一世时代，开始了波罗的海贵族在俄国服役的新时期。保罗一
世采取了另外一种政策，恢复利夫兰、爱斯特兰和库尔兰原有的统治机
构，废除1785年的《贵族特权敕书》，取消1767年法典委员会中选举出来
的贵族官员，恢复原有的省级参议员、省级参议员协会。他认为："波罗
的海所有的政权机构、土地与他们的历史发展息息相关，这里的贵族非常
眷念它，政府没有必要过问。波罗的海经济繁荣昌盛，这种优势取决于他
们过去历史的发展。这种优势引发了人们对历史的尊重，特别是对国家
历史起源的尊重，而国家义务在此变得微不足道。值得注意的是，人们乐
于把今天的狂热与未来的前途联系起来。这样就形成了一种观念，人们
在整理一些尘封已久的档案材料时，无限怀念以往的历史岁月而不满现
状。"①由于政府政策的统一性俄国形成了多民族的国家，但却是同质的
军队。18世纪70—80年代取消了利夫兰、爱斯特兰士官学校的有限比
例，降低了波罗的海军人联盟和在俄国军队中波罗的海贵族的优势地位。
1779年，俄国4个元帅和6个上将中没有一个是波罗的海贵族。利夫兰
军团的元帅是А.М.戈利津，而爱斯特兰军团的元帅是Н.И.萨尔蒂科夫。

　　随着俄罗斯帝国的日益强大和俄国军人荣誉地位的提高，外国人非

---

　　①　А.Романович-словатинский.Дворянство в России,М.，2003.С.249.

常愿意来俄罗斯服役。年轻的波罗的海贵族在此即使没有领地，但有物质保障，他们在俄国开始了自己的官运。在战争和军事远征时期，政府许诺给他们分配军事寺院并得到快速提升。当时从外国转到俄国服役的贵族(封·埃森、弗兰格尔、魏玛、雷宾德尔、伦南坎普夫、罗森、蒂森豪森等人)宁愿把自己的儿子送到陆军、海军士官武备学校。18 世纪出现了这样整整一个军团。库尔兰人列奥·埃别尔·封·曼泰菲尔(1726—1769年)1747 年从萨克森选帝侯那里退役来到俄国服役。他的儿子约翰·格奥尔格·沃尔德玛尔(1757—1778 年)在沃伦涅日军团当副官任职时直到逝世。

　　18 世纪末期希望来俄国服役的波罗的海贵族实际上没有了。他们已经不能自由到外国服役。从 1795 年库尔兰的波罗的海贵族逐渐减少。正是从叶卡捷琳娜二世女皇时期波罗的海贵族成为俄国军队的基础。

　　波兰贵族　是俄罗斯帝国中另外一个没有被同化的贵族。在兼并俄罗斯西部诸省时，俄国政府要求波兰贵族出示贵族身份证明。按照波斯鲍利特的解释，大地主(Магнатов)是上层贵族，贵族(波兰语 Шляхта)是下层贵族。大地主中有许多爵位贵族：公爵恰尔托雷日斯基、桑古什克等，以及由神圣罗马皇帝赏赐的爵位贵族：公爵拉济维尔、柳博米尔斯基、萨佩金和亚布洛夫斯基；伯爵扎莫伊斯基、奥索利斯基、波托斯基、姆尼什克、斯塔德尼茨基等。他们之中还有一些出身俄罗斯，但反抗政府并改变东正教信仰的贵族：公爵恰尔托雷日斯基。大部分波兰下层贵族或者是大地主庭院里服役的官员，或者是伪造了贵族证书的假贵族。也就是说，只有大地主和部分下层贵族享有与俄罗斯贵族相同的权利。由于误会，俄国政府把他们一同并入俄国贵族之中，使之拥有了独院小地主和市民所拥有的权利，由此造成了后果，即在俄罗斯西部诸省出现了一个享有特权的无产等级，他们没有物质基础，却有等级奢望，这便是造成俄罗斯西部诸省内讧的原因。1831 年波兰贵族起义的残酷教训迫使俄国政府改正自己的错误，重新审查波兰贵族的权利，其结果是部分下层贵族降为独院小地主和市民。但俄国政府给予大地主与俄罗斯贵族相同的权利，但有时也对他们的权利加以限制。

乌克兰贵族　是俄罗斯帝国中备受歧视的贵族。在此需要回顾乌克兰历史。[①] 从波兰统治乌克兰时期，乌克兰贵族中就出现了许多著名家族：巴库里斯基、奥斯涅克等。1609 年博罗兹特里成为契尔尼戈夫省最有名望的贵族，此家族获得了贵族证书和波兰的田庄（Маетности）。1649 年贵族波格丹·布托维奇从波兰国王亚纳·卡济米拉那里获得了两个领地证书。还有克里米亚半岛的科丘别伊、土耳其的加马列伊也获得领地证书。但乌克兰的贵族更多来自 18 世纪的市民和外来者，他们后来成为乌克兰富有的上层哥萨克的后代。

在波兰控制下的俄国贵族逐渐波兰化。随着俄国贵族的波兰化，市民变为乌克兰贵族的奴仆，由此引发了被奴役市民的仇恨，他们纷纷加入赫梅利尼茨基[②]的民族起义军。这样乌克兰的贵族或者被消灭，或者成为赫梅利尼茨基民族起义军的成员，他们从赫梅利尼茨基那里得到田庄，或者出国到波兰。所以，在 1648 年赫梅利尼茨基民族起义后，乌克兰不再存在贵族。

在乌克兰存在着两个社会等级：一是贵族（Шляхта），他们来自 17 世纪初期居住在第涅伯河左岸的波兰贵族，如皮亚索契斯基、奥索利斯基、基塞尔、维什涅韦茨基等，他们是贵族后代和波雅尔子弟，1500—1638 年

---

①　16 世纪西吉兹蒙德二世·奥古斯特通过颁发证书确立了乌克兰骑士和贵族官员的特权，即享有选举参政员、宫廷和自治局官员的权利，以及参加一院制议会议员选举和县级议会议员选举、制定法令的权利。1576 年，斯特凡·巴托里组建哥萨克上层机构和军团组织。按照法令，国王没有给予平民任何封号和官职，而把贵族（Шляхетство）归并到富有的上层哥萨克（Старшина），这样出现了 1648 年波格丹·赫梅利尼茨基与波兰国王的协议，乌克兰军队的首领开始与波兰贵族平起平坐，乌克兰由此出现了贵族，后来乌克兰贵族不断融入俄罗斯贵族之中成为俄国贵族的一部分。

②　波格丹·赫梅利尼茨基（1595—1657 年）是乌克兰国务活动家、统帅、乌克兰的盖特曼。他出身于乌克兰奇吉林市下层贵族家庭。他在 1648 年领导了乌克兰民族反抗波兰压迫的解放战争，成为乌克兰国家组织的缔造者。详见苏联科学院历史学部、苏联百科全书出版社学术委员会编：《世界历史百科全书——人物卷》，商务印书馆 1992 年版，第 1367 页。

居住在北方乌克兰且处于俄罗斯政府控制下。还有自古以来就占据显赫地位的上层哥萨克，如科丘别伊、加马列伊、加拉甘等。二是市民（Поспольство）——市民（Мещане）和农民。1648 年赫梅利尼茨基民族起义乌克兰贵族被消灭，在乌克兰只留下两个难以区分的社会组织：哥萨克（归入查波洛什军队的同伴 Товарищество）、市民（Поспольство）。1648 年赫梅利尼茨基民族起义以前，乌克兰的贵族都称为同伴，这些同伴又分为两部分：富有的上层哥萨克（Старшина）和下层贫穷的普通哥萨克。根据法令，富有的上层哥萨克从外表上高贵典雅，气度不凡，逐渐称为贵族。乌克兰盖特曼和团长发布法令让他们控制哥萨克的土地和村庄，他们成为田庄地主和城镇市民的统治者。1654 年乌克兰还出现了信仰基督教的贵族，他们拥有特权且区别于哥萨克和市民。所以，从哥萨克中分化出富有的上层哥萨克逐渐成为贵族，他们开始与外来者，以及居住在乌克兰的俄罗斯贵族（如米洛拉多维奇）发生联系，而贫穷的同伴成为普通哥萨克，他们成为后来乌克兰哥萨克的雏形。市民逐渐沦为依附于贵族的农奴。乌克兰贵族竭力把隶属于他的仆役和普通哥萨克变为市民，千方百计地压迫他们，把他们招募为附居农民（Подсуседки），束缚在土地上。1722—1752 年俄国政府为此采取措施加以制止。1723 年政府进行人口普查，禁止把哥萨克变为市民。1739 年法令为了防止普通哥萨克沦为农奴或市民，禁止哥萨克出卖自己的土地。可见，自由的乌克兰哥萨克与农奴制相伴而行，他们的社会地位完全取决于俄国政府。

1648 年赫梅利尼茨基民族起义后，乌克兰贵族特权被取消，富有的上层哥萨克和普通哥萨克、市民之间的各种纠纷往往由俄国政府的司法机构解决，但司法权力却掌握在富有的上层哥萨克手中。18 世纪初期，为了维护富有的上层哥萨克的利益，政府恢复了《立陶宛条款》。[①] 1767 年法典委员会上，乌克兰契尔尼戈夫贵族代表别兹博罗德科递交了委托

---

① 《立陶宛 18 条款》，也叫《赫梅利尼茨基条款》，它是 1653 年 10 月 1 日在莫斯科缙绅会议上商讨乌克兰归并到俄罗斯问题时签订的，即确立乌克兰在俄国社会中的法律地位。

书,要求进一步修改条款中与自然权利对立以及与现实不相符合的某些条款内容。富有的上层哥萨克力求恢复原有的权利地位,这种权利地位是在 1648 年赫梅利尼茨基民族起义前属于贵族的,但贵族是乌克兰田庄真正的土地所有者。以前的土地法令在赫梅利尼茨基民族起义时被哥萨克的"马刀"(шаблей)所废除,这样,乌克兰的所有土地则成为同伴的私有财产。1648 年赫梅利尼茨基民族起义时,乌克兰军队的长官——盖特曼和团长给同伴分配了土地。赫梅利尼茨基规定土地属于曾在起义时帮助过他的土地所有者。此后赫梅利尼茨基的继承人按照此方式继续分配土地。1659 年盖特曼维戈夫斯基给斯拉比夫斯克的百人长 И.多夫莫托维奇分配了契尔尼戈夫的斯莫林和马克西姆村庄。1680 年盖特曼萨莫伊洛维奇给地主(пан)И.洛梅克夫斯克分配了维申基村庄。1694 年盖特曼马泽帕给地主米哈伊尔·加玛利亚分配了洛赫维茨克县的伊万赫尼基村庄。1709 年盖特曼斯科罗帕茨基给地主丹尼尔·博贝里分配了达尼洛夫村庄。此外,乌克兰军队团长也分配土地,1662 年瓦西里·佐洛塔连科给马克·基姆巴罗维奇分配了别列祖村庄。1697 年斯塔罗杜布的团长米克拉舍夫斯基给伊万·布拉舍维奇分配了科萨奇村庄。这样,乌克兰的土地分配朝着有利于军人的方向发展,但后来也出现了滥用土地分配权利的现象。

可见,从盖特曼到官员,所有乌克兰上层哥萨克都获得了官职、官阶——官阶田庄(Ранговые Маетности)。如 1741 年瓦利盖维奇获得大尉官职和马克申、库科维奇、德列玛伊洛夫科三个村落(село),以及奥斯塔波弗库、博达罗夫库村庄和罗日诺夫斯克田庄(хутор)。这些官阶田庄都在军队的行政机构有注册,有时可以让后代继承。但有时被后代大肆滥用。乌克兰许多盖特曼家族拥有了世袭的官阶田庄:阿波斯托尔、拉祖莫夫、卡尔洛夫、安德烈雅绍夫克、巴图尔林、亚戈金等。如 1772 年乌克兰大尉皮利片科的官阶田庄成为世袭领地。1716 年雅科夫·巴图尔林把官阶田庄传给了儿子。1734 年斯塔罗杜布的谢明·加列茨基继承了父亲的官阶田庄。1754 年拉祖莫夫决定儿子罗曼为官阶田庄继承人。

1721 年卢别斯克的团长安德烈·马尔科维奇原来是一个下层人,通过各种途径成为一名军官和地主。盖特曼斯科罗帕茨基以父亲服役作为借口把官职传给儿子。1737 年普里卢基的团长伊格纳特·盖伊拉甘指定儿子为官阶田庄的继承人。但官阶田庄有时也被上层哥萨克非法控制。此外,上层哥萨克有时也控制哥萨克的官阶田庄,哥萨克向政府递交呈请,抱怨上层哥萨克非法占有他们的土地。如卢别斯克的团长马尔科夫向彼得二世递交呈请,要求占有罗姆纳-扎苏里耶城和几个村庄。尤其是库拉任茨想当皮里亚京的百人长。1728 年俄国政府责令没收上层哥萨克所占有的哥萨克的土地(земля и грунт)和其他不动产。但上层哥萨克并没有停止非法行为,哥萨克继续抱怨。1738 年涅任斯克团的哥萨克格霍夫百人团长米哈伊洛夫、叶斯塔菲·谢尔盖延科向辎重总团长雅克·利佐古布提出呈请,要求取缔非法占有土地的行为。

上层哥萨克的官阶田庄还出现在乌克兰南方草原上。在荒无人烟,但物产丰富的波尔塔瓦地区出现了上层哥萨克的官阶田庄。1718 年斯塔罗杜布的谢明·加列茨基购买了位于阿尔托波洛特河下游的土地。

俄罗斯贵族通过沙皇赏赐和买卖方式在乌克兰获得了官阶田庄。在彼得一世时期,俄罗斯的塞尔维亚人、伯爵萨瓦·弗拉季斯拉维奇·拉古津斯基成为乌克兰富有的领地所有者。1710 年塞尔维亚的商人米哈依尔·米洛拉多维奇以前曾是加佳茨克的团长,他也获得土地。1711 年来自土耳其的希腊人瓦西里·卡普尼斯特曾是米尔哥罗德的团长获得土地。1732 年将军维斯巴赫得到了乌克兰大约 500 个农户的官阶田庄,这些官阶田庄在他死后转到了伯爵米尼赫手中。1727 年彼得二世规定,俄罗斯的所有官员可以在乌克兰购买土地,而禁止乌克兰人出卖土地,因为这些出卖的土地已经被俄罗斯人所购买。所有俄罗斯人可以无偿地从破落军人手中得到土地。这个禁令很快被废除。1728 年法令规定,除外国人之外,容许自由出卖帝国所有田庄。目前已在乌克兰拥有土地的俄罗斯人,如果打算继续购买乌克兰的土地,这些人必须在乌克兰法庭的监督下与乌克兰人一样服役、纳税。1740 年中将什塔费利由于其妻子购买了乌克兰佩列亚斯拉夫军团的土地,政府容许他只能购买乌克兰居民的土地。这个法令也扩及格鲁吉亚贵族。拥有田庄成为乌克兰贵族加入俄罗斯贵族阵营的一个必备条件。当时,许多俄罗斯贵族都在乌克兰拥有田庄,如伯爵米尼赫、中将什塔费利、公爵特鲁别茨科夫、伯爵戈洛温、伯爵托尔斯泰、上校卡什金、中尉卡济米罗夫等。

　　17世纪末,乌克兰的同伴划分为上层哥萨克和普通哥萨克。上层哥萨克是按照波兰的历史传统、立陶宛的等级规则组成的贵族,他们获得了军人的土地——官阶田庄。居住在官阶田庄土地上的市民,一部分为其服劳役,另外一部分坐享封建地租。起初乌克兰的这种封建秩序只是表面化的,后来经过俄国政府的法令政策才得以法律化和神圣化。其结果使乌克兰贵族融入俄罗斯贵族中,乌克兰贵族由此享有了俄罗斯贵族的基本权利——对农奴的控制权力。为了获得更多的权利,进一步融入俄罗斯贵族中,乌克兰贵族煞费苦心。应该说,俄国政府并不是承认乌克兰的所有贵族为俄国贵族,政府只是承认那些获得沙皇赏赐、或者在俄国服役的官僚贵族,并且具有世袭贵族称号的乌克兰贵族可以享有俄罗斯贵族的权利。如1749年伯爵博罗兹特纳在俄国宫廷当仆役,后被赏为仆役总管,1756年成为尉官。而其他贵族却没有得到政府的认可。在伊丽莎白·彼得洛芙娜时,参政院认为乌克兰没有贵族,所以规定,乌克兰人不能进入士官武备学校学习。乌克兰的上层哥萨克为了得到与《官秩表》相符的品级而竞相奔波。1767年叶卡捷琳娜二世责令乌克兰军队的司令官鲁缅采夫-扎杜纳伊斯克,从乌克兰名望家族中挑选一些优秀的男孩女孩送到贵族军团,以此让他们成为乌克兰贵族的少女、儿郎。

　　俄国政府通过三种措施使乌克兰贵族享有同等权利和自由:一是1782年建立了3个乌克兰省,乌克兰贵族可以参加省级和县级地方议会的选举。二是1783年5月3日法令恢复乌克兰市民迁徙的自由。三是1785年《贵族特权敕书》也扩展到乌克兰贵族身上。乌克兰契尔尼戈夫的贵族代表要求明确贵族资格:"由于乌克兰社会长期处于混乱状态,也就不存在土地财产。同样因平民的抢劫,各种官职和名册被销毁。目前乌克兰官员的头衔都是为迎合尊贵女王陛下而得到的。为了防止确认贵族身份时出现的混乱,应该由省长亲自确认,乌克兰贵族是否是俄罗斯名门望族,或者是波兰和沙皇赏赐的官员。"①

可见,富裕的哥萨克上层成为乌克兰的贵族,他们来自同伴中的将军、团长、百人长。但富裕的哥萨克上层官员人数很多,而且他们各自的重要性又不尽相同,1734 年乌克兰的 10 个军团(从扎波罗热的炮兵总监到总辎重兵)中有 420 个军官,文官(从大法官到百人长)有 15 个。② 这样就出现一个问题,如何按照《官秩表》确定乌克兰贵族的官职,1783 年,陆军委员会建立了由 10 个乌克兰军团组成的正规军和卡宾枪团,规定乌克兰官员只能在乌克兰军团任职,只有特殊人才有资格到俄罗斯服役。后来又建立了元帅和尉官官职,乌克兰的其他服役人员可以退役从事其他职业。1784 年 12 月 22 日法令,除任命权杖保管副官斯捷潘·托马尔为 6 品团长之外,没有晋升以前乌克兰的其他官员,政府更多的是改变在俄罗斯服役的乌克兰官员的官职称号,如军团大尉、军团少尉和书吏改为骑兵大尉,百人长改为中尉,军事副官改为骑兵少尉,而胸章副官、百人长的少尉等改为士官。退役官员改为俄罗斯官职,如权杖武官改为中校,军团辎重兵军官、大尉、少尉、文书官改为准少校,百人长改为骑兵大尉,团长改为准将。但是,乌克兰官员改为俄罗斯官员,政府从一开始就没有制定准确而规范的细则,政府不能把同级官职的乌克兰官员与俄罗斯官员同等看待。一些军事副官改为 9 品官,而另外一些改为省级秘书,乌克兰没有成立真正的贵族代表议会,乌克兰的官员依旧是以前的富裕的哥萨克上层贵族,他们成为世袭贵族,而新出现的官员和其他一些官员却处于哥萨克上层贵族的统治之下。这样,出现了滥用贵族议员的权利,乌克兰代表会议选拔了一些来自商人、普通哥萨克的代表。他们通过各种手段获得官职,自誉为贵族,出现了判断贵族身份的见证人。

---

① А.Романович-словатинский.Дворянство в России,М.,2003.С.258.
② А.Романович-словатинский.Дворянство в России,М.,2003.С.259.

大部分乌克兰贵族(Шляхта)为了获得贵族证书,离开乌克兰到波兰,运用犹太人的手段为自己购买波兰贵族证书,或者借助于犹太人的帮助加入贵族家族,这些贵族家族在波兰不存在或已经消亡。这样,在乌克兰出现了贵族证书的交易,被乌克兰人雇佣的犹太人从波兰倒卖贵族证书,贵族代表从犹太人那里收集贵族证书,注册为这样或那样的乌克兰贵族家族。许多普通哥萨克、国有农民、附居农民变成贵族,贵族代表的官职成为有利可图的职业,许多人为此进入癫狂状态。政府通过告密制度压制乌克兰议员的不法行为,并没有取得什么结果。如诺夫哥罗德省索斯纳县的议员萨赫诺夫斯基被告发,并没有受到法律的制裁。

18世纪末期乌克兰共有十万贵族。俄国政府开始制止乌克兰贵族议员滥用权利。1791年乌克兰地方总管、上将克列切特尼科夫向参政院汇报,平均每3个乌克兰省贵族家谱中有22.702个贵族,他们来自纳税商人、市民、哥萨克、国有农民和领地农民。[①] 乌克兰的首席贵族和议员忽略了这些家谱的真实性。为此,贵族铨叙局开始核实通过非法渠道获得贵族称号的家族,开始监督乌克兰贵族代表委员的活动,取缔他们的议案,没收他们编订的《贵族家谱》,只承认理由充分、证据确凿的贵族称号,而不承认其祖先是团级大尉、哥萨克、少尉、书吏等的乌克兰贵族,这样,引发了1809年波尔塔瓦省贵族对政府的仇视行为。1819年10月15日波尔塔瓦省贵族代表、公爵列普宁要求承认乌克兰贵族的权利。

在顿河地区,1775年政府将顿河军官改称为俄罗斯军官。如顿河哥萨克的团长伊万·普拉托夫,因在七年战争和镇压普加乔夫农民起义中战功卓著而被赏赐为世袭贵族。1812年,他的儿子马特维·伊万诺维奇被赏赐为伯爵。这样,在顿河草原的哥萨克村庄自由孩子中间出现了贵族。1799年政府赏赐给杰尼索夫贵族称号。1835年顿河地主的农民每人分得了15俄亩的土地。后来,其他哥萨克军人获得与《官秩表》相符的官职。

1799年乌拉尔军人、1802年黑海军人、1817年阿斯特拉罕军人、

---

① А.Романович–словатинский.Дворянство в России,М.,2003.С.260.

1840 年奥伦堡军人、1845 年高加索军人获得了贵族称号。

鞑靼出身的公爵和穆尔扎（Мурз）①也获得俄罗斯贵族的权利和地位。尽管他们的宗教信仰不同，只要向政府纳税，就可以获得贵族的基本权利——控制农奴的权利。基辅和立陶宛的鞑靼获得了此权利。1818 年格鲁吉亚和摩尔达维亚地区的贵族获得此权利。

在伏尔加河中部流域曾是喀山汗国封建后代鞑靼王公和穆尔扎，他们在承认俄国沙皇统治的前提下，其土地占有被保留，甚至他们得到的赏赐有所增多。他们之中的许多人（鞑靼人、摩尔多瓦人、楚瓦什人）因改信基督教而获得了与俄罗斯贵族同等的权利。例如，王公延加雷切夫在卡多姆县、克列县、莎茨克县拥有领地。1674 年亚科夫·延加雷切夫接受洗礼而被晋升为御前大臣，他的儿子干到大尉和中尉。1682 年王公库古舍夫因为受洗而获得卡多姆县的世袭领地；他的世袭领地证书传给了受洗的孙子；王公杰夫列特-基利杰耶夫服役到龙骑兵。②

17 世纪末期政府颁布法令，禁止未洗礼的地主领有农奴和土地。18 世纪初期，政府强化了非俄罗斯地主的基督教化进程。1713 年颁布法令，穆尔扎和拥有已洗礼农民的其他服役人员必须在半年内接受洗礼，否则没收领地。由于此原因非俄罗斯地区的地主数量大大减少，而已洗礼的地主由于获得被没收的领地，其社会地位大大提高。与此同时，鞑靼人、摩尔多瓦人、楚瓦什人中的小服役人员，如同俄国的独院小地主一样，失去了贵族权利。他们在喀山行政机构注册为拉什玛（Лашмана 造船厂的木材工人），他们不交纳人头税。

在巴什基尔地区 18 世纪封建关系发展迅速，尤其是在巴什基尔的东南部地区，畜牧业发展势头好，普通的巴什基尔人遭受富裕的上层哥萨克和"达尔罕"的封建压迫。18 世纪初，来自伏尔加河中部流域的俄罗斯和非俄罗斯逃奴定居在巴什基尔，为巴什基尔封建主的压迫提供了可能。

---

① 15 世纪鞑靼蒙古国家封建贵族的称号。

② Е.Н.Кушева.Дворянства//Очерки истории СССР: Период феодализма : России во первой четверти ХⅧ в.М.,1954.С.205.

俄国政府把巴什基尔人的社会上层作为其统治的支柱,委托他们为俄国政府征收毛皮税和其他税收,由此强化了巴什基尔人对他们的依附。18世纪初期俄国在远征亚速海和北方大战中组建了非正规的由巴什基尔封建主的骑兵,给予他们世袭和非世袭的"达尔罕"的奖励,"达尔罕"摆脱了毛皮税的压迫,占有村社土地来放牧和养蜂。18世纪20年代在乌菲姆斯基、比尔斯克和卡拉库利诺城堡,巴什基尔地区富裕的上层哥萨克、"达尔罕"和毛拉经常进行土地、林场和人口的买卖,这样加速了巴什基尔地区封建化进程。尽管俄国政府强化巴什基尔地区封建人身依附关系得到了巴什基尔贵族的支持,但俄国政府并没有给予他们与俄罗斯贵族同等的权利。在那里父系氏族公社的残余表现突出,人身依附形式很特别。

　　总之,18世纪俄罗斯帝国疆域的拓展使帝国的民族成分日益复杂化。每个进入俄罗斯帝国的民族都发展着封建关系,经常是民族地区经济的发展落后于中心地区,在对待其他民族关系上,政府着眼于提高封建上层的统治地位,在共同的阶级利益上把他们与俄罗斯贵族相互联盟,镇压反对经济交往、分离主义势力。可见,"俄罗斯贵族对自己生活的漠不关心则产生了一种难以克服的、用各种方式逃避现实生活的愿望,所以产生了一种想要通过参与其他民族的问题和生活的途径来补偿在国内所缺少的有价值的生活的极其强烈的愿望,以及在其他国家、其他地区的某个地方才有真正的生活感觉。经常为比萨斜塔的命运操心,这是我们俄罗斯的独特现象。征服、恫吓及奴役是俄罗斯民族精神的主要表现形式和证明形式。对俄国来说,对外的每一次胜利都造成了国内的巨大失败,导致了不自由成分的加强。民族的自我肯定是通过地理扩张达到的。俄罗斯人与上帝有某种协议,他们卖身为奴是为了获得奴役世界其他民族的机会。"①

---

　　① [俄]安德兰尼克·米格拉尼扬:《俄罗斯现代化之路——为何如此曲折》,新华出版社2002年版,第10—11页。

第二节　1762 年《御赐全俄罗斯贵族特权与自由诏书》与贵族退役浪潮

一、18 世纪前半期政府对贵族的服役政策

从伊凡三世起,贵族就对国家承担着永久的义务,并由此获得领地和世袭领地。贵族扮演着服役者和土地所有者的双重角色:作为服役人员,他们向往莫斯科沙皇的宫廷,封官赏爵、派往各地为官;作为地主,他们希望从事领地经济并成为其主人,这样使其本身处于矛盾之中。由于俄国贵族得到的不是军饷,而是土地和农奴,需要有一定的时间来操持家务。17 世纪末期,随着国家对外防御任务的日益严峻,战争的频繁,服役人员所承担的军事义务随之繁重,贵族开始厌倦战争,千方百计逃避服役。

18 世纪前期,在西方资本主义工业世界的冲击下,俄国政府为了改变国家的落后状态,实行了以军事改革为主要内容的改革,从事军事义务、参加战争则成为贵族长期和首要的任务。政府以惩罚、破产威胁旷职者,即没收他们的领地和世袭领地,逮捕入狱,把其所有财产转交给告密者,即使旷职者曾有个人功绩,也不能充任任何低级官职。对旷职和服役中的犯罪行为者要没收其领地,而把这些土地作为领地基金补偿有战功和其他有业绩的贵族。1722 年法令,除了物质惩罚以外,对贵族名誉破坏者处以辱刑并把旷职者的名字钉在绞刑架上,责令检察员寻找他们。总检察员内斯特已经找到了近一千多个躲避检阅和服役的旷职者。[①] 无论是奖励,还是惩罚,彼得一世的目的都是为了从贵族中选拔干部建立帝国强大的军事官僚机器。改革造成贵族等级的分化,逃避服役自然成为贵族摆脱服役的主要方式。

18 世纪以前,俄国的部分军队是由半正规军组成的,军队的主要力

---

① Е.Н.Кушева.Дворянства//Очерки истории СССР: Период феодализма : России во первой четверти ⅩⅧ в.М., 1954.С.198.

量是贵族军团。彼得一世放弃了贵族军团,建立了封闭式的职业正规军。军队的士兵由农民和小市民组成,而军官则由贵族担任。由于贵族是带着自己的农民去服军役的。旧贵族军团使皇帝及其政府严重依赖于贵族、众多的军官,甚至是农民。由于脱离了社会的军队向来是最高政权手中更驯服的工具,职业正规军使国家更具独立性,不再依赖各类社会群体。1874年,普遍兵役制取代了纳税阶层的税民兵役制,军队的服役期限缩短,军官阶层则由平民知识分子来补充,所有这些长期以来造成了一种后果。与以前相比,军队与社会的联系更紧密了,而与皇帝的联系却减弱了,因而它摆脱了皇帝的绝对控制,只能顺利执行那些为士兵和军官所理解却不会引起反抗的任务。

彼得一世时期,国家按照西方模式建立了正规海陆军,并最终将兵役制度变为纳税等级的义务兵役制度。俄国的兵役义务肇始于18世纪初期,大体上经历了两个阶段:等级义务兵役制、普遍义务兵役制。

从彼得一世起到1874年实行普遍义务兵役制止,服兵役只是纳税等级的义务。1705年2月彼得一世颁布敕令,将不定期的补员征兵改为常规征兵,所征新兵名称也开始由差丁(даточный)变为被征召的新兵(рекрут)。从此,服兵役成为纳税等级义不容辞的国家义务。①

18世纪国家的服役人员都是骑兵、步兵(Людны)、炮手,在军事远征之外,他们大部分时间都在自己的领地上度过。贵族从15岁起便必须对国家履行服役义务,而且必须从最低一级开始。任职期限没有期限,除非因病失去工作能力,否则终生不得离职。② 每个贵族家庭有2/3的成员

---

① 罗爱林:《俄国封建晚期农村公社研究》,广西师范大学出版社2007年版,第226—228页。

② 俄国的服役期限:1793年以前,士兵的服役是终身的。1793年士兵的服役期限缩短为25年,1834年缩短为20年,1855年为12年,1872年为7年,1874年为6年,1876年为5年,1905年则缩短为3年(1874—1914年海军士兵真正的服役期限通常比陆军多一年)。1736年以前,军官也是终身服役的。1736—1762年,军官的服役期限缩短到25年。从1762年开始,按照法律规定,军官服役采取自愿原则,而且,任何时候都可以退伍(那些毕业于军官学校,由国家负担费用的军官除外)。[俄]鲍里斯·尼古拉耶维奇·米罗诺夫:《俄国社会史》下卷,山东大学出版社2006年版,第216页。

任武职,1/3 的成员任文职。贵族通常认为当军官更为体面,晋升快。每个贵族都被固定在其任职的团队或机关,职责重大,任务非常繁重,经常出现逃避服役义务的行为。彼得大帝为了督促适龄贵族青年服役,经常召集各地贵族来首都接受检阅,惩罚那些逃避服役的贵族。1711 年,因为假期结束后没去基辅省团队报到,53 名军官被剥夺了领地,其妻小被逐出领地。① 1714 年法令取消对服役人员的土地实物赏赐而代之于货币赏赐。1720 年法律规定,擅离职务的贵族要受鞭打、割鼻和终生服苦役等刑罚。这些贵族的名字被挂在绞刑架上示众。举报隐匿贵族者将得到隐匿贵族的一部分财产以资奖励,而接纳隐匿贵族的人则将受到严厉的惩罚。1722 年法令建立贵族铨叙局以取代职官部,监督贵族服役活动。

政府把贵族的服役活动主要集中在军队,而非国家的行政机关。政府的法令经常关注的只是贵族服役的规则和服役秩序,从不考虑贵族休假问题。军事义务极为繁重,以至于一些贵族为了不从军,宁愿去当商人,甚至农民。贵族还有受训的义务,不识字的贵族被禁止结婚,文化程度是贵族晋升的必要条件。贵族还有其他义务:为胜任工作而不断自我完善;教育后代,为其将来的任职做准备;管理其占有的农民。贵族与农民一样受到"体罚",所不同的是贵族不交纳直接税,国家认为贵族以服役代替了贡赋。可见,政府的改革并没有给服役贵族继续分配新土地,而依然要求服役贵族终身服役,这样,必然导致富有的大贵族从农村涌向城市、首都,去做官、领赏、消遣。相反,不太富有的贵族从城市走向农村,逃避服役。尽管政府法律不同程度地限制贵族逃避服役:罚款、没收地产、体罚,但也未能阻止这种规模和范围扩大。

北方战争末期,1720 年 10 月 7 日政府被迫颁令,容许陆军、龙骑兵和步兵中的校官、尉官根据个人的身体状况需要休假 5 个月。1721 年政府颁令给野战军、卫戍军团的贵族军官半年的假期。1724 年颁令延长了

① [俄]鲍里斯·尼古拉耶维奇·米罗诺夫:《俄国社会史》上卷,山东大学出版社 2006 年版,第 381 页。

休假的期限。但对于退役问题,海军条例的第58条规定,除重病和年老者外,一律不容许退役;贵族休假延长到4、6、12个月期限,退役必须获得陆军委员会直属医疗机构的证明后方可批准。

彼得一世去世后,服役使贵族失去了土地收入,而国家无力满足贵族在军服、给养、医疗、退役后的赡养及退休金方面的需求,贵族对军事服役表现出极大的厌倦,国家一度减缓贵族服役的负担,重新调整贵族的土地占有形式。安娜·伊万洛芙娜政府取消《一子继承制》,在保护必要的义务前提下,破除由彼得一世确立的贵族服役秩序,激发贵族军官对于领地经济生活的向往。而当时专制政府依旧希望决定贵族的命运,只容许贵族把服役作为唯一的生活道路,让贵族在不同的军团服役,补充人数不多的行政机关,出现了1730—1750年政府和贵族之间的矛盾。贵族的抗议和王权的衰微,政府不得不作出让步,容许贵族休假。1727年法令,容许贵族出身的2/3的军官、军士和普通士兵休假。1729年颁布法令,每年容许1/3陆军、卫戍军团的校官、尉官和士官及贵族出身的士兵休假。1732年法令容许贵族在每年年初回家休假。1744年法令,容许来自各地的1/3的官员退役,但必须是高级参政员。1748年法令,让士官休假4个月。1752年12月9日法令,贵族除了年休假,还有每年12月的月休假。这样,假期的延长不仅减轻了贵族的服役负担,而且增加了贵族在法律容许的范围内逃避服役的可能性。

为了吸引贵族服役,政府从1732年起提高军官的赏赐额度,并与外国军官的赏赐相提并论。1730年建立了贵族特权等级学校——士官武备学校,使部分贵族免除了从士兵开始服役的重负,缩短了贵族获得尉官的期限。尽管如此,贵族依然逃避服役,一些贵族军官注册为商,或到宫廷服役,在不同的城市之间移居,或盗窃后,逃亡在外。《1736年诏书》确定:贵族服役期限为25年;容许部分贵族退役从事领地经济;所有7—20岁的贵族必须去学习;贵族的提前退役必须有医疗机构"劳动力丧失"的证明。但是到1739年,由于近一半的军官退役,《1736年诏书》失效。从10—12岁服军役到30岁的贵族军官开始张罗退役。即使有些军官没有自己的土地,他们也不愿意在军队中服役。《1740 年诏书》确立了退役的基本原则:身负重伤、不治之症、精神病患者和年老体弱的军官可以退役;服役期限为 25 年身强体壮者,请求退役时必须拥有 100 个农奴的财产;家中没有土地可经营者转业到行政部门;贵族在转业到行政部门前可以提高一个品级。

可见,《1736 年诏书》政府对贵族给予的特权显得不切实际,政府本身阻碍了它的实现。索洛维约夫评价道:"一方面,贵族表现出极大的不满,终身服役的贵族不能经营自己的庄园;另一方面,国家机构和军队中人员的不足,政府又不容许贵族摆脱义务。"①政府对贵族让步的法令实际上表现出政府和贵族在服役问题上存在着尖锐的矛盾。

二、社会出身、财产资格——中小贵族军官退役的根本原因

俄国史学界有关 18 世纪俄国贵族的退役浪潮问题的研究有多种观点。②

---

① С.М.Соловьев. История России с древнейших времен:Т 8. М.,1963. С.14.

② С.М.托洛茨基认为:取消义务服役是 18 世纪前半期俄国社会经济、政治发展的结果。18 世纪俄国商品货币和资本主义关系的发展,贵族等级成为统一的特权等级。随着贵族在国家政治经济生活中作用的提高,他们从专制君主那里获得了等级特权的法律保障,尤其是摆脱服役义务的特权,因为这种义务干扰了他们在新的历史条件下从事经济活动。С.М.Троицкий.Русский абсолютизм и дворянство в ХⅧ в.М.,1974.С.317.Н. Ф.杰米多夫认为:俄国行政机构的空缺并非是官员的大批退役,而是经过 18 世纪改革俄国行政机构政治作用的显著提高,国家机构数量的增加而导致了干部队伍的奇缺;非特权贵族的补充是有限的,主要是由以前的衙役及子弟构成。Академия наук СССР институт истории. Абсолютизм В России(ХⅦ-ХⅧ вв),М.,1964. С.242. А.罗曼诺维奇·斯拉瓦京斯基认为:退役浪潮是贵族等级歧视造成贵族等级分裂的一种表现,"为了保护自己原有的高贵地位,破落而保守的血统贵族鄙视新官僚贵族,不愿意与他们搅和在一起,退役自然成为躲避的一种最好方式。"А.Романович-словатинский.Дворянство в России.С.234.美国历史学家 М.拉耶夫认为:退役浪潮是俄国政府与贵族之间联盟破裂的表现,"与其说贵族从义务服役中解放了出来,不如说国家从服役人员的依赖中解放出来。"М.В.Бабич. Вопрос о взаимоотношения х самодержавия и дворянства россии Во Второй половине ХⅧ в.В современной англо-американской историографии.//Вести московского университета,1989,№6. С.63.А.С.梅利尼科夫认为:服役义务已经完成了其使命,它为国家造就了许多学识渊博、精明强干的人,贵族中已经杜绝了"粗鲁和愚昧"并形成了高贵的思想,因此,贵族服役的必要性已经不复存在。[俄]鲍里斯·尼古拉耶维奇·米罗诺夫:《俄国社会史》上卷,山东大学出版社 2006 年版,第 395 页。

笔者认为 И.В.法伊佐夫的观点更令人信服,俄国的军役长期繁重是导致贵族经济状况恶化而退役的主要原因。

1762 年 2 月 18 日,彼得三世颁布的《御赐全俄罗斯贵族特权与自由诏书》是俄国官僚体制历史上的一个重要的里程碑,从表面上,它的制定似乎是政府扩大俄国专制主义的统治基础,加强贵族等级的团结,把贵族变为连带土地所有者目的出发的。实际上,它是 18 世纪以来俄国中小贵族经济地位不断恶化,要求摆脱义务服役的必然结果。

1730 年宫廷政变后,贵族中间有许多不满者要求政府缩短服役义务为 20—25 年,为贵族子弟建立专门的学校,把服役编入军官行列,停止强制性的注册登记、传授手艺、定期交纳赏赐,取消《一子继承法》。为此专制君主不得不考虑贵族的意见,安娜·伊万诺夫娜取消《一子继承法》,设立士官武备学校,给贵族子弟教授军事和行政科学。1731 年陆军委员会明确规定,缩短贵族服役期限为 25 年,而且骑兵要全副武装,贵族在军队服役 6 年后才能退役。由于改革只是有利于贵族上层,大部分军事负担都落在小贵族身上,所以,参政院没有采纳这种削弱军队战斗力和损害国家利益的建议。1736 年安娜·伊万诺夫娜把贵族的服役期限缩短为 25 年,贵族有权让一个儿子料理庄园经济事务。国家不仅没有对贵族实行大规模的镇压措施,而且参政院不止一次地对旷职者行为加以解释和宽恕。1743—1750 年参政院和贵族铨叙局在圣彼得堡和莫斯科对 8753 名贵族子弟进行检查,只有 92 人受到惩罚。①

1762 年《御赐全俄罗斯贵族特权与自由诏书》的颁布起初是由贵族 П.И.和 А.И.舒瓦洛夫兄弟、М.И 和 Р.И.沃伦佐夫兄弟之间派别斗争引起的,但是摆脱义务服役、要求自愿为国家服役的思想早已扎根在所有贵族心中。彼得一世和他的后继者为了富国强兵,强制贵族服役时接受教

---

① И.В. Фаизова. "Манифест о вольности" и служба дворянства в ⅩⅧ столетии. М., 1999. С.142.

育并给予优惠,在俄国军队和国家机关中出现了很多熟知业务的行政官员和军官,迫使政府颁布了取消强制义务的政策:如果贵族在其岗位上服役不足一年,退役后就可以获得新的品级;贵族可以出国居住并让子弟去国外学习;专制君主许诺保护贵族的自由并号召贵族自愿为国家服役,就可以获得相应的贵族称号;但是国家不容许在军队中当士兵的贵族退役,如果离职至少要当 12 年的士兵。

18 世纪初期俄国贵族等级是在《官秩表》的作用下形成的。俄国官员的选拔似乎不是按照社会出身,而是按照个人任职年限、功绩和知识水平。实际上,18 世纪后期,随着彼得一世继承人对《官秩表》的修正和补充,社会出身、财产资格成为官员服役地位、晋升、教育程度、休假和转业的唯一凭借。

社会出身是决定成功官运的重要因素。1782 年第 4—5 次人口普查,俄国有 10.8 万贵族,占俄国居民总数的 0.8%。1795 年有 36.2 万贵族,占俄国居民总数的 2%。① 1762—1771 年退役贵族 7091 人,在 7091 人退役贵族中,476 人无法确定,在可以确定的 6615 人退役贵族中 5992(88%)人属于世袭贵族。在退役的贵族军官 6199 人中 5478(88.4%)人属于世袭贵族。而且在完全退役的军官中世袭贵族占 90.6%,转到文职的世袭贵族占 78.1%,但退役的文职官员中占 81%。②

在退役贵族中爵位贵族占 2.6%,其中退役文官占总数的 3.8%,而退役军官占总数的 2.6%,在退役的爵位贵族中,2.7% 自谋生路,1.9% 转业到机关。出身非特权等级的退役贵族有 623 人,占总数 9.4%,其中退役的文官 64 人,占总数的 15.4%,而退役的军官 559 人,占总数的 9%。而且退役的军官中之中完全退役的只有 429 人,仅占 7.7%,转业到机关

---

① В. М. Кабузан、С. М. Троийкий. Изменения в численности, удельном весе и размещении дворянства в России в 1782—1858гг. //История СССР .1971. №4. С.164.

② И.В. Фаизова. "Манифест о вольности" и служба дворянства в XⅧ столетии. М. ,1999. С.47.

的130人,占21%。可见,1722—1772年的50年间,补充到俄国贵族队伍中的非特权贵族只占9%,而且,他们大部分集中在行政机构。① 18—20世纪初,彼得堡上层官僚们和各省行政机构的上层人物85—100%都是贵族后裔的代表。在上层官吏中以领地贵族居多,在所有官吏中都存在着代表资格的限制。②

财产资格成为影响贵族服役状况的另外一个因素。根据1720—1770年的人口普查,20年代拥有20个农奴的地主占总数的59.5%,拥有21—100个农奴的地主占总数的31.8%,而大中地主占总数的8.7%。70年代拥有20个农奴的地主占总数的59%,其中,拥有10个农奴的地主占总数的32%,拥有11—20个农奴的地主占总数的27%,拥有21—100个农奴的地主占总数的25%,而大中地主占总数的16%。换句话说,在50年内大中地主的人数增长了2倍,而拥有21—100个农奴的小地主缩减了6.8%。③ 18世纪前半期,《一子继承法》和《官秩表》的实施,平民官员大量涌入贵族行列,使得没有农奴和土地的贵族人数扩大化。1720年没有土地和农奴的军官在俄军中占53.5%。④《一子继承法》的废除加剧了俄国贵族的分化,许多无地、无农奴的大中贵族充实到小贵族行列。1750—1760年贵族铨叙局经过调查,许多小贵族四处漂泊,从一个修道院转到另一个修道院,寻找栖身之地。

财产状况不仅反映了整个贵族等级化和人数的增长,一些贵族富有,一些贵族贫穷,而且反映了贵族等级内部的差别。按照H.M.舍普科夫划

---

① И.В.Фаизова.“Манифест о вольности”и служба дворянства в ⅩⅧ столетии. М.,1999.C.47—48.

② [俄]鲍里斯·尼古拉耶维奇·米罗诺夫:《俄国社会史》下卷,山东大学出版社2006年版,第212页。

③ И.В.Фаизова.“Манифест о вольности”и служба дворянства в ⅩⅧ столетии. М.,1999.C.48—50.

④ И.В.Фаизова.“Манифест о вольности”и служба дворянства в ⅩⅧ столетии. М.,1999.C.50.

分的标准,小地主拥有 1—100 个农奴,中地主拥有 100—500 个农奴,大地主拥有 500—1000 个以上的农奴。① 1740 年法令规定:拥有 70—100 个农奴的贵族可以完全退役;拥有 50—70 个农奴的贵族可以交纳 30 卢布代替兵役;拥有 30—80 个农奴的贵族可以交纳 20 卢布代替兵役;如果拥有 20 个农奴的贵族必须安排子弟服役。取消义务服役后,拥有农奴的多少成为贵族自由退役的根据。可见,18 世纪俄国贵族的财产划分:没有农奴的贵族地主分为两类,即没有农奴,也没有土地和仅仅拥有领地的贵族;小地主贵族分为六类,即拥有 1—10、11—20、21—30、31—50、51—69、70—100 个农奴的地主贵族;中等地主贵族拥有 101—500 个农奴;大地主拥有 501—1000 个以上农奴。可见,俄国贵族的服役特殊性直接反映出 18 世纪前期和中期贵族领地的缩小和贫困化程度。

财产资格决定贵族服役的仕途。日趋破落的贵族地主(至少拥有 20 个农奴)须在各省服军役,有生活保障的贵族则有权把子弟安排在近卫军中,保护沙皇的宫廷,以及在享有威望的行政部门。1737 年法令确认,拥有 100 个农奴的贵族在参政院,拥有 25—100 个农奴的贵族地主在各部委和总行政办公处,这些贵族不仅可以获得赏赐,而且可以借助个人手段维护自己社会地位的高贵、血统的纯洁和超人的才华。1730 年注册为贵族的地主(拥有 20 个农奴)被安置在陆军和卫戍部队,而不能安置在近卫军和彼得堡的军队中,这样,最低生活保障的贵族就从近卫军和京城机关的预备干部队伍中被删除了。1741 年法令虽然取消了小贵族进入近卫军的限制,贵族子弟可以根据个人的才能进入特权军团,但是,财产资格仍然是最基本的保障,财产资格和教育水平决定了贵族服役的秩序。Г.С.温斯基回忆道:"在省城这样的贵族并

---

① 此外,В.И.谢梅夫斯基认为,小地主拥有不少于 20 个农奴,中等地主拥有不少于 20—100 个农奴,大地主拥有 100 个以上农奴;Н.М.舍普科瓦认为,小地主拥有 1—100 个农奴,中等地主拥有不少于 100—500 个农奴,大地主拥有 500 个以上农奴。И.В.Фаизова. "Манифест о вольности" и служба дворянства в ХⅧ столетии. М., 1999. С.50.

不多,因为一些受过系统教育的贵族都补充到宫廷、近卫军和首都的重要岗位上。"①1720—1740 年谢苗诺夫近卫军团和普列奥布拉任斯基近卫军团的财产状况表明,随着贵族所占有农奴人数的增加,贵族的服役特权也随之扩大。

　　财产资格决定着贵族接受教育程度的高低,而文化程度又决定了 18 世纪初期贵族的社会地位和仕途。贵族财产资格高,所受到的教育水平也就高。贵族的收入最终决定了其生活方式。1760 年平均有 12% 的贵族接受了教育。1762—1777 年退役贵族中约有 8% 的贵族不识字,47.2% 的贵族接受了初等教育,15% 的贵族接受了中等专业技术教育,1/3 的贵族准备进入士官学校,大部分贵族的文化水平很低。叶卡捷琳娜二世时期法典委员会的新法案确认,16% 的贵族不识字,即 6 个贵族中就有一个不识字,而在某些县高达 50%。② 18 世纪 30—70 年代,俄国军队和近卫军中不仅大部分贵族文化程度低,而且只认识几个字母者大有人在。"从言谈举止无知的庄稼汉身上充分反映出 2/3 贵族出身者的无知和贫困。有时,我接触一些富有者发现,他们之中的大部分人,甚至有教养的外国人只会识字。而经常居住在乡镇的贵族,孤陋寡闻,读读写写,我只能称他们为无知的贱民。"③

　　贵族铨叙局的档案资料表明,不识字的贵族大部分来自小贵族中最贫困的子弟;识字不多的是没有农奴而仅有领地的贵族地主和小贵族地主的后代;占总数 42% 的大中地主贵族、39% 的小地主贵族(拥有 21—100 个农奴)和 11% 的小地主贵族(拥有 1—20 个农奴)接受了高等教育。接受高等教育的大中地主是拥有 21—100 个农奴的小地主的 2 倍,

---

① И.В.Фаизова."Манифест о вольности" и служба дворянства в ⅩⅧ столетии. М.,1999. C.57.

② И.В.Фаизова."Манифест о вольности" и служба дворянства в ⅩⅧ столетии. М.,1999. C.53.

③ И.В.Фаизова."Манифест о вольности" и служба дворянства в ⅩⅧ столетии. М.,1999. C.53.

拥有 1—20 个农奴的小地主的 15 倍。① 但 19 世纪初期,俄国贵族的教育水平依然低下,"在我们的军队里,尽是些文化很低,甚至目不识丁的军官,尤其是在地方军队。"②正如 1801 年公爵斯特洛加洛夫所言:"我们国家的贵族,只会服役,而没有什么文化水平,这些人不学无术、渺小、愚昧无知,大部分贵族只是为个人私利而服役。"③

表2　1762—1771 年退役军人的教育、财产状况及在所占的比例④

教育水平	财产资格										总和
	不确切	无农奴	领地拥有者	拥有农奴的数量(人)							
				1—10	11—20	21—69	70—100	101—500	501—1000	1000以上	
不识字	12	7	4	17	12	4	1	—	—	—	67
%	7	9.7	25	20.2	6.7	3.1	2	—	—	—	8.2
初级	87	43	11	55	38	66	12	11	2	1	326
%	50	59.7	68.8	65.5	52.8	52	24.5	13.8	15.4	25	47.2
中级	29	9	1	4	13	21	9	14	2	—	102
%	16.6	12.5	6.2	4.8	18	16.5	18.4	17.5	15.4	—	14.3
高级	46	13	—	8	9	36	27	55	9	3	206
%	26.4	18.1	—	9.5	12.5	28.3	55.1	68.7	69.2	75	29.8
总数	174	72	16	84	72	127	49	80	13	4	691
%	100	100	100	100	100	100	100	100	100	100	100

资料来源:РГАДА.Ф.286.Оп.14.Кн.505—508,513—516,520—522,526—530,534—535,540—542,546,550—552,557,558,562,567。

---

① И.В.Фаизова."Манифест о вольности" и служба дворянства в ХⅧ столетии. М.,1999.C.53.

② [俄]鲍里斯·尼古拉耶维奇·米罗诺夫.《俄国社会史》上卷,山东大学出版社2006 年版,第 122 页。

③ Я.Е.Водарский.Население России за 400 лет (ХⅥ-начало ХХвв).М.,1973.C.76.

④ И.В.Фаизова."Манифест о вольности" и служба дворянства в ХⅧ столетии. М.,1999.C.52.

　　不同财产资格的贵族在官职的升迁方面也有不同。俄国官员升迁是按照 18 世纪中后期《官秩表》规定的 14 个品级原则来提升。由于任职年限是升迁的主要依据,但对于获得下一个官职的年限没有确定,所以,在实践中政府按照财产资格来确定官员的仕途。彼得一世时期,富有贵族官职地位优势得以保证,并在 1740—1750 年编制外贵族出身的下级官员中广泛推行,既为贵族军团补充了后备力量,也加速了富有贵族的官运亨通。如 A.B.苏沃洛夫在谢苗洛夫近卫军团当过下级军官,后来被升为上级军官。1740 年普列奥布拉任斯基近卫军团中,拥有 101—500 个农奴的士官生占 45.6%,军官占 41.1%,而拥有 500 个农奴以上的士官生只占 15.1%、军官占 32.1%。到 18 世纪中期,拥有 100 个农奴的普通贵族地主在近卫军中占 83%—96%、军士占 68%—80%,士官生占 42%—72%,军官占 15%—16%。① 如果没有土地或最低生活保障的小地主贵族大多数在近卫军中充当下级军官,那么,中上地主贵族则在近卫军中继续担任上层军官。按照财产状况,近卫军团的上层属于俄罗斯贵族的富有和中等阶层。贵族铨叙局里退役军人的资料证明,军人的官运依赖于他们的财产状况。1750—1760 年的资料证明,贵族军官的财产状况与他们的官运成正比,即越富有官越大,越穷官越小。士官和普通军官主要分布在无地和少地的地主贵族中,拥有 70—100 个农奴的地主在中上层军官中所占的比率极低,贫穷的地主一般只能晋升到少尉,很少能晋升到大尉或校官;而拥有 70—100 个农奴的中上地主在退役时一般晋升到尉官或校官,在这个财产范围中愿意退役的还有一些将官。

　　贵族服役年限与财产状况成逆向发展趋势。无农奴而转业到行政部门的贵族服役期为 26 年,中等贵族服役期为 19.7 年。自谋生路且拥有 1—10 个农奴的退役贵族平均服役期为 24.5 年,拥有 70—100 个农奴的小地主服役期为 22.7 年。没有农奴的士官和尉官必须持续服役 23—

---

　　① И.В. Фаизова. "Манифест о вольности" и служба дворянства в ⅩⅧ столетии. М., 1999. С.59.

29.5 年。①

从法律的角度,政府应该依照官职大小增减服役年限,但实际上依照财产资格来确定贵族服役的期限。拥有 11 — 20 个农奴和拥有 21 — 69 个农奴的小地主贵族的服役年限差别不大,其官职的大小主要依赖于他们的个人功绩和机遇,但在实践中这些机会又很难碰到。此外,贵族的营私舞弊破坏了俄国官员的升迁,根据 A.T.博洛托夫的服役传记记载,他的父亲成为上校后,通过两次贿赂,让他在军队中快速提升,10 岁时他就在父亲军团注册,1748 年父亲就打算让他当军官,但真正服役是在 1755 年。当时他就感到自己与同龄人的差别:“当时我处于良好的监护之下,人们并不把我视为中士,而是当做上校的儿子,所有教官都与我套近乎,父亲是我的监护人。”②徇情庇护如同财产状况成为俄国贵族官运亨通的捷径。普希金的《上尉的女儿》中的主人公格里尼奥夫说:“我在母亲的腹中就已经注册为谢苗诺夫近卫军团的中士。如果生出个女儿,父亲则会以未出世的中士已死而了结此事。”③正如托洛斯基所言:“政府确定官员职位的依据不是任职年限,而是爵位头衔,这是徇私情的结果。”④

财产资格决定着贵族的服役年限。1736 年《贵族诏书》和 1762 年《海军条例》是官方容许军人退役的两个正式的法律蓝本,其基本原则:退役者必须是老弱病残,丧失劳动力者;服役期限为 25 年。但是对于大多数服役人员而言,再次丧失劳动力是他们退役唯一可行的理由,25 年的服役期限并没有成为退役的根据。1730 — 1750 年俄国贵族的退役极为困难,在俄国乡村里居住的都是一些老弱病残的高龄老人,以及因特殊

---

① И.В. Фаизова. “Манифест о вольности” и служба дворянства в XVIII столетии. М., 1999. С.63.

② И.В. Фаизова. “Манифест о вольности” и служба дворянства в XVIII столетии. М., 1999. С.67.

③ Ю.М. Лотман. Беседы о русской культуре: Быт и традиции русского дворянства (XVIII-начало XIX века), СПб., 1994. С.43.

④ С.М. Троицкий. Русский абсолютизм и дворянство в XVIII в. М., 1974. С.127.

原因而准备退役者,但这样的人不多。

表3　1753年和1755年退役军官的平均年龄和平均服役年限①

财产资格	平均年龄		平均服役年限	
	1753	1755	1753	1755
无农奴	45.0	—	28.0	—
领地的占有者	—	45.5	—	23.0
占有1—10个农奴者	49.6	46.2	24.2	21.8
占有11—20个农奴者	51.8	44.3	30.4	22.4
占有21—69个农奴者	45.4	47.0	25.2	24.4
占有70—100个农奴者	—	40.9	—	21.6
占有101—500个农奴者	42.2	43.7	19.2	23.3
占有501—1000个农奴者	34.3	30.5	19.25	13.0
占有1000个农奴者以上	34.0	40.5	15.5	23.0

资料来源:РГАДА.Ф.286. Оп.13. Кн.403—405,433—435。

　　表中反映,事实上,俄国贵族的服役年限超过了法定的25年,或者不够。退役军官年龄在15—75岁之间,退役文官在25—75岁之间。如果有50%的文官服役到55岁以后退役(平均47.2%,1753年以后为62.5%),那么平均每年有2/3(66.6%)的军官服役到45岁退役或者转业到行政机关,他们之中至少有53%的军官服役20年,即是说,由于俄国贵族身体状况的恶化,几乎50%的贵族不能完成法定的25年服役年限。②

　　不同财产资格贵族的平均年龄和服役年限差别很大。1753—1755年贵族在年龄上的差别是17.8年和16.5年,而服役年限为14.9年和11.4年。45岁以前退役的贵族与其所拥有的农奴人数成正比,45岁以

___

　　①　И.В. Фаизова. "Манифест о вольности" и служба дворянства в XVIII столетии. М.,1999. С.69.

　　②　И.В. Фаизова. "Манифест о вольности" и служба дворянства в XVIII столетии. М.,1999. С.68—69.

后退役的贵族与其所拥有的农奴人数成反比。服役最高年限为 25 年的贵族都是无农奴的小地主;相反,服役 20 年的贵族大多数是中上层地主。通过对比可以知道,大约 10—20% 的贵族服役的年龄要晚于法定的年龄,他们往往在规定的期限 45 岁后退役。[①] 对于大中地主来说,他们在 20 年前获得名义上的"童子军"任职年限对于后来的任职年限发挥了重要作用。

财产资格决定着贵族的退役频率。财产资格高,退役得越快,财产资格低,退役得越慢,退役频率最高的是中上层贵族,中上层贵族退役的频率是小地主(拥有 21—100 个农奴)的 1.1 倍,小地主(拥有 11—20 个农奴)的 3.1 倍,小地主(拥有 1—10 个农奴)的 5.3 倍,而且在军队中服役的中上层贵族地主经常有机会转业到行政部门。[②] 虽然表面上政府把贵族的身体状况作为容许退役的法律根据,实际上依据的是贵族的财产资格,而不是法定的服役期限。如拥有 30 个农奴的小地主贵族的儿子 M.B.丹尼洛夫,1729 年 7 岁就开始跟随退役的教士学习,1737 年在炮兵学校学习,1746 年升为中士,1754 年为炮兵中尉,1758 年为大尉,1758 年在女儿出生后就开始张罗退役之事,他以身体不好为由请求退役,但政府要求他去彼得堡医院检查后方可退役,几经周折才获准退役,医疗部门的证明书成为官员退役的权威。[③] 为了控制官员退役,俄国政府对医疗机构出具疾病证明加以严格控制,1762 年 1 月 18 日,医疗办公厅颁布法令,必须仔细检查退役贵族的身体状况。可见,实践中国家的服役秩序被破坏了,有利于大中贵族而有害于最低生活保障的小贵族,小贵族的服役期限被大大延长。

政府限制贵族以用疾病作为借口退役的政策暂时取得了成功,但贵

---

① И. В. Фаизова. "Манифест о вольности" и служба дворянства в ХⅧ столетии. М., 1999. С.69.

② И. В. Фаизова. "Манифест о вольности" и служба дворянства в ХⅧ столетии. М., 1999. С.71.

③ И. В. Фаизова. "Манифест о вольности" и служба дворянства в ХⅧ столетии. М., 1999. С.73.

族却把休假作为争取自由服役的另一个凭借,1730—1750年政府官方法律文件又为贵族在现存法律内逃避服役创造了有利条件。贵族的财产资格越低,休假的期限越长,次数越多。

18世纪40—50年代贵族铨叙局多次审核了准尉彼得·扎洛巴夫的呈诉状,他拥有1300个农奴,1728年出生,1740年开始在士官武备学校学习,1746年因病回家治疗两年,1748年请求延长回家休假治病的期限。经过医疗机构的认证,他的左臂骨折,拖延未治的外伤裸露在外,静脉曲张,四肢无力等,故延长他的休假期限,但只是获得了年休假,1753年政府才容许他退役。1733年富有的大尉地主 Г.А.波洛佐夫,他父亲拥有453个农奴,9岁时他就在沙皇宫廷里当少年亲兵,1749年被提升到涅夫斯基陆军团的大尉,1751年因病休假两年,1753年他又申请延长休假期两年,1755年3月21日,请求退役自谋生路,27岁的准少校终于在七年战争前获准退役。克拉力斯舰队的大尉 К.Л.普龙奇谢夫拥有350个农奴,1715年他在海军科学院学习,由此开始了他的服役生涯,在海军他当过准尉、中尉,1727年休假三年,1745年又休假十年,53岁时他也没有获准自谋生路的退役。与他同时代34岁的少尉 А.Т.拉扎洛夫拥有150个农奴,1740年他在陆军服役,1751年因病请假两年,1754年他又续假两年后才退役。18岁就在普列奥布拉任斯基近卫军团服役的 Н.Г.别列津,在诺夫哥罗德县拥有95个农奴,1748年在陆军团当准尉,一年后因病转业从事行政事务后休假一年,1750年归队后不久又请假一年,并再次续假两年,1752年贵族铨叙局让他去圣彼得堡看管禁林,不久他以家境困难为由请求辞职,1755年退役自谋生路。24岁就在海军科学院学习的M.B.希皮洛夫在库尔梅和下诺夫哥罗德拥有120个农奴,1748年他在海军服役当了三年的准尉,1752年5月他又在陆军任准尉后不久转业,此年的6月他就请假一年。1753年11月有人建议他去圣彼得堡生活,但他请假两年回家修剪树枝。1754年1月10日归队后又请假一年,12月16日他在造币厂当工匠。1755年2月请求离职回家治病。1765年以《御赐全俄罗斯贵族特权与自由诏书》颁布为由而退役的36岁的中尉 П.

托尔布基在诺夫哥罗德省拥有 76 个农奴,1742 年在士官武备学校学习,1743—1749 年在士官武备学校就开始请假治病。1760 年 6 月 28 日,由于军队定编他被传讯休假三年,故在他服役的 23 年中就有 9 年在家度过。1743 年在士官武备学校学习的 И.А.卡申采夫拥有 340 个农奴,1747 年他在行政机关当准尉,没有干任何事情,却在家休假治病三年,之后又续假三年,1759 年归队后又向贵族铨叙局提出退役请求。贵族铨叙局虽然检查了他的身体,并没有发生质疑。1760 年 5 月他希望在行政部门继续服役,1761 年他在土地测量处当庶务官,取消义务服役后,他不顾医疗部门的建议,在 1762 年 6 月 4 日退役自谋生路。

可以说,1762 年《御赐全俄罗斯贵族特权与自由诏书》肯定了长假的合理性。48 岁的地主 А.Ю.巴赫梅捷夫在萨兰县拥有 400 个农奴,1737 年他开始服役,20 年后他转业为文官后休假 6 年,1763 年因体弱而退役自谋生路。休长假的往往是服军役的贵族子弟。18 世纪初期少数贵族就让幼子在军队中服役,1762 年《御赐全俄罗斯贵族特权与自由诏书》颁布后,大部分贵族奉行此做法,贵族子弟的军龄、军职大大长于和高于同龄人,如 М.塔拉卡托夫拥有 1800 个农奴,他在 10 岁时就注册为军人,1741 年被赏赐为少尉,因年幼在家休假。1754 年 23 岁时他才开始在莫斯科一个军团服役,当年就荣获大尉称号。6 年后因病转业到莫斯科卫戍军团当准少校。1762 年《御赐全俄罗斯贵族特权与自由诏书》颁布后,获得中校军衔后退役。① 实际上,贵族获得休假的机会很难,经常托人说情。

大多数贵族身体状况的恶化、劳动力的丧失成为退役时最为充分的理由和唯一的法律依据。除了外伤和重创之外,俄国军人在退役时患有多种疾病:肺病、坏血病、肾病、消化不良、尿路感染、关节炎、心血管病、神经病、瘫痪、视听觉障碍、抑郁症和法国病等。1760 年退役人员身体状况

---

① И.В.Фаизова."Манифест о вольности" и служба дворянства в XⅧ столетии. М.,1999. С.76—77.

资料表明,俄国军队中广为传播的是肺结核和坏血病。如 1762 年退役的少尉 C.H.亚济科夫,头痛、胸闷痰多,有时咳血,肋骨疼,发热,全身乏力。少尉 Ф.瑙莫夫干咳、左肋刺疼,患有肺痨病。大尉 Ф.科洛克利茨患有肺结核,呼吸困难,咳血。坏血病出现在不同年龄段。服军役 25 年的中尉 И.C.约西波夫患有久治不愈的坏血病,牙齿脱落,脊背疼痛。29 岁的大尉 П.切列温拥有 30 个农奴,因患有坏血病,体弱、风湿性疼痛、出血、水肿、牙齿脱落。50 岁的中校 A.Г.古巴廖夫拥有 48 个农奴,患有坏血病,牙齿脱落,肋骨酸痛。肾病造成了肚子疼和背疼,呼吸困难,全身浮肿和乏力。1730 年服军役的中校纳尔莫茨克,久治不愈的坏血病造成了他全身酸痛,腿脚不听使唤,静脉曲张,肾炎导致经常性的肚子痛和头痛。俄国军人滥用含有酒精的饮料和经常性的酗酒而导致肺结核和坏血病的广泛传播。大尉 П.普罗塔索夫头疼,脚疼,有时不省人事,视力差,经常性的干痔,胸口发闷、心跳过速,小便失禁,全身无力。在俄国军人中还存在着抑郁症病患者,如在圣彼得堡卫戍部队服役的 47 岁的 И.И.伊格纳季耶夫由于患热病,耳鸣、全身酸痛、经常昏迷不醒、胸中刺痛、心跳过速,呼吸困难。沃罗涅日警备团的中尉 B.波波夫因患有抑郁症,全身酸痛、记忆力丧失,血性腹泻。参加远征、战役、出差是贵族军官多次受外伤、重伤的原因,26 岁的少尉 C.И.亚济科夫在龙骑兵服役,在作战中,炮弹伤及到他的头盖骨和腿部,导致腿部骨折、眩晕和呼吸困难。1756 年 4 月谢苗诺夫近卫军团 50 岁的准尉 Ф.阿加利在 1737—1739 年参加了奥恰科夫、宾杰里、霍京诺姆战役中,子弹打穿了他的左手而残废,此外他还有痨病、视听觉功能障碍等病。恶劣的军事服役条件是导致贵族疾病的主要原因,许多贵族军官除了严重的外伤,还患有多种疾病,痨病、坏血病、肾炎、消化不良、关节炎、心血管病、视听觉功能障碍、抑郁症和精神错乱等。①

可见,社会出身和财产资格决定了贵族服役的前程(教育水平、服役

① И.В.Фаизова."Манифест о вольности" и служба дворянства в ⅩⅧ столетии. М.,1999. C.78—80.

官职的高低、休假期限的长短、退役的迟早等），没有农奴且文化素质低下的大部分贵族小地主在这方面明显不占优势，他们退役时只能达到士官级别，加上从 10 岁起开始的漫长而单调的军事生活，他们早已厌倦希望尽快退役，回故乡寻找谋生手段，而政府限制他们退役的政策，极大地损害了其经济利益。拥有 21—69 个农奴的贵族地主官运亨通者为数不多，他们之中的一半人受到中等和高等教育，只有 8% 的人可以进入特权军团服役。拥有 70—100 个农奴贵族地主 50% 毕业于士官学校，20% 毕业于中等学校，十几个进入特权军团服役，但只有少数人能够得到晋升，大部分贵族希望按照法定的服役期限按时退役。中上层贵族地主获得了良好教育，他们在特权军团服役任职，升迁快，也没有长期服役的重压，反而有提早退役的可能。①

1775—1785 年行政改革是专制政府和贵族达成的一种妥协，贵族获得了选举近 1/2 县级和 1/3 的省级官员的权利，因而取得了较大的地方行政管理权。改革之后，地方行政权吸引了贵族，使一度专制政府力不从心、无暇顾及的地方行政又借贵族之手重新得到了治理。1775—1785 年改革扩大了贵族的特权，使贵族成了最具特权的等级，而叶卡捷琳娜二世则得到了贵族的耿耿忠心。由于俄国地方管理机构的不健全，地方省级贵族干部的奇缺，政府颁令容许地方政府召回退役贵族服役，这样获准退役的贵族并不能最终脱离国家义务，出现了退役贵族和地方机构之间的矛盾冲突。如 1738 年，退役少校 П.И.涅洛夫向参政院递交陈诉状，他 1702 年就开始服役，因患有坏血病而退役，要求政府给予保护，以免受到地方政府机构的骚扰。退役的龙骑兵退役军官 Н.Ф.瓦拉克辛 55 岁，拥有 44 个农奴，拒绝沃洛格达军事长官要求他再次服役的请求。在一些情况下，地方政府的强硬政策措施造成了退役贵族的再次服役。如退役的少尉 И.И.库维亚泽夫从 1714 年就在谢苗诺夫近卫军团服役，1727 年因

① И.В.Фаизова.“Манифест о вольности” и служба дворянства в ⅩⅧ столетии. М.,1999. С.81.

病退役,1738年由于地方政府的强硬措施,在他年满48岁时自备生活费被迫再次服役。1755年67岁的退役大尉 M.M.伊温陈诉道,1747年因病退役,1755年辛比尔斯克办公厅多次让他押运从阿斯特拉罕到基兹利亚尔的酒。1747年因病退役的普列奥布拉任斯基近卫军团的中校 И.M.马秋宁指责辛比尔斯克办公厅的军事长官不考虑他的自由证书,下令让他到弗拉基米尔—辛比尔斯克征兵。贵族 M.B.达尼洛夫在自己的书信里坦言:他的妹夫拥有一大笔遗产,在军团秘书里找到了一个"恩人",这个"恩人"给他妹夫年休假让他待在小村庄的旅馆里。在这个旅馆里居住着12个男人和其家庭成员,在此可以躲避一年的军役。诺夫戈罗德的贵族 И.T.波索什科夫为了躲避服役,要么装疯卖傻,要么贿赂,要么让贫穷的贵族顶替,要么让身强力壮者当保镖。[1]

18世纪前半期,退役军人成为官僚机构补充空缺的主要来源。宫廷政变时期,不太富有的贵族军官,由于身体素质差而不能完成法定的25年的服役期限,他们转为文官成为减轻服役负担、保障生活的一种手段。对于中上层贵族教官而言,转为文官由此摆脱了繁重的军役而官运亨通。财产越少退役的比例就越大,财产越多转业为文官的比例就越大。1755年的统计数据表明,1753—1755年,96.4%的中上层贵族转为文官,他们之中4.8%是爵位贵族,至少79.1%是世袭贵族,16.1%是非特权贵族。[2]大约40%的贫困贵族转为文官,其年龄在15—75岁之间,但35—85岁的占55%,他们大多集中在行政管理机关。流入行政机关的56.3%是16—35岁的现役军官,他们的绝大部分(64.1%)是尉官(37.9%)、校官(22.4%)、将官(3.8%)。中年贵族军官在减少,他们在45岁以前转到机关。[3]

---

①　Е.Н.Кушева.Дворянства//Очерки истории СССР: Период феодализма : России во первой четверти ⅩⅧ в.М.,1954.С.198.

②　И.В.Фаизова."Манифест о вольности" и служба дворянства в ⅩⅧ столетии. М.,1999.С.86.

③　И.В.Фаизова."Манифест о вольности" и служба дворянства в ⅩⅧ столетии. М.,1999.С.86.

可见,18 世纪前半期,不是所有贵族军官都能够成功地摆脱服役义务。18 世纪中期,俄国行政机关新干部的补充速度远远超出了实际需要的限度。1753—1755 年有 443 个贵族军官转为文官,而同年行政机关退役的文官为 134 人①。这样,贵族铨叙局无法安排打算继续服役的贵族军官。

文官退役比军官相对少。俄国官僚机构文官共计 12.5 千人,1753 年退役 62 人,1755 年退役 71 人。93.2% 的退役文官属于特权,其中,63.8% 文官属于世袭贵族,18.8% 文官属于平民。66.1% 的文官年龄在 45—75 岁之间,其中,45.1% 的文官为 55 岁。退役文官服役的平均服役年限正好比退役军官大 10 岁,文官平均 53 岁退休,军官则从 34 岁开始退役,而且,75% 的文官退役时都有很高的品级,其中,45% 是校官和将官级别的文官。主要是从国家机关退休的文官地主有生活保障。在这个范围 70% 的文官占小地主的 34.6%,中等地主的 32.3%,大地主的 2.3%,正是在这个范围退役频率最高。在官僚机构中,中上层文官贵族退役是拥有 21—100 个农奴地主贵族的 2.2 倍,是拥有 11—20 个农奴地主贵族的 7.8 倍,是拥有 1—10 个农奴地主贵族的 8.6 倍。占文官总数 61.8% 的无农奴的退役小地主仅仅占 6%。② 大多数文官很少利用职权退役,他们退役并非是摆脱繁重的服役负担,而是因年老体弱丧失工作能力所致。

由此可见,1762 年《御赐全俄罗斯贵族特权与自由诏书》颁布并不是政府给予贵族的优厚待遇,而它的颁布势在必行。

三、18 世纪中期《御赐全俄罗斯贵族特权与自由诏书》颁布的必然性及结果

1762 年 2 月 18 日,彼得三世颁布《御赐全俄罗斯贵族特权和自由的诏书》共有 9 条款项,其主要内容有:所有贵族可以完全摆脱义务服役,

---

① И.В. Фаизова. "Манифест о вольности" и служба дворянства в ХⅧ столетии. М.,1999. C.90.

② И.В. Фаизова. "Манифест о вольности" и служба дворянства в ХⅧ столетии. М.,1999. C.90—93.

从而有更大的可能和更多的时间从事经济活动;贵族在选择自己的命运上不再依赖于政府,贵族可以从事科学和艺术、经济活动或创造性活动,自愿在国家机关或军队继续服役者可以继续留下,自己决定服役的期限;除了沙皇的手谕,任何人不能强制贵族从事经济事务,少数贵族可以被选派到地方政府,为以后进入上层官僚机关创造条件;贵族地主可自由申请去欧洲国家游历,或者服务于刚刚登基的俄国君主和其他欧洲君主,退役贵族也可以自愿回国后继续服役。总之,取消贵族服役的强制性特征,号召贵族继续为国家服役并为社会作出贡献,改变对国家服役的蔑视观念,忠于君主,为了保持贵族的体面,贵族子弟应该从 12 岁起接受教育,"公共福利"成为评价贵族道德的主要依据。①

1762 年《御赐全俄罗斯贵族特权与自由诏书》颁布以前,贵族应担任文职或武职,他们不是被固定在居住地,而是被固定在服役地。1762 年以后,每个贵族都可以根据个人意愿自主选择住所。终身贵族和部分世袭贵族自愿为国家服役,还有一部分世袭贵族因喜欢城市生活而住在城里。很多地方贵族在冬天、早春和深秋住在城里,其余时间则住在农村。1785 年城市特权诏书规定,长期住在城里且在城里有房产的贵族被视为真正的市民,列入市民簿。为了感谢贵族的支持,彼得三世又颁布法令:贵族自由经营对外贸易,禁止买卖村庄到工厂,教会土地的世俗化等。但整体上来说,彼得三世政策对外政策的鲁莽性,对东正教会的干预,对路德教的偏爱,对贵族伦理道德方式的破坏,遭到了上层贵族的反对。

叶卡捷琳娜二世与彼得一世一样,认为服役天经地义是贵族的职责,反对取消义务服役,但又害怕贵族的反对,不得不继续实施 1762 年的《御赐全俄罗斯贵族特权与自由诏书》,对贵族特权加以默认。1762 年 9 月 22 日颁布法令,确认女皇伊丽莎白时期赏赐给军官的权利和财产。由于政府暂缓承认贵族的自由,所以在贵族中出现不满情绪,1762 年秋天,叶

---

① М.Т.Белявский.Дворянская империя ⅩⅧ века:основые законодательные акты. Издательство московского университета,1960.С.30—36.

卡捷琳娜二世致电 Н.И.巴涅尔:"贵族们都在低声埋怨政府对他们特权的不认可,准备闹事。"① 1763 年 2 月 11 日女皇颁布法令,建立法典委员会,把贵族地主作为最有影响的特权势力。1763 年 2 月 17 日女皇颁令禁止官员退役。1763 年 3 月 8 日颁布法令,禁止不能出示丧失劳动力证明者的退役,禁止在幼年的贵族中选拔教官;没有士官官职的贵族退役时,至少要有 12 年服役的资历。1763 年 9 月颁布法令,俄国军队转入和平状态,裁军 9200 人。② 1785 年颁布《贵族特权敕书》,历经 23 年贵族特权最终被确认。

叶卡捷琳娜二世统治初期,对贵族退役加以限制,出现了贵族为退役说情、寻求庇护等现象。如尉官 М.雷卡乔夫,拥有 150 个农奴,为了在退役时得到相应的官职,请求总检察长 А.И.格列博夫替他说情,1762 年 3 月他就以少将资格退役。М.М.戈利津的侍从武官,43 岁的 Ф.Ф.维多姆斯克,1762 年 3 月因患坏血病向参政院提出退役请求呈请,直到 8 月才获准退役。24 岁的大尉、任职 14 年的 А.Т.博洛托夫的传记讲述了退役的艰难,办理退役手续繁杂。可见,贵族的解放只是流于形式,诏书的特权与自由只是针对战时状态中的军人,没有获得尉官的贵族军官必须在服役 20 年后方可退役。1764 年 12 月 23 日,阿斯特拉罕卡宾枪团的军需给养员且服役 14 年的 П.卡拉梅舍夫(拥有 64 个农奴)、在纳尔瓦卡宾枪团服役 35 岁的 И.巴克舍耶夫(拥有 5 个农奴)、军士 Х.叶尔申,他们以患病为由提请退役。1764 年 45 岁的基辅勋章团的军需连的军官 Л.格列博夫拥有 16 个农奴且服役十年,想退役自谋生路,由于未到法定年龄被拒绝。诺捷布尔克步兵团的军士 Я.卡尔梅克(拥有 6 个农奴)因患坏血病、语言功能障碍而退役。达卡卢茨克陆军团的中士 С.拉缅科夫因患有久治不愈的坏血病,服役 8 年就要求退役。25 岁的基辅陆军团的中士 И.伊

① И.В. Фаизова. "Манифест о вольности" и служба дворянства в ⅩⅧ столетии. М., 1999. С.101.

② И.В. Фаизова. "Манифест о вольности" и служба дворянства в ⅩⅧ столетии. М., 1999. С.101.

万钦拥有15个农奴,只服役了6年,因文盲,患有腿部重伤和久治不愈的坏血病获准退役。1766年10月17日,弗拉基米尔军团的中士 И.利哈耶夫,拥有40个农奴,因患癫痫病而获准退役。彼得三世的《御赐全俄罗斯贵族特权与自由诏书》颁布之际,不仅贫穷的士官要求退役,而且尉官官职且年轻而富有的大地主贵族因病也要求退役。即使他们获得了自由,因身体严重受损而无力从事文职工作。1766年骑兵大尉 З.希特洛夫拥有2700个农奴,服役13年,因行军途中从马背上摔下来患有严重的外伤和胸部重伤请求退役。1766年5月19日,大尉 A.纳雷什金拥有1800个农奴,1757年就在宫廷服役,服役5年后被提升为陆军中尉,年满20岁时因身体虚弱而退役。①

1. 退役浪潮的结果——军官退役人数多于文官、退役军官的年龄日趋年轻化

退役浪潮开始于1762年,在1764—1766年达到高潮,中间历经俄土战争,在1770年再次上升。1762—1771年退役总数为7496人,其中自谋生路的5902个军官,636个退役文官;688个退役军官转为文职,而31人退役文官希望去军队服役;114人打算去修道院谋生,125人退役时带有退休金。可见,退役的主要人员是军人,占87.9%。在1762年《御赐全俄罗斯特权与自由诏书》实施的6年内,每年退役的军官人数比1750年高2.6—5.6倍,即10年内几乎有6000人退役。军官的大量流失,严重影响到俄国的军事力量。据统计,1760年初期,包括将官在内,俄国陆军人数为303529人,陆军军官为10000人,海军人数为17588人,海军军官为1320人。1762—1771年俄国完全退役的军官为5413人,占总数的47.8%,为此,在叶卡捷琳娜二世时期政府很担心并加以限制,服役12年后方可退役。②"克里米亚战争的悲惨结局,主要是国内政策失败的结果,不是由于国际

---

① И.В.Фаизова. "Манифест о вольности" и служба дворянства в XVIII столетии. М.,1999. С.103—105.

② И.В.Фаизова. "Манифест о вольности" и служба дворянства в XVIII столетии. М.,1999. С.107.

关系方面失策所造成的。"①

贵族退役的理由随着国家服役政策的变化而变化。在 1762 年《御赐全俄罗斯贵族特权与自由诏书》颁布前,退役只能以医疗机构"劳动力丧失"的证明和女皇的手谕为依据,强制渎职或者服役不合格者退役。此后,国家开始限制贵族退役。1762—1771 年,5902 个退役军官中,以《御赐全俄罗斯贵族特权与自由诏书》为理由者达 3021(69.2%)人,无 劳 动 能 力 者 762(17.4%)人,二 者 原 因 都 占 者 为 541 人(12.4%);14 个(0.32%)军官是以《御赐全俄罗斯贵族特权与自由诏书》颁布作为理由,17 个(0.38%)军官被强制退役。1762 年《御赐全俄罗斯贵族特权与自由诏书》颁布前大多数退役军官以年老体弱、重病者、家庭经济急需为理由,《御赐全俄罗斯贵族特权与自由诏书》颁布后,1764—1768 年,75%—92%的贵族军官以《御赐全俄罗斯贵族特权与自由诏书》为依据提请退役,而其财产资格决定了退役理由的充足与否和退役愿望的最终实现。②

军官退役的原因:俄国军人的厌战情绪和服役期间家庭领地经济的衰落。大部分军官退役后渴望转业到行政部门,但由于行政部门的空额不足致使大批军官退役。其中财产少、官职低且年纪轻的贵族军官所占的比例大。1750 年退役军官人数平均为 250 人。60 年代:1762 年为 473人,1763 年为 708 人,1764 年为 820 人,1765 年为 917 人,1766 年为 1010人,1767 年为 754 人,1769 年为 322 人,1769 年为 141 人。70 年代:1770年 619 人,1771 年为 135 人。1762—1771 年的退役的军官有 5902 人。其中,5842 人(99%)属于特权等级,5001 人(86%)属于世袭贵族,429 人(7.7%)属于非特权等级。③

---

① [美]巴巴拉·杰拉维奇:《俄国外交政策一世纪》,商务印书馆 1987 年版,第 36 页。

② И.В. Фаизова. "Манифест о вольности" и служба дворянства в ХⅧ столетии. М.,1999. С.110.

③ И.В. Фаизова. "Манифест о вольности" и служба дворянства в ХⅧ столетии. М.,1999. С.112—113.

表4 1762—1771 年自谋生路退役军官的财产状况之比①

年份	财产资格							
	无农奴	领地占有者	拥有农奴的人数					
			1—10	11—20	21—69	70—100	101—500	500 个农奴以上
1762	10.7	3.6	11.1	10.7	36.1	10.0	16.4	1.4
1763	7.3	—	12.6	17.1	34.6	9.7	16.8	1.9
1764	3.0	0.5	13.4	19.3	33.5	12.7	16.9	1.3
1765	4.6	1.7	23.5	20.0	33.9	7.1	8.0	1.2
1766	7.5	2.0	19.9	23.1	32.2	7.1	7.3	0.9
1767	4.5	2.4	21.3	16.4	34.7	8.6	11.2	0.9
1768	7.6	4.6	19.4	19.8	29.6	7.6	9.9	1.5
1769	7.2	4.1	16.5	14.4	28.9	9.3	15.5	4.1
1770	4.7	1.6	13.7	14.3	38.9	9.1	14.7	3.0
1771	7.8	6.65	16.65	14.4	38.9	5.6	10.0	—
1760 年平均%	6.5	2.7	16.8	17.0	34.1	8.6	12.7	1.6
1750 年平均%	1.1	0.5	11.0	16.2	34.3	11.9	20.7	4.3
两年之比	5.9	5.4	1.5	1.1	1.0	0.7	0.6	0.4

资料来源:РГАДА.Ф.286. Оп.13. Кн.506—508,514—516,520—522,527—529,534,535,540—542,546,550—542,546,550—552,557,558,562。

1762 年取消义务服役后,大批小地主军官纷纷退役,1760 年退役人数比 1762 年提高了 2.4—3.5 倍。相反,中等地主军官在 1760 年退役规模不大,平均每年只有 1.3 倍,大地主在 1760 年平均每年只有 4—5 人,大地主在 10 年内退役平均低于 1750 年的 4.5 倍。② 退役频率最高的是

---

① И.В.Фаизова. "Манифест о вольности" и служба дворянства в ⅩⅧ столетии. М.,1999. С.114.

② И.В.Фаизова. "Манифест о вольности" и служба дворянства в ⅩⅧ столетии. М.,1999. С.113.

拥有 21—100 个农奴的小地主。从年龄上讲，从 1750 年平均退役的军官服役年龄降低了 8—10 岁。《御赐全俄罗斯贵族特权与自由诏书》颁布后的最初 3 年退役军官的年龄在 20—75 岁之间，那么后 3 年年龄降到 65 岁，1768 年降到 55 岁。在取消义务服役后，绝大多数退役军官的年龄在 25—45 岁之间。无地退役贵族的平均年龄为 36.8 岁，最为年轻的是 26.8 岁。从官职上讲：士官的人数最多，从 1750 年的 10.3% 上升到 1760 年的 19.7%。75% 的退役者是 9—14 品的尉官，3.9% 的退役者是 6—8 品的校官，0.7% 的退役者是 1—5 品的将官。1750—1760 年，小地主退役的比例从 3% 上升到 38%。可见，受益者是广大的小地主贵族军官（9—14 品级、年龄为 25—45 岁、服役年龄为 14—15 年）。①

频繁的军事远征和对自由的向往使大批贵族军官退役，但退役后他们并不能马上转业到行政部门，以补充空缺。由于缺乏生存手段他们四处漂泊，投亲靠友或去修道院栖身。这样，安排退役的贫穷贵族军官的生活问题成为政府非常棘手的难题，为此，政府再度限制军官退役的人数，暂缓他们向参政院递交退役的申请。叶卡捷琳娜二世拨款 80600 卢布，在 1762—1764 年没收修道院的世袭领地并划出 31 个城市以解决退役军人的生活问题。但需要国家救济的人数（达到 4353 人）远远超出了这个范围。如军官 Г.С.温斯基退役后生活困苦，先是四处漂泊，后投亲靠友，最后被送到奥伦堡度过余生。渴望从事领地经济事务是所有退役人员的心声。1763 年 40 岁的里加卫戍团的副官 Д.卡布卢科夫（拥有 97 个农奴）在申请退役的呈请中说："我的村庄因为长时间无人经营，经常受到邻居和亲戚的欺侮而陷于困境，希望回家从事经济。"②1765 年 3 月，阿拉多尔斯克县的中校 А.С.布鲁诺夫服役 26 年后，以家庭庄园经济破产为由提请退役。1765 年 9 月，拥有 700 个农奴的少尉因家庭庄园无人经营

① И.В. Фаизова. "Манифест о вольности" и служба дворянства в ⅩⅧ столетии. М., 1999. С.113 — 117.

② И.В. Фаизова. "Манифест о вольности" и служба дворянства в ⅩⅧ столетии. М., 1999. С.121 — 122.

而提请退役。1766年,25岁的2品官И.А.米尼赫和24岁的少尉П.切尔卡索夫以家庭庄园经济破产为由提请退役。

行政部门官员空缺不足也是18世纪60年代退役浪潮的原因。如1762年2月,48岁的少尉М.И.扎伊采夫因病转业到行政部门,两个月后则退役自谋生路。没有领地的亚历山大陆军团长Н.И.别斯杜日因病转业到行政部门后1个月,由于没有空缺而退役自谋生路。拥有80个农奴的大尉Е.帕纳菲季,1756年在普列奥布拉任斯基军团服役,1765年自愿转业到财政部从事经济事务工作,但由于空缺不足而未成。①

也有一些因渎职或无能力从事行政工作而被强制退役的军官。如中尉Л.韦利亚诺夫曾在沃伦涅日省监管森林,1768年因渎职而被强制退役。梁赞卡宾枪团的骑兵大尉А.博洛戈夫斯基在1767年因酗酒而被强制退役。40岁的大尉И.Д.皮谢姆斯基(拥有60个农奴)曾经参加过对瑞典军事远征和七年战争,1762年转业到行政机关不到一个月,因无力适应文职工作被强制退役。1762年无能力从事行政工作的阿斯特拉罕军团的准尉И.日马金被强制退役。②

表5　1762—1771年退役文官财产资格对比

财产资格	社会出身						退役人员		1750年平均人数
	爵位贵族	世袭贵族	出身非特权等级		未确定		文官	军官	
			世袭贵族	终身贵族	校官	尉官			
无农奴	—	10.5	53.8	40.0	23.7	40.0	17.7	6.3	6.4
领地占有者	—	1.4	7.7	—	—	20.0	1.8	2.2	1.6
占有1—10个农奴	—	7.7	7.7	13.3	5.3	20.0	7.7	18.4	8.0

---

① И.В.Фаизова. "Манифест о вольности" и служба дворянства в ⅩⅧ столетии. М.,1999. С.123—125.

② И.В.Фаизова. "Манифест о вольности" и служба дворянства в ⅩⅧ столетии. М.,1999. С.125—126.

财产资格	社会出身						退役人员		1750 年平均人数
	爵位贵族	世袭贵族	出身非特权等级		未确定		文官	军官	
			世袭贵族	终身贵族	校官	尉官			
占有 11—20 个农奴	28.6	14.8	—	13.3	—	—	11.4	18.2	10.4
占有 21—69 个农奴	—	29.0	7.7	13.3	21.0	20.0	24.1	34.2	30.4
占有 70—100 个农奴	—	12.7	—	6.7	10.5		10.5	8.1	6.4
占有 101—500 个农奴	42.8	21.8	23.1	13.4	39.5	—	24.5	11.1	34.4
占有 500 个农奴以上	28.6	2.1					2.3	1.5	2.4
总　计	100.0	100.0	100.0	100.0	100.0	100.0	100.0	100.0	100.0

资料来源：И.В.Фаизова.Манифест о вольности и служба дворянства в ХⅧ столетии.С.148。

　　18 世纪前半期退役军人成为补充行政官僚机构的主要来源。希望转为文官的退役军官人数在 1750 年中期逐渐增多,1762 年《御赐全俄罗斯贵族特权与自由诏书》颁布后急剧加快,一般来说,有两种渠道:一是一些军官退役后马上转为文官,另外一些人退役自谋生路一段时间后再返回到行政机关。1762—1771 年,由于退役文官的人数远远少于退役军官的人数,出现了贵族军官失业现象,贵族铨叙局成为劳动力的交易所,成百的退役军官等待空缺。而在长时间的等待落空以后,许多贵族军官开始休长假,或者再次服军役。1762—1772 年退役的 6590 个军官中,只有 1330 人转业到行政机构,他们都是尉官以上的贵族出身,而 87.9%等待空缺的是贫穷的贵族军官。[①] 取消义务服役后,进入行政机关的退役军官年纪轻(平均年龄为 39 岁),文化程度低,经济地位低下,但却受过严格的军事训练,由于缺乏自我社会意识而成为沙皇专制主义政权绝对

---

　　① И.В.Фаизова."Манифест о вольности" и служба дворянства в ХⅧ столетии. М.,1999.С.129.

顺从的工具。

退役文官与退役军官比较：从 1762—1771 年有 636 个文官退役，561 个（88.2%）文官属于特权等级。在退役文官中，16 人（2.8%）是俄罗斯帝国的爵位贵族，其中 Ф.И.托尔斯泰是伯爵，С.А.巴里亚京斯基、М.А.瓦德博利斯基、П.М.沃尔孔斯基、С.И.维亚泽姆斯基、Ф.С.戈利津、Я.П.多尔戈鲁科夫、П.И.德鲁茨克-索科林斯基·罗梅科-古尔科、А.И.利沃夫、Д.П.马库洛夫、В.Р.梅谢尔斯基、М.С.奥博连斯基、Я.М.捷尔舍夫、Д.В.乌赫托姆斯基 М.奇赫伊泽都是公爵。336 个（60%）退役文官来自世袭贵族，其中 8 个在宫廷当士官，6 个毕业于贵族学校，8 个尉官，5 个在近卫军服役①。如 7 品文官 Ф.И.洛普欣、3 品文官 П.П.苏马罗科夫、6 品文官 Ф.М.别索洛夫、7 品文官 М.Д.巴甫洛夫、Д.С.科皮耶夫、В.К.波斯尼科夫、9 品文官 И.К.波斯尼科夫。

退役文官中 64 人（11.4%）属于非特权等级，他们之中 16 人（2.8%）成为世袭贵族，48 人（8.6%）成为终身贵族。如因服军役而获得世袭贵族：8 品文官 Н.阿斯塔菲耶夫、И.德米特里耶夫、И.И.波波夫和 7 品等文官 К.布兰克。退役文官的品级从 1750 年以来大大提高，爵位贵族提高了 1.4%（从 2.4% — 3.8%），世袭贵族提高了 14.7%（从 66.1%—80.8%），出身平民者缩为 4.8%②，可见，取消义务服役以后，官僚机构的贵族化程度。

《御赐全俄罗斯贵族特权与自由诏书》颁布后，退役文官的年龄日趋年轻化，但与退役军官相比，依然偏大。取消义务服役后，退役文官的年龄和服役年限发生了某些变化。1750 年 64.6% 的国家服役者的年龄是 46—65 岁，50.5% 的国家服役者的年龄是 36—55 岁，平均年龄为 53 岁。诏书实施的最初十年退役人数最多的 36—55 岁的文官（占 51%）。1750

---

① И.В.Фаизова."Манифест о вольности" и служба дворянства в ХⅧ столетии. М.,1999.С.145.

② И.В.Фаизова."Манифест о вольности" и служба дворянства в ХⅧ столетии. М.,1999.С.145—146.

年大于 45 岁的退役文官共计 74%，而在 1762—1771 年仅有 56.3%，同时期诏书实施前小于 36 岁的退役文官仅占 4.5%，而在实施后达 20.7%，平均年龄缩短到 47.5%。与此相比，70% 的退役军官年龄为 26—45 岁，其中，26—35 岁的退役军官占 43.8%，而大于 45 岁在军事机关的服役者共占 10.2%。①

1750 年服役 21—30 年的文官在退役文官中占 26.5%，服役 31—40 年的文官在退役文官中占 41.6%，而服役在 25 年以上的文官在退役文官中占 77.3%，平均年限为 34 年；1762—1771 年服役 21—30 年的文官在退役文官中占 28.9%，服役 31—40 年的文官在退役文官中占 29.5%，而服役在 25 年以上的文官在退役文官中占 64.2%，平均服役年限为 30.6 年；1762—1771 年服役 21—30 年的军官在退役军官中占 20.4%，服役 31—40 年的军官在退役军官中占 3.5%，而服役在 25 年以上的军官在退役军官中占 11%，服役 11—20 年的军官在退役军官中占 50.4%，而少于 11 年的军官在退役军官中占 24.6%，平均年限为 14.7 年。

对比 1750 年退役文官的官阶发现，未进入《官秩表》的下层办事人员的退役比例大大增加。如果在 1750 年他们占退役文官的 0.24%，那么在 1760 年他们占退役文官的 0.7%。1760 年尉官级别的退役文官占 9.2%，校官级别的退役文官占 15.8%，高级参政员的退役比例一直保持着 1750 年以来的水平。②

文官退役的动机与已经退役十年的军官显然不同。如果 0.17% 的军官因丧失劳动力而退役，那么，50% 的文官因劳动力丧失而退役，可见，社会出身对退役选择法律根据的直接影响。丧失劳动力的退役文官在爵位贵族中占 40%，在世袭贵族中占 34.8%，在出身非特权等级的贵族中占 64.3%，在未进入贵族等级中占 81.8%；丧失劳动力的退役军官在爵

① И. В. Фаизова. "Манифест о вольности" и служба дворянства в ⅩⅧ столетии. М., 1999. C.147.

② И. В. Фаизова. "Манифест о вольности" и служба дворянства в ⅩⅧ столетии. М., 1999. C.148.

位贵族中占 29.4%,在世袭贵族中占 17.8%,在出身非特权等级的贵族中占 50%,在未进入贵族等级中占 61%。①

尽管疾病和诏书是 25.3% 文官退役的基本依据,社会出身也是一个很重要的因素。26.7% 的血统贵族、34.4% 的世袭贵族,14.3% 和 9.1% 的尉官品级的文官利用它来退役;而在军官中,12.6% 的爵位贵族、13.5% 的世袭贵族,13% 和 10% 的尉官品级的军官利用它来退役。19.4% 的文官自愿退役,而 69.2% 的军官自愿退役。② 50% 的退役文官由于劳动能力的丧失而退役。年老体弱是大多数文官退役的原因。在一个案例的 63 个退役文官中,6.7% 属于丧失劳动力,54% 属于心血管病,其中 3 个肝硬化,弱视 24 人,痨病 8 人,精神错乱 7 人,坏血病 6 人,肾炎 5 人,耳聋 5 人,关节炎 4 人,肠胃炎 3 人,疝气 2 人。③

2. 军官转业受限制及退役后生活的无保障

1740—1750 年贵族铨叙局的档案材料证明,军官转业到行政部门服役的大多数是自谋生路的退役军人,他们成为 18 世纪中期俄国官僚机关空缺的主要来源。这与托洛茨基的观点正好相反。④

宫廷政变时期,沙皇为了赢得贵族的支持,减轻贵族军官的负担,军官转业到行政部门成为正常现象。特别是对于生活不太富裕的贵族来说,其身体状况无力完成法定的军役期限,把他们转到行政部门服役,这样才能使他们在晚年得到一份稳定的收入。对于中上层贵族来说,他们摆脱了军役而青云直上。

1753—1755 年转业到行政部门服役的退役军人状况:来自特权等级的 96.4% 军官转业到行政部门服役,其中,4.8% 的是爵位贵族,79.1% 的

① И. В. Фаизова. "Манифест о вольности" и служба дворянства в ⅩⅧ столетии. М.,1999.С.148—149.

② И. В. Фаизова. "Манифест о вольности" и служба дворянства в ⅩⅧ столетии. М.,1999.С.150.

③ И.В. Фаизова. "Манифест о вольности" и служба дворянства в ⅩⅧ столетии. М.,1999. С.150.

④ C.M.托洛茨基认为,平民是俄国官僚机构的主要来源。

是世袭贵族,16.1%的是非特权等级;大约40%的无产贵族转业到行政部门,这部分退役年龄范围在15—75岁,但50%的军官年龄35—55岁,真正服役16—35年后转到行政部门服役者占56.3%,64.1%是尉官以上者。①贵族军官的平均年龄在缩短,生活相对有保障的贵族在45岁以前转业到行政机关,年龄为26—55岁,且占总人数7—34%的富有贵族转业到行政机关。②

财产越少退役的比例越大,财产越多转业到行政部门服役的比例越大。中上层地主转业到行政部门服役的比例是小地主(拥有21—100个农奴)的1.4倍,小地主(拥有11—20个农奴)的2.6倍,小地主(拥有1到10个农奴)的3.7倍。③

18世纪中期以前不是所有的贵族都能顺利地摆脱国家义务。1720—1750年大部分贵族没有国家的赏赐不能生存,他们把自己的命运与国家义务紧密联系起来。他们按部就班从最低的官职做起,干到尉官、校官然后转业到行政部门或地方政府。俄国各级政府机关空缺的补充主要依赖于无财产或财产很少的贵族,其中1/7来自于非特权等级居民,他们受过良好的教育,熟知国家法律,完全依赖于国家,成为沙皇专制主义官僚机器坚实的基础。

但是,18世纪中期俄国行政机构贵族的补充速度完全超过了对干部的实际需要。1753年有123个,1755年有320个军官转业到行政部门,而行政部门退役的文官1753年有62人,1755年有71人,这样,流入行政部门的退役军官人数超过了退役文官。1755年转业军官人数比1753年提高了两倍,贵族铨叙局已经无法安置希望到行政部门服役的军人,很多

---

① И.В.Фаизова."Манифест о вольности" и служба дворянства в XⅧ столетии. М.,1999.C.86.

② И.В.Фаизова."Манифест о вольности" и служба дворянства в XⅧ столетии. М.,1999.C.87.

③ И.В.Фаизова."Манифест о вольности" и служба дворянства в XⅧ столетии. М.,1999.C.88.

军官暂时回家休假等待空额出现。①

　　行政部门的退役文官要比军官相对少,而且年龄偏大。在俄国行政机构文官达125000人。1753年退役为62人,1755年为71人,93.2%的退役文官来自特权等级,其中63.85%来自世袭贵族,18.8%来自平民。66.1%的退役文官年龄是45—75岁,其中45.1%的人大于55岁。显然他们的平均年龄比退役军官年长10岁,文官平均服役年限为53年,比军官长10年,军官平均服役年限为34年,75%退役的文官有很高的品级,45%的人是校官和将官品级。国家机关中,退役者主要是有财产的地主,他们退役后有足够的生活保障,退役的大地主是小地主(拥有21—100个农奴)的2.2倍,小地主(11—20个农奴)的7.8倍,小地主(1—10个农奴)的8.6倍。应该说,占整个国家机构61.8%、没有农奴的行政官员在退役人员中所占的比重只有6%。大多数退役的文官并不是为了摆脱服役的负担,而是年老体弱,丧失工作能力所致。②

　　18世纪中期前俄国贵族官僚集团的形成是在政府前后不一致政策的作用下形成的。《官秩表》容许平民进入特权等级,在实施《一子继承法》的前提下,从最大限度地动员适龄贵族青年终身服军役、行政役,到法律上缩短贵族服役期限,改善服役条件,到最后完全取消贵族服役。

　　政府的政策和贵族的财产状况成为影响贵族服役的两个最基本因素。一方面《官秩表》实施的结果,俄国官员中大约9.4%来自非特权等级,官僚机构中大多数是无地或少地的贵族。1730—1750年取消《一子继承法》,贵族财产分化过程加快,贵族领地分裂和破产,贵族希望回到领地从事经营。另一方面,宫廷政变时期,大量赏赐贵族,由此1720—1770年中上层地主的人数增加。取消《一子继承法》之后许多贵族的服役义务与其经济利益发生抵触,所以导致了地主和政府之间的矛盾冲突。

---

　　① И.В.Фаизова. "Манифест о вольности" и служба дворянства в ⅩⅧ столетии. М.,1999.С.90.

　　② И.В.Фаизова. "Манифест о вольности" и служба дворянства в ⅩⅧ столетии. М.,1999. С.90—93.

政府通过一系列法律政策抵制贵族退役,尽力拖延对贵族的让步,参政院定期考核和检阅贵族干部。贵族极力反对官方政策,经常大规模地旷职,在实行义务常规性服役后,贵族转到其他等级,贵族军官不择手段地缩短服役期限,滥用休假或通过其他手段转业到行政部门。这些要求最终在《1736 年的诏书——缩短服役期限 25 年》和 1762 年的《御赐全俄罗斯贵族特权与自由诏书》中得以实现。

不是所有的贵族对摆脱义务服役都感兴趣,大部分文官贵族愿意留下来继续服役以此享受国家的赏赐。而军官正好相反,他们是俄国政府军队的骨干力量,义务服役和 25 年军役期限已经使他们的经济处于崩溃的边缘。再加上恶劣的军事服役条件,特别是频繁的军事远征,对他们身体的长期摧残,各种致命疾病的蔓延,即使军役能使他们比文官晋升的速度加快,大部分军官希望尽快退役,尤其是那些没有手段和关系获得显赫官职,宦海无望者退役的愿望更加强烈。总之,摆脱繁重的军役成为所有军事贵族的共同心声。

取消义务服役后,军官转业到行政部门的人数大大加快。诏书颁布后最初三年,军官转业到行政机关每年平均 25%,到 1764 年为 47.2%,人数为 628 人,而在行政部门退役的官员只有 257 人,这样转业的多余军官达到 371 人,贵族军官大批失业。① 1730—1750 年由于干部不足,贵族铨叙局经常击败地方政府和退役地主之间的诉讼,因为退役军官反对把他们强制吸引到地方事务中,而在 1760 年贵族铨叙局则变成劳动力交易所,上百的贵族成年累月地等待空缺。如军官 И.Ю.卡里亚 1767 年 12 月请求转业,1768 年 3 月 4 日才被政府贵族铨叙局受理,1768 年 12 月转业到沃罗涅日省奥利沙斯克城市的军事长官。可见,退役军人转业到行政机关需要很长一段时间,即使如此,他们也很难再找到合适的工作。希望转业到行政机关的贵族军官人数增多,很多军官长期等待的结果终于落

---

① И.В. Фаизова. "Манифест о вольности" и служба дворянства в ХⅧ столетии. М.,1999. С.126—127.

空。政府也通过法律加以限制,1764—1765 年法令禁止陆军委员会、海军委员会把自己的退役人员转业到行政部门。如果哪个军官希望再次服役,则需考察他的能力如何? 这样极大地限制了转业的人数,1762—1764 年退役人员从 25%降到 7%。而在 1765 年文职官员的退役人数超过了军官的人数 20 人,但它最终未能阻止军官的退役浪潮,从 1767 年开始,转业人数再次上升到 26%①。1762—1771 年,由于没有国家的赏赐无法生存,20%的退役军官获得转业到行政机关的机会。在这十年内 6590 个退役军官中,则有 1330 个退役军官转到行政机关。其中,大地主占 0.8%,中等地主占 11.3%,小地主占 87.9%。②

小地主贵族军官不仅年轻,平均年龄为 39 岁,70%的是 26—45 岁,也就是没有一人为国家服役 10 年,超过 65 岁的只有 12 人,仅占 1%,而且文化程度低,只会认字和算术。③

尽管涌入官僚机构的贵族军官年轻,平均服役年限为 20.5%,其中,38.8%的为国家服现役 10—20 年,35.8%的为国家服现役 20—30 年,12.3%的为国家服现役高于 30 年,但转业到行政机关 98.9%的贵族是尉官以上,其中,52.6%的是尉官,44.3%的是校官,2%的是将官。④

究竟如何看待 1762 年贵族的再次服役问题,有不同观点。⑤ 贵族呈

———————

①　И.В.Фаизова."Манифест о вольности" и служба дворянства в ХⅧ столетии. М.,1999. C.129.

②　И.В.Фаизова."Манифест о вольности" и служба дворянства в ХⅧ столетии. М.,1999. C.129—130.

③　И.В.Фаизова."Манифест о вольности" и служба дворянства в ХⅧ столетии. М.,1999.C.132.

④　И.В.Фаизова."Манифест о вольности" и служба дворянства в ХⅧ столетии. М.,1999.C.132.

⑤　А.罗曼诺夫 - 斯里瓦京斯基认为:"贵族再次服役是为了提高社会地位。"А. Романович - словатинский. Дворянство в России от начаиа ХⅧ столетия до отмены креиостного ирава.Киев, 1912. C.505. C.М.索洛维约夫认为:"上层贵族对获得新特权不再感兴趣,自由诏书使大多数无限喜悦,但是占据要职,获得优惠条件,有继续服役的打算的上层贵族并不愿分享这份喜悦。"C.М.Соловьев. История России с древнейших времен. Т8.М.,1965. C.15. C.М.奥利明斯基认为:"继续服役是由于自由诏书带来了物质状况改善,随着商品经济关系的发展,不同社会等级范围的人们之间交往越来越密切,尤其是居民

词明显地反映出他们继续服役的经济动机。大约 51.4% 的贵族借口是治病；大约 31.6% 的贵族无以为生,希望继续服役。如 1762 年退役大尉 C.A.谢利瓦契夫因病退役。在 1768 年又请求继续服役:"虽然我身为贵族,但无地无农,无法生存。"8 品文官 Л.Д.戈托夫采夫在 1722—1761 年服役。由于彼得一世《一子继承法》的实施,他的兄长继承了领地,而他退役后没有可以继承的地产,故在 1769 年提出继续服役。世袭贵族 H.И.别斯杜热耶夫 18 岁进入工程军团服役,毕业后在伊兹马伊洛夫近卫军服役。1766 年因为没有领地可继承,要求继续服役。一些贵族退役后原来打算投亲靠友因种种原因而落空。中尉 Ф.Ф.舒列普尼科夫,1769 年 10 月退役,原想得到母亲家族的资助,不料,这些家族早已破落,无奈请求再次服役。27 岁的少尉 П.Ф.曼瑟列夫在参政院服役 10 年,原想得到卡多姆斯克县大尉资助,不幸,大尉过早去世,无所依靠,只好等待空缺。E.博罗维季洛夫在 1765 年退役后,因为父母健在,无法分到地产,故在当

与政府官员的交往日甚。由于偷窃、贿赂、勒索,服役人员的收入大增。特别是从 1763 年开始增加了贵族的货币赏赐和退休金,贵族开始对国家服役感兴趣。而在自由诏书颁布前贵族感到服役是大包袱,力求躲避服役,躲到乡村或城市。" С. М. Ольмиский. Государство, бюрократия и абсолютизм в истории России. М., 1925. С.100—101. В.В.沃罗夫斯基认为:"贵族对国家服役的态度的转变依赖于他们的年龄,对经济事务的兴趣和财产状况。"В.В.Воровский.О природе абсолютизма//Соч. М., 1933. Том Ⅰ.С.197. С.М.托洛茨基认为:"1762 年《御赐全俄罗斯贵族特权与自由诏书》颁布后,迫使贵族继续服役的有两个因素,一是小地主成为特权等级,二是官运可以光宗耀祖。"Е.Н.马拉西洛瓦认为:"贵族在 1762 年《贵族特权与自由诏令》颁布后继续服役是由于其社会等级的价值观念和道德因素在发挥作用:在服役过程中社会自我价值实现的必要性,专制政府意识形态的宣传,以及物质利益和需求的诱惑(土地、金钱、赏赐、别墅、四轮马车、炊具等)"。Е.Н. Марасинова. Русский дворянин второй половины ⅩⅧ века (социо - психология личности)//Вести.Вести московского университета 1999. No1.С.18. В.В.克留奇科夫认为:退役贵族再次服役是他们传统意识中的尚武精神发挥作用:他们从幼年就被灌输军事远征、作战的知识教育。认为退役如同被俘一样可耻,军事生涯仍然是俄国贵族提高社会地位的唯一途径。此外,"在承认由于俄国商品经济发展,土地所有制变更导致农奴制瓦解的条件下,小贵族的数量增多而无以为生之外,应该是俄国贵族本身的寄生性所导致的。"梁赞贵族 B.O.博罗达夫金退役后宁愿待在父亲的庄园里混饭吃,也不愿寻求其他生路。В.В.Крючков. Военная служба рязанского дворянства во второй половине ⅩⅧ века. Россия в середине ⅩⅧ веке.М.,2002.С.19.

年提出退役申请。① 可见贵族继续服役主要是经济原因导致:长期的服役生活使他们的土地荒芜,农民逃亡而破产;或者经营无方,自然亏损;多子女;更多的是想回来治病以及保障最低的生活。

1762年《御赐全俄罗斯贵族特权与自由诏书》的颁布不仅使俄国贵族摆脱了受奴役的地位,贵族首先成为帝俄时期俄国拥有特权的等级,而且随着城市工商业者和僧侣有限特权的获得,特别是贵族占有领地和农奴数量的增长,俄国农民的社会进化不是朝着等级权利和特权的方向发展,而是农奴化的程度不断加深。

四、战争频繁、政治黑暗——部分大贵族提前退役的原因

1. 贵族个性的发展——君主、国家概念的混淆

18世纪后半期发表的俄国85位贵族相互交流的2000封书信资料表明,俄国贵族上层对18世纪政府改革怀有矛盾的心理。这些书信作者大都是俄国宫廷显贵,他们是一些在服役和血统关系与沙皇最为接近的、受过高等教育和身居要职的官僚贵族;个人与国家行政机构没有联系的地主贵族;以及在官僚贵族之外的贵族知识分子。如公爵 А.А.别兹博罗德科是叶卡捷琳娜二世的秘书、1品文官、帝国重要的参政员,上将 А.И.比比科夫是俄国著名的讽刺作家和散文的创始人,在外交委员会任职的 Д.И.方维津,1品文官 Н.И.巴涅尔的弟弟、七年战争的英雄、退役军官、对叶卡捷琳娜二世的宫廷发泄怨气的 П.И.巴涅尔,启蒙思想家、政论家、作家和哲学家 Н.И.诺维科夫。

贵族对18世纪俄国对外政策的决策,新的国家机构的设立,军队的创建和俄国社会生活的欧化作出过巨大的贡献。他们在服役问题上的矛盾心理是由其社会经济地位和政治立场所决定的,是对18世纪俄国政府欧化改革的曲折反映。贵族作为一个等级义务为国家服军役、行政役,为

---

① И.В. Фаизова. "Манифест о вольности" и служба дворянства в Х Ⅷ столетии. М.,1999. С.150.

此得到了土地的垄断权,他们扮演了双重社会角色:国家的仆役和地主,占有土地和农奴成为他们最基本的需要。1714 年《一子继承法》把两种土地形式融为一体,最终把贵族等级连为一体。1762 年《御赐全俄罗斯贵族特权与自由诏书》取消贵族的军事、行政义务,摆脱了国家对贵族的奴役,取消了贵族占有土地的条件,使贵族的义务与土地相分离。1785 年《御赐全俄罗斯贵族特权敕书》最终确立了贵族等级的特权地位,以立法的形式加强对农奴的控制权、土地的垄断权。

书信资料证明,服役义务是贵族生活主要的目的。在 45 位贵族作家的 33 封信中,55—90% 的书信内容都是有关军役、行政役、外交役和服役前途问题。绝大多数贵族对 1762 年《御赐全俄罗斯贵族特权与自由诏书》的颁布欣喜若狂,图里的小贵族在回忆录里写道:"所有贵族对我们亲爱祖国的感激之情无以言表,所有贵族手舞足蹈,感谢沙皇,难忘签署那个诏书的时刻,没有语言可以表达我此时此刻激动的心情。"总检察长 А.И.格列博夫建议参政院给颁布《贵族特权与自由诏书》的彼得三世以特殊嘉奖,受到鼓舞的参政院欣然实施了相应措施。[1] И.Г.切尔内绍夫对 И.И.舒瓦洛夫信中说:"你知道吗? 亲爱的朋友,当得知这个喜讯,我是多么的兴奋,我泪流满面,这是替十万个贵族造福,这一天将使整个 18 世纪获得福音。"[2]部分旧世袭贵族不赞同对《御赐全俄罗斯贵族特权与自由诏书》表现出来的神魂颠倒,因为它与贵族的期望相反,没有取消对贵族的体罚,国家仍有权没收贵族的土地。其代表人物公爵 М.М.谢尔巴托夫没有否定给贵族自由的合理性,但他认为诏书伤害了君主的心灵,因为君主原打算以自由的方式提高军官的社会地位,为此,君主不再有可能实行有效的措施。但是,摆脱了繁重的服役义务,获得了从事经济权力的贵族在 1762 年后继续服役,这种信念不是来自政府法令的强制,而是来自传统的道德伦理和行为规范束缚。"俄国军官服役不是

---

① С.М.Соловьев. История России с древнейших времен. Т8.М.,1965. С.12.

② Е.Н.Марасинова.Психология элиты российского дворянства последней трети X VIII века.М.,1999.С.63.

为了钱,薪水足够他的开销,贵族需要的是军事生活,尤其是在首都近卫军里的军事生涯。尽管服军役并不是有利可图的事业,为了维持军队的必要配置,在沙皇检阅时还需要自己掏腰包。"①一些出来没有服过任何役的贵族,通过人为地制造虚假的证明,成为没有薪水,没有任何服役义务却让自己太太引以为自豪的贵族。

　　俄国民众政治心态的形成常常受到官方意识形态的影响,其核心内容为:一是古已有之的秩序和政权因其久远、君权神授合法性及神性;二是为君主效力是全民的义务;三是君主的意志便是上帝的意志。"人人都应顺从最高权力的统治,因为权力均来自上帝。现存政权皆由天意所定。故而,抗拒政权的统治也就是违抗天命。"②1794 年,波兰被瓜分后,波兰王公伊莎贝拉·恰尔托雷日斯基在是否让儿子去俄国服役问题上犹豫不决,H.B.列普宁劝诫他说:"不要听他们说去俄国服役是为奴。我替你担保,在俄国服役,比在其他国家服役都自由。"因服役而成为贵族的A.A.别兹博罗德科在给 C.P.沃伦佐夫的信中说:"除了服役,我不知道还有什么道路可以选择?"③"自由是贵族等级的基本特权,国家服役在贵族的命运中作用重大。"④

　　由于贵族向往西方贵族豪华生活方式、物质利益的诱惑——土地、奖励的钱币、赏赐、退休金、别墅、马车、餐具,专制主义政府利用官方学说调节贵族的行为举止,通过服役义务有意识刺激贵族参与国家政权建设并隶属于这个政权。这种价值观使俄国贵族完全丧失了个性,把服役作为忠君的重要前提和基本的社会义务。1762 年《御赐全俄罗斯贵族特权与

---

　　①　Ю.M.Лотман.Беседы о русской культуре：Быт и традиции русского дворянства（ⅩⅧ-начало ⅩⅨ века）,СПб.,1994.C.28.

　　②　[俄]鲍里斯·尼古拉耶维奇·米罗诺夫:《俄国社会史》下卷,山东大学出版社2006 年版,第 113 页。

　　③　E.H.Марасинова.Психология элиты российского дворянства последней трети ⅩⅧ века.M.,1999,C.63.

　　④　M.Г.Спиридов.Краткий опыт исторического известия о российском дворянстве.M.,1804.C.29—33,312.

自由诏书》颁布后,政府未把贵族从强制服役的感情中完全解脱出来,扩大贵族特权的法令进一步强化了贵族爱国主义的情感,反而使服役成为贵族内部非常自觉的义务。义务服役观念在贵族意识中根深蒂固地存在,它不仅仅成为一种合法化的象征,而且成为贵族道德伦理的形式、等级美德的行为准则。

在俄国贵族社会中评价个人行为的准则常常是以为帝国服役作为前提:"国家的人"、"有功绩的人",贵族的价值观通过国家义务来体现的。如果提到世袭贵族,首先是要考察其祖先为国家、为君主所创造的业绩,祖先的出身对于确定贵族个人身份十分必要。如 A.A.别兹博罗德科在协助他的妹夫晋升时说:"家族的荣耀使他处处感到自豪,因为他的家族来自波兰的贵族家族,并在乌克兰为官已经 100 年。"①贵族的这种等级属性往往成为他们获得等级特权、国家机构中显赫地位以及沙皇赏赐的唯一借口,专制主义国家也对这种道德标准加以肯定。在贵族的意识中崇拜君主实际上成为贵族为国家服役的主要动因。对国家的服役与对君主的服役往往是一致的,对君主、国家、祖国的理解经常是同义的。俄罗斯帝国是君主的世袭领地,国家利益是君主个人意志的体现,法律代表君主的意志,贵族是君主的仆役,帝王个人和家庭的生活影响着国家政治势力的增长。忠君报国的热情浸透在整个贵族的意识之中,而逃避服役被贵族视为对君主的不尊重,甚至是篡位。M.И.沃伦佐夫曾对 И.И.舒瓦洛夫说:"我特别希望你明年冬天来服役,把你的才干奉献给君主伟大的事业和亲爱的祖国。"②贵族仕途的成败往往取决于君主的评价,沙皇的好感、在宫廷接受沙皇的单独会见、沙皇的亲笔信成为贵族终身向往的目标,他们认为显赫的地位,与地方官员的良好的关系还不如得到沙皇的仁慈更好。沙皇的期望、建议和法令成为贵族必须服从的意志,除此之外,别无选择。

---

① E.H.Марасинова.Психология элиты российского дворянства последней трети X Ⅷ века.М.,1999.С.66.

② E.H.Марасинова.Психология элиты российского дворянства последней трети X Ⅷ века.М.,1999.С.63.

　　18 世纪俄国贵族的世界观本质上是中世纪西方封建社会贵族意识的再现,在国家名义的掩饰下具体的君主形象已经失去了个性而更加完美化。其原因在于,贵族把"神事"和"国事"混为一谈。"民众为上帝的仆人——沙皇效力,也就等于通过君主在为上帝效力。由此生出了沙皇的仆人及所有臣民应承担的义务,即'做上帝及沙皇吩咐之事',为'君主之事业'而效劳。世俗的职责具有浓厚的宗教色彩……抛弃个人意志,为君主效力,民众以此委身于崇高而神圣的权力意志。沙皇本人也舍弃了个人的意志为上帝效力。君主的权力被视为上帝赋予的责任,他无权回避。此外,君主将自己同民众的关系界定为'家长同家庭成员'之间的关系:惩戒罪恶,奖赏忠信、勤勉、倾听圣贤良言。臣民的别称为'孤儿'。而公差为'犬马'。"①对贵族来说,君主的思想是至高无上的,他个人、甚至他的生活都是神秘莫测的,贵族的个人意识完全依赖于君主的意志,君主的好感决定着贵族的服役前途和他的整个命运。某些不走运的贵族经常回忆在宫廷中受到的君主的接见,号召贵族为国家服役。"君主的赏识是对于那些受迫害贵族的庇护,即使处于最底层的书吏也认为自己是君主的忠臣,君主意志的执行者。"②可见,君主与贵族之间关系的维系并不是通过法律,而是恐惧的情感,无条件服从君主的个人意志。把君主与上帝相提并论,把女王视为祖国的母亲,忠君意识在贵族中深入人心。贵族完全屈服于王权,他们的命运完全受君主的支配,恐惧和顺从成为君主监督下俄国贵族的生活写照。但在恐惧、服从、忍耐的情感中也孕育出一些不满的情绪,而这种抵触情绪常常被忠君、服从思想所抵消,从而阻碍了贵族独立意识、自由情感的发展。谢尔巴托夫的 50 封信都是对女皇的忠诚、赞美,在贵族忠君的情感中看不到的心理上的沉重负担,只有臣民对君主无限感激之情。如 Д.И.方维津认为:"君主必须制定国家法令,否

---

①　[俄]鲍里斯·尼古拉耶维奇·米罗诺夫:《俄国社会史》下卷,山东大学出版社 2006 年版,第 113—114 页。

②　Е.Н.Марасинова. Психология элиты российского дворянства последней трети X VIII века. М.,1999.С.69.

则,帝国、国王本人的统治就会动摇。"①

俄国贵族忠君保守的世界观不仅反映在对沙皇专制权威的极端崇拜,而且表现在对法国大革命的否定评价上。他们非常担心法国国王的命运,认为路易十六的被杀,将是不幸和巨大的灾难,俄国将面临可怕的灾难。"法国革命者是一些无理性的、发狂的、无耻的弑君者。"②在贵族的书信交流中看不到对自我社会作用的评价,对个性和等级利益的关注,贵族的所有价值标准都被归纳到忠君、义务服役范围之内,贵族等级利益被融入到帝国的利益之中,贵族的个性被压抑,吞没一切的忠君思想压制了贵族等级应有的权利,阻碍了贵族政治文化的形成。

贵族引以为自豪的是与沙皇的亲近。他们从未把贵族的特权地位与专制君主的特权加以比较,相反使自己的利益完全屈服于帝王的意志,国家政权只不过是执行帝王意志的工具,每个贵族对沙皇的神圣的崇拜感使他们感到自己的社会地位是沙皇仁慈的结果。贵族这种自我满足感和对君主完全依赖的政治幼稚感阻碍了贵族等级势力的壮大,反而为俄国君主的政治独裁培植了社会心理的土壤。如对 1762 年《御赐全俄罗斯贵族特权与自由诏书》的反映:"我们希望,俄国所有的贵族对君主无限忠诚,不逃避服役。作为祖国的儿子不说,也不做败坏君主的形象的事情。"③

在贵族冠冕堂皇的忠君旗号的掩饰下,刺激贵族服役的原因是现实的等级威望(官阶、官职、爵位和勋章)和物质诱惑(土地、村庄、农奴、钱财、赏赐、退休金、珍贵的戒指、烟壶、长剑和餐具),俄国贵族为个人官运

---

① Е.Н.Марасинова.Психология элиты российского дворянства последней трети ХVIII века.М.,1999.С.72.

② Е.Н.Марасинова.Психология элиты российского дворянства последней трети ХVIII века.М.,1999.С.73.

③ Е.Н.Марасинова.Психология элиты российского дворянства последней трети ХVIII века.М.,1999.С.75.

亨通而争权夺利,或者逃避服役,出国旅游、休假,适度的奢侈生活在贵族眼中显得很自然,而简陋的生活水平有损于贵族荣誉的。"官职成为贵族评价家族财产的多少、家族自豪感、家族地位稳固的标志。"①在争取官运斗争中的挫败导致了贵族内心的痛苦折磨,迫使他们施展有损于贵族尊严的阴谋诡计。

俄国贵族精神上追求的是表面上的虚荣,而非经济利益。他们经常互相进行物质攀比:奖励的价值高低、农奴的数量、土地的面积。更多的贵族对因得到帝王的垂青而获得的赏赐表现出极大的兴趣。18世纪上层参议员的暴富被俄国贵族奉为神话,它引起了贵族的极大震惊和暗中的无限向往。服役人员堂吉诃德式的作风不仅引起了世俗社会的莫大讽刺,而且引起了帝王的猜疑。

2. 与传统价值观的背离——绝对服从又怀疑否定

对沙皇政府的反叛心理是贵族背离传统观念的表现。贵族经常有意识地恢复对君主形象的整体认识,区分对君主形象的过度吹嘘和适度评价。对君主的大肆吹捧表现出沉默、不理睬,以讽刺的口吻斥责军事征服给帝王带来的政治威望。俄军驻波兰的总司令 А.И.比比科夫从内心深处反对瓜分波兰。贵族抵制政府频繁的军事远征,1768—1774年俄土战争时,Д.И.方维津在给俄国签约代表 А.М.奥布列斯克夫的书信中说:"俄国今天的困境都是由外交委员会的 Н.И.巴涅尔造成的。为了祖国的真正的福利,和平是必需的。战争除了虚幻的荣耀并没有给俄国带来任何好处。"②对帝王施舍的高级官职、皇位的亲近表示出漠不关心,如在威尼斯任全权大使 С.Р.沃伦佐夫给父亲的信中:"女王说,她给我这个官职,是为了向我表示她的仁慈,这种安排我能够拒绝吗? 实际上,我面临的困难比生活在威尼斯不知有多大。总之,仁慈是伟大的,但麻烦事很

---

① Е.Н.Марасинова.Психология элиты российского дворянства последней трети ХⅧ века.М.,1999.С.81.

② Е.Н.Марасинова.Психология элиты российского дворянства последней трети ХⅧ века.М.,1999.С.135.

多,因此我要放弃它。"①

在一些重大的历史事件中因沙皇的专制政策失误而导致的严重后果,使贵族的心理处于矛盾状态之中,对俄国君主开始产生怀疑、否定批评态度。"国内由于君主犯罪而出现灾难是如此可怕,坚强、勇敢让位于受屈辱的奴隶地位。在我们的灵魂深处缺乏追求真理的不懈精神,阴谋诡计、狡猾多变的恶习被张扬,善良被恶势力所压制。"②贵族不仅反对政府的强制服役政策,而且力求从专制统治下解放出来。1794 年 C.P.沃伦佐夫写道:"我只能责备自己非理智的冲动所造成的过错,我虽然受到惩罚,失去了荣誉,但我的良心是平静的。"③

1790 年 A.M.库图佐夫对 И.B.洛普欣写道:"我热爱自由,但真正的自由是对法律的绝对服从,而不是破坏法律。"此时贵族开始区别法律、真理、社会共同幸福和君主的意志。A.M.库图佐夫对 И.B.洛普欣又写道:"痛心呀祖国,一切都隶属于君主的意志,而不是法律。个人的安全感在减弱,对法律的信任感也在降低,法律本身在失去原有的作用。"④

但从整体上来说,对君主作用的过度赞扬成为贵族价值观的重要特征,尤其是以爱国主义情感为出发点对帝国政权极度的崇拜。"人一旦得到自由,他不断关心和苦恼的最大问题,莫过于赶快找一个可以崇拜的人。宁愿要处于奴役状态下的平等,而不要处于不平等状态下自由思想。但是这种平等将使他们在他们要崇拜的人面前变得同样无助。因为这些可怜的生物所关心的不只是要寻找一个我自己或者另一个人所崇拜的东西,而是要寻找那可以使大家都信仰它,崇拜它,而且必须大家一起信仰

---

① Е.Н.Марасинова.Психология элиты россйиского дворянства последней трети XVIII века.М.,1999.С.136.

② Е.Н.Марасинова.Психология элиты россйиского дворянства последней трети XVIII века.М.,1999.С.140.

③ Е.Н.Марасинова.Психология элиты россйиского дворянства последней трети XVIII века.М.,1999.С.147.

④ Е.Н.Марасинова.Психология элиты россйиского дворянства последней трети XVIII века.М.,1999.С.148—149.

和崇拜的东西。正是这种一致崇拜的需要,给每一个人以至从开天辟地以来的整个人类带来了最大的痛苦。"①皇权的神圣不可侵犯性不仅得到俄国传统文化的支持,而且得到贵族等级自我保护意识的支持,更为重要的是贵族个人潜意识中奴性意识的反映,"对于普通人来说安慰自己的良心问题要高于自由、面包。谁能使他的良心得到安慰,谁也就能奴役他。"②其结果贵族对专制统治的偶然不满也在弱化,并没有动摇帝王的威信,片段性、口头上的政治抗议仅仅浓缩在对君主道德伦理行为的指责上,其影响力仅仅是沙皇周边的人。

3. 理想之路——嘲弄时政、离群索居

传统的忠君、爱国意识和实用主义目的的交织成为18世纪下半期俄国贵族的主导价值观。官方价值观念的贬值不仅改变了官员服役仕途奋斗的目的——享乐主义,而且引发了爱国主义观念的自我毁灭,官员下流自私行为的出现。俄国贵族退役的现实原因和心理动机:①王位的移主。贵族失去了在上层政权的地位;宠臣的专横;在对外政策上与沙皇原则性的分歧。②不成功的仕途。未得到奖赏的官员;升迁缓慢;因为与上层政权的敌对而得到的低赏赐。③残酷的竞争。阴谋、诽谤、中伤。④个人利益与国家的冲突。

俄国政府选拔官员的道德标准降低了贵族的人格尊严,这种道德标准要求官员具备走狗般的奴性品德,为得到政府的庇护不择手段,感谢君主给予的一切,勤奋敬业、忠实履行君主的意志。对此贵族以日记、忏悔、哲学、文学、宗教、政治思想题材的形式表达对俄国社会制度的反抗情绪和对西方生活方式的向往。贵族的消极价值观往往与国家义务紧密相关,主要趋向反对提拔官员传统方式,贬低贵族个人的美德。为了升迁而不惜奴颜婢膝,勋章和职位的获得使官职的威望下降,导致了贵族信仰的

①　[俄]托思妥耶夫斯基:《卡拉马佐夫兄弟》上册,人民文学出版社1981年版,第380页。

②　[俄]安德兰尼克·米格拉尼扬:《俄罗斯现代化与公民社会》,新华出版社2003年版,第111页。

危机。贵族晋升官职带来的喜悦常常被不择手段的方式而冲淡,贵族开始对国家义务漠不关心、疏远。这种情绪折磨俄国贵族的精神,磨掉了他们为事业成功努力进取的棱角。由于寻求庇护、好感而筋疲力尽的贵族产生了虚度时光的念头,对土地的渴望。由于不成功的服役仕途而出现的气愤、懊悔、不满和自我毁灭心理。"风气的腐化堕落、理性的迷失……人们用法律使信仰和道德威信扫地,丢开我们祖先的规矩和习俗,破坏祖先的陵墓,摧毁任何统治的这一惟一稳固的支柱,破坏的目的是为了根据一些不为人知的原则建立一种没有过去和将来的社会。"①

贵族开始区别为君主和祖国服役的内在含义。А.С.比比科夫、Я.И.布尔加科夫、С.Р.沃伦佐夫、Е.Р.达什科夫、П.И.巴涅尔、П.А.鲁缅采夫等人不愿在宫廷为官,希望任参议员或外交使节。如在伊丽莎白时期的高级侍从、普列奥布拉任斯基军团的中尉 С.Р.沃伦佐夫熟知宫廷生活,他对父亲写道:"当我考虑留在近卫军的时候,没有奢望会有什么幸福? 我认为最好去沿街乞讨,总比去服役和留在这个军团好。敬请尊贵的父亲,给我一点仁慈,能让我去野战军团。我自愿为祖国服役,而这种愿望与日俱增;但我不能忍受宫廷的生活,它比留在近卫军更恐惧。"②

为了远离宫廷阴谋,不与国内官员发生冲突而丧失社会地位。外交服役、去国外学习和旅游成为改变贵族服役状态唯一合法途径。如在英国任大使的 С.Р.沃伦佐夫在退役后也没有回到俄国,而在维也纳生活了近 30 年。Д.М.戈利津非常留意圣彼得堡外交政策的发展趋向,经常回国考虑自己的未来。但是宫廷义务和国家的义务在他们意识中发生冲突,这种观点在贵族等级的一定范围内得到响应和支持。多次出国旅游

---

① [俄]安德兰尼克·米格拉尼扬:《俄罗斯现代化与公民社会》,新华出版社 2003年版,第 98 页。

② Е.Н.Марасинова.Психология элиты российского дворянства последней трети XVIII века.М.,1999.С.105.

获得女王容许的 E.P.达什科夫长时间地待在特洛伊茨的庄园中,有一次她给刚刚留学归来的朋友亚历山大·库拉金写信:"我了解你们,不能不承认,你们远离祖国是为了得到好处。但我作为你们最真挚的朋友,希望你们回国留在这里。因为在这里,你们可以远离首都俄罗斯的烦恼和寂寞,一切由你们自己决定,我也只能在这里的乡村享受生活。"①恰达耶夫评价道:"自由的个人和制度化的公民社会的缺失,使得官僚这个大怪物将所有的全权都集中到自己手中。同样,有组织的政权把社会上所有的健康力量隔绝起来,不使他们参与积极的政治和社会生活,而国家官僚所关心的只是维持现状。所以,俄国社会上最有学识、最活跃和最能干的那部分中的很多人都去了欧洲,都离开了自己的国家,或则仍留在国内,终日纵酒无度,为自己寻找一种毫无意义的毁灭,因为在所设立的机构中找不到自己的一个位子。这种情形使有思想的人们或者陷入了狂热的、全面赞美现存体制的状态,或者相反,对现存体制进行自我诽谤和全盘否定。"②

"为上帝祷告、为国王服役。"尽管在现实生活中贵族对国家利益的关心经常碰到宠臣的阻挠,但是俄土战争、与欧洲国家的对外关系、甚至瓜分波兰,这些重大的国际问题依然成为贵族书信交流的主题。他们常常放弃自己个人的利益而服从于国家对外战争胜利的整体利益,并且积极分析俄国面临的复杂多变的内外局势而作出自己明智的判断。叶卡捷琳娜二世时期的参政员不仅高度评价自己的功绩,而且分析当时国家面临的政治局势。如 Д.И.方维津诚恳地向外交委员会大臣建议:"整个欧洲并不感兴趣我们祖国。只是知道,谁统治俄国以及谁在从事和平事业。"③

---

① E.H.Марасинова.Психология элиты российского дворянства последней трети X Ⅷ века.М.,1999.С.106.

② [俄]安德兰尼克·米格拉尼扬:《俄罗斯现代化之路——为何如此曲折》,新华出版社 2002 年版,第 12 页。

③ E.H.Марасинова.Психология элиты российского дворянства последней трети X Ⅷ века.М.,1999.С.109.

　　18 世纪后半期贵族自我价值的实现往往是在国家服役的范围内,贵族对职业和荣誉称号的高度重视不仅仅来自忠君情感和爱国主义感情的支持,而且是他们自我意识提高的表现。如 H.B.列普宁给 A.Б.库拉金的回信中说:"我已经习惯于长期的服役,在君主的领导下完成我的任务,而不是摆脱这样的任务去从事其他事务。"①贵族(A.B.苏沃洛夫、Π.A.鲁缅采夫、Г.A.波将军、H.И.巴涅尔)在宫廷之外,远离首都,1762 年《御赐全俄罗斯贵族特权与自由诏书》颁布后,他们依然是国家的官员并继续追求功名利禄。1787 年在 A.B.苏沃洛夫给 Г.A.波将军的书信中坚决反对取消义务服役和贵族逃避军役:"如今最正派的年轻军官不是由自由的贵族组成。俄罗斯之所以伟大,不是因为国家内部服役的都是一些外国人,必须由自由人取代他们,在战争时期应该忘记这个法律。"②他们也反对贵族疏远国家义务,蔑视那些游手好闲和离群索居者。

　　贵族逃避服役除了社会经济状况以及生理因素之外,还有俄国实际的服役状况造成的心理厌恶。如 58 岁的 A.M.戈利津属于上层官僚贵族,他即使不具有影响力,尽力躲避宫廷内部的党争,也不愿受叶卡捷琳娜二世的摆布,终于获准退役,远离莫斯科 25 年而从事慈善事业,建立戈利津医院,醉心于绘画和雕塑。48 岁的高级参议员 M.И.沃伦佐夫当得知彼得三世的死讯后,拒绝向叶卡捷琳娜二世效忠,要求退役。退役获准后,在 1763 年他去国外长期旅游。"长期以来,在社会中公民的情感被压抑着。善于独立思考的、有能力建设国家的成年男性公民在俄国的现实中受到排挤,富有智慧和创造力的俄国受教育的知识分子像外国人一样在国内生活着。因为只有这样,受教育的知识分子才能求得某种安宁,求得生存的权力。"③即使势力雄厚的 H.И.巴涅尔和 Г.Г.奥尔辽夫也不希

---

　　① Е.Н.Марасинова.Психология элиты российского дворянства последней трети XVIII века.М.,1999.С.109.

　　② Е.Н.Марасинова.Психология элиты российского дворянства последней трети XVIII века.М.,1999.С.110.

　　③ 转引自[俄]鲍里斯·尼古拉耶维奇·米罗诺夫:《俄国社会史》下卷,山东大学出版社 2006 年版,第 241 页。

望保持在宫廷中的地位。①

贵族不仅对自己的生活道路反叛,而且反对子女选择和继承自己的事业。如服役 24 年的 Н.И.诺维科夫历经官场险恶,被捕入狱,从施吕瑟尔城堡出狱后为子女和已故朋友、共济会员 И.Г.施瓦茨子女的未来前程忧心忡忡。М.И.沃伦佐夫调教外甥 А.Р.沃伦佐夫要热衷于服役事业,而 А.Р.沃伦佐夫却认为绶带、官位和奖赏已经失去原有的价值,最终离开圣彼得堡宫廷,在英国度过自己的晚年。Н.М.卡尔马津以讽刺的口吻对下诺夫哥罗德和奔萨的省长 А.И.维亚泽姆斯基说:"你们占据着高官显位时,此时你们还能记得像我这样微不足道的小人物,还能垂青于我们!"高级参议员 Ф.В.罗斯托普钦对朋友 С.Р.沃伦佐夫的信中说:"我什么也不想要,因为得到的东西很可怕,我只是希望妻子幸福、孩子漂亮。"②

内心世界复杂化、追求个性解放和自我价值实现是俄国贵族反抗情绪的最初表现。呼唤个性解放首先触动了贵族上层的根本利益,迫使他们从传统的、共有的价值观危机中走出来,社会地位的丧失,专制主义理想学说的弱化在贵族意识中引起了震动。他们希望获得新的价值学说,他们希望远离并相对独立于沙皇政府、官僚机构、世俗社会之外,逐渐摆脱沙皇专制主义的压迫获得个性解放。"18 世纪的俄国,与政权相脱离、不参与国家管理的大部分知识分子通过喝酒和无意义的消遣来消耗自己的才能、精力、生命力,消解爱和失望。在像磐石那样的国家里,知识分子实际上没有其他自我表现的机会。为数不多的生活相当富裕的贵族知识分子以在俄国过游手好闲的无聊生活来补偿自己的痛苦和备受折磨的公民感情,而更经常的是——到国外去。"③他们成为一批无根基性与政权相脱离,与所

---

① Е.Н.Марасинова.Психология элиты российского дворянства последней трети ⅩⅧ века.М.,1999.С.111.

② Е.Н.Марасинова.Психология элиты российского дворянства последней трети ⅩⅧ века.М.,1999.С.114—115.

③ [俄]安德兰尼克·米格拉尼扬:《俄罗斯现代化之路——为何如此曲折》,新华出版社 2002 年版,第 23—24 页。

有阶层的日常生活、传统相脱离,带有自己非常偏执独特道德规范和严守世界观的贵族知识分子——俄罗斯大地上"漂泊者"或"多余的人"。

贵族反对派试图在另一种社会中重新定位,他们以训导、忏悔、日记、通俗易懂的文学创作和精神哲学的对白等方式表达了抗拒情绪。"俄罗斯人用提高宗教道德理想和对彼岸世界永不停息的追求来补充自己日常生活的外在困惑和痛苦。"[①]对贵族来说,与现实调和、抛弃理想是一种最无痛苦的有益之路。但是这种调和是不稳固、短暂的,贵族由于对俄国政治黑暗抗争却又无效之后,心理孤寂、失望的结果必然产生感伤主义。为了使心灵得到安慰,贵族远离国家官僚机构,幽居在自我封闭的庄园世界、家庭的幸福和朋友的圈子内;在文学创作、绘画和音乐中寻求精神寄托,这样,俄国的文学逐渐从官方的赞美诗中独立出来,从挑剔、闲暇的文学变为以感伤主义为特征的专业著作。

贵族庄园是实现这种理想的最佳场所:这里有条不紊的生活方式、良好的教育氛围、较多的美学欣赏行为、古典式的建筑、丰富的农业生产经验。它可以帮助贵族解脱焦虑情绪,逃避世俗社会里官员们的明争暗斗、沙皇政府的压制和排挤。如 1794 年叶卡捷琳娜二世劝导要求退役的 H. B.列普金:"从你的信中得知你要退役,放弃给你的荣誉的事业,你已经习惯和离不开这个荣誉,除非你改变这个称号。"而具有叛逆精神的贵族却认为:"我自愿失去这种无所事事的生活,与以前的生活兴趣隔绝,这样才有可能实现自我价值。"[②]贵族生活在藏书丰富、绘画琳琅满目、音乐优美的旋律、雕塑和建筑别具一格的庄园里,通过彼此的交流而日益培养出一种宁静而自在祥和的情感。正是在此崛起了一大批俄国文学艺术的先驱:特维尔的尼科里斯基·利沃夫、乌克兰的奥布霍夫斯克·卡普尼斯特、托尔若克的普列姆黑诺·巴古宁、奥尔略夫省的兹内缅斯基·普列谢耶夫、沃尔霍夫河岸的兹万卡·杰尔扎温、莫斯科附近的齐赫温斯基·诺

---

① 朱达秋、周力:《俄罗斯文化论》,重庆出版社 2004 年版,第 3 页。

② Е.Н.Марасинова.Психология элиты россйиского дворянства последней трети ХVIII века.М.,1999.С.163.

维科夫、萨拉托夫省的纳杰日金·亚历山大·库拉金等,他们成为俄国
19世纪文学艺术辉煌时代的创始人。

　　有些贵族认为,占有农奴是贵族的基本权利,而取消贵族服役义务将
不可避免导致农奴制的废除,后来由于农民暴动,叶卡捷琳娜二世及时中
止了其作用。1763年6月22日法令,贵族再次失去了自由服役的权利,
贵族子弟仍然要在近卫军学校学习,而后在规定年龄强制服役。1762年
《贵族特权与自由诏书》颁布后,退役成为贵族逃避黑暗社会现实的一个
途径。如 H.M.卡尔马津在俄国巴结、逢迎的喜剧性时期从莫斯科逃到朋
友 A.A.普列谢耶夫的庄园,1795年秋,他在给 И.И.德米特里耶夫的信
中:"人们不愿相信,在莫斯科过着舒适生活的人,能把自己封闭在乡村。
但我感觉自己的生活比在莫斯科幸福。因为可以做我想做的事情,见到
我喜欢的人。"①但是应该看到贵族在世袭领地上主要是逃避现实社会,
并不是完全致力于自己的经济事务。他们远离的不是土地,而是宫廷、世
俗社会和专制主义的压迫,探寻另外一种精神的独立和平静。退役破坏
了贵族整体意识的形成,使他们失去了心理的恐惧感和对原有社会价值
的依赖;退役也阻碍了贵族在现实社会中实现自我价值,尤其是传统价值
观的贬值。贵族对现实生活逃避的结果在他们内心世界产生了行善、苦
行、内心自责,甚至自杀的念头。恐惧、忧伤导致贵族个人的信仰危机,使
得他们的道德标准扭曲。在病态的价值观下对荣誉、自豪感、顺从、自由、
教育、坦率、多愁善感等概念作出特有的解释。"在远离首都的庄园里,
贵族们放荡不羁地生活着,他们忘记了在宫廷受到的教育,忘记了沙龙中
绅士的风度,成为一批走狗、丑角、流氓。这种人不可能创造什么新文化,
甚至也不能保护即将灭亡的旧文化。"②

---

　　① Е.Н.Марасинова.Психология элиты российского дворянства последней трети X
Ⅷ века.М.,1999.С.163—164.

　　② Б.Н.Врангель. Старые усадьбы: Очерки истории русской дворян культуры.
СПб,2000.С.141.

4. 贵族对农奴制度的矛盾心理

贵族是 18 世纪经济改革的最大的受益者。改革不仅使贵族摆脱了义务服役负担获得了特权,而且拉开了贵族和农民社会地位上的差别,农民对贵族的依附达到了奴隶般的状态。贵族在服役时经常待在自己的庄园几个月、甚至几年,收取封建地租,役使农民为他生产农产品,在军事远征中贵族指挥农民出身的士兵为他卖命。农奴制对贵族来说神圣不可侵犯,这种社会现实也反映在贵族的社会意识中。

1762 年《御赐全俄罗斯贵族特权与自由诏书》颁布后,农民成为贵族地主的私有财产。1765 年法令,地主可以流放农民,成为地主的新兵。1767 年法令禁止对地主赏赐得来的农民鞭打和在尼布楚服苦役,农民正式成为被买卖的对象。在叶卡捷琳娜二世统治的 34 年中对有功绩的贵族、宠臣赏赐了近 80 万农民,农奴制推广到帝国全境,并且日益渗透到贵族生活中。

大多数贵族认为农民是粗鲁、愚笨的贱民;农民是骗子、小偷、醉汉,不可能富有,贫穷是由于他们太懒惰所致,农奴是贵族经过"洗礼的财产",有劳动力的"自己人",可以被交换、发配去当士兵,如同不值钱的森林、马匹一样买卖。一头纯种狗价值 2000 卢布,一名手艺精湛的厨师或技艺高超的乐师才值 800 卢布,普通农奴只值 300 卢布,女农奴还不到 100 卢布。E.P.达什科夫对一位地方官说:"我希望你能以最便宜的价格卖给我 40—50 个农民。"①公爵沃尔孔斯基向女王汇报押解普加乔夫到莫斯科的情况时说:"此人卑鄙下流,这是野蛮粗俗农夫所固有的秉性。苏马克夫老爷的良知与奴仆的良知就是有区别,任何低下的人不可能拥有高尚的情感。"②方维津的骨子里浸透着贵族的等级偏见,他辱骂农民:"与牲畜为伴的仆人不能走在主人前面就以为自己高明。只有贵族才能

---

① E.H.Марасинова.Психология элиты российского дворянства последней трети ХⅧ века.М.,1999.C.205.

② А.Романович-словатинский.Дворянство в России.М., 2003. C.238.

享有荣誉。而其他人都是动物。"①伯爵别兹拉苏特病态地认为："农民没
有人的属性，而仅仅是农民。这样的农民应该知道自己只是主人的奴隶。
主人会准时与他们接触，向他们征收赋税。任何时候贵族不要与农民讲
话，不向农民低下自己高贵的头颅。我深信，我是老爷，农民是我的奴隶；
我是人，他们是农民。"②为此，他竟然丧心病狂地每天检查两次主人和农
民的骨骼，寻找他们之间到底有什么区别。可见，在贵族的意识中，贵族
的义务是发挥统治者的作用，而农民的义务则是按时纳税、服劳役，从属
于统治者，这是千古不变的永恒法则。"每个俄国人都有基本的权
利——自由，但是真正的自由是拥有奴隶，因为穷人不可能养活自己。如
果想享受自由，只能饿死。"③他们把农民起义领袖普加乔夫视为下流
之辈。

取消义务服役后，贵族上层忙于服役事务，他们经常奔波于宫廷、驻
外使节和军事远征事务，而疏于自己庄园的经济管理。A.B.苏沃洛夫对
管理军团所有世袭领地的 C.M.库兹涅佐夫说道："我从来就没有时间去
我在诺夫哥罗德的村庄，我在高加索村庄几乎一半的农民都跑光了。"④
为了保障充足的劳动力，防止农民逃亡，他们又小心翼翼地对待农民。贵
族认为农民比占有土地更为重要，贵族地位的改变往往不是他领有土地
的数量多少，而是隶属于他的农民数量多少。

叶卡捷琳娜二世对狄德罗说："在主人和农民之间不存在任何确定
的条件。但是每一个明智的主人都应该尽力节俭，不要浪费他们，尤其是
不要给他们过多的压力。"E.P.达什科夫在给朋友的信中也表达了类似看
法："农民的富裕会增加我的收入，只有神经病才会折磨为自己创造财富

①　А.Романович-словатинский.Дворянство в России.М.，2003.C.238.

②　А.Романович-словатинский.Дворянство в России.М.，2003.C.239.

③　Е.Н.Марасинова.Психология элиты российского дворянства последней трети X
Ⅷ века.М.，1999.C.207.

④　Е.Н.Марасинова.Психология элиты российского дворянства последней трети X
Ⅷ века.М.，1999.C.207.

的农民。"①大多数贵族地主对农民残酷压迫,而某些善良的地主出于自己经济利益,开始对农民行善。在庄园建立学校、医院,收养年幼农民孤儿,容许娶农民的女儿为妻,让他们在森林盖房屋,给他们出售更便宜的书籍。慈善活动促使贵族的意识中产生了提高农民地位的念头,他们开始重新解释下贱人:"无礼、粗鲁、思想僵化并不是农民等级与生俱来的天性,而是他们长期处于不自由的奴役地位所造成的","即使最下贱的人都有一颗善良的心,低贱是指他的现状,下流是指他的行为。"②他们鄙视不劳而获者:"农民劳动,而你们吃他们的面包。"③他们对农民之中有才之士给予特别的关注,同情农民的悲惨命运。18 世纪俄国著名的贵族讽刺家坎捷米尔在讽刺诗中写道:"自由人和奴仆身上流淌的是同样的鲜血,生长着同样的骨骼。""庄稼人和达官贵人在法律面前一律平等,奴仆的精神应该是独立的。""亚当没有制造贵族,诺亚在方舟拯救自己的同时也拯救了与他别无二样的人。"④1769 年贵族诺维科夫在《雄蜂》杂志中写道:"现在一些达官贵人经常炫耀自己高贵的出身,在人类历史的初期贵族就应运而生了。他们鄙视那些不能证实至少享有 500 年历史的贵族称号者,而那些享有 100 年或者更少的贵族没有资格在他们面前说话。如果有人在贵族面前提到市民或农民,这个贵族会马上吓得打寒战。一些贵族在 50 岁时都没有考虑好自己的生活道路,他们既不去教堂,也不逛街。如果上街遇见其他等级的人,他会当场昏厥过去。他们希望在这个世界上,除了贵族,不应该存在任何有生命的东西,普通老百姓应该彻底消灭。"⑤1776 年 Н.П.尼古拉耶夫在话剧中写道:"或许,干粗活的

---

① Е.Н.Марасинова.Психология элиты российского дворянства последней трети ХVIII века.М.,1999.С.205.

② Е.Н.Марасинова.Психология элиты российского дворянства последней трети ХVIII века.М.,1999.С.218.

③ Е.Н.Марасинова.Психология элиты российского дворянства последней трети ХVIII века.М.,1999.С.219.

④ А.Романович-словатинский.Дворянство в России.М.,2003.С.239.

⑤ А.Романович-словатинский.Дворянство в России.М.,2003.С.239.

男佣人的心胸与不可一世的沙皇的心胸一样宽广。"作家 A.苏马罗克夫坚决捍卫全人类都是来源于亚当的理论:"老爷与佣人之间究竟有什么区别?前者与后者都是一块富有生命的泥土。如果老爷的智慧不及佣人,那么,我必然会认为老爷与佣人之间根本就没有丝毫差别。"①18世纪俄国著名的农学家、地主、行政长官和作家 A.T.博洛托夫在 1774—1796 年曾经管理过数千个国家农民,他在回忆录中承认,自己曾被迫采用过残酷的惩罚措施以维护农奴制。"我不是天生的冷酷者,相反,我非常反对残酷的做法。我不想用言语和行动侮辱任何人。我在施行惩罚时没有一丝快感,我只是为了制止农民偷窃、打架才不得不严惩他们。我为此而苦恼、烦闷。但别无选择。要想达到让农民戒掉或制止他们诸如偷窃等胡作非为行为的目的,善良、善意的话语、劝诫、警告乃至轻微的惩罚都不起作用,只能采取最严厉的处罚措施。"大多数贵族地主都认同这样的思想和行为,他们公开地、不加任何掩饰地承认这一切。"体罚不仅在法律上是农奴制的必备特征,而且同时代人也认为体罚是维护权力和农奴制的必要手段。"②

贵族按照其等级属性都是封建农奴主。18世纪俄国落后的经济发展状况决定了他们的生活理想:渴望成为乡间的主人,取得土地所有权,在荒地上落户并加以开垦。为使事业成功和奴役人,在自己的土地上建立农奴居住村,请求获得土地占有者的优惠条件,以此引诱自由农民到自己的土地上来,农民劳动是贵族生活最为可靠的来源。这样就历史地限制了他们不可能使农民彻底获得解放,不可能摧毁农奴制。某些善良贵族地主只能对俄国历史现状感伤:"在保守的政治制度下,农奴制成为最令人厌恶、最残酷的剥削制度。"③贵族对农民的同情感

---

① [俄]T.C.格奥尔吉耶娃著:《俄罗斯文化史——历史与现代》,焦东建、董茉莉译,商务印书馆 2006 年版,第 227 页。

② [俄]鲍里斯·尼古拉耶维奇·米罗诺夫:《俄国社会史》上卷,山东大学出版社 2006 年版,第 391 页。

③ E.H.Марасинова.Психология элиты российского дворянства последней трети XVIII века.M.,1999.C.221.

是软弱无助的,甚至是怪异的。"下贱人的生存只能在国王的保护之下,社会秩序的破坏是由于下层人自我意识的上升,他们地位的改变并不能给国家带来幸福与繁荣。教育导致自由,但不受教育的自由将诱发专制、无序。"①目光短浅、一窍不通的贵族一只手翻阅情感小说,另外一只手残酷地折磨农民。托思妥耶夫斯基、别尔嘉耶夫等思想家认为:贵族社会意识的两重性是俄罗斯精神——神圣与残暴的体现。② 农奴制的根源在于"民众的思想和信仰。农奴制不是靠暴力,而是靠观念支撑的"。③ 可见,18 世纪俄国农奴制强化的原因,除了俄国复杂的地理历史条件中寻求之外,还可以从贵族对农奴制的捍卫的复杂心理中探求。

可见,俄国社会转型时期贵族上层心理基本上处于一种复杂的、矛盾的、内心恐惧的状态。因为忠君爱国的传统观念不容许贵族追求地位、财富,而这种观念与当时俄国现实不相符合,导致了贵族对官方学说的背离,18 世纪俄国贵族的意识基本上沿着官方爱国主义和个人服役仕途诱惑相互交织、自我毁灭的矛盾方向发展,尤其是在俄国贵族知识分子中缺乏一种现代民主进取精神,所以他们对俄国面临的社会危机无能为力,只能成为一批古怪的——爱讥笑嘲弄之士。

---

① E.H.Марасинова.Психология элиты российского дворянства последней трети X VIIIвека.М.,1999.С.224.

② [俄]安德兰尼克·米格拉尼扬:《俄罗斯现代化之路——为何如此曲折》,新华出版社 2002 年版,第 6 页。

③ 米罗诺夫认为:农奴制的产生还有其文化——心理前提:俄国民众缺乏个人主义、自我意识和自我监督,只服从暴力。16—18 世纪的俄国人认为:存在强制劳动和暴力是自然的、合理的。[俄]鲍里斯·尼古拉耶维奇·米罗诺夫:《俄国社会史》上卷,山东大学出版社 2006 年版,第 390 页。

第四章　18 世纪的经济改革与贵族

第一节　18 世纪政府的经济改革政策

一、1714 年《一子继承法》

封建土地所有制是贵族统治的基础,贵族对土地的垄断性和等级性是封建土地所有制的一个基本特征,土地所有权历来是封建社会强势集团——贵族社会地位的标志,贵族"家族的声望几乎完全以土地来体现。家庭代表土地,土地代表家庭,家族的姓氏、起源、荣誉和德行,依靠土地而永久流传下去。土地既是证明家庭过去的不朽证明,又是维持未来存在的确实保证"[①]。

15 世纪末到 17 世纪是俄国两种土地所有制——领地制(Поместье)和世袭领地制(Вотчина)并存的时期。17 世纪末期以来,领地制成为占主导地位的土地所有制形式。18 世纪初期,由于沙皇政府的法令政策,贵族通过抢劫和赏赐的方式不断扩大对土地、农奴劳动的占有。

莫斯科公国时期,"服役人员"土地占有分为世袭领地制和领地制。《1649 年法典》规范了贵族土地占有方式:赏赐的领地是有条件的占有,它依赖于贵族官职的大小;"服役人员"继承的不仅是领地,而且是服役的义务;"服役人员"的女儿和遗孀获得一部分用于维持生活的地产,并

---

① [法]托克维尔著:《论美国的民主》上卷,董果良译,商务印书馆 1996 年版,第 55 页。。

有权在出嫁时带走；容许领地和领地之间、领地和世袭领地之间的交换，并在一定条件下把土地转给其他直系亲属。世袭领地属于完全的个人私有财产，可以出售、转赠、按遗嘱继承、按遗产转让。领地是国家赏赐给贵族的财产领地，是有条件的土地所有制。军事服役是取得的土地的前提条件，这份土地不能出售、转赠、按遗嘱继承、按遗产转让。只有为自己主人服务时，他才能有权享有使用这份土地。停止服务或前往另一个王公为另一个王公服务时，将自动导致土地的丧失。17 世纪下半期的土地法令明显地表现出服役前提下两种土地形式的接近。"领地的特征逐渐渗透到世袭领地中，而领地逐渐取得世袭领地的法律特征"。[1] 1684 年 3 月 20 日颁布继承法，"规定地主死后，其大块领地全部在死者的下行直系亲属，即其子孙中处置，不管其是否已应征服役，也不管其俸禄多少，亲戚和外族人一律无份，除非没有直系继承人，才会在一定条件下给予旁系，即领地的家族化。"[2]容许同族赎买、继承或支配不动产使这两种土地的支配权日趋一致。

由于俄国贵族得到的不是军饷，而是土地和农民，需要有一定的时间用来操持家务。频繁的战争，繁重的军役使具有双重身份的贵族无力经营领地经济，土地荒芜，农奴逃亡，家道中落。18 世纪西方工业革命的冲击，极大地刺激了俄国贵族的物质需求，而俄国商品经济不发达，城市化进程的缓慢滞后又不能满足贵族对西方生活方式的追求，日趋复杂的贵族服役义务要求有更多的物质条件来保证贵族卓有成效地服役。如 A.A.马特维耶夫埋怨沙皇，他为了获得地产才出国学习，但在 4 年中很贫穷。[3] 贵族则依靠贪污、贿赂达到目的。彼得一世毫不留情，惩治了盗用公款的西伯利亚公爵 M.П.加加林。建立告密制度，揭发那些躲在自己领

① ［俄］瓦·奥·克柳切夫斯基著：《俄国史教程》第 4 卷，张咏白等译，商务印书馆 2009 年版，第 81 页。

② ［俄］瓦·奥·克柳切夫斯基著：《俄国史教程》第 4 卷，张咏白等译，商务印书馆 2009 年版，第 82 页。

③ А.Б.Каменский.От ПетраⅠ до ПавлаⅠ: Реформы в России ⅩⅧ : Опыт целостного анализа. М., 1999. C.121.

地和修道院不服役的贵族。1711年颁布法令,通过告密揭发,将躲避服役的贵族名单公之于世并没收其领地。

18世纪初期彼得大帝军事改革,"彼得的正规军已经失去了军队成员的地域性质"。[①] 正规军的组成彻底破坏了领地所有权的基础,因为贵族服役不仅已经成为一种必须继承的义务,而且是长久不变的,所以领地不仅可以长期占有,而且可以继承。领地向世袭领地的接近有三个特点:领地像世袭领地那样变为世代相传的;领地像世袭领地那样按照继承顺序在下行的直系或旁系亲属之间重新划分成若干块;领地的赏赐被世袭领地的赏赐所取代。[②]

为了惩治违法行为,防止贵族土地占有的分散和贵族等级的分化,1714年3月23日政府颁布了《动产和不动产的继承秩序—— 一子继承法》,贵族只能将其不动产传给一个儿子,余子只能继承其他动产,日后必须为国家服役来获取土地俸禄谋生;若无子,由长女继承;若没有子女,由遗孀继承,或者可以随意把不动产传给本家族中所认定的一人,动产则可以分给他所愿意给予的亲戚或旁人。

1715年法令补充,没有得到领地遗产的中等军官学校的学生,即余子们必须担任7年军职、10年文职,经商或从事其他行业15年后,才能容许购买村庄、农户或店铺。1725年《世袭领地事务条款》,这种限制也适用于有夫之妇。如果她们的丈夫、中等军官学校的学生没有服役,就不能以妻子名义非法购买地产。《一子继承法》排除了中等军官学校的学生依靠娶带有不动产嫁妆未婚妻的可能。"今后任何人不得拥有不动产嫁妆,中等军官学校的学生在未取得官阶和荣誉称号前不得结婚。法令竭力杜绝中等军官学校的学生任何吃闲饭的可能性。"[③]

---

① 〔俄〕瓦·奥·克柳切夫斯基著:《俄国史教程》第4卷,张咏白等译,商务印书馆2009年版,第79页。

② 〔俄〕瓦·奥·克柳切夫斯基著:《俄国史教程》第4卷,张咏白等译,商务印书馆2009年版,第83页。

③ 〔俄〕Б.Б.卡芬加乌、Н.И.巴甫连科主编:《彼得一世的改革》上册,商务印书馆1997年版,第231页。

　　1682—1710 年彼得一世对宠臣大量赏赐连带农民的土地,许多贵族因受赏成为田连阡陌的大地主。1721 年,彼得一世下令,容许贵族买卖农奴,农奴成为贵族地主的私有财产。1704 年下令,凡是隐藏逃奴者,一经发现,立即处于死刑。1706 年,又补充规定,罪犯被处死后,没收其全部财产。

　　《一子继承法》是俄国封建土地所有制发展史上的重要里程碑,它在法律上实现了领地和世袭领地之间的平等,把两者的实际融合固定下来,并接受统一的法律支配,称为“不动产”。① “谕旨十分坦然:万能的立法者承认自己难以使臣民免遭逐渐贫困的地主的掠夺,他将贵族看做不愿从事任何有益活动的寄生虫阶层。”②

　　《一子继承法》实施的结果:在此前地产分成几部分,地主则加重农民的苛捐杂税,使得农民失去纳税的可能;现在根据遗嘱指定继承人,实行不动产的《一子继承法》,而余子们只分得动产,国家则可以从更多的农户那里得到更多的收入;它强化了贵族的门第,有了稳固的地产和家族威望,门第才能安然无恙,“只有光荣和伟大的家族才能使贵族地位永固”;③以前

---

　　① 米罗诺夫认为,领地和世袭领地的相同之处在于,贵族获得世袭领地和领地的条件均为担任国家公职,占有土地和农民的数量的多少取决于贵族职务的高低。而不同之处在于,世袭领地有权控制和支配土地和农奴,但国家限制继承、支配和使用世袭领地的权利,规定所有与世袭领地发生的法律行为都必须得到国家批准。世袭领地只可以在领地贵族家族内部继承,而不是由领地贵族来指定继承人。如果世袭领地流落到家族以外,家族代表有家族回赎权。到 18 世纪初,领地和世袭领地的地位日益接近,但仍未同化。地主可以出卖、继承和交换自己的领地,但所有法律行为都必须得到国家批准并受到严格的限制。[俄]鲍里斯·尼古拉耶维奇·米罗诺夫:《俄国社会史》上卷,山东大学出版社 2006 年版,第 381 页。C.B.切尔尼科夫认为,世袭领地制是永久性和继承性的家族土地所有制。在国家的义务服役出现以前,世袭领地者是自己土地的自由占有者,他对土地的支配不受任何限制。领地制是国家土地所有制,地主仅仅是在服役时期的有条件的土地占有者。C.B. Черников. Дворянские имения Центрально - Черноземного региона России в первой половине XVIII века. Рязань, 2003.C.10.

　　② [俄]瓦·奥·克柳切夫斯基著:《俄国史教程》第 4 卷,张咏白等译,商务印书馆 2009 年版,第 84 页。

　　③ E.H.Кушева.Дворянства//Очерки истории СССР: Период феодализма : России во первой четверти XVIII в.М.,1954.C.198.

在所有继承人之间分割地产,贵族子弟都有一份闲饭吃,他们则不肯为国家效力而奔波,而是千方百计地躲避服役而游手好闲,为了生存,现在未分得不动产的余子不得不去服役、学习、经商等其他途径为生,这样,吸引了更多的贵族为国家服役和创办企业。

《一子继承法》与西欧《长子继承法》的区别是,三月谕旨并没有使长子享有绝对权利,长子继承只是在死者没有立下遗嘱的情况下才出现的偶然现象,因为父亲完全可以立遗嘱赠给小儿子而不留给长子。谕旨确立的不是长子继承制,而是一子继承制,规定不动产的庄园不可分割,解决纯属本地家族中所产生的困难,消除瓜分领地的现象。"三月法令使二者在法律的特征上的组合,形成了一种新的、前所未有的土地占有制形式,可以称之为可继承的、不可瓜分的、具有永久义务的形式"。①

《一子继承法》与古代罗斯时期的土地占有制的区别是以前,继承权只是占有世袭领地者的权利,不可瓜分性则是领地占有的普遍现象。世袭领地不是不可分割的,而领地是不可继承的;对于这两种土地占有者的义务服役则一视同仁。彼得把这些特征结合在一起,并推广到所有的贵族庄园,而且禁止转让。现在,服役人员的土地占有形式变得比较单一了,但自由也少了。"他不是废止,而是把已实施的规章略加改革,以适应国家的种种新需求。"②

《一子继承法》一方面加强了两种土地结构上的法律平等,简化了贵族土地占有的手续,贵族作为等级开始形成。另一方面,"军功地主不再是封臣,自己无权向沙皇提出要求,他们只是臣仆,从专制政府那里获得地产,必须无条件地服从专制政府。按照法律规定,他们的服从应是直接而明确的,没有封建等级制的中介。"③《一子继承法》也有内

---

① [俄]瓦·奥·克柳切夫斯基著:《俄国史教程》第4卷,张咏白等译,商务印书馆2009年版,第84页。

② [俄]瓦·奥·克柳切夫斯基著:《俄国史教程》第4卷,张咏白等译,商务印书馆2009年版,第85页。

③ [美]佩里·安德森:《绝对主义国家的系谱》,上海人民出版社2001年版,第237页。

在的矛盾性。彼得一世在《一子继承法》下的继承人中物色军官,这样的人必须具有足够的财力,而且本人已做好服役的准备,并且不会以苛捐杂税增加其农民的负担。但在实施这一法令时,彼得很少对习俗、生活习惯加以考虑。法令考虑得很不周全,许多情况事先都不曾预料到,许多定义模糊不清,可以作不同的解释。如法令的第 2 条,在妇女拥有不动产的定义上有矛盾,容许无嗣的贵族把土地转让给女儿,女儿出嫁时作为陪嫁。但在第 8 条上,又不容许把不动产作为嫁妆。1716 年 4 月 5 日颁布一道补充谕旨,规定从死者的不可瓜分的不动产中分出四分之一给其活着的配偶永久所有。法令的第 1 条不能把不动产作为物品出售、抵押,但在第 12 条又容许出售;虽然规定了动产和不动产的继承办法截然不同,却又不指明如何理解两者的区别,因而产生了许多误解和弊病。这些缺陷使彼得一世在随后发布的一些法令中不止一次地进行解释。"看来,连彼得本人也不把他颁布的谕旨视为最后的规定,更准确地说它乃是一项权宜措施。"①苏联时期的俄国史学家认为,"这不是两个阶级力量的平等,而是某些社会力量的较量,贵族划分为无地的服役人员和土地贵族,破坏了整个阶级的平衡,最终使国家成为最大的土地所有者。"目前,大部分俄国学者认为,让贵族服役或从事有益的活动,这是法令的基本目的。另外一部分学者认为,沙皇是想把部分贵族变为第三等级。又有一观点认为,沙皇为了关心贵族,甚至想把贵族变成类似西方的官僚阶层。还有一种观点认为《一子继承法》是反贵族的法令。② 实际上"容许领地所有者出卖领地和作为遗产传给旁系,这在一定程度上促使土地变为商品,但这一重要步骤未能把封建所有制变为资产阶级所有制。因为支配权由于亲属保留了赎买权,家族中的最后一人不得出让财产而受到了限制,占有土地依然是贵

---

① [俄]瓦·奥·克柳切夫斯基著:《俄国史教程》第 4 卷,张咏白等译,商务印书馆 2009 年版,第 86 页。

② А.Б. Каменский. От Петра Ⅰ до Павла Ⅰ: Реформы в России ⅩⅧ в.: Опыт целостного анализа. М.,1999.C.123.

族的特权。"①

即便如此,《一子继承法》对俄国大多数贵族地主而言仍然是非常可怕的,彼得一世时期,贵族对国家的依附关系就如同农民对贵族的依附关系一样。由于俄国工商业发展的微弱,余子们没有机会从事工商业活动,只能在土地上寻求生活来源。即使他们以最低的价格变卖动产,也很难找到买主。加上"当时所有贵族子弟都在军队中担任下级军官,他们失去了继承家庭不动产的权利,长期处于最低的官职上,最终使他们失去了从事他业的机会"。②

总之,《一子继承法》破坏了俄国传统的土地继承制度,其他余子负担过重,不可能在 15 年内严格履行其职责,它一方面导致了地主经济的衰败,继承者并未从土地上获得粮食和牲畜。其他余子生活陷于困境,不得不放弃贵族的尊严为盗寇。波索什科夫在《论贫与富》中描绘了贵族在亲人去世后,如何为了把有人住的土地和荒地分成零碎的地块而争吵,甚至触犯刑法,使国库蒙受了巨大损失,把某一块荒地或某一个村子分得七零八落,仿佛关于《一子继承法》根本不存在。另一方面,把两种土地制度合而为一,即使国家在贵族地主不纳税的情况下仍然有权没收他们的土地,实际上意味着有条件服役领地制度的消灭,贵族地主获得了更大的权利支配自己的土地。

《一子继承法》颁布的一段时间内,开始出现了寡妇抱怨贫穷和生存手段的缺乏。1716 年政府颁布了调整法令,丈夫或妻子死后的孤寡老人可以把动产和不动产的 1/4 作为永久领地。1725 年的法令又做进一步的调整,1/4 的领地可以由母亲分给儿女中的任何一个,也可以分给已故儿子的母亲;根据需要容许买卖,这样破坏了《一子继承法》严格的继承原则。"总之,1714 年的法律没有达到预期的目

---

① ［俄］Б.Б.卡芬加乌、Н.И.巴甫连科主编:《彼得一世的改革》上册,商务印书馆 1997 年版,第 5 页。

② Ц.И.Порай-кошиц.История русского дворянства,М.,2003.С.145.

标,而只是给所有土地所有者们制造相互关系上的混乱和经济上的破产。"①1730 年政府被迫废除《一子继承法》,实现贵族子女平分土地的权利。

此后,俄国政府主要在贵族土地的继承方式上加以严格规范。1765—1785 年土地法令规定:同族的土地财产可以出售、抵押;确定给予亲属的赎金,按照继承关系,可以分出一小部分,作为陪嫁;政府监督不动产的交易;在继承土地财产问题上确定第一继承人。如 1768 年参政院禁止贵族 П.梅谢尔斯基大肆出售和抵押自己的村庄。1778 年大尉 H.巴赫梅季耶夫立遗嘱将自己的所有财产留给 H.巴赫梅季耶夫。由于 H.戈利津的荒淫无度而失去了土地的继承权,但法律规定土地只能传给男性,最后只好将 H.巴赫梅季耶夫自己挣来的田产留给 H.戈利津,其余的田产由国家托管。②

1765—1785 年政府确立了丈量土地的原则:严格检查每一块领地和世袭领地,要求贵族出示相应的证件;如果发现贵族地主擅自占有荒地,其占有资格不被法律承认,而且将所占有的土地收归国有;占有世袭领地边缘上的土地要无偿留给实际上的土地所有者;公共别墅只留给那些希望成为地主的人;对于未法律化的土地占有要罚款。1785 年《贵族特权敕书》,确立了贵族的基本权利,取消贵族利用土地资源的限制以及没收犯罪贵族的土地财产。

二、教产世俗化及政府对贵族的土地赏赐

教产世俗化即经济上改革教会的土地所有制,由国家支配教会的收入和财富。1701 年彼得大帝恢复修道院衙门的敕令,将教会的土地和财产为国家所用,任命贵族 A.M.普希金掌管修道院衙门。1701—1705 年

---

① [俄]瓦·奥·克柳切夫斯基著:《俄国史教程》第 4 卷,张咏白等译,商务印书馆 2009 年版,第 86 页。

② Н.В.Киприянова.К вопросу о дворянском землевладении в законодательстве ХⅧв.//Вести московского университета,1983,№1.С.63.

彼得大帝下令统计牧首、大主教和修道院的产业,禁止修道院掌握领地,剥夺教会世袭领地上的收入,并把教会转归修道院衙门管理,所有教会农民也随之成为国家农民。1705—1720 年政府拒绝承认已经世俗化的教会领地,把它转给个人,把高级僧侣的房屋和 5 个教区周边的领地(诺夫哥罗德、普斯科夫、基辅、阿斯特拉罕、西伯利亚)从修道院衙门中取消,而其他 15 个教区,由于掩盖了其领地上的真实收入而让其恢复原状;明确划分教会领地的收入,一部分以货币、实物和耕地的形式供高级僧侣享用,其他剩余收入上缴国库,以满足国家的需要。首先是满足军事需要,"每年从修道院衙门的款项中拨出 15000 卢布,供给一个兵团的生活费用,同时,还拨出 17000 卢布,供给炮兵衙门。修道院衙门有权随时将教会财产收归国有,卖给或送给世俗人员。"①

在 1710 年的《官秩表》中,政府将主教级神职人员的薪水来源确定下来,规定,主教区部分土地的收入用于发放薪水,其他财产用于保障慈善机构、学校及医院的正常活动。教会的地产分为两部分:一部分为固定地产,用于保障教会管理机构的薪水,固定地产外的财产收入上缴国库。1720—1721 年取消牧首制,设立正教院,关闭修道院衙门,其收入上缴国库。1722—1725 年政府核实所有教会领地的编制,其结果是,1701—1704 年将近 300 个农户转给了世俗封建主,大部分赏赐给了 А.Д.缅什科夫和沙皇的近臣。② 教产还俗不仅使教会失去了对自己土地、财产的支配权,而且加重教会的经济负担。据统计,"1720 年教会将剩余的 31675 卢布上缴国库,1724 年又将 83218 卢布上缴国库。"③这样,从根本上动摇了教会经济独立的基础,把修道院变成了国家的一个经济部门。

叶卡捷琳娜一世时期,政府在圣主教公会中成立经济院。1738 年安娜女皇将圣主教公会的经济院取消,将教会经济转归参政院管理,使圣主

---

①　Н.М.Никольский.История русской церкви.Политиздат,1983.С.191.

②　А.Г.Манько.Дворянство и крепостной строй России ⅩⅥ-ⅩⅧ вв.М.,1975.С.191.

③　Н.М.Никольский.История русской церкви.Политиздат,1983.С.192.

教公会失去了管理经济的自由。1748 年女皇伊丽莎白责成圣主教公会对教会的地产收入、详细支出以及教会领地上的男性劳力进行统计,上报教会的资金和粮食储备情况、单项收入及农民上缴实物贡赋情况。1762年,彼得三世规定教会地产上的农民必须交纳 1 卢布的人头税才有资格耕种教会的土地,教会可以将土地、磨房、渔场出租,但租金和农民的人头税都要上缴国家经济院,政府从中为教会人员发放薪水。

叶卡捷琳娜二世进一步完善教产还俗政策,继续没收教会的地产。1763 年 5 月恢复圣主教公会的经济院,委托它对教会的地产进行登记。1764 年 2 月颁布法令,教会和修道院地产收归国有,其地产和农民由经济院管辖。原教会农民成为"经济农民",地位与国有农民相似。对教会机构人员进行定编,将近 1000 个修道院缩减为 226 个。修道院除了自己必要的开支,每年要向国家上缴 617518 卢布。如诺夫哥罗德的 95 座修道院中的 73 座被关闭,全国共关闭了 500 座修道院。[1] 到保罗一世继位时,教会有权自由支配的地产只剩下无人居住的旷地,如花园、牧场的边角地以及个别渔场等。

通过教产还俗,国家从经济上打击和削弱了教会的势力,使其依附于国家政权。与西欧国家相比,教俗权力之争始于 12—14 世纪,即西欧统一的民族国家建立时期,其结果西欧教会势力远离国家,但保留了自己的经济优势,以及对世俗社会的影响力。而在俄国,教会改革的结果意味着教会服从于国家利益、国家管理体制的一体化,即政府不仅把教会作为一个行政机构,而且使教会在经济上完全依赖于国家。国家确定教会的机构和人员的编制,严格规范国民的精神生活。教产还俗使农奴制进一步深化,原来属于教会的地产和农民,现在属于国家和贵族所有。

随着 15—16 世纪俄国中央集权封建国家的确立,国家的土地制度也日益完善起来。通过特辖制,政府没收和消灭了波雅尔的土地占有,培

---

① А.Б.Каменский.От ПетраⅠ до ПавлаⅠ:Реформы в России ⅩⅧ в.: Опыт целостного анализа. М.,1999.С.390,393.

植和强化了"服役人员"的经济势力。具体表现在对"服役人员"的土地分配方面。1570年沙皇就给杰季诺夫斯克县的200个哥萨克分配了领地,以及卡希拉、普罗尼斯克、扎赖斯克县的"服役人员"。1585年叶皮凡的300个哥萨克获得了领地。① 国家在这个范围内并没有培养大的土地占有者,因赏赐获得领地的贵族构成了莫斯科国家军事力量的核心。16世纪下半期这些人的数量达到了25000人,他们的领地在25—150切季之间,而小土地所有者的领地远离国家政治中心,故他们的地位很低。18世纪初期,俄国"服役人员"不超过16000人。部分贫困"服役人员"的出现是由于他们内部出现了大土地所有者,如15个贵族家族(多尔戈鲁基、沃尔孔斯基、谢尔巴托夫、利沃夫、普列谢耶夫、布图尔林、沃伦金、瑙莫夫、沃耶伊科夫等)的领地上控制着1—2000人的农户,但大多数贵族的农户是10—30人。16—17世纪的领地制促进了沙皇和军队的团结,在沙皇阿列克谢·米哈依罗维奇时期,就给3000个"服役人员"分配了土地。② 他们之间最富有的是波雅尔代表、忠心为政府服役的"服役人员",尤其在1682年取消门第制后,"服役人员"的经济实力大大改变。彼得大帝时期,则把赏赐土地作为增强贵族政治势力的一个手段,土地政策不具有等级特征,只有一个原则,即每个贵族,特别是他的上层要维护政府的政策并为之忠心效力。土地的分配、贵族称号的获得与以前的衙役、反对国家机构改革、暗中破坏国家服役制度者无缘。

　　为了加强贵族的团结,1714年实行的《一子继承法》,把两种土地形式合而为一。1730年不同的土地占有形式往往依赖于君主的意志。从彼得一世起,宫廷服役者开始获得贵族称号,在摩尔达维亚、瓦拉几亚贵族中出现了坎捷米尔·阿巴扎、班特什-卡缅斯基、米洛拉多维奇、库利科夫斯基等领地。彼得一世时期在陆军、骑兵团服役的34个外国军官获

---

① А.Г.Манько. Дворянство и крепостной строй России Ⅹ Ⅵ-Ⅹ Ⅷ вв. М., 1975. С.275.

② А.Г.Манько. Дворянство и крепостной строй России Ⅹ Ⅵ-Ⅹ Ⅷ вв. М., 1975. С.275.

得领地。1741 年 12 月 31 日,伊丽莎白女王给曾支持她登极的普列奥布拉任斯基军团的 364 个贵族分配了领地,如贵族沃伦佐夫、舒瓦诺夫、赫拉泼维茨、奥赫梅齐耶夫、卡尔达波茨耶夫、斯列普佐夫等。

18 世纪国家进行了三次大规模的土地分配。1700—1715 年彼得一世给"服役人员"赏赐了 12662 个农户,得赏者有:海军将官 Ф.А.戈洛温、团长 Ф.М.阿普拉克辛、将军 М.М.戈利津、元帅 Б.П.舍列梅捷夫、伯爵 Г.И.戈洛温、将军 Н.И.列普宁、总警察局长 Я.В.布留斯、У.谢尼亚温。1728—1732 年彼得二世和安娜女王赏赐贵族 19955 个农户,得赏者:А.洛普欣、将官 М.马秋什金、Г.尤苏波夫、公爵加加林、中尉 П.萨尔蒂科夫。1742—1744 年伊丽莎白女王给贵族赏赐了 21297 个农户,这里有新的赏赐和以前没收来的土地,得赏者为:近卫军连军官和沙皇的近臣 Ф.杜边斯基、Г.列韦沃利德。18 世纪上半期赏赐的 170986 个农户中,只有 23748 人来自国家土地资源,其他都是没收来的土地。18 世纪下半期作为政治手段的土地赏赐继续进行,政府也开始把工商界上层人士纳入贵族行列。叶卡捷琳娜二世给贵族赏赐了 80 万人,得赏者为:巴里亚京斯基、扎沃多夫斯基、西韦尔斯、叶拉金、博赫维斯涅夫、叶罗普金、基特罗夫、普罗佐诺夫、科尔夫。赏赐的人中宠臣有:奥尔辽夫、拉祖莫夫、佐普里奇、赫拉泼维茨、鲁缅采夫、波将军、巴涅尔、博布尔斯基。17—18 世纪俄国贵族子弟中获得贵族称号和爵位的 40 个家族,只限于俄国中心,不包括乌克兰和波罗的海沿岸地区。①

随着政府赏赐土地,贵族等级不断注入新鲜血液,延缓了整个贵族等级的衰落,使农奴制度得以在俄国继续残存。此外,政府没有阻挡非贵族出身的人员占有土地。19 世纪初期,他们在俄国中心占有 62% 的土地,只有 38% 的土地掌握在旧贵族手中。②

---

① А.Г.Манько. Дворянство и крепостной строй России ⅩⅥ – ⅩⅧ вв. М., 1975. С.278—279.

② А.Г.Манько. Дворянство и крепостной строй России ⅩⅥ – ⅩⅧ вв. М., 1975. С.282.

三、税制改革——身份证制

赋税制度是俄国封建社会经济关系的基础,征税制度是赋税制度的主要组成部分和关键环节。俄国封建时期的赋税制度历经三个发展阶段:索哈税征税阶段阶段、按户征税阶段、按人头征税[1]阶段。18世纪彼得一世以按人头征税为内容的税制改革成为贵族控制农民的有效手段之一。"钱应尽可能多地征收,因为钱是战争的动脉。"[2]

改革前,俄国税制混乱,从1704年开始,新的税收名目层出不穷:要收地租田赋;收度量衡税;给马轭、帽子、靴子打印记要收马轭税、帽靴税;从马车夫身上要收取租金的1/10的大车税;制马匹和制小牛皮要收按俄丈计算的沙绳税、割草税和皮革税;对大车店户、租房屋、租个栖身角落要收养蜂税、澡堂税和磨坊税;有炉子的要交使用冰窟窿税、破冰税、地窖税、饮马税、烟囱税;对航行的船只要收靠岸税和离岸税;为柴火、出售吃食和西瓜、黄瓜、核桃等都要缴税。不仅农耕地和手工业要上税,就连宗教信仰也要上税,不仅财产要上税,良心也要上税。1705—1715年法令规定,留鬓胡和上唇髭也要上税,前往官府时,必须穿上老式的制服,否则加倍上税。向摩尔多瓦人、车累米斯人、鞑靼人等非基督徒的异族人征收婚礼税。1714—1717年,基辅省的居民要交纳40多种税,而且在实施中弊端百出。"这种零零星星的、市集式的税收充实不了国库,反而引起了社会上人们的巨大不安。"[3]

频繁的战争,国库日益拮据,国家税呈逐年快速递增的趋势:如果说1680年全国的税收为60.1万卢布,1701年为119万卢布,1723年为317.5万卢布,1724年为467.2万卢布,与1680年相比增幅分别为

---

① 人头税的特点是向全体纳税等级(各类农民、手工业者、商人)的所有男性人口(不分年龄)征收,后来形成惯例:凡确定新的人头税的规模之前均先进行人口普查。详见罗爱林:《俄国封建晚期农村公社研究》,广西师范大学出版社2007年版,第104—113页。

② 〔俄〕瓦·奥·克柳切夫斯基著:《俄国史教程》第4卷,张咏白等译,商务印书馆2009年版,第122页。

③ 〔俄〕瓦·奥·克柳切夫斯基著:《俄国史教程》第4卷,张咏白等译,商务印书馆2009年版,第127页。

198%、528%、777%。① 为了增加收入,1718 年政府颁布法令,征收人头税,地主农奴每人纳 74 戈比,国家农奴缴纳 1 卢布 20 戈比。1794 年女皇下令开始征收粮食税,通过粮食税补充人头税的方式来提高人头税额,18 个省将人头税从 70 戈比提高到 1 卢布。

此外,国有农民和皇室农民还需向国家缴纳代役租费。1723 年 10 月 23 日和 12 月 10 日,政府连续两次发布命令,向所有不为地主劳动的农民按每个人头征收 40 戈比代役租。1724 年 5 月 18 日又颁令,将附加人头费改为固定的代役租。从 1746 年起,每个人头提高代役租费 15 戈比。1760 年 10 月 12 日颁令将国有农民的代役租费提高到 1 卢布。1764 年 2 月 21 日颁令按每个人头 1 卢布 50 戈比的标准向他们征收代役租。1768 年 11 月 13 日颁令将国有农民、从前的修道院农民和宫廷农民的代役租提高到 2 卢布。一户农的代役租仍保持为 1 卢布。1783 年 5 月,包括一户农在内的全部国有农民的代役租提高到 3 卢布。1797 年保罗一世颁令将各省分为四类:一类省份(15 个)的代役租从 3 卢布增加到 5 卢布,二类省份(4 个)的代役租从 3 卢布增加到 4.5 卢布,三类省份(16 个)的代役租从 3 卢布增加到 4 卢布,四类省份(7 个)的代役租从 3 卢布增加到 3.5 卢布,此后逐年增加。如果说 18 世纪 20 年代代役租只占人头税的 1/2 的话,那么到 19 世纪 20 年代则比人头税多 2.5—3 倍。②

与此同时,政府下令在全国范围内进行人口普查③,把以前不属于农奴的家仆也定为农奴一起征税,把一些具有自由身份的游民也归为农奴。1722 年人口普查的结果:查出了 200 万被以前的人口普查所遗漏的男性

---

① 罗爱林:《俄国封建晚期农村公社研究》,广西师范大学出版社 2007 年版,第 130 页。

② 罗爱林:《俄国封建晚期农村公社研究》,广西师范大学出版社 2007 年版,第 132 页。

③ 18—19 世纪为了保证征收人头税和负担兵役义务,俄国政府进行了 10 次人口普查:1719 年、1744—1745 年、1762—1763 年、1782 年、1795 年、1811 年、1815 年、1833 年、1850 年、1857 年。罗爱林:《俄国封建晚期农村公社研究》,广西师范大学出版社 2007 年版,第 62 页。

人头,全国总的男性纳税人头达到 540 万①。

1719 年彼得一世借鉴了西欧当时的身份证制度,其继任者不断完善身份证制度。1724 年政府对大量逃亡又回到原住地的农民实行身份证制,即让城市居民回到家乡,进行注册以此加强市民对国家的依附。如果《1649 年法典》把城市工商居民纳入纳税等级,禁止他们回到以前的居住地,那么,税制改革则从整体上实现了俄国社会结构的规范化,稳定了社会基础,缩小了居民对职业、自由迁徙的选择。只有经过贵族地主的书面容许和管家的容许,农民才可以暂离自己的村子 30 俄里打工。"这种书面许可标志着通行证制度的问世。可以说,人头税是彼得一世改革中最有生命力的一项措施。"②如果去距离自己的村子 30 俄里以外的地方打工,必须有身份证。身份证上要注明居住地和暂离期限,最多不能超过 3年,出走的必须是农民本人,不能携带家庭其他成员,没有此证件加以拘捕,甚至对于迷路错入邻村的普通农民也属于拘捕对象。身份证制度要求地主的所有在外打工的农民必须回村注册,不能回村注册的专业技术工人必须交纳 50 卢布。农民从一个县迁徙到另外一个县必须得到财政委员会的容许。农民对自己的主人承担劳役租,或者是混合赋役,还要对国家承担大量的劳役。逃跑和欠缴税款是犯罪行为,逃跑者被抓后要遭受严厉的体罚,并被送还给自己的主人。

在 1762 年《御赐全俄罗斯贵族特权与自由诏书》颁布以前,农民对地主的依附关系有其存在的理由:地主为国家服役,农民为地主服役,也就是在间接地为国家服役。但是,在《御赐全俄罗斯贵族特权与自由诏书》颁布后,贵族被免除了义务服役,私人农奴制从国家和道德方面都失去了继续存在的理由。"国家在放弃自己对地主权力的同时,却保留了监督地主和农民关系的权力,其中包括限制地主的权力。在整个 18 世

---

① 罗爱林:《俄国封建晚期农村公社研究》,广西师范大学出版社 2007 年版,第112 页。

② [美]尼古拉·梁赞诺夫斯基、马克·斯坦伯格著:《俄罗斯史》,杨烨、卿文辉译,上海人民出版社 2007 年版,第 218 页。

纪,国家并没有为改变地主农民的悲惨处境做过多少努力。"①

彼得一世实行身份证制度旨在保障国家安全,便于警察监督流动人口,保证国家税收和预算。18 世纪人头税大约占国家总预算的 50%。② 人口普查的结果,1724—1725 年俄国农民中有男性农奴 5433735 人。1732 年查明,在俄国 820 万的男性人口中,规定应该纳税的达 580 万人以上,即占 71%,这样,3/4 的俄国男性居民被纳入人头税的范围。③ 除僧侣和贵族外,所有服役人员的后代以及俄国北部的黑农、伏尔加河流域、西伯利亚、远东地区的非俄罗斯民族,他们过去向俄国政府缴纳特殊毛皮税,现在都属于纳税范围。"按丁纳税",私有农奴每丁纳人头税 74戈比,国有农奴每丁纳人头税 1 卢布 20 戈比。

税制改革改变了过去按户征收税制不平等的现象。俄国的国库收入大增,从 1701—1724 年国家收入从 250 万卢布增到 850 万卢布,其中 460万来自人头税。④ 这样,庞大军队给养、行政机关开支、宫廷政府大厦的修建、文化事业的发展有了经济保障。按准确的人口数字征税,既增强了科学性,克服了随意性,也减少了一些中间环节,遏制了贿赂和舞弊行为。把奴仆纳入征收范围,为奴仆直接参加生产活动提供了可能性。新税制以货币计算,无论农民有无耕地或耕地多少,都要每人缴纳 74 戈比,刺激了农民努力扩大耕地面积的积极性。但是新税制缩小职业选择自由,严禁居民在国内自由迁徙和向国外移民,政府把社会等级之间的流动降低到最低限度,加强了农民对贵族地主的依附关系。人头税因贵族地主负有督促农民按期缴纳税款的责任,加强了贵族地主对农民的控制。人头税消灭奴仆制,使所有生活在地主土地上的农民都成为农奴。过去被认

---

① [俄]鲍里斯·尼古拉耶维奇·米罗诺夫:《俄国社会史》上卷,山东大学出版社 2006 年版,第 405 页。

② 罗爱林:《俄国封建晚期农村公社研究》,广西师范大学出版社 2007 年版,第 113 页。

③ Анисимо.Налоговая реформа Петра Ⅰ.Л.,1982.С.19.

④ Анисимо.Налоговая реформа Петра Ⅰ.Л.,1982.С.104.

为是自由民的国家农民(约 250 万)也由于人头税的征收而纳入了农奴制体系中,最终使农民依附于贵族地主,贵族依附于国家。人头税带给农民极为沉重的负担,农民除交纳人头税外,还要为国家和地主服徭役,挖运河、造船、筑路、建造城堡。"人头税虽然缓和了原先交税上的不均,把现实生活中的许多地区、不同阶层交纳税款的能力,强拉硬扯到一个由办事机构编造出来的图表式的标准尺度,其总的结果乃是大大加重了直接税的负担,这样,人头税的两个目的——平等交纳国税和不加重人民负担而增加国库收入——哪个都没有达到。"[①]

农民为逃避此重负,纷纷逃亡,导致社会的极大不稳定。1724 年,由于农民极端贫困、粮食歉收、纳税人《名册》中已除名一半或 1/3,还由于纳税人实际上一无所有,或由于火灾烧光、死亡、逃匿无踪、应征入伍、年老残废、孤儿年幼等,加上贵族和官员的破坏活动,如贵族想方设法让自己的农民尽量避免交纳国税,由官员经手的 100 卢布的税款中,只有 30 卢布进入国库,其余的被他们自行分赃,作为劳动的报酬,所以,根据定额征收的人头税无论如何也不能征齐。可见,彼得一世的财政政策导致了"由于受奴役而造成心灵上的压抑感,使农民心灰意冷,不愿再去理解个人的利益,想的只是每天那份聊以果腹的食物。彼得像个竭尽全力赶着一匹瘦马同时又把缰绳越勒越紧的车夫。"[②]

彼得大帝去世后,由于自然灾害,农业歉收,人头税过重导致了农民饥寒交迫,大规模逃亡,人头税最后只能摊在无劳动力的老人和孩子身上。在叶卡捷琳娜一世时期,降低人头税从 74 戈比降到 70 戈比;此外,改变彼得大帝时期对军队作用的无限制夸大,禁止向农民征收军粮,暂时停止彼得大帝时期的一些大型工程项目。1736 年安娜女王调整工厂主对农奴的支配权,重申 1724 年的身份证制度。工厂主有义务向农奴的主

---

① 　[俄]瓦·奥·克柳切夫斯基著:《俄国史教程》第 4 卷,张咏白等译,商务印书馆 2009 年版,第 136 页。

② 　[俄]瓦·奥·克柳切夫斯基著:《俄国史教程》第 4 卷,张咏白等译,商务印书馆 2009 年版,第 140 页。

人缴纳 50 卢布税金,所有工厂里的工人必须学会一门手艺,以杜绝工厂里有游手好闲之人。

到 18 世纪末期,身份证制度逐渐确立下来,成为俄国政府控制自己的臣民,保证臣民顺服的工具。通过颁发和拒绝颁发身份证成为对臣民的奖惩措施。任何人没有居住证和身份证不得暂时离开自己的定居地。离开居住地距离 30 俄里以上者须持身份证,身份证有限期不超过 5 年。"身份证"上有名字、身份、外貌特征、宗教信仰、婚姻状况、"准假"期限、出发地、出行目的和目的地等信息。18—19 世纪身份证本身无论是在外表,还是记入证件的信息都相当稳定。无身份证者等同于逃兵,应被扣留以便查清本人和居住地或者裁定其服役,法令禁止向无身份证者提供安身之地。①

总之,专制制度借助于身份证制度解决了众多的对内政策问题,身份证成为制定等级、财政、民族、区域、宗教政策和维护帝国的工具。不惜以牺牲经济发展为代价的身份证制度严格限制了各类人口的迁移,尤其是限制了农民的迁移。

四、货币赏赐取代领地赏赐

17 世纪以来,由于黑土地和宫廷土地资源的枯竭,1714 年彼得一世停止大规模的领地赏赐而普遍用货币赏赐取代它。如果早期的货币赏赐是对领地和实物赏赐的一种补充,那么在 18 世纪具有了特殊的意义。18 世纪初,薪俸的组成比较复杂,它包括货币、土地和实物。此外,还有礼节费(接受原告的贿赂所得),后来则割断了国家义务和土地所有制之间的联系。1714 年,全国各地土地形式的薪俸都被取消了,取而代之的是粮食和货币形式的薪俸。在中央机构改革过程中时,彼得一世非常关注行政机构官员的薪水保障,要保障参政院和三大委员会(陆军委员会、海军委员会、外交委员会)最底层文书官员的薪水保障,因为这些人没有领地

---

① 张广翔:《俄国农民外出打工与城市化进程》,《吉林大学社会科学学报》2006 年第 6 期,第 109 页。

和农奴。1724年12月12日颁令,俄国各委员会的成员,文书和位居首都的中央机构官员的薪水应该是相应品级军人薪水的一半,相当于相应级别的各省官吏年薪的1/4。1725年叶卡捷琳娜一世继续奉行彼得一世的政策,按照任职年限和能力保障文官的薪水,确定了中央和地方官员薪水的额度及差异。但为时不长,由于政府财政拮据,1726—1727年削减了一些政府机构,降低了获得赏赐官员的数量和薪水数额。按照А.Д.缅什科夫的安排,取消了文书薪水的偿付而恢复了17世纪的政策,即下级文秘官员的薪水依靠上诉者的贿赂,用食邑供养制度取代固定的货币薪水。因为这部分官员与居民有直接联系,但他们从居民身上搜刮的薪水额度有限。这种政策只是适应了少数贵族的利益,即没有世袭领地的平民文官。1763年,叶卡捷琳娜二世最终恢复了所有官吏的货币薪俸,并把薪俸的数额提高了一倍。1764年的法令使受贿行为合法化,从反面影响了国家机构的行政效率;教唆官员,在一定范围内助长了贿赂和办事拖拉、繁琐的风气。18世纪的俄国著名国务活动家都一致支持А.Д.缅什科夫政府的政策。叶卡捷琳娜二世认为:"1726—1727年取消部分官员赏赐后,许多人都不来服役,尽管官员有无限的贪欲,但是他们都得走上市场。"①

18世纪30年代А.С.奥斯杰尔曼在大贵族官员中广泛推行以前的薪水制度。18世纪30—50年代政府利用1754—1756年的普查结果,确定了官员的薪水额度:在中央国家机关的服役人员,检察长(242卢布90戈比—400卢布)、法官(98—190—197卢布88戈比)、秘书(150—200—300—400卢布)、录事(100—200—250—300卢布)、档案保管员(80—100—120—200—250卢布)、办事员(130—150—200卢布)、登记员(100—120—200—250卢布)、会计员(90—100—110—120卢布)、低级侍从(40—56—76—100卢布)。② 这些官员的薪水差额如此之大有很多原因:18世纪中期在2个首都服役的官员薪水要比其他地方高,而圣彼

①　С.М.Троицкий.Русский абсолютизм и дворянство в ⅩⅧ в.М.,1974.C.256.

②　С.М.Троицкий.Русский абсолютизм и дворянство в ⅩⅧ в.М.,1974.C.257.

得堡官员的薪水要比莫斯科官员高 100 卢布。在首都的 14 品检察员的薪水是 400 卢布,而在省级机构 14 品检察员的薪水是 242 卢布 90 戈比。特别是在中央和省级行政部门的薪水差额更大。参政院的总检察长 Н.Ю.特鲁别茨科伊的薪水 3000 卢布、拥有 4891 个农奴,正教院行政长官 Я.列瓦尼托夫的薪水 1200 卢布、拥有 300 个农奴,总委员会大臣 М.С.奥波奇宁的薪水 1800 卢布、拥有 490 个农奴,阿尔汉格斯省长 С.尤里耶夫的薪水 809 卢布 40 戈比、拥有 217 个农奴。著名的参议员利用沙皇的特殊信任控制俄国要害部门,沙皇给他们极高的货币赏赐,把他们吸引到政府方面来,以此在宫廷阴谋中取胜。沙皇经常给官员各种编制的官职,以及比《官秩表》更高的军人品级。如伊丽莎白·彼得洛芙娜时的 П.М.希波夫得到了外国官员级的薪水,年薪 2400 卢布。外事处的 П.П.库尔巴托夫也获得了外国官员级的薪水。参议员 Б.Г.尤苏鲍夫因个人的功绩而获得 2094 卢布 15 戈比。① 但直到 19 世纪中叶,官吏们所获得的薪俸也没有达到叶卡捷琳娜二世执政时期的水平。1804 年,京城官吏每年的薪俸平均为 311 银卢布,1810 年为 119 银卢布,1825 年为 234 银卢布,1832 年则为 279 银卢布。②

　　由于在俄罗斯服役的外国人被国家视为专家,但他们没有世袭领地,所以他们经常获得比其他官员更高的薪水,如总警察局长 А.Д.塔季谢夫获得全额薪水 2575 卢布 31 戈比,司法委员会大臣 Н.М.热利亚布日斯基获得 1800 卢布,而他们的同级官员少将、人口普查委员会大臣 В.М.叶罗普金得到的只是他们的 1/4,即 529 卢布 50 戈比。③ 1755 年,伊丽莎白·彼得洛芙娜时参政院给外籍人、司法委员会副委员会大臣 Ф.И.埃玛赏赐了利夫兰的 12 卡克领地,财政货币处的文书 И.А.施拉特尔赏赐了 12 卡

---

① С.М.Троицкий.Русский абсолютизм и дворянство в Ⅹ Ⅷ в.М.,1974.С.257.

② [俄]鲍里斯·尼古拉耶维奇·米罗诺夫:《俄国社会史》下卷,山东大学出版社 2006 年版,第 215 页。

③ С.М.Троицкий.Русский абсолютизм и дворянство в Ⅹ Ⅷ в.М.,1974.С.261.

克领地,给退役的准尉卡尔梅族的名望贵族缅若赏赐了50个农奴。[①]

俄国外交机构官员的薪水是其他官员的2—8倍或更多,超过了许多委员会大臣、省长和他们的副职。外交官的薪水高不仅仅是因为他们在边疆问题上捍卫了国家的利益,而且拒绝了邻国高额退休金的诱惑。成功的官运对官员而言便是得到国家的赏赐,故俄国官员极力向往官职的晋升。但也有例外,拥有高品级的法官由于在自己领地收入日益减少,只有到国家机构来领取生活费,所以,国家一再降低他们的薪水。

提高官员职务与降低薪水政策触动了俄国中上层官员的利益,他们极力要求政府提高赏赐。18世纪30—60年代政府扩大上层官员薪水政策诱发了贵族等级内部的斗争。按照1763年12月15日参政院的法令,所有部门都应该有相应的编制,这样的人有201人。按照1720—1725年的薪水标准,应该每年花费92479卢布,而实际上官员在1763年得到了248961卢布,多付了156482卢布,大致是原来的1.7倍。[②]

为了提高国家政府工作效率,革除贿赂制。1754—1756年政府对官员进行重新登记。1763年颁布法令,所有俄罗斯帝国机构的编制是原来编制的两倍。按照新编制文书人员获得了赏赐。1762年《御赐全俄罗斯贵族特权与自由诏书》颁布后,1725年政府支出215百万卢布,1767年支出566百万卢布,提高了两倍。政府不断提高官员的薪水幅度,以物质刺激的方式把贵族吸纳到国家机关。[③]

此外,18世纪中期俄国上层官僚贵族只是一些小地主和拥有宫廷农民以及没有农奴的官员,他们没有其他生存手段,不得不来到国家机关服役。不仅有昨天的衙役И.В.瓦西里耶夫、И.С.叶尔莫拉耶夫、Д.И.涅韦任、И.О.普戈维什尼克等,还有教士П.切卡列夫斯基、外国人К.И.亨宁、В.赖泽尔等,世袭贵族В.Е.阿杜多罗夫、Ф.С.戈卢布佐夫 А.М.奥布列斯

---

① С.М.Троицкий.Русский абсолютизм и дворянство в XⅧв.М.,1974.С.266.

② С.М.Троицкий.Русский абсолютизм и дворянство в XⅧв.М.,1974.С.263.

③ С.М. Троицкий. Финансовая политика русского абсолютизма в XⅧ веке. М.,1966.С.243.

科夫。在 1754—1756 年普查中,5379 个官员中有 3326 个官员没有农奴,占 61.8%。在第三类别的官员中有 40%的人没有农奴。[1] 事实证明,俄国上层官员依靠原有的土地资源、国家的赏赐得到巨额的收入,而无地或少地的下层官员只有依靠国家的服役为生,所以他们极力唆使子弟去军队、参政院、宫廷和外交委员会服役。

总之,18 世纪 60 年代政府最终实现了彼得一世的意愿,中央和地方机构所有官员得到了经常性的货币薪水,消灭了供养制度。但大部分地方官员和部分中央机构的文书没有得到稳定的国家赏赐。

第二节　俄国贵族的经济活动

一、18 世纪贵族占有土地的状况

1. 贵族不同阶层占有的土地和农民数量

封建土地所有制是贵族统治的基础。18 世纪贵族扩大了土地的占有和对农民的剥削,加强了贵族在君主官僚体制中的领导地位。

贵族等级不同阶层占有的土地和农民数量。按照 1700 年政府的统计,世俗封建主有 15041 人,1699 年他们拥有 378662 个农户,1700—1710 年他们拥有 363371 个农户。到 17 世纪末期在其他封建主手里掌握着 126934 个农户(另外一种统计是 146498 个农户),其中属于宫廷的有 100000 个农户。[2]

不同阶层的贵族地主占有连带农奴的土地资源是不等的。1696—1698 年来自京城的官员地主 535 人控制着 170097 个农户,占所有世俗封建主控制的农户的 45%。他们之中的 69 人拥有 500 个农户,其中 13 人拥有 1000—2000 个农户,5 人拥有 2000 个农户。17 世纪末期 51 个波

① С.М.Троицкий.Русский абсолютизм и дворянство в ХⅧв.М.,1974.С.266.

② Е.Н.Кушева.Дворянства//Очерки истории СССР: Период феодализма : России во первой четверти ХⅧ в.М.,1954.С.186.

雅尔和 11 个波雅尔寡妇拥有 50320 个农户。27 个波雅尔中几乎一半是
王公家族,波雅尔王公 М.Я.切尔卡斯基是一个大地主,他拥有 9083 个农
户。拥有上千个农户的是 И.Т.特罗耶古洛夫、Ю.Ю.和 Я.Н.奥多耶夫斯
基、И.Ю.特鲁别茨科伊、П.И.和 А.П.普罗佐罗夫斯基、П.М.多尔戈鲁科
夫、П.А.戈利津、Н.П.和 А.И.列平、王公巴里亚京斯基。18 世纪初被晋
升为京城官员的非名门贵族:三个纳雷什金家族拥有 7618 个农户,三个
洛普欣家族的波雅尔拥有 1835 个农户,四个洛普欣家族的御前大臣拥有
1286 个农户。15000 个大地主中有 14500 人是拥有低于 100 个农户的中
等贵族,以及拥有几十个和几个农户的小贵族。①

波雅尔和上层官员占有领地不仅在数量上,而且在法律方式上不同。
当时普通贵族的土地占有是有条件的领地,京城的地主大都是世袭领地。
人数众多的中小贵族成为专制君主的统治基础,18 世纪 20 年代政府采取
措施加强整个贵族的土地占有。17 世纪出现了领地和世袭领地的融合,
出现了继承性和血缘性的领地,实际上容许领主死后其子弟可以转让领
地。政府禁止买卖的领地经常性地交换,实际上贵族隐蔽性地出售领地。

18 世纪初领地的私有化成为普遍现象。18 世纪初莫斯科政府机构
保留下来的"世袭领地农奴册"掩盖了领地交换和贵族家族交易的事实
详情。希望出卖领地者通常用他所有的耕地、所有的农民和农民使用的
牲畜交换半切季领地或逃跑的农奴。18 世纪初政府颁令,此交易须在领
地衙门的监督下进行。

1714 年 3 月 23 日《一子继承法》的颁布完成了领地与世袭领地的融
合,二者的融合使领地作为继承私有财产转到了贵族手中。人头税加速
了贵族对农民土地的占有。1718 年 11 月 26 日的人口普查法令和后来对
其法令的解释,贵族成为不纳税的特权等级。《名册》对农民和赫洛普的统
治权力延伸到世袭领地上的居民。政府颁布法令遣返逃奴和责成贵族为

---

① Е.Н.Кушева.Дворянства//Очерки истории СССР: Период феодализма : России
во первой четверти ⅩⅧ в.М.,1954.С.187.

该农奴缴纳人头税。这些措施导致了 18 世纪贵族对土地的恣意妄为。

还是在 17 世纪法律中,贵族拥有管辖所在地区上土地和农民的权力。18 世纪贵族这些权利被合法化,只有在特殊情况下国家容许某些人违反政府法律。1721 年 1 月 18 日政府容许买卖村庄到指定的工厂,卖到工厂的工人并不能隶属于工厂,按照继承关系农奴可以连同工厂一同被转让。只能在工作时间使用这些农民,严格禁止利用农奴的劳动为工厂主私人做仆役。但进行人口普查时,普查者发现了在城镇居民、衙役,以及修道院和教会服役者名下隐匿着许多赫洛普。后来的法令进一步缓和了这种矛盾并最终使贵族成为统治农奴的特权等级。

18 世纪前半期贵族占有土地权利急剧扩大的同时,贵族土地的范围也在同时扩大。他们主要通过政府赏赐宫廷土地和国有土地,贵族开垦边疆自由土地和强制占有国有土地和毛皮税农民的土地。

彼得一世时期,给功绩卓著的贵族赏赐的不仅是收归国有和充公的村庄,而且是国有和宫廷的土地。1682—1710 年政府给贵族分配了宫廷土地 273 个乡,43655 个农奴和 338960 切季耕地。其中赏赐中最好的、最大的落在了世俗封建主手中(42910 户)。17 世纪 80—90 年代初期政府大量分配了皇亲国戚和靠近宫廷的土地,Л.К.纳雷什金 1691 年获得了沙茨克县科诺别耶夫斯基乡 2853 个农奴和 34485 切季。А.Д.缅什科夫在 1706 年和 1709—1710 年得到了 2157 个农奴,1700—1710 年海军上将 Ф.А.戈洛温获得 1106 个农奴,海军上将 Ф.М.阿普拉克辛获得 1097 个农奴,Б.П.舍列梅捷夫获得 2408 个农奴,伯爵 Г.И.戈洛夫获得 705 个农奴,B.布留斯获得 634 个农奴。[1]

政府的土地分配具有政治意图:彼得一世给外国侨民贵族也分配土地,他们与俄国的外交政策息息相关,他们来到俄国服役成为俄国贵族等级中的一员,并与俄国贵族地主休戚与共。1700 年来到莫斯科服役的格

① Е.Н.Кушева.Дворянства//Очерки истории СССР: Период феодализма : России во первой четверти ХⅧ в.М.,1954.С.189.

鲁吉亚王阿尔奇尔·瓦赫坦戈维奇在诺夫哥罗德得到了 3284 个农奴和 20464 切季耕地。与彼得一世同龄的其子亚历山大经过他的培养成为俄国第一个大元帅。俄国和格鲁吉亚军队联合远征波斯的计划失败引发了格鲁吉亚贵族—侨民来到俄国服役的浪潮。1724 年卡尔特利人的皇帝瓦赫塔六世，以及他的近臣、僧侣、贵族共 1185 人来到俄罗斯，他们获得土地赏赐并依附于俄国政府，格鲁吉亚的王公达季阿洛夫、巴格拉季翁、齐齐阿诺夫、巴拉耶夫、曼韦洛夫等进入俄国贵族行列。16—17 世纪卡巴尔达王公来到俄国服役，接受洗礼并获得了俄国切尔卡斯基家族的领地和世袭领地。王公切尔卡斯基是一个大地主，1696 年他拥有 9000 个农奴，他的两个儿子和纳雷什金、特鲁别茨科伊同龄，共拥有 7000 个农奴。来自喀尔巴阡山的著名王公亚历山大·别科维奇·切尔卡斯基与戈利津联姻，在彼得一世时期地位显赫。1711 年远征普鲁特以后，以俄国著名参政员 Дм.坎捷米尔为首的摩尔达维亚贵族来到俄国服役，跟随他的贵族在乌克兰的斯洛博茨科伊获得了 700 个农奴。来俄国服役的塞尔维亚贵族也在乌克兰获得田庄。塞尔维亚人萨瓦·拉古津斯基获得伯爵爵位，成为富有的大地主。1732 年由于彼得一世的两次分配，宫廷的土地急剧减少，大约 175000 人转为私人地主的农奴。[①]

18 世纪初期，随着鞑靼蒙古入侵的减缓，俄国贵族开始向南方、东南方和伏尔加河中游扩展土地，他们占有了沃罗涅日和别尔戈罗德省。П.М.阿普拉克辛、Б.П.舍列梅捷夫占有了乌克兰的"市镇"。尽管 1711 年法令禁止购买独院小地主的土地，但通过强制的非法交易他们获得"别墅"，这样，П.М.阿普拉克辛获得了拉尔托夫斯克县独院小地主的土地达 5000 切季。俄国贵族的土地占有还扩展到乌克兰的左岸，在那里哥萨克上层的土地占有也在迅速增长，而且农民和部分的普通哥萨克成为被奴役者。

为了在伏尔加河中游进行殖民建立了两条防御工事：1680 年建立从

---

① Е.Н.Кушева.Дворянства//Очерки истории СССР: Период феодализма : России во первой четверти ⅩⅧ в.М.,1954.С.190.

下罗蒙夫—奔萨—塞兹兰的防御工事,1718—1720 年库班的鞑靼入侵后政府建立了从察里津—顿河的潘申城。此外,17 世纪末期在萨拉托夫地区建立了小城堡彼得罗夫斯克作为军事重镇。起初来这里定居的是来自萨拉尔托夫北方和西北地区的辛比尔斯克人和奔萨人。在这些省份服役的辛比尔斯克人、奔萨人和因萨尔人在荒野上建立别墅。随着察里津防线的建成,俄国贵族的土地占有也深入到南方。与此同时,著名的俄国活动家 П.М.阿普拉克辛、А.М.切尔卡斯基、С.Б.戈利津、Б.И.库拉金等人也开始把农民从俄国中心转到萨拉托夫地区。18 世纪前半期通过强制手段贵族占有了小服役人员和非俄罗斯居民的土地。

在东方、在巴什基尔地区贵族土地所有制的发展遭到了 1705—1711 年巴什基尔人的反抗,但在这里贵族土地所有制逐步巩固。在早已被俄国贵族殖民化的地区,在哈萨克斯坦汗国的疆域内,俄国政府的殖民化政策有助于贵族土地所有制的发展。1713 年法令禁止非基督教的鞑靼穆尔扎和服役人员控制连带受洗农民的领地和世袭领地,其结果由于国家的分配,鞑靼的许多土地归属于鞑靼受洗礼地主和俄罗斯地主。由于北方战争,波罗的海地区归并到俄国,在利夫兰、卡累利阿和新首都的周边地区出现了贵族的土地占有。

18 世纪俄国贵族土地所有制的一个重要特点是分散性:通常贵族拥有的土地不是在一个省或一个县,而是分别在许多地区。1700 年 В.Б.兹梅耶夫在罗曼诺夫县拥有 16 个农奴,在姆岑斯克县有 9 个农奴,在雅罗斯拉夫县有 26 个农奴,在加里奇县有 119 个农奴,在沃洛格达县有 31 个农奴,在科斯特罗马县有 36 个农奴,在丹科夫县有 16 个农奴,总共 253 个农奴。这个特征反映出贵族土地占有者通过局部购买或赏赐方式土地占有逐步增长的势态。1724 年第一次人口普查,宫廷、教会和世俗封建主占有的土地大致有 4000000 个农奴。[①]

---

① Е.Н.Кушева.Дворянства∥Очерки истории СССР: Период феодализма : России во первой четверти ХⅧ в.М.,1954.С.192.

17 世纪末贵族军团丧失了它的作用,士兵和雇佣军团开始发挥重要作用。他们最初是由差丁、平民、无农奴和拥有少量农奴的贵族(拥有 24 户农奴的波雅尔子弟)来补充,1699 — 1705 年引进的雇佣兵制巩固了军队的等级成分,雇佣军团士兵由纳税等级组成,而军官则由贵族组成。

1699 年政府在着手创建新军队时,建立了专门的机构"总官厅",要求所有农奴主出示《名册》中有关他们拥有农奴的记载。《名册》是由农奴占有者和官员组成。按照《名册》和一些特殊的清单记载,342 个高层官员隶属于 137 个家族,他们拥有 121137 个农奴。15920 个贵族隶属于 3264 个家族,他们拥有 238897 个农奴。其他的贵族按其出示的私人证明,他们共有 3609034 个农奴。[①]

1699—1701 年贵族组成了 12 个龙骑兵团,共计 12234 人。此外,还有 15492 个服役人员。但《名册》中占多数不仅是服役人员,而且是退役地主、地主子弟、寡妇和未成年者。1636 — 1639 年,占总数 12%的 2300 个寡妇、子弟隶属于 16980 个服役人员,他们的份额在 17 世纪没有改变。如果在 1699 年 13632 个服役人员占总数的 88%,那么,寡妇和其他人员大约为 1860 人。[②] 但是小地主贵族与其他军团的差丁一起服役。

1710 年 12 月领地衙门对 710 年召集到"总宫廷"的差丁进行了登记,按照 186 年统计农奴的人数:宗主教拥有 8842 个农户,大主教拥有 13388 个农户,修道院和教会拥有 104704 个农户,西伯利亚的王子拥有 217 个农户,波雅尔拥有 52073 个农户,御前侍臣拥有 12401 个农户,杜马贵族拥有 3743 个农户,杜马书吏拥有 500 个农户,皇室御前大臣拥有 52322 个农户,大宫内杂务拥有 317 个农户,御前大臣拥有 116897 个农户,宫内杂务拥有 10008 个农户,贵族拥有 2435 个农户,老住户拥有 2964 个农户,书吏拥有 988 个农户,斯特罗戈夫家族拥有 2990 个农户,当长官的人们拥有 2021 个农户,宫廷官员拥有 655 个农户,商人拥有 277 个农

①　Я.Е.Водарский.Служилое дворянство в России в ⅩⅦ－ⅩⅧв.М.,1969.С.234.
②　Я.Е.Водарский.Служилое дворянство в России в ⅩⅦ－ⅩⅧв.М.,1969.С.234.

户,下层官员拥有 72575 个农户,退役人员、子弟、寡妇和孩子拥有 29988 个农户,上述官员共计拥有 490305 个农户。上层官员(西伯利亚的王子、波雅尔、御前侍臣、杜马贵族、杜马书吏、皇室内御前大臣、宫内杂务总侍臣)共获得 121293 个农户。御前大臣、宫内杂务侍臣、贵族、老住户、初等人、宫廷官员、下层官员、退役人员、子弟、寡妇和未成年孩子拥有 238443 个农户。贵族(дворянство)总共拥有 359736 个农户。①

贵族拥有农户 36 万户。由于 82% 的农户具有迁徙的自由,故法令并没有完全保障贵族对农奴的利用。在 342 个高层官员中, 107 个人总共有 3661 个农户农奴(54 人拥有 30 户农奴,53 人拥有 30—100 户农奴),其余的 235 人拥有 117 千户农奴。拥有农奴的家族是切尔卡斯基家族(11198 个农户),纳雷什金家族(11113 个农奴),戈利津家族(7860 个农户),萨尔蒂科夫家族(7758 个农户),奥多耶夫斯基家族(5319 个农户),多尔戈鲁基家族(4999 个农户),舍列梅捷夫家族(4443 个农户),普罗佐罗夫斯基家族(3953 户),库拉金家族(3824 户),戈洛文家族(3732 户),斯特列什涅夫家族(3048 户),罗莫达诺夫斯基家族(2998 户)。大部分农奴最初属于波雅尔 М.Я.切尔卡斯基家族,他们在伊万诺夫和巴甫洛夫村拥有 8931 户农奴。后来 Б.А.戈利津拥有 1669 户农奴,Н.И.列普宁拥有 1660 户农奴,Ю.Ю.奥多耶夫斯基拥有 1622 户农奴,Ф.А.戈洛文拥有 1606 户农奴。只有切尔卡斯基拥有农奴高达 2000 户,其他 20 人拥有 1000 户农奴,其中最多的是 Н.И.列普宁和 Н.И.布图尔林拥有 1126 户农奴,И.Б.特罗耶库罗夫拥有 1444 户农奴。可见,12 个家族拥有约 70 万户农奴,而这些家族中的 17 个贵族拥有 30 万户农奴。②

18 世纪初贵族计有 15920 人,来自于 3264 个家庭,他们之中 2050 个家庭每人拥有 30 户农奴,共计 17628 户农奴,619 个家庭每人拥有 30—100 户农奴,共计 34855 户农奴,2669 个家庭(占总数 81%)只拥有 52483

① Я.Е.Водарский.Служилое дворянство в России в XVII-XVIIIв.М.,1969.C.235.
② Я.Е.Водарский.Служилое дворянство в России в XVII-XVIIIв.М.,1969.C.236.

户农奴(占总数 22%),而 596 个家庭(占总数 19%)拥有 186414 户农奴(占总数 78%)。如多尔戈鲁基家族拥有 2552 户农奴,沃尔孔斯基家族拥有 2332 户农奴,谢尔巴托夫家族拥有 1681 户农奴,利沃夫家族拥有 1575 户农奴,普列谢耶夫家族拥有 1496 户农奴,布图尔林家族拥有 1386 户农奴,沃伦斯基家族拥有 1381 户农奴,列昂季耶夫家族拥有 1343 户农奴,沃耶伊科夫家族拥有 1341 户农奴。拥有 2000 户家族的只有两个家族,拥有 1000 户的家族只有 17 个家族,[①]可见,农奴大多数集中人数不多的大家族上层官员中。

18 世纪初期,贵族上层代表(波雅尔、御前侍臣、御前大臣、宫内杂务、莫斯科贵族和列入莫斯科名册的老住户)在俄国军队中占据要职,1681 年共有 6385 人,按照 1710 年的登记,他们拥有农奴 25.4 万,占总数 71%。中级军官和士官拥有的农奴:中校拥有 17 户,少校拥有 137 户;骑兵大尉拥有 224 户,大尉拥有 159 户,中尉拥有 461 户,准尉拥有 756 户;中士拥有 159 户,军士拥有 18 户。可见,18 世纪初期,俄国大约有 3 万贵族,他们在军队中担任要职,他们在陆军和骑兵中服役,贵族在军队占 25%。在骑兵占 1%。1.6 万贵族拥有 36 万农奴(占总数的 82%),他们之中的 235 人拥有 11.7 万户农奴(占 27%)。贵族等级上层总共有 6 千人,他们拥有 13.7 万户农奴,2 万—2.5 万贵族拥有 18.1 万户农奴(占总数的 42%)。[②]

2. 贵族等级占有土地的分布地区

由于俄国幅员辽阔,自然环境不同,17—18 世纪贵族占有土地、农奴的数量,贵族土地增长的幅度、布局和比率在各个地区存在着巨大的差异。

(1)中央非黑土地带、西北、西部地区的贵族土地占有

中央非黑土地带包括:莫斯科、弗拉基米尔、卡卢加、科斯特罗马、下诺

---

① Я.Е.Водарский.Служилое дворянство в России в ⅩⅦ-ⅩⅧв.М.,1969.С.237.
② .Я.Е.Водарский.Служилое дворянство в России в ⅩⅦ-ⅩⅧв.М.,1969.С.238.

夫哥罗德、特维尔、雅罗斯拉夫。根据 17 世纪下半期税务册的记载:中央非黑土地带开垦率占 20%。波雅尔—贵族的耕地达 4 百万俄亩,占所有耕地的 67%。最多的弗拉基米尔省占 799 千俄亩,卡卢加省占 491 千俄亩,下诺夫哥罗德省占 408 千俄亩,莫斯科省占 620 千俄亩。[1] 1700 年贵族大土地所有者占优势,59%的农奴控制在大贵族手中。到 1737 年这种优势继续保持,61%的农奴控制在大贵族手中。[2] 全省贵族地主占有土地居首位,下诺夫哥罗德省占 54%,卡卢加省占有 82%;居第二位的是教士的土地,1764 年以前有 18%,在教会土地世俗化后仅占 1%,经济农民(占 18%);居第三位是宫廷机构,占 8%;第四位是国家农民的土地(占 4%)。[3]

　　17—18 世纪中央非黑土地带的领土面积增长为 29896 千俄亩到 30730 千俄亩,二者间的差为 834 千俄亩(3%)。整个领土的开垦率从 6 百万俄亩上升到 9.8 百万俄亩,其比重从 20%上升到 32%;贵族地主的耕地从 4 百万俄亩上升到 6.8 百万俄亩,其比重从 67%上升到 70%。[4]

　　西北地区包括:诺夫戈罗德、普斯科夫和圣彼得堡。耕地占全区领土的 7%,65%的耕地掌握在波雅尔—贵族的手中。波雅尔和贵族的耕地比其他领地占有者高出 2 倍。3 个省共有土地 17410 千俄亩,贵族地主占有 11571 千俄亩(占 66%),宫廷机构占 113.4 万俄亩(7%),国家农民占 822 千俄亩(5%),其他等级占 3883 千俄亩(19%)。[5]

　　西部地区的斯摩棱斯克省。1700 年波雅尔和其他莫斯科服役人员的领地差别不大,主要集中在维亚泽姆斯基县和多罗哥布日县,这两

---

①　Я.Е.Водарский.Дворянское землевладение в России в ⅩⅦ-первой половине Ⅹ Ⅸв.М.,1988.С.114.

②　Я.Е.Водарский.Дворянское землевладение в России в ⅩⅦ-первой половине Ⅹ Ⅸв.М.,1988.С.116.

③　Я.Е.Водарский.Дворянское землевладение в России в ⅩⅦ-первой половине Ⅹ Ⅸв.М.,1988.С.117.

④　Я.Е.Водарский.Дворянское землевладение в России в ⅩⅦ-первой половине Ⅹ Ⅸв.М.,1988.С.119.

⑤　Я.Е.Водарский.Дворянское землевладение в России в ⅩⅦ-первой половине Ⅹ Ⅸв.М.,1988.С.135—136.

个县大土地所有者占优势。地区的土地开垦率占38%,森林占地区领土面积的一半。最多的瑟切夫卡(66%)和克拉斯尼科县(65%),别力斯克(17%)和波雷奇斯克县(28%)。12个县中维亚泽姆斯基县、克拉斯尼科县、瑟切夫卡和尤赫诺夫县的耕地占领土的多一半。全省共有土地4879千俄亩,贵族地主占有4180千俄亩(占86%),宫廷机构占381千俄亩(8%),国家农民占26千俄亩,其他等级占292千俄亩(6%)。①

(2)中央黑土地区、伏尔加河中游、北方和乌拉尔北部、乌拉尔南部、新俄罗斯

中央黑土地区包括:图拉、梁赞、奥尔洛夫、库尔斯克、沃罗涅日、坦波夫和哈尔科夫。与中央非黑土地区不同,中央黑土地区波雅尔—贵族的土地被国家土地所包围。波雅尔—贵族的土地的扩展既是通过民间自发的移民,也是通过服役人员开垦的土地得以实现。17世纪初期政府成功地遏制了莫斯科宫廷、民政官员和上层军官占有土地的欲望,禁止把南部县的领地和世袭领地分给莫斯科的官员。即使这个禁令在17世纪末亚历山大·米哈伊诺维奇沙皇统治末期被破坏,但波雅尔—贵族的土地占有也才刚刚迈出了一步。17—18世纪中央黑土地区的土地占有具有三个特征:人口稠密,南部和东部县份得到开发,出现了许多居民点和新的可耕地;独院小地主(Однодворец)②的数量在增长,他们在18世纪成为国家农民和地主;教会、宫廷和国家占有的土地数目较少,开垦率只有12%,但在某些地区很高。在梁赞(27%)、图拉(23%)。而在库尔斯克(5%)、沃罗涅日(1%),实际上这些地区的土地面积不大,尤其是大部分土地从事养殖业——养蜂,而耕地相对较少。③ 2/3的耕地属于波雅尔—

---

① Я.Е.Водарский.Дворянское землевладение в России в ⅩⅦ-первой половине ⅩⅨв.М.,1988.C.142.

② 独院小地主是俄国旧时代的一种农户,他们源于16—17世纪的边防军下级军官子弟,有一个院子,没有农奴。

③ Я.Е.Водарский.Дворянское землевладение в России в ⅩⅦ-первой половине ⅩⅨв.М.,1988.C.190.

贵族,31 个县的 87% 的土地属于领地范围,1700 年只有梁赞地区大土地所有制占优势,但是在 1737 年整个黑土地区中心中小土地所有制占优势。① 总之,17 世纪中央黑土地区的土地面积 22702 千俄亩,在 18 世纪上升为 29456 千俄亩,耕地从 2660 千俄亩上升到 14383 千俄亩(几乎 5.5 倍),贵族地主的耕地从 1815 千俄亩上升到 8276 千俄亩,其比率从 6% 上升到 28%。②

伏尔加河中游包括:喀山、奔萨、辛比尔斯克、萨拉托夫省。17 到 18 世纪伏尔加河中游像中央黑土地区一样,人口稠密、土地得到开发,南部地区土地的开垦率要比北方快。17 世纪下半叶耕地接近 1300 千俄亩。从 1700 — 1737 年贵族大土地所有者控制的农奴比率从 44% 上升到 55%,贵族地主的耕地上升了几乎 7 倍。③ 土地的开垦率提高了 26%,领地分布最多的奔萨达到 60%、辛比尔斯克达到 45%、萨拉托夫省达到 23%、喀山为 19%。土地丈量结果:贵族地主占有的土地 10440 千俄亩(31%),宫廷机构占地 938 千俄亩(3%),国家农民占地 9769 千俄亩(29%),其他等级占地 12833 千万俄亩(38%)。④

北方和乌拉尔北部包括:阿尔汉格斯、沃洛格达、维亚茨基、奥洛涅茨和彼尔姆。此地区的森林面积大,可耕地少,地区的开垦率 8%,森林占 84%。开垦率最高的在维亚茨基、彼尔姆,48% 的耕地是国家土地。贵族地主的耕地在北方 5%,乌拉尔北部占 14%。⑤ 与 17 世纪比较,耕地从 741 千俄亩上升到 6590 千俄亩,上升了 9 倍,但是贵族地主的耕地只增

---

① Я.Е.Водарский.Дворянское землевладение в России в ⅩⅦ-первой половине ⅩⅨв.М.,1988.С.191.

② Я.Е.Водарский.Дворянское землевладение в России в ⅩⅦ-первой половине ⅩⅨв.М.,1988.С.190—194.

③ Я.Е.Водарский.Дворянское землевладение в России в ⅩⅦ-первой половине ⅩⅨв.М.,1988.С.200.

④ Я.Е.Водарский.Дворянское землевладение в России в ⅩⅦ-первой половине ⅩⅨв.М.,1988.С.202.

⑤ Я.Е.Водарский.Дворянское землевладение в России в ⅩⅦ-первой половине ⅩⅨв.М.,1988.С.211—212.

长了2倍,从332千俄亩增长到573千万俄亩。①

乌拉尔南部包括:奥伦堡和乌法省。可耕地占领土面积的14%,其中上乌拉尔县占0.6%、奥伦堡占3%、布古里明斯克县23%、布古鲁斯兰县22%、缅泽林斯克县21%。贵族地主领地的比率在乌法县45%,在布古鲁斯兰县30%,在车里雅宾斯克县占0.5%,特洛伊茨克县占2%,在比尔斯克县占3%。该地区总耕地达5862千俄亩,贵族地主的耕地达到4百万俄亩(14%)。②

新俄罗斯包括:叶卡捷琳堡和赫尔松。地区的开垦率达21%,森林占1%,庄园土地占1%,割草场和不适宜耕种的土地占75%。1788年和1796年政府给贵族地主大规模赏赐土地,如果贵族地主的土地从2百万俄亩上升到3.5百万俄亩,而国家农民仅有0.8百万俄亩土地。贵族地主的土地在斯拉维扬谢尔波斯克占74%,上第涅泊夫斯克占73%,巴甫洛格勒斯克占70%,在罗斯托夫占37%,奥尔维堡斯科没有。总之,这两个省贵族地主的领地有6百万俄亩,占全区土地的59%。③

(3)17—18世纪俄国各大区贵族地主土地增长的幅度

17—18世纪贵族通过强占和国家赏赐的手段大大扩充了土地数额,波雅尔—贵族占有28百万俄亩,占14%;国家农民占有8.5百万俄亩,占4%;教会占有7百万俄亩,占3%。④

在中央非黑土地区有225千俄亩,按旧有方式分配占79千俄亩,强占的增长到35%。西北地区有22千俄亩,按旧有方式分配占6.5千俄

---

①　Я.Е.Водарский.Дворянское землевладение в России в ⅩⅦ-первой половине ⅩⅨ в.М.,1988.С.214.

②　Я.Е.Водарский.Дворянское землевладение в России в ⅩⅦ-первой половине ⅩⅨ в.М.,1988.С.214—215.

③　Я.Е.Водарский.Дворянское землевладение в России в ⅩⅦ-первой половине ⅩⅨ в.М.,1988.С.218.

④　Я.Е.Водарский.Дворянское землевладение в России в ⅩⅦ-первой половине ⅩⅨ в.М.,1988.С.227.

亩,强占的增长到 30%。中央黑土地区有 47.5 万俄亩,按旧有方式分配占 31.6 万俄亩,强占的增长到 67%。[①]

18 世纪末期俄国的疆域划分率为 47 个省,除丈量的 31 个省外,其他 16 个省的土地数量剧增。17 世纪俄国贵族的土地占有为 9%,而在 18 世纪俄国贵族的土地占有为 29%,与 17 世纪相比地主的耕地上涨了 5 倍。[②] 由于俄国疆域的不断扩展、教会领地的世俗化,巨大的土地资源成为国家的经济基础,国家对土地财富的占有长期以来具有绝对的优势。根据 18 世纪的 3 次人口普查,俄国居民中的 104.9 万人(第一次普查农奴占总数的 19%)、255.2 万人(第二次普查农奴占总数的 39%)、291.4 万人(第三次普查农奴占总数的 40%)属于国家所有。[③] 18 世纪由于归并爱沙尼亚、拉脱维亚、立陶宛、白俄罗斯、乌克兰第聂伯河右岸土地,俄国政府拥有的土地数量一直处于上升趋势和绝对优势。

表 6　17—19 世纪前期俄国社会各等级耕地增长之比 [④]

地　区	世纪	占有者(千俄亩)						占耕地%	占地区面积%
		贵族地主	教会	宫廷机构	总共	其他	所有		
旧的居住区									
中央非黑土地区	17	4070	1318	637	6025	56	6081	51	20
	18	6846	—	743	7589	2108	9697	21	32
西北地区	17	774	263	94	1131	68	1199	10	7
	18	2081	—	139	2220	597	2817	6	16

① Я.Е.Водарский.Дворянское землевладение в России в ⅩⅦ–первой половине Ⅹ Ⅸв.М.,1988.C.227.

② Я.Е.Водарский.Дворянское землевладение в России в ⅩⅦ–первой половине Ⅹ Ⅸв.М.,1988.C.240.

③ А.Г.Манько.Дворянство и крепостной строй России ⅩⅥ–ⅩⅧ вв.М.,1975. C.278.

④ Я.Е.Водарский.Дворянское землевладение в России в ⅩⅦ–первой половине Ⅹ Ⅸв.М.,1988.C.234.

续表

地　区	世纪	占有者（千俄亩）						占耕地%	占地区面积%
		贵族地主	教会	官廷机构	总共	其他	所有		
北方	17	332	87	—	419	230	649	5	1
	18	300	—	53	353	696	1049	2	2
总共	17	5176	1668	731	7575	354	7929	66	8
	18	9227	—	935	10162	3401	13563	29	14
增长额	18	4051		204	2587	3047	5634	16	6
%	—		78	28	34	861	71	—	—
居住区									
中央黑土地区	17	1813	156	153	2122	554	2676	22	9
	18	8276	—	385	8661	5546	14207	30	48
伏尔加河中游	17	570	170	260	1000	300	1300	11	4
	18	3955	—	386	4341	4069	8410	18	25
乌拉尔北部	17	—	1		1	91	92	1	0.2
	18	272	—	278	550	4818	5368	11	14
乌拉尔南部	18	396		35	431	1651	2082	4	7
新俄罗斯	18	1557	—	—	1557	1730	3287	7	32
总共	17	2383	327	413	3123	945	4068	34	4
	18	14456	—	1084	15540	17814	33354	71	24
增长额	18	12073		671	12417	16869	29286	84	21
%	—		506	162	397	1824	723	—	—
总计	17	7559	1995	1144	10698	1299	11997	100	6
	18	23683	—	2019	25702	21215	46917	100	20
增长额	18	16124		875	15004	19916	34920	100	15
%	—		213	76	140	1557	292	—	—

资料来源：Я.Е.Водарский.Дворянское землевладение в России в ⅩⅦ-первой половине ⅩⅨв. М.,1988.C.234。

二、贵族创办企业和进行高利贷盘剥

由于18世纪欧洲价格革命的影响,俄国官僚贵族在得到贵族称号的同时,开始创办大型企业。由于西欧国家和俄国农村(首先是贵族加工企业)的竞争,18 世纪末期到 19 世纪初期俄国城市的工商业发展极为艰难。

表7　18 世纪城市和乡村之间加工企业的分布

	1725 年		1755—1758 年		1803—1804 年	
	城市	县	城市	县	城市	县
企业数量	43(78)	12(22)	263(60)	174(40)	974(58)	935(42)
工人/千人	12.4(86)	2.0(14)	31.7(57)	23.9(43)	41.4(55)	33.8(45)

资料来源:Б.Н.Миронов.Влияние революции цен в России ⅩⅧ века на её экономическое и социально-политическое развитие.//История СССР,№1.С.91。

　　由表 7 可知,1725 年 56 个企业中的 78%的大型加工企业和 12.4 千人中的 86%工人集中在城市里。除了手工作坊、矿山和熬盐场之外,小手工工场大部分集中在城市。经过 50 年,1775—1778 年,企业在数量和质量上增长很快,但 437 个企业中的 60%的企业和 55.6 千人中的 57%工人集中在城市。18 世纪末期,上述状况继续维持,1803 年 1909 个企业中的 58%的企业和 75.2 千人中的 55%的工人集中在城市。[①] 农产品加工业的发展部分与农民有关,更大程度上与贵族企业有关。如果,18 世纪前 25 年,40 个私人工场手工业中只有 2 个(占 5%)属于贵族,那么,到 1773 年 328 个私人工场手工业中则有 66 个(占 20%)属于贵族,而在 1813—1814 年,1018 个私人工场手工业中就有 520 个(占 50%)属于贵族。贵族在造船、造纸、制碱、玻璃和金属部门中所占企业数量为 66%、61%、66%、55%。但由于垄断,从 1754 年起在酿酒业中成就最大。[②]

　　城市商业职能的发展因遇到农村贸易中心的竞争而备受影响。在贵族的积极支持下,农村贸易中心得以迅速发展起来。1750—1800 年城市

---

　　① И.В.Кирилов.Цведущее состояние Всероссийского государства.М.,1977.С.309—333.

　　② Б.Н.Миронов.Влияние революции цен в России ⅩⅧ века на её экономическое и социально-политическое развитие.//История СССР,№1.С.91.

集市数量只增加 3.5 倍,而农村集市却增加了 8.3 倍,集市日分别增加
1.8 倍和 3.4 倍。可见,农村贸易网远比城市发达。贵族在发展贸易方
面的作用日益明显。1760 年俄国农村集市共 1143 个,设在贵族世袭领
地上的集市为 413 个,占 36%。1800 年俄国农村集市共 3180 个,设在贵
族世袭领地上的集市为 1615 个,占 51%。[①] 由此说明贵族不仅自身积极
从事企业活动,还鼓励农民投身这个行列。而比贵族更有心计的地主甚
至从事包收捐税和拍卖。尤其是,贵族自己组织农产品,绕过内陆城市
直接向国外出售。结果,出口的大部分收入未能落入商人手中,而是进
入贵族私囊。贵族社会的寄生性使其很少把钱用于货币增值上,而是
挥霍在进口奢侈品上,这对俄国的城市经济和民族工业的发展极为
不利。

　　自幼就经常光顾位于莫斯科城边的德国村的彼得一世在视察欧洲
后,频频邀请欧洲学者、企业家和商人来俄国工作。1702 年,彼得一世的
诏书在德国发表,而且传遍整个德国,他欢迎并邀请外国资本家和工厂
主、手工业者和工匠等来俄国经营,并且享受许多优惠政策,但必须遵守
一个不可反悔的条件:"他们必须认真地和毫无保留地向俄罗斯人传授
技艺。"[②]俄罗斯的德国管家特别支持彼得一世的改革,他们促进国内
企业的发展,为此得到国家的奖励或职务的晋升,如伊萨耶夫家族的企
业,该家族的呢子加工厂,在北方战争时期曾专门为俄国军队制作军
服。1731 年,伊利亚·伊萨耶夫已经成为俄国国家度支院的副总管,
直到退休。1741 年他被授予 4 品文官,还被封为世袭贵族,得到特殊
待遇。

　　18 世纪前期俄国两个最大的参政员 A.Д.缅什科夫和 A.B.马卡洛夫
在国家的企业中发挥着巨大的作用。A.Д.缅什科夫由于个人能力、对沙

　　① Б.Н. Миронов. Внутренний рынок в России во второй иоловине X Ⅷ - иервой
половине ⅪX вв.Л.,1981.С.62—63.
　　② 〔俄〕T.C.格奥尔吉耶娃著:《俄罗斯文化史——历史与现代》,焦东建、董茉莉译,
商务印书馆 2006 年版,第 150—151 页。

皇的无限忠诚而获得特级公爵、参议员、元帅、陆军委员会大臣,并在彼得一世去世后成为俄国的实际统治者。1727 年他在权力极盛时期拥有 15万农奴、3000 个村庄、控制着欧俄的 7 个城市、42 个县,以及波罗的海、白俄罗斯、乌克兰和普鲁士的阿穆特镇等。他利用沙皇的宠幸以及在国家中的领导地位,不择手段贿赂或直接强占领地,提高领地收入。А.Д.缅什科夫的 70%的领地都位于俄国南部不同自然环境和民族成分的县份,那里土地肥沃、没有外来威胁,非常利于发展生产。在他的领地上有很多不同类别的工业企业:农业原料的加工企业(皮革、酒类和帆布工厂);自然资源的开发(鱼、油脂、煮盐、碱、砖、玻璃工厂、锯磨厂、铁矿等)。除此之外,他在领地上进行大规模的建设性工作,建庄园、教堂和工厂。他的工场里有很高的劳动分工,1728 年长期性的工人有 91 人,大部分工匠和工人都是来自农奴、士兵、炮匠、工商居民和下层教士。其企业产品不仅满足宫廷的需要,而且作为商品走向市场,使用雇佣劳动。他通过阿尔汉格斯港口向荷兰、英国和德国出口农产品。"在俄国,一切都取决于专制帝王的恩惠,凡是能够使帝王感到满意的工厂主或商人,都可以得到国家的大量资助,国家还给他们安排成百上千名农民在他们的工厂做工,但如果是一个在沙皇面前失宠的人,这个人很快就会丢掉性命,并且还可能丧失所有的财产。"①商人索洛维耶夫由于对国家下达的禁止粮食出口的命令表示不满,他不仅遭到了车裂,而且还向国库缴纳罚款 100 万卢布。

叶卡捷琳娜二世时期,贵族创办实业的势头猛增,1733 年俄国 328个手工工场中有 66 个属于贵族手工工场,约占总数的 20.1%,1767 年贵族手工工场使用雇佣工人的人数占俄国工人总数的 60.7%。此外,由于政府的优惠政策,在经济领域的某些行业(酿酒、粮食的出口等)贵族与商人的竞争取得了决定性的胜利,贵族及其附属的农奴可以自由经商,贵族建立的市场遍及俄国农村,贵族控制了国内贸易额、对外贸易的 50%

---

① 〔俄〕Т.С.格奥尔吉耶娃著:《俄罗斯文化史——历史与现代》,焦东建、董茉莉译,商务印书馆 2006 年版,第 151 页。

以上。如 1803 年贵族舍列梅捷夫在莫斯科东北部伊凡诺沃开办的印花厂达到 49 家,其利润惊人,后来成为俄国重要的纺织中心。[①]

18 世纪末期俄国商品货币关系的发展冲击了封闭的自然经济。一方面,贵族地主不能一如既往地控制土地以及依附于土地上的农民;另一方面,贵族地主在商品经济的冲击下,不得不创办企业。

18 世纪贵族除了在工业领域中创办企业,还进行高利贷盘剥活动。1769 年工厂主普罗科菲·巴塔绍夫就收到贵族 30 笔贷款,金额达 60418 卢布:海军上将 M.M.戈罗温遗孀的 1000 卢布,E.И.多尔戈鲁科夫公爵夫人的 5540 卢布,2 品文官和宫廷高级侍从 A.Г.热烈布佐夫的 3100 卢布,中尉 M.И.萨福诺福的 1500 卢布。1722 年造船主 M.C.米亚斯尼科夫收到的贷款(575250 卢布)比工厂主普罗科菲·巴塔绍夫要高,在他的 11 笔贷款中有 8 笔来自贵族,而且某些贵族都是大债主:6 品文官萨瓦·捷秋什的 22340 卢布,9 品文官 A.孔多拉耶夫的 10635 卢布,高级侍从热烈布佐夫的 40000 卢布。1783 年外籍企业家冯特·格伦特收到 85 笔贷款中,就有 39 笔(88453 卢布)来自贵族,他曾经向公爵夫人叶莲娜·巴里亚京斯基、费多西亚·切尔卡斯卡娅、伊琳娜·加加林借贷 25262 卢布。炮兵少尉韦尔杰列夫斯基(1000 卢布)、少将博布罗夫(2000 卢布)、5 品文官列瓦绍夫(165 卢布)成为高利贷盘剥者,这些高利贷盘剥者大多是一些女性,占 30.8%。A.舒瓦洛夫的女儿奥利卡贷款 2000 卢布,公爵的女儿卡婕琳娜·沙霍夫斯卡娅贷款 2000 卢布。[②]

贵族是最大的高利贷盘剥者。按照俄国法律规定,盘剥率不能超过 6%,实际上往往超过 12%,而贵族之间的贷款常常不征收利息。如兄弟俩霍万基、彼得和尤里·瓦西里耶维奇向大尉尼古拉·瓦西里耶维奇借钱 13952 卢布,四年内没有收取利息。在贵族中交易数额达 100 卢布者占多

———————

①　[法]布罗代尔著:《15—18 世纪的物质文明、经济和资本主义》第 3 卷,施康强等译,三联书店 1993 年版,第 519 页。

②　А.Г.Манько.Дворянство и крепостной строй России Ⅹ Ⅵ－Ⅹ Ⅷ вв.М.,1975. С.265—266.

数,但还不是大高利贷者。如少校 C.Ш.希什京做了 7 笔交易,金额达 694
卢布。中尉 A.C.松佐夫-扎谢金 3 次就贷出 700 卢布。海军中尉 Д.E.叶罗
普金就贷出 400 卢布。彼得一世的近臣 Я.Б.布留斯 7 次就贷出 4242 卢
布,成为大高利贷盘剥者。彼得一世的另一个近臣 B.H.塔季舍夫借给谢
苗诺夫军团中尉 M.A.里姆斯基-科尔萨克夫 2000 卢布。借贷人员主要
来自:144 个贵族、33 个市民、31 个书吏、14 个商人、5 个农民、2 个僧侣,
还有 10 个其他人,他们之间也存在着盘剥。① 俄国贵族的高利贷收入并
不是用于工商业的扩大再生产,而主要是为了满足自我的生活消费。在
农业经济活动之外贵族是高利贷盘剥的积极参与者,这种诱惑完全超过
了他们对工商业活动(酿酒业、商业和工业生产的)积极性。

表 8　1732 年贵族与其他等级的贷款比率②

等　级	交易数额	占总交易数额的比率(%)	交易资金	占总交易资金的比率(%)
贵　族	239	44.8	74296	56.8
书吏服役者	76	14.2	7853	6.0
工商市民	69	12.9	9327	7.1
商　人	63	11.8	26905	20.6
僧　侣	22	4.1	1389	1.1
农　民	7	1.3	570	0.4
其　他	58	10.9	10471	8.0
总　共	534	100.0	130811	100.0

资料来源:ЦГАДА,ф.282,д.708,979。

三、贵族与农奴制的强化

农奴制是指将个人附属于其主人的所有法律规范的总和,农奴制
度是俄国社会的一个重要特点。农奴制是俄国地缘政治的产物,是俄

① А.Г.Манько.Дворянство и крепостной строй России ⅩⅥ－ⅩⅧ вв.М.,1975.
С.269.

② А.Г.Манько.Дворянство и крепостной строй России ⅩⅥ－ⅩⅧ вв.М.,1975.
С.269.

国动员型社会发展的需要。① 农奴制在 16 世纪末期形成,17 世纪确立,18 世纪得以强化。俄国的农奴制度经历了三个发展阶段:17 世纪农奴制根据契约确定农奴对地主的人身依附关系;彼得一世时期,法令使农奴在法律上世代依附于地主,条件是地主要义务服役;叶卡捷琳娜二世时期,由于地主有条件服役义务的取消,农奴完全处于依附地位,成为地主的私有财产。② 农奴制有三种存在方式:国家农奴制、集体农奴制和私人农奴制。③ 国内外史学界普遍认同农奴制的强化造成了俄国在国际社会中的劣势地位,克里米亚战争的惨败是启动俄国现代化的主要动因。但在农奴制产生的问题上不一致。国外学者从不同角度分析俄国农奴制的产生。④ 笔者认为国内学者混淆了农奴制的产生⑤和强

---

① 曹维安:《俄国史新论》,中国社会科学出版社 2002 年版,第 21 页。

② [俄]瓦·奥·克柳切夫斯基著:《俄国史教程》第 5 卷,张咏白等译,商务印书馆 2009 年版,第 129 页。

③ 曹维安认为,俄国农奴制度是一种国家农奴制度。曹维安:《俄国史新论》,中国社会科学出版社 2002 年版,第 171 页。笔者认同鲍里斯·尼古拉耶维奇·米罗诺夫对俄国农奴制度的解释:俄国有三种农奴制的方式,其依附关系的特征:对主人(国家、集体和个人)超经济的、人身的依附;被固定于居住地;被固定于某个等级;私有财产和民事行为权利受到限制;择业权受到限制;无社会保障:主人可凭个人意愿,不经过法院便剥夺其依附人的尊严和财产,施行体罚。[俄]鲍里斯·尼古拉耶维奇·米罗诺夫:《俄国社会史》上卷,山东大学出版社 2006 年版,第 380 页。

④ 以契切林为代表的国家学派认为农奴制是由国家法律所确立的;克柳切夫斯基认为是农民对地主的债务关系的结果。曹维安:《俄国史新论》,中国社会科学出版社 2002 年版,第 163 页。佩里·安德森认为,正式的农奴制以前从未在东部存在过。从更长期的角度来看,东部从 14 世纪晚期起的庄园制的反动,是当地向一种明确的封建主义发展历程在外部影响下阻滞和偏离了两三个世纪之后的重新开始。佩里·安德森:《从古代到封建主义的过渡》,郭方、刘健译,上海人民出版社 2001 年版,第 283 页。

⑤ 曹维安认为,在俄国先出现封建主个人对农民实施的"农奴制"(Крепостничество),然后才形成由国家承认的"农奴法"(Крепостное право)。曹维安:《俄国史新论》,中国社会科学出版社 2002 年版,第 163—164 页。刘祖熙认为,俄国的农奴制是建立在市场和商品货币关系基础上的,这是西欧国际市场对东欧封建经济影响的结果,恩格斯把中世纪和近代早期的东欧庄园制称为农奴制的再版时期。刘祖熙:《改革与革命——俄国现代化研究》,北京大学出版社 2001 年版,第 11 页。朱寰认为,农奴制的产生既是俄国本身的需要,又是受欧洲形势发展的推动。张广翔:《18—19 世纪俄国城市化研究》,吉林人民出版社 2006 年版,第 6 页。

化问题。①

1. 农奴制实行的前提

领地制度是俄国农奴制存在的首要前提,农奴制的形成与自然地理环境影响息息相关。"没有哪个民族像俄罗斯那样受地理因素的影响如此之大",②俄国位于亚欧大陆的腹地,其主体是辽阔的东欧大平原,乌拉尔山虽把欧洲和亚洲隔离开来,但它们没有构成欧亚两洲之间阻碍游牧民族扩张的有效天然屏障。"东欧社会的边境特点使王朝统治者很难从军事居民和地主那里得到忠心耿耿地服从"。③

俄国虽然不乏河流湖泊,但它却是一个内陆国家。俄国所处的纬度和缺少山脉的阻隔,来自北冰洋的寒风经常席卷俄罗斯的欧洲部分,直抵黑海。大陆性气候使俄国形成了从东到西横贯全国的几个宽广的植被带。平原纬度偏高,气候寒冷,冬季寒冷漫长,80% 的地区无霜期不到 180 天,俄国农民每年农业耕作季节大约从俄历 4 月中旬到 9 月中旬,总共只有 125—130 天,无霜期短使农活集中,单位劳动时间强度大,而且

---

① 张广翔认为,18 世纪姗姗来迟的价格革命是农奴制强化的原因。详见张广翔:《18—19 世纪俄国城市化研究》,吉林人民出版社 2006 年版,第 173—182 页。佩里·安德森认为,东西欧的进出口贸易并不可能创造出一个统一的国际经济体系,只有工业资本主义世界市场才能做到这点,所以,它并不是俄国农奴制确立的根本原因。16 世纪西欧军事革命造成的武器和战术的许多化,这种非经济贸易的军事国际压力造就了东欧沙皇专制、农奴制的确立。俄国城市弱小,贵族服役领地制的出现是强化的根本原因。[美]佩里·安德森著:《绝对主义国家系谱》,刘北成、龚晓庄译,上海人民出版社 2001 年版,第 204—205 页。笔者认为 18 世纪的价格革命只是俄国农奴制强化的间接原因。萨姆纳认为,在俄国,农奴制全盛时期持续的时间比西方国家要长。这是因为,在那里,农奴制在经济上的优势没有更早地被劣势所压倒;因为直到 19 世纪上半叶,人口的增长一直没有在农民中引起严重的土地短缺问题;因为中产阶级的势力比农奴主弱;因为人道主义和其他与个人主义精神有关的价值观念发展极其缓慢;因为对法国大革命的反映加强了任何一个历史悠久的制度所内在地具有的惯性;最后,还因为农奴制不仅是农奴主的经济基础,而且也是俄国统治千百万未开化民众这一艰巨任务的主要基础。[美]尼古拉·梁赞诺夫斯基著、马克·斯坦伯格著:《俄罗斯史》,杨烨、卿文辉译,上海人民出版社 2007 年版,第 257 页。

② [美]耶鲁·瑞奇蒙德:《解读俄罗斯人》,中国水利水电出版社 2004 年版,第 5 页。

③ [美]佩里·安德森著:《绝对主义国家的系谱》,刘北成、龚晓庄译,上海人民出版社 2001 年版,第 234 页。

无暇精耕细作,只能靠粗放式经营维持简单再生产,靠精耕细作来增加产量是不可能的;这片广袤的土地上土壤并不肥沃,北纬 60 度以北是冻土带、沼泽灰化土,北纬 60 度以南地区的土壤为黏土和砂质黏土,但沼泽地比重较大,只有在中部黑土区,摩尔达维亚、乌克兰地区,黑土异常肥沃。恶劣的气候和植被模式使俄国优良的可耕地相对不足。据估计,俄国只有 100 万平方英里土地真正适于耕作,这些土地只占国土面积的不到 1/8。① 所以,地理环境缺乏多样性,土地贫瘠,气候条件欠佳,限制了农作物及品种的选择,也影响了粮食单位面积产量。17—18 世纪,一般粮食收获量只有种子的 1—2 倍,很少达到 5 倍。② 而只有每份种子收五份粮食时才会略有节余。③ 这样,在俄国核心地区的粮食产量低,绝大部分农民的粮食不能自给,农业经济不发达,由于远离海洋,直到 18 世纪以前基本上是一个内陆国家,没有出海口,对外贸易受到限制。所以,农奴制的普遍和长期存在成为俄国历史发展的一大特征。

基辅罗斯公国时期经济发展的商业流动性、长幼顺序制、"索贡巡行"的剥削方式使封建土地所有制和封建人身依附关系十分脆弱。分裂时期的基辅罗斯各公国不具备封建性质④。直到 11 世纪以前,俄国社会才出现了一些封建化的最初特征,农民对地主的最初依附采用了契约的形式:农民从地主那里借钱、粮食或农具,作为回报,农民答应向地主缴纳代役租或劳役租。尽管此时的服役形式打破了基辅罗斯时期的血缘关

---

① ［美］尼古拉·梁赞诺夫斯基:《俄罗斯史》,杨烨、卿文辉等译,上海人民出版社 2007 年版,第 6 页。

② 赵振英:《浅析地理环境对俄国社会历史发展的影响》,《辽宁师范大学学报》(社会科学版)2001 年第 5 期。

③ 张广翔、刘文山:《俄国自然地理条件与封建经济发展特征》,《东北师大学报》(哲学社会科学版)2000 年第 6 期。

④ 封建制度的概念:封建制度有狭义和广义的两种。广义的封建制度实际把它作为一种社会发展阶段,作为封建社会来理解。狭义的封建制度概念来自于西欧。马克垚概括为:一是封建主之间形成了特殊的封君、封臣关系;二是形成了与封君封臣关系相适应的封土制度;三是中央权力的衰落,各封君在其领地内有独立的政治权力。马克垚:《西欧封建经济形态研究》,人民出版社 1985 年版,第 64 页。

系,但由于贵族保留了高度的流动性,服役和占有土地之间是分离的,贵族拥有自由出走、任意投靠新主子和土地世袭的权利,贵族世袭领地制仅是封建土地所有制的一种过渡形式。

农奴制是莫斯科公国农业的支柱。农奴劳动养活了贵族因而支撑着整个国家结构。基辅罗斯时期,农民对地主的最初依附似乎采取了契约的形式。外敌入侵、内战、旱灾、传染病等灾难频发增强了农民对地主的依赖和地主对农民的束缚。但农民只要偿清了主人的债,依然能够每年离开主人一次,外出的时间是每年的尤利耶夫节前后。"会盟诸王公之子兄弟称,大贵族、小贵族、自由职役和农民均可自由往来于我兄弟之间。"①"从整个社会结构来看,与东方相比,罗斯分裂时期的社会结构还是更接近于西欧的封建制度。"②

15—16 世纪,西欧社会逐渐从封建的农耕社会迈向资本主义的工业社会。16 世纪统一的莫斯科国家依然处于三面受敌的包围圈中。从伊凡三世起,政府年复一年把数以千计的军队聚集在边疆同彪悍的游牧民族进行单调的、艰巨的、劳民伤财的斗争。伊凡四世时期,莫斯科公国先后同瑞典人、波兰人、立陶宛人、鞑靼人以及其他对手进行战争,最后陷入漫长的立沃里亚战争。"尽管新兴的俄国军事力量能够击败凶残却相对原始的地方游牧民族,但不能同西方武器和战术武装起来的更先进的波兰或瑞典军队抗衡。"③无休止的战争造成异常紧张的环境,莫斯科国的领地制就与军事体制结合起来。国家依靠为其服役的服役贵族的民间武装来保卫,由于每 150 俄亩出骑兵一人,而耕地的数量又取决于耕农的数量。因此,"可以把农奴人口的密度看做为测定保卫莫斯科国某一地区的军事力量的尺度"。④ 所以,为了抵御外敌入侵,必须增强以农奴为主

① [俄]瓦·奥·克柳切夫斯基:《俄国各阶层史》,商务印书馆 1994 年版,第 62 页。
② 曹维安:《俄国史新论》,中国社会科学出版社 2002 年版,第 54 页。
③ [美]佩里·安德森著:《绝对主义国家的系谱》,刘北成、龚晓庄译,上海人民出版社 2001 年版,第 353 页。
④ [俄]B.O.克柳切夫斯基:《俄国各阶层史》,商务印书馆 1994 年版,第 121 页。

的军事力量,控制农奴是保证军事力量的有效途径。

长达25年的立沃里亚战争和特辖制使俄国社会经济遭到严重破坏,俄国人口大减,17世纪俄国人口密度每公里3—4人,法国是40人。莫斯科省76%—96%的居民点被遗弃,加上国内禁卫军的蹂躏,促成了俄国中部和西北部农民向新开发的边疆地区大逃亡,俄国广阔的黑海内陆地区,没有固定的边疆为农民的逃亡造成了广阔的空间,国家开始加强对农民的控制。俄国历史上从来不曾有过旨在直接建立农奴制的法律,但政府的某些立法在事实上起到了同样的效果。宣布某些年份禁止农民外出或迁移的政府立法尤其帮助了农奴制的确立。《1497年法典》伊凡三世规定农民只能在每年11月尤里耶夫节前后的两个星期内在莫斯科公国流动,地主允许或拒绝农民出走伴随着与该农民的结算。伊凡四世时,赋予地主决定各自领地征收农民地租标准的权力,并由他们自己征收,从而使地主第一次成为自己庄园劳动力的主人。1581年由于立沃里亚战争的失败,农民大量逃亡,伊凡四世禁止农民流动,第一次取缔了尤里耶夫节。1592—1593年戈杜诺夫颁令,禁止一切农民流动,直至得到进一步通知为止,这就取消了把农民束缚于土地的任何临时性限制。这一法令是16—17世纪初推行农奴制政策的顶点。1597年,沙皇费多尔颁布追捕逃亡农民的法令,凡农民逃亡在5年之内的均可由原主人捉拿押回原籍。1601—1602年宣布在每年的尤利耶夫节前后禁止农民外出或迁移的政府立法有效地帮助了农奴制的建立。后来政府不断延长逃亡农民的有效追捕期限:从16世纪末期的5年延长到《1649年法典》的无限期。农民流动造成哥萨克的出现,这是"一种当时西欧所没有的社会现象——能够形成有组织的军队,抵抗封建贵族的农村平民群众。农民形成的广泛威胁造成了俄国贵族对沙皇的政府的普遍向心力,沙皇这架强制性的政治军事机器成为稳定农奴制的保障"[1]。1648年缙绅会议召

---

① [美]佩里·安德森著:《绝对主义国家的系谱》,刘北成、龚晓庄译,上海人民出版社2001年版,第219页。

开,会议彻底废除了对强制索回农民的所有限制。《1649 年法典》明确规定和宣布对农民实行农奴制,农民从此不可更改地被束缚于土地上。1658 年政府颁令,规定农民逃亡为犯罪。

此外,刚刚摆脱蒙古人专制统治和民族压迫的俄国社会,自然经济占据统治地位,城市化进程缓慢①,"在俄国,莫斯科本身没有强大的市民阶级,从事贸易的是波雅尔、官员和一批客商,他们的地位和特权取决于政府。"②城市受到沙皇的严格控制,并且被小心地同国家其他部分隔离开。城市平民被视为国家农奴;只有纳税人可以定居在城市里,未经允许任何居民不得离开。"客商"这一最高商人阶层获得了贸易和制造业的垄断特权,农村人口停止向城市流动,城市发展受到阻碍。为了加强军事实力,国家只有实行普遍的农奴制才能把社会各等级固定在居住地。

15 世纪下半期,由于领地制的迅猛发展,贵族分得了大量无人居住的土地,他们通过各种手段招募农业劳动力。这样,大批的无业流民便通过地主的借贷关系而安顿下来。天长日久,无力偿还地主债务的农民享有的"出走权"实际上已经生效,他们逐渐成为地主的农奴。

俄国农奴制的确立和沙皇专制制度关系密切,但农奴制的出现早于沙皇专制时期。③"当时俄国政治制度最明显的特征是全国普遍为国家服役。莫斯科公国就是要求每个人不是献身就是献财为国家服务,因而

① 俄国城市化缓慢的直接原因:农村人口的自然增长超过了城市人口的自然增长;农民向城市迁移的数量不足;部分市民或转为农民。俄国城市化缓慢的间接原因:价格革命使务农比务工和经商更有利可图;稳定的农村社会结构难将农民推向城市,村社制度的长期延续使农村社会结构大体稳定;城市人口的增长缓慢在很大程度上取决于农村的分化程度和规模;工业革命滞后未给农民提供充分的就业机会,城市对农民的吸引力不强;农民纷纷涌向俄国新征服的土地上务农。张广翔:《18—19 世纪俄国城市化研究》,吉林人民出版社 2006 年版,第 379—402 页。

② [美]佩里·安德森著:《绝对主义国家的系谱》,刘北成、龚晓庄译,上海人民出版社 2001 年版,第 213 页。

③ 尼古拉·梁赞诺夫斯基认为,在俄国,农奴制是和中央集权君主制、而非任何形式的封建主义同时出现的。主要缘于两个因素:古老的且不断加强的农民对地主的经济依附,莫斯科公国政府对贵族的支持。[美]尼古拉·梁赞诺夫斯基著:《俄罗斯史》,杨烨、卿文辉等译,上海人民出版社 2007 年版,第 172 页。

组织国家服役成为行政的首要任务。"①《1649 年法典》消除了老居民和新式农民之间的重要差异,把所有耕种土地的农民和他们的子孙都划为农奴;法典废除了有利于农奴逃亡的所有限制性法规,对窝藏逃跑农奴的人施以重罚,在本质上奉行"一日为奴,永世为奴"的原则,完全满足贵族的需要。1649 年以后,政府不仅把农奴视为贵族的财产,而且扩大贵族在其领地上的司法和警察权力。

《1649 年法典》颁布后,农民的事务属于私法范围,国家只干预复杂、有争议的案件。对比之下,国家对各类贵族服役就抓得很紧。战争时期要求他们参军打仗,和平时期应召演习。国家掌握贵族的委任、评级、封地食邑以及其他赏赐,换言之,应召服役的贵族简直就是君主的农奴,甚至是他的奴隶。"统治阶层容忍沙皇的独裁专制具有无限权力和合法性,独裁体制则为统治阶层提供行政职位和军职,使他们能与之共享权力的果实。"②

17 世纪的莫斯科罗斯国家是一个无阶级和等级的国家,社会被分成三种有社会地位的人:服役者或有官职者、服劳役者或地方自治机关的官吏、不服劳役者。俄国的所有居民都曾受到沙皇政府不同程度的奴役。贵族受到国家的一重奴役,僧侣受到国家和村社的两重奴役,城市工商业者受到国家和城市工商业者公社的两重奴役,农民受到国家、村社和贵族的三重奴役。"社会集团与其说通过其权利,不如说通过其对国家承担的义务加以区别"。③

特殊的文化—心理也是俄国农奴制产生的前提。"农奴处于受奴役的地位并不是征服者的暴力行为所致,而是一种在其内心生活、在其宗教感情、在其性格的深处展现出来的事物自然的发展过程。"④俄国人民缺

---

① 〔美〕拉伊夫著:《独裁下的嬗变与危机——俄罗斯帝国二百年剖析》,蒋学祯、王端译,学林出版社 1996 年版,第 5—7 页。
② 〔美〕沃尔特·G.莫斯:《俄国史(1855—1996)》,海南出版社 2008 年版,第 13 页。
③ 张广翔:《18—19 世纪俄国城市化研究》,吉林人民出版社 2006 年版,第 135 页。
④ 〔俄〕安德兰尼克·米格拉尼扬:《俄罗斯现代化之路——为何如此曲折》,新华出版社 2002 年版,第 9 页。

乏个人主义、自我意识和自我监督,只服从暴力。农奴制下的村社组织培养了俄罗斯人那种将自己奉献给与俄罗斯土地相关联的宗教集体主义,对个人价值认识不足,使俄罗斯的"道德、理想、教育,直到自由都带有奴隶制的标记",他们从不抱怨或诉苦,驯服地、悲哀地肩负着生活沉重的十字架,艰苦地度活,只有拷问、饥饿、劳役在望。这种集体主义、平均主义、忍耐、顺从的村社文化让农民缺乏个性、不思进取,让他们安于现状和农奴制,从而维护了农奴制的存在。16—18 世纪的俄国人普遍认为,存在强制劳动和暴力是自然的、合理的。俄国人民认为,沙皇是土地的最高所有者,是所有臣民的主宰,沙皇有权支配臣民的自由、健康、生活和财产。俄罗斯人"人人自愿投靠或卖身为奴,给自己套上奴隶的枷锁……那些具有独立经济和各种手艺的人也甘愿将自己抵押给有势力的人以求得庇护和摆脱沉重的徭役,按照当时的说法,就是甘愿靠着别人的脊梁骨生活,即寄人篱下,充当寄食者"。① "即使最聪明的、最年富力强的人也认为,单凭自身的力量难以生存。失去自由与拥有自由相比,前者更为有益。""俄国不可能存在自由,我们君主制的管理体制不容许自由,改变根深蒂固的农奴制传统危险重重。"②农奴制的根源在于"人民的思想和信仰。农奴制不是靠暴力,而是靠观念支撑的。按照宗法制的观念,受奴者自认为是需要接受教育的愚昧无知的人,主人的惩罚是对自己的教育。"③

在教权依附于皇权的背景下,东正教的许多宗教思想就成了农奴制剥削的有力思想武器。东正教"为了拯救灵魂,必须牺牲肉体"的思想使广大农奴甘于忍受劳累和苦痛,而东正教僧侣宣传普遍平民化的社会理想,又抚慰了广大穷困的村民的心理,使他们面对生活现状会产生些许无

---

① H.П.巴甫洛夫-西利万斯基著:《俄国封建主义》,吕和声等译,商务印书馆 1998年版,第 24 页。

② [俄]鲍里斯·尼古拉耶维奇·米罗诺夫:《俄国社会史》上卷,山东大学出版社2006 年版,第 388 页。

③ [俄]鲍里斯·尼古拉耶维奇·米罗诺夫:《俄国社会史》上卷,山东大学出版社2006 年版,第 390 页。

奈的满足感。又因为东正教强调上帝"道成肉身",拯救人类和"爱上帝、爱邻人"的教义,加之"君权神授"的思想,让农奴形成了爱沙皇就等于爱上帝的思想意识。俄国历史上,农民起义几乎都没有提出废除沙皇专制制度和农奴制度的纲领和口号,甚至有的还是以"好沙皇"的名义发起反抗斗争。广大农奴认为使他们生活窘迫的是农奴主,而不是沙皇和沙皇坚决维护的国家制度。他们的反抗更多地表现为逃亡。

2.18世纪改革——贵族成为特权等级

封建落后的农奴制使俄国跻身于欧洲列强的原因就在于18世纪的军事改革。因为"甚至在英国工业革命前,俄国沙皇彼得大帝就已经看到,非西方国家拯救自己摆脱西方统治的唯一途径,就是效仿西方军队的模式,创建新型军队;彼得大帝时代俄国已经创建了这种军队。彼得还懂得,西方式的军队必须以西方式的技术、经济和管理为支柱。1757—1853年间,西方军队和西方化的俄国军队取得的对非西方化国家的辉煌的军事胜利,促使那些身受威胁的国家的统治者去步彼得大帝的后尘"。又说:"时至1871年,西方军队和俄国军队已主宰了整个世界。"[①]

18世纪俄国政府主导的改革把俄国推上了通向西方文明世界的大道,它在总体上表现为社会发展的进步性,但这种进步性有悖于俄国社会的转型的潮流。16—17世纪以前,俄国就已经存在着等级,但仅是具有世袭法律地位的特殊纳税三个阶层:服役者、纳税居民、不纳税居民。各阶层内部又分成若干个小阶层。莫斯科公国时期俄国各社会集团尚不具备形成典型的阶级和等级的特征。门第制度把所有贵族结合成为一个具有依从关系的整体。服役者、纳税居民、不纳税居民之间的区别在于他们为国家所承担的义务不同,其财产状况、财产和职业类型有别。从17世纪初开始,各社会集团都出现了向等级发展的趋势。

18世纪,在国家的社会、政治和经济发展过程中,等级制度通过自发

---

① ［英］阿诺德·汤因比:《人类与大地的母亲:一部叙述体世界历史》,上海人民出版社2001年版,第506页。

的和有组织的途径形成的,国家对等级制度的形成起到了及时雨的作用,1785 年颁布的《贵族特权敕书》和《城市特权诏书》从法律上确认了这一合乎规律的过程,因为 19 世纪 60—70 年代的改革等级开始变为阶级,等级制度走向解体。① 简而言之,社会各等级自身的顽强斗争(贵族、商人、僧侣、农民)和国家改革的相互作用的结果。

(1)贵族通过长期斗争摆脱国家奴役

18 世纪初期,贵族已经具备了被国家奴化的所有特征,农民的处境甚至要好于贵族。"贵族都变为君主手下的农奴和仆人。他们不是双方协定享有某种特权的封臣,他们是沙皇的臣仆,比农奴好不了多少。政府要把社会上层压服,才开始想到统治农民。"②17 世纪农奴制度下农民的生活还不十分艰苦,因为地主自己也是君主的臣仆,经常离家生活,因此,不可能在国家的勒索之外再增加农民的负担。俄国贵族受到的压制还比下层多,负担也更重。"随着服役领地制度的发展和为国服役制度的统一化、标准化和普及,地主内部的等级差异越来越没有意义,所有的地主逐渐被融入一个同质的服役人员阶级。"③17 世纪爆发的鲍洛特尼科夫和拉辛农民起义都是在边疆地区,这些地区是历来享受一定程度自治的少数民族地区。由于农奴地位可免于背上更多的负担,而且在天灾兵火之年还可得到大地主的保护,所以此时的农民自愿为奴。

彼得一世建立的正规军已经让军队成员失去了地域性质,新兵招募制把兵役义务扩大到过去不服役的各个等级,使新军的组成包括所有等级的人员,从而改变了已固定的社会关系。一个应征的农奴子孙通过受教育就可以当上军官,成为贵族,进到统治上层。以前在军队中人数最多

---

① 张广翔:《18—19 世纪俄国城市化研究》,吉林人民出版社 2006 年版,第 134 页。

② 〔美〕拉伊夫:《独裁下的嬗变与危机——俄罗斯帝国二百年剖析》,蒋学祯、王端译,学林出版社 1996 年版,第 7—8 页。

③ 〔美〕尼古拉·梁赞诺夫斯基著:《俄罗斯史》,杨烨、卿文辉等译,上海人民出版社 2007 年版,第 173 页。

的是贵族,但是当经过改革的军队中有自己的奴仆和农奴参加进来以后,这些奴仆和农奴就不再是老爷的随从或听差,而是像贵族本人开始服役时那样,成为普通一兵了,贵族不得不接受其所处的新的服役地位。兵役实际上是终身制,它解除了应征农民对地主应尽的所有义务。相形之下,对贵族来说,为国家服役不但是强制的,而且是永久性的。除了健康状况不适合从军的和在政府中担任文官的以外,所有贵族都得终身待在他们所在的团里。在《军事手册》中,彼得一世一再强调,每个应征者,无论是贵族还是农奴,都应该从最低的位子做起,晋升的唯一依据是功绩。当听到农民抱怨的贵族也抱怨道:"他算什么沙皇! 我们这些人全被他强制召去服役,我们的奴仆和农奴被抓去当兵;简直叫人无处躲藏,所有的人都在木筏上送了命;怎么没把他杀死呢? 他若是被杀死,我们就用不着再服役,老百姓也能轻松些了。"①

彼得一世加重贵族的服役负担,规定了更为严格的服役制度。贵族从 15 岁起便必须对国家履行服役义务,而且必须从最低一级开始。高官显贵家族的子弟一般都到近卫军中服役,家境较贫寒或出身较低微的人就得进陆军服役。为了遏制贵族逃避服役,有意对全体贵族进行精确统计,1704 年彼得一世亲自对 8 千多名从各省奉命晋京的贵族子弟进行复审。1704 年彼得一世亲自挑选出 500—600 名显贵(戈利津、切尔卡斯基、霍万斯基、洛巴诺夫－罗斯托夫等)家族的年轻公爵征调到近卫军当兵。1712 年颁令审查,不仅要求外省的办事机构,而且参政院中的书吏,其中超编的、年轻的又适于服役的贵族子弟去当兵;凡是服役到尉官的人都成为世袭贵族。1714 年法令规定出身"贵族门第"的军职人员,凡未在近卫军中通过士兵服役,不通晓士兵基础知识者均禁止晋升为军官;所有从 10—30 岁的贵族在同年冬天到参政院报到登记。并预先警告说,不管何人告发拒不报到者,即使他是其奴仆,都可得到违抗者的全部家产和

① [俄]瓦·奥·克柳切夫斯基著:《俄国史教程》第 4 卷,张咏白等译,商务印书馆 2009 年版,第 220—221 页。

村庄。1716 年《军事条例》规定,俄国贵族除在近卫军服役外,不得以其他方式留任军官。因此,近卫军部队主要为贵族部队。"近卫军中的贵族人像士兵一样住在营房里,领取士兵的口粮,执行士兵的一切勤务。"① 贵族士兵时常由服役有功而出身"最卑贱的"人指挥。彼得使近卫军的成分变为贵族的团队,从而使有军职的贵族获得了一个前所未有的组织。"近卫军在强有力的控制下是当局的一种盲目的工具,而在控制薄弱时,便成为罗马式的近卫军或土耳其式的亲兵。"贵族逐渐变成特权等级,"彼得通过军队的改革促进了军职阶层等级特权的发展。"②

彼得一世不断教诲贵族,他们只有通过服役才能成为高贵的贵族,而有别于卑贱的普通人民。然而如果只有服役才能使贵族成为高贵的贵族,则将贵族的权利授予任何服役有功的人,也是完全自然的了。"近卫军的建立就是为了迫使门第退到功绩的后面去。在使俄罗斯欧化的时候,彼得在这里也把那种使俄国接近东方专制的特点发展到极端。"③

在彼得的军队中,贵族必须分别通过近卫军或海军学院才能成为陆军团或舰队训练有素军事指挥官的后备力量,在旷日持久的北方战争期间,服兵役自然而然成为无休止的义务。服役时间没有期限,除非因病失去工作能力,否则终生不得中断。每个贵族家庭有 2/3 的成员担任军官,1/3 的成员担任文官。贵族通常认为当军官更为体面,晋升快。但频繁的战争,每个贵族都被固定在其服役的团队或机关,服役义务非常繁重。

沙皇对贵族的器重,也是按照他们对自己的义务的执行程度和他们对本职的修养而定。"服役的人无论士贵族或平民、军人或市民,事实上都不过是国家的小卒,随当时的需要把他们任意调动派给任何工作,根本不考虑个人爱好、出生地区或家庭关系。服役义务就这样有了一项新的

---

① [俄]瓦·奥·克柳切夫斯基著:《俄国史教程》第 4 卷,张咏白等译,商务印书馆 2009 年版,第 76 页。

② [俄]戈·瓦·普列汉诺夫:《俄国社会思想史》第 2 卷,商务印书馆 1999 年版,第 34—35 页。

③ [俄]戈·瓦·普列汉诺夫:《俄国社会思想史》第 2 卷,商务印书馆 1999 年版,第 34 页。

训练要求——教育、终身服役于标准化的人事政策。"① 1714 年 1—2 月的谕旨规定,贵族和衙门官吏的子弟、书吏和司书的子弟都必须学习算术、若干章节的几何,并制定出惩罚的办法,没有学会就不许结婚;没有老师关于学习合格的书面证明,就不发给结婚的许可证。贵族子弟必须在 10—15 岁之间完成谕旨规定的计划,以便开始服役。1723 年 10 月 17 日的谕旨规定,高官的子弟在校学习的年龄也不得超过 15 岁。"学习各种技术知识也成为多如牛毛的实物贡赋之一,即成为贵族的实物贡赋"。② 贵族认为学习是沉重的负担,而且认为徒劳无益,千方百计逃避这些义务。

18 世纪初期政府设立了 5 所院校(航海学校、海军学院、工程学校、炮兵学校、希腊—拉丁学院),这些学校尽皆是兼收并蓄、面向各个等级的,而且学科都相当简单肤浅,仅用一些专业课程装点各自的教学大纲而已。招收学生,犹如招募兵源,只求学校能满额。在海军学院,252 名的学生当中出身贵族的仅有 172 名,其余都是平民。高年级讲授高等天文学、平面和球面航海学,而在低年级 25 名平民学习字母,2 名贵族和 25 名平民学习日课经,1 名贵族和 10 名平民学习圣诗集,8 名平民学习写字。③ 必备的教科书不足,或书价异常昂贵。聘请的外籍教师素质差,如海军学院院长法国人 C.伊列尔男爵是一位对各门学科一窍不通的人,对待学生态度恶劣。1715 年海军学院的学生每天清晨须集合在大厅里早祷,祈请上帝广施恩典,保佑沙皇陛下圣体健康,沙皇武装力量发展顺利,违者须受严惩。学生在各自的位置上,必须仪态大方,不许相互挑逗,违者须受严惩。教授应殚精竭虑、循循善诱地教导海军、近卫军,违者须受

---

①　[美]拉伊夫著:《独裁下的嬗变与危机——俄罗斯帝国二百年剖析》,蒋学祯、王端译,学林出版社 1996 年版,第 32 页。

②　[俄]戈·瓦·普列汉诺夫:《俄国社会思想史》第 2 卷,商务印书馆 1999 年版,第 33 页。

③　[俄]瓦·奥·克柳切夫斯基著:《俄国史教程》第 4 卷,张咏白等译,商务印书馆 2009 年版,第 235 页。

严惩。"把教育青年变成驯兽的学校只能引起学员的厌恶,在他们身上培养起独特的反抗形式——逃走。从学校逃走和征兵时的逃亡,这已成为俄国国民教育和国家防务方面的慢性痼疾。政府不把学校教育当成社会的精神要求,而看做青年人为准备义务供职所必须履行的自然徭役。当学校被看成军营或者衙署的预备班时,青年们也就把学校当成永远避之如虎的监狱和苦役所了。"①1722 年参政院下谕,责令彼得堡海军学院的莫斯科航海学校的 127 名享受助学金的逃跑学生(其中贵族子弟 33 人)尽快返校,否则严惩不贷。

繁重的军役使双重身份的俄国贵族无力经营领地经济,土地荒芜,农奴逃亡,家道中落。贵族厌倦战争,千方百计逃避军事服役。甚至一些贵族为了不从军,宁愿去经商和当农民。对此,政府采取了严厉的惩罚措施,从罚金、体罚到没收财产、剥夺等级权利并折断佩剑。1720 年法律规定,擅离岗位的贵族要受到鞭打、割鼻和终生服苦役等刑罚。1722 年 1 月 11 日颁令,拒不应召受审者必须遭受"羞辱",或宣告"政治上的死亡";他将被逐出上等人的社会,并且不再受法律保护;任何人均可抢掠其财物,打伤甚至打死他都不受惩处;他的名字将由刽子手在鼓声中钉在广场绞刑架上示众,即使无人不知他一向奉公守法,也要以叛逆者论处;无论何人把这样逃亡在外的人逮住,扭送官府,即使他是被扭送者的农奴,也可以得到该人半数动产和不动产。1722 年人口调查时,大卢加省的 11 个贵族和 85 个农民受到了拷问,其中,1 个贵族和 10 个农民被殴打致死;另外有 7 个贵族和 6 个贵族的妻小被捕。② 贵族所受的刑罚与农民一样,所不同的是国家认为贵族以服役代替了贡赋,贵族可不缴纳直接税,免除了对国家、城市和农村公社的各种货币、实物贡赋。

---

① [俄]瓦·奥·克柳切夫斯基著:《俄国史教程》第 4 卷,张咏白等译,商务印书馆 2009 年版,第 236—237 页。

② [俄]鲍里斯·尼古拉耶维奇·米罗诺夫:《俄国社会史》上卷,山东大学出版社 2006 年版,第 381 页。

彼得一世去世后,服役使贵族失去了土地,而国家无力满足他们在生活和社会保障方面的需求,国家一度减缓了贵族服役的负担。但制度的缺陷不可能化解政府和贵族之间矛盾,长期繁重的军役造成了俄国中小贵族经济地位和身体状况的恶化,最终引发了贵族的退役浪潮。

(2)18世纪政府改革的作用

《1649年法典》是俄国等级制度发展的重要分界线。法典把人们固定在其居住地,赋予人们终身或世袭特权。所有服役者都获得占有领地的特权,但只有世袭服役者才能占有农奴。僧侣获得布道的特权。工商业者获得了在城市从事商业、手工业和工业的特权。农业劳动成为农民的权利,但不是特权,工商业者也可以务农。"它在实践中为沙皇专制提供了一个私法管理架构,有利于沙皇专制这种国家体制的巩固。俄国君主和贵族之间社会契约最终完成,用确立农奴制换取绝对主义的确立。"[1]17世纪末期,不同社会集团得到的权利是18世纪他们转变成等级的重要因素。

18世纪的改革确立了封建等级制度。在政治上,1722年的《官秩表》根据任职情况授予官阶,进入《官秩表》者都可成为贵族;根据贵族教育程度提拔官吏。1—8品的官员为世袭贵族,9—14品的官员为终身贵族。

彼得一世去世后,"王朝危机和政权的软弱导致了对贵族的让步"。[2]尽管俄国选官制度得到进一步的规范,但社会出身和财产资格依然成为选拔官员的基本准则。叶卡捷琳娜二世通过不断延长文官的任职期限而缩短军官的任职期限;法典委员会取消做官为贵族的方式,血缘、门第成为选拔官员的主要依据。贵族铨叙局编纂的《贵族家谱》把世袭贵族划

① [美]佩里·安德森著:《绝对主义国家的系谱》,刘北成、龚晓庄译,上海人民出版社2001年版,第211页。

② А.Б.Каменский. От Петра Ⅰ до Павла Ⅰ: Реформы в России ⅩⅧ в.: Опыт целостного анализа. М.,1999.С.522.

分为六类。1765 年叶卡捷琳娜二世颁布法令,地主可以流放农民,成为地主的新兵。1766 年贵族获准设立县级团体组织。1775 年对成立的县级贵族组织作出更加明确的规定,贵族获准成立等级法院,从贵族中推举人选充实县行政机构。1785 年《贵族特权敕书》①最终确立了贵族的财产和等级特权②的法律地位,俄国的等级制度终于得以确立。

在经济上,1714 年,沙皇政府颁令《一子继承法》,贵族的领地变为世袭领地。"地主可以出卖、继承和交换自己的领地,但所有法律行为都必须得到国家批准并受到严格的限制。"③彼得一世时期,贵族对国家的依附关系就如同农民对贵族的依附关系一样。宫廷政变时期,政府给贵族赏赐土地和农民,货币赏赐取代领地赏赐,开办贵族银行,转让国有工厂给贵族,贵族可任意处罚农民等。服役如果在欧洲其他国家是贵族的特权,那么在俄国却成为义务。在西欧各国,国家制度的基础是等级权利与义务的结合,而在俄国由于与日俱增的外来威胁,国家政治制度的基础则是对所有等级只分配义务,而不结合权利,即使有某种优惠也是为了使之能承担义务而予以的经济资助。

彼得一世时期,从子承父业的服役者中形成了贵族等级,从工商业者中形成了小市民等级,从下层服役者和国家农民中形成了国家农民等级,从私有农民和奴隶中形成了农奴等级,从结婚和不结婚的僧侣中形成了僧侣等级。此时各等级仍需要承担国家义务。1832 年的《俄罗斯帝国法

---

① 1785 年《贵族特权敕书》和 1762 年《御赐全俄罗斯贵族特权与自由诏书》的区别在于,它不谴责擅自退役,也不过分称赞服役人员,是否服役完全由个人定夺。张广翔:《18—19 世纪俄国城市化研究》,吉林人民出版社 2006 年版,第 137 页。

② 贵族特权:土地所有权、血统、爵位和特权是界定封建贵族应具有的特殊品质,其中特权是习俗和法律认可的、可以世袭的专属于贵族的权利(包括:免税权及其他财政权;政治参与权,如参加议会、占有专属于贵族的官职权、提升官职的优先权;佩戴纹章、拥有爵位、特殊称呼、公共集会时的优先权、携带武器、穿着奢侈的衣服、进入军队和骑士团体及教育与教会机构的排外权等荣誉权利;土地占有权、狩猎权;贸易垄断权)。姜德福:《社会变迁中的贵族——16—18 世纪英国贵族研究》,商务印书馆 2004 年版,第 47 页。

③ [俄]鲍里斯·尼古拉耶维奇·米罗诺夫:《俄国社会史》上卷,山东大学出版社 2006 年版,第 381 页。

律汇编第九卷中》,再次明确肯定了俄国的社会结构。法律确认了四个主要的等级:贵族、僧侣、城市居民、农村居民。到19世纪中叶等级制度发展到了顶峰,1861年农奴制改革以后,等级开始变为阶级。尽管不同集团的社会地位有别,但这些差别不是法律上的。18世纪末俄国等级制度与西欧国家18世纪趋于衰落的等级制度相似,而与西欧13—15世纪繁荣的等级制度相去甚远。所有特权都必须受到国家政权的强制控制,俄国最终从最高权力的被分割逐步走向了中央集权化的专制,这是俄国18世纪封建等级制度的特殊性所在。等级制度是由于"国家试图把与俄国历史相悖于西欧生活方式强加给俄国人民"而人为地制造的,是脆弱和短暂的。① 从这个意义上说,18世纪的改革与其说是俄国军事技术和贵族生活方式的表面欧化,还不如说是俄国封建化进程的加速。

3. 农奴制强化的体现

18世纪的改革使贵族、僧侣和城市工商业者获得了不同程度的解放,那么,农民却恰恰相反,他们遭受奴役的程度达到了顶峰。农民对贵族的依附达到了奴隶般的状态。贵族是18世纪经济改革的最大的受益者。农奴制的强化除了表现在贵族人数和占有土地、农奴数量的增加之外,更为重要的是体现在制度层面。

(1)国家将管理农民的司法权力转交给贵族

彼得一世以前,在俄国民众普遍的政治意识中,国家与君主融为一体。彼得一世则把这些概念区分开来,规定必须向国家和君主分别宣誓效忠。"在谕旨中他一直坚定不移地把国家利益作为国家制度最高的、无可置疑的准则,甚至把国家看做最高的掌权者和共同福祉的维护者,把君主置于服从它的地位。他把自己的活动看做是为国家、为祖国服务。"②他没有触动旧有的社会结构基础。相反,用新的等级徭役使旧有

① [俄]鲍里斯·尼古拉耶维奇·米罗诺夫:《俄国社会史》上卷,山东大学出版社2006年版,第67页。

② [俄]瓦·奥·克柳切夫斯基著:《俄国史教程》第4卷,张咏白等译,商务印书馆2009年版,第203—204页。

的社会结构更加复杂化。如他规定贵族必须接受教育,把贵族服役义务分为军役和文职。他虽然没有改变农奴制的本质,却改变了农奴的社会成分,各种类型的奴隶彻底结合成一个纳税等级,奴仆和农奴混为一体。在毫不考虑俄国社会情况下,通过征集和招募新兵、人口登记、军团驻扎的方式,消灭过渡的和中间阶层,简化俄国社会结构。改革之后各个等级的轮廓较之以前鲜明、完整,同时每个等级负担的徭役负担也比以前繁杂得多,由此奠定了俄国 18 世纪强化农奴制的政治基础。"彼得关注农奴的状况,不是从法律的角度,而仅仅是从国库收入的角度出发。他寻觅的不是公民,而是纳税人。"①

宫廷政变时期,政治动荡,经济凋敝,农民大量逃亡,农民不仅一户一户地逃跑,而且整村整村地逃跑,有些庄园农民全部跑光了,从 1719—1727 年逃亡的农民差不多有 20 万。逃跑的范围逐渐扩大,起先是农奴从一个地主家跑到另外一个地主家,而如今则涌向顿河、乌拉尔和遥远的西伯利亚城市,涌向巴什基尔驻地,教会分裂派驻地,甚至逃到国外,到波兰和摩尔达维亚。这样使政府无从征兵和征税。"如果没有军队,国家便不能存在,因此需要照顾农民,因为士兵和农民就像灵魂和肉体一样密不可分,如果没有农民,也就不会有士兵。"②国库的空虚迫使政府考虑农民问题。"政府寻求的不是农奴关系的法律依据,而是能全额征收人头税的方法"。③ 1731 年 6 月 23 日,政府规定了简便的收税办法:规定税收不再通过从县贵族中选出的地方官员,而是每半年由地主本人或者其管家征收一次赋税;不等接到通知,就送到军政长官。法令扩大了地主对农民的警察代理权。1734 年 4 月颁令,责成地主在歉收年份养活自己的农民,借给他们种子,以免土地闲置。这样,国家的需要和贵族的追求不谋

---

① [俄]瓦·奥·克柳切夫斯基著:《俄国史教程》第 4 卷,张咏白等译,商务印书馆 2009 年版,第 98—100 页。

② [俄]瓦·奥·克柳切夫斯基著:《俄国史教程》第 4 卷,张咏白等译,商务印书馆 2009 年版,第 305—306 页。

③ [俄]瓦·奥·克柳切夫斯基著:《俄国史教程》第 4 卷,张咏白等译,商务印书馆 2009 年版,第 308 页。

而合。

彼得一世时期,贵族作为军役等级,为国家提供军官储备,但在北方战争结束后,贵族的军事服役事务显得不那么重要。此时欠缴税款和农奴逃亡暴露了农民的无依无靠,国家需要贵族作为土地占有者加强对村社的管理,贵族地主也把自己作为农民的自然保护人。这样,减轻和免除贵族的服役义务成为历史的必然。1727 年准许 2/3 的贵族官兵不带薪俸回家休假,使他们得以整顿自己的村子,防止出现农民骚扰。1730 年的贵族方案认为,无限期服役是他们沉重的负担。1731 年,成立贵族士官学校,根据成绩直接晋升为军官或相应的文官。1736 年 12 月 31 日,缩短贵族的服役期限为 25 年。不服役的贵族在家从事经济事务,管理村社农民;负有军役的贵族从 20 岁开始服役,退役后也可以从事农业经济事务。1731 年废除《一子继承法》,确立了贵族世袭领地主的地位。1754 年政府开办国家贵族银行,地主可以用庄园不动产作抵押一次性贷款达一万卢布,利息为 6%,三年还清。1754 年 5 月 13 日,对土地进行总清丈,按照严格的规章检查占有权和占有权的不动产契照,消灭土地杂乱交错现象,划分共有别墅的界限。1754 年法令决定根据第一次人口普查确定逃亡者,但不追溯到 1719 年以前。

在立法整顿和巩固土地所有制和农奴所有制的同时,也扩大农奴制本身,加强地主的司法权。1736 年 5 月 6 日法令授权地主确定对逃亡农民的处罚尺度。1758 年 5 月 2 日法令责成地主监督自己农奴的行为举止。1760 年 12 月 13 日法令规定地主有权将农奴流放到西伯利亚定居。以上特权本是政府的权力,与土地所有权无关,这些特权也曾一度落到宫廷农民与国家农民的身上,现在这些特权与贵族的财产权融为一体。1729 年和 1752 年法令将逃亡者、流浪者和无处所的教徒送交统一为其缴纳人头税的地主,由其支配。为了保障贵族很好地实施这一权力,政府强制贵族接受教育。

17 世纪占有农奴和土地是所有为国家服军役贵族的权利。18 世纪彼得一世改革,《官秩表》的颁布,所有为官获得贵族称号者都有权占有土地和农奴。宫廷政变时期,由于贵族成分的驳杂,加上政府既要把农奴制作为国库的财源,又要把农奴制作为等级的特权而摇摆不定。如 1739年法令禁止无村落者获得农奴。1743 年法令则容许缴纳人头税者把农奴登记入册当兵。1730 年、1740 年和 1758 年法令剥夺没有贵族称号者占有土地和农奴的权利,世袭贵族独自垄断占有土地和农奴的权利。1730—1760 年世袭贵族获得了一系列占有农奴和土地的优惠和特权:世袭贵族自由支配不动产;对农奴等级的垄断;扩大地主对农奴的司法警察权力;有权不带土地出卖农奴;简化侦缉逃亡农奴的手续;以不动产抵押可以获得国家的低息贷款。这样贵族比其他等级在司法上处于非常特殊的地位,同时,由于贵族被赐予按受教育程度直接以军官身份服役的权利,缩短了贵族服役的期限,贵族的服役义务大大减轻。

1762 年《御赐全俄罗斯贵族特权与自由诏书》最终满足了这一愿望。诏书的基本思想"就是想把法律所规定的义务变成国家体面和社会良心,如不履行将会受到舆论的谴责。它使贵族有权做一个不正派的人,只不过在宫廷和社会活动中略受限制而已。它免除了贵族长期承担的与各种利益交织在一起的义务,但却没有就执行此的程序和可能造成的后果给予深思熟虑的实际指示"。① 随着贵族义务的减轻,以这些义务为基础的占有土地和农奴的权利却逐渐扩大了。在《御赐全俄罗斯贵族特权与自由诏书》实施前,农民经地主同意而个人承担合同义务,实施后,这种义务转变为农民在私有者的土地上完全世代相传的国家赋役,以保证军役贵族完成其军役任务。"赐给贵族自由,将事业从军事政治方面转到警察监督方面的时候,国家和贵族之间瓜分了农奴;国家将自己对农奴人身及其劳动的权利让给贵族等级,贵族保证代农奴缴纳人头税并关照其经济,使作为财源的土地能维持生产。"②1742 — 1747 年第二次人口调

---

① [俄]瓦·奥·克柳切夫斯基著:《俄国史教程》第 4 卷,张咏白等译,商务印书馆 2009 年版,第 317 页。

② [俄]瓦·奥·克柳切夫斯基著:《俄国史教程》第 4 卷,张咏白等译,商务印书馆 2009 年版,第 318 页。

查,为了每年342万5千卢布的税款,占纳税居民总数不少于73%的近490万农奴便交给了贵族和贵族私人机构进行司法警察管辖。在地主土地上约有350万农奴,占帝国农业人口的一半以上,即54%。① 此做法使俄国形成了欧洲最恶劣的农奴受奴役的形式:在西方,农奴依附于土地,而俄国的农奴完全依附于贵族个人,完全听任地主摆布。在农奴制失去存在的历史时代,俄国却强化了农奴制。这种强化来自于国家和贵族两个方面。政府从前对贵族很严厉,把贵族视为对国家有义务的奴仆,而现在却努力善待他们,把他们看做国家派往村社维护秩序的自由代表。地主握有司法警察权力,他们置身于自己的庄园,行使无人监督的权力,习惯于把占有的庄园看做自己的国土,把居民看做自己的臣民,政府迫使地主为了自己的利益而关注自己的农民。1754年法典编纂委员会的草案:贵族无例外地对自己的仆人和农民及其财产拥有全权,只是不得剥夺其生命权,不得用鞭笞惩处或对其刑讯拷问。贵族可随意转让自己的农奴,支配他们的劳动和人身,包括批准他们娶妻和嫁人,以及施加上述惩罚之外的任何惩罚。草案充满了对农奴个人的不信任和轻视。农奴被看做时刻准备逃跑或犯罪的奴隶,受到密切监视。

　　1762年《御赐全俄罗斯贵族特权与自由诏书》加重了农民的负担。以前农奴和其他纳税等级负担军队、官吏和神职人员的借口是维护国家安全,内部秩序和神职的需要。但贵族的义务兵役取消后,他们的农奴却仍然要继续用自己的无偿劳动供养这些贵族,而且还要和其他纳税等级分别供养另外三个不纳税等级的退休人员的费用。农民暴动风起云涌。"彼得一世旨在借助欧洲文化提高人民劳动生产率的事业变成了国家和警察对人民本身更加残酷的剥削和奴役"②。在彼得一世时期,贵族受命充当西方文化和军事技术的传播者。国家慷慨地对贵族的行政和军事功

----

　　① 〔俄〕瓦·奥·克柳切夫斯基著:《俄国史教程》第4卷,张咏白等译,商务印书馆2009年版,第318—319页。

　　② 〔俄〕瓦·奥·克柳切夫斯基著:《俄国史教程》第4卷,张咏白等译,商务印书馆2009年版,第330页。

绩大加奖赏,增加了人民的赋税负担以供养贵族,将大量的国家土地分给他们,甚至将 2/3 的农业人口变成了他们的农奴。在彼得一世死后,整个贵族等级通过近卫军一而再地组成具有偶然性的政府,为自己推卸掉服役的义务,获取新的权利,从而成为统治者,将管理的职能和国民经济两者都抓在自己手中。在叶卡捷琳娜二世时期这个国家终于成为贵族国家。

彼得一世时期,国家预算增加了 3 倍,主要靠征收新农奴的"魂灵"税,从 1700—1708 年农民的平均负担增加了 4 倍。人口普查使原来的奴隶都并入农奴等级,从此,农奴依附于他们的主人,而不是依附于他们耕种的土地。叶卡捷琳娜二世时期,一是把农奴制扩大到整个乌克兰;二是颁布 1785 年《贵族特权敕书》,俄国农奴数量急剧增加,农奴缴纳的货币地租数量在某些地方增加了 4 倍以上,数量庞大的国家农民被转交给贵族,受到更重的私人剥削,农民大众被迅速而彻底地农奴化了。1785 年《贵族特权敕书》完成了使农民陷入奴隶状态的历程:女皇保障贵族的所有特权,免除他们的强制义务,赋予他们控制农村劳动力的全部司法权。"女皇可被称为农奴制的罪魁祸首,这不是因为她创造了农奴制,而是因为农奴制原先是以国家临时需要为借口的、动摇不定的事实,而在她执政时期却变成了无条件的法定制度,从一个国家制度的和国家经济的问题变成了农业的地主经济的问题。"①

（2）贵族成为俄国地方管理体制的骨干力量

几个世纪以来,地方政府一直是俄国行政管理和政治生活中的薄弱环节。彼得大帝时期俄国行政机构很不健全,政府面对农民起义束手无策,完善地方管理迫在眉睫。1708 年进行第一次地方行政机构改革,把全国分为 8 大省:莫斯科、彼得堡、基辅、斯摩棱斯克、喀山、亚速、阿尔汉格斯和西伯利亚。1713—1714 年又建立了阿斯特拉罕、尼日哥罗德和里

---

① ［俄］瓦·奥·克柳切夫斯基著:《俄国史教程》第 4 卷,张咏白等译,商务印书馆 2009 年版,第 370 页。

加3个省,总共11个省。每省设总督一个,总督由彼得一世亲自任命,直接听命于中央,总督是各省的最高行政长官,拥有行政、司法、财政、军权。除莫斯科之外,全国314座城市也均隶属于各省总督。1713年政府在各省成立贵族参议会,由各省贵族选出省参议会,以省助理的身份参加省里的工作。1715年省下又划分出许多新的行政单位——朵梁。每一个朵梁负责管辖5536个赋税户,其长官由省参议会担任。① 每省建立禁卫军。政府委托禁卫军监督总督按时征税。1719年进行第二次地方行政改革,撤销朵梁,保存原来的省,在省以下划分面积相当的50个州。50个州成为国家的主要行政单位,每个行政区设一个军政长官;每个州又划分为若干个专员管辖的县;各县专员和附属于军政长官的由两个到四人组成的州委员会,在本地贵族中间选举产生;所有官员均有薪水。昔日莫斯科公国的光拿钱不干活的食邑制被革除。州政府必须承担地方的卫生、教育和经济发展的责任。"1719年改革使得俄国第一次有了行政权和司法权的分离"。② 1720年政府又建立市总议会,负责管理工商业者。"以选举原则为基础的这项制度的目的是推动市民的首创性和积极性。事实证明,地方机构的改革都是早熟的和不现实的。地方的积极性难以唤起,能够胜任的官员也凤毛麟角。在地方政府问题上,彼得大帝的英明思想在俄国的现实土壤上难以开花结果。"③

　　宫廷政变时期,沙皇政府改变彼得一世时期的行政机构,关闭了许多被认为是多余的办事处和办公厅,过于分散的部门被合并。如在叶卡捷琳娜一世时期,撤销地方法院,审判和惩治职能托付给中央政权的行政机构——总督和省长。取消市总议会,变为原来的城市自治局,只保留公民的司法权。彼得一世时期出现的官僚贵族,部分地继承了古代罗斯时期

---

① 陶惠芬:《俄国近代改革史》,中国科学出版社2007年版,第64页。

② [美]尼古拉·梁赞诺夫斯基、马克·斯坦伯格著:《俄罗斯史》,杨烨、卿文辉译,上海人民出版社2007年版,第215页。

③ [美]尼古拉·梁赞诺夫斯基、马克·斯坦伯格著:《俄罗斯史》,杨烨、卿文辉译,上海人民出版社2007年版,第215—216页。

贵族的传统旧习,部分地因熟悉西欧的政治制度,力图从普通的政府工具变为执政者。彼得一世去世后,在官僚贵族的压力下,中央机关实行了改革。在参政院之上,相继建立了一系列贵族享有立法权威的新的最高机构——叶卡捷琳娜一世和彼得二世时期的最高枢密院、安娜时期的内阁、伊丽莎白时期的最高宫廷会议、彼得三世时期的最高宫廷委员会。新兴官僚贵族等级在中央摆脱了显贵的压力,在地方摆脱了社会的监督以后,在行政管理方面造成了不受遏制的个人专横,破坏了彼得一世建立起来的行政制度。

叶卡捷琳娜二世时期,随着国家疆域的拓展,急需统一地方管理体制。此外,普加乔夫起义期间政府权威的崩溃令女皇震惊,于是她通过分权的方式来加强地方机构,具体途径包括分散权力和职能,鼓励领地贵族参与政权。面对国家行政机构出现的很多弊病,叶卡捷琳娜二世在给总检察官维亚泽姆斯基的密谕中写道:"所有政府机关和参政院本身,背离了自己的原则,部分是由于对其先辈的事业不尽心,部分是由于得势者的徇私舞弊。"[1]尼基塔·帕宁伯爵指出:"君主的权力只有在合理地为某些少数卓越的代表人物分享时才会行之有效。其根源在于行政管理方面要人的权势比国家机关起的作用更大,也在于政府缺少能使其形式更加稳固的某些起码的原则;简而言之,俄国没有能限制个人专横的基本法律。"[2]叶卡捷琳娜二世时期贵族得以广泛地参与地方管理,并且加强控制地方上一半居民——农奴。

1775 年颁布《全俄帝国各省管理体制》指出地方行政管理机关的下列弊病:一是省辖行政区地域太宽;二是给这些地区安排的机构数量太少,人员编制短缺;三是在管理方面,各部门互相混杂,同一机关既管理行政本身,又管理财务、刑事和民事法院。为了消除这些弊病,以省县两级

---

① [俄]瓦·奥·克柳切夫斯基著:《俄国史教程》第 5 卷,张咏白等译,商务印书馆 2009 年版,第 102 页。

② [俄]瓦·奥·克柳切夫斯基著:《俄国史教程》第 5 卷,张咏白等译,商务印书馆 2009 年版,第 103 页。

代替以前省州县三级管理体制,按照人口重新划定全国 50 个省及下辖县,每省 30—40 万人,每县 2—3 万人。省长和副省长是省的行政长官,另外有 2 名参事辅佐。省行政管理局是省的行政机关,税务署是财务机关,负责管理本省的财政、工业和税收。社会救济厅负责本省的国民教育、保健和慈善事业,实际上执行警察职能。刑事法院、民事法院和 3 个等级法院(贵族高等法院、市民的市政局、国有农民的农民高级法院)是省的司法机关。各级法院院长由省长任命,陪审官由各等级选举产生,每三年选举一次。此外,还有一个良心裁判法院。由沙皇任命的总督管理 2—3 个省,负责指挥地方驻军,地方的行政长官拥有无限权力。总督是参政院成员。

县级行政长官是执行行政和警察职权的县警察局长。初级地方法院是县级行政机关。县警察局长和法院陪审员由贵族选举产生,隶属于省行政管理局。县法院和初级农民法院是县的司法机关。法院的法官和陪审官分别由贵族和国有农民选举产生。拥有 1 万—3 万国有农民的县才能成立初级农民法院。初级农民法院的领导权经常由领地贵族把持。"由于这种优势,贵族在地方行政机关和中央行政机关一样,成为领导阶级。贵族既作为本阶层选出的代表,也作为被最高当局任命的皇室官员,控制着地方行政机关。"①

城市成为独立的行政单位。接受 1767 年贵族委托书和城市委托书的要求,容许贵族参与地方政权管理,市长和市政局成员则由商人和市民选举产生;中央政府向地方派遣总督,由参政院成员分别担任,每个总督负责 2—3 个省,总揽当地军政大权,以此加强中央对地方的控制。

1785 年《贵族特权敕书》和《城市特权敕书》的颁布,标志着地方行政管理体制的完成。1785 年《贵族特权敕书》完成了贵族等级利益体制。1767 年法典委员会的召开,产生了贵族的等级团体组织——县级贵族会

---

① [俄]瓦·奥·克柳切夫斯基著:《俄国史教程》第 5 卷,张咏白等译,商务印书馆 2009 年版,第 107—108 页。

议。1775 年省级行政管理体制执行期间产生了省级贵族会议。1785 年《贵族特权敕书》最终确立了贵族的权利,城市等级也同样确立了完善的体制。但贵族和城市这两个自治机关并未取得同样的成效。省级贵族会议在省贵族中间异常活跃。每隔三年贵族聚会省城,在其伙伴——省级首席贵族和省长为他们安排大型宴会和狂欢中选举各种职务;相反,市级机构在总督和省长的严密控制下,显得毫无生气。

1775 年省级管理体制的改革在贵族历史上具有划时代的意义,它巩固了贵族在地方管理方面的决定性支配地位。在古代罗斯,贵族就已经按县联合成为严密的等级团体。这种团体的基础是军役和服役土地。县级贵族保卫自己的县城,组成城防部队,指挥县民团作战,选举自己的税务员处理土地事宜,最后,用互相担保的办法连在一起。彼得一世的军事改革,不分地域的正规军代替了县民团,由各师和团的军官组成联谊会——社团;根据彼得一世的法律,团长通过团的全体军官选举和保荐产生;校官通过师的全体军官和将军选举和保荐产生,由此阻碍了贵族等级团体的正常发展。① 彼得一世去世后,随着贵族军役义务的减轻,贵族与地方的联系不断巩固,贵族的团结精神也加强了。1731 年取消《一子继承法》,实现贵族子女平分土地的权利,确立贵族对领地的完全继承权。1762 年 2 月 18 日《御赐全俄罗斯贵族特权与自由诏书》颁布,免除了贵族的义务兵役,加速了贵族从中央涌向地方。1762 年以前,义务兵役制把贵族牵制在首都和中央机关,贵族完全依附于国家政府。1762 年以后,随着贵族义务兵役制的废除,贵族利益的重心从首都转移到了地方。贵族在 1767 年法典委员会里提出了参加地方管理的广泛要求,但任何一个贵族代表只字未提贵族参加中央管理的事。1775 年省级行政管理体制满足了贵族在地方执政的要求,地方近一半的居民——农奴被贵族控制。"贵族利用《御赐全俄罗斯贵族特权与自由诏书》获得的特权在自己

---

① [俄]瓦·奥·克柳切夫斯基著:《俄国史教程》第 5 卷,张咏白等译,商务印书馆 2009 年版,第 112 页。

的领地上闲逛,无所事事。诏书的恶果只有在叶卡捷琳娜二世时期通过吸引贵族管理地方机构才得以克服。"①

贵族在俄国地方机构执政分为几个历史阶段:莫斯科罗斯时期,贵族不参与管理,而只是管理的工具,即义务服役,既在中央也在地方服役。18世纪上半期,贵族创立了中央政府,继续在中央服役,而参与地方管理仅仅是开始;18世纪下半期,1762年以后,贵族不再在中央义务服役,从1775年起,贵族最终控制了地方管理,开始参与省的管理。

(3)村社成为国家和贵族地主推行农奴制的工具

俄国的村社历经四个发展阶段:基辅罗斯时期的自由村社;蒙古罗斯时期的自由村社与依附村社并存时期;莫斯科罗斯时期的依附村社时期;俄罗斯帝国时期的农奴制村社时期。村社本是农民面对低下的生产力和恶劣的自然环境为了生存的生活和劳动的共同体,但在俄国成为沙皇政府进行统治和贵族地主推行农奴制的工具。"农奴制作为榨取剩余价值的机制,在村社这个最小的分子中将经济剥削与政治法律强制融为一体。"②

一是领地与村社的牢固结合——农奴制村社的形成。农民的农奴化过程就是领地制度与村社制度牢固结合的过程。③ 农奴制的确立带来村社地位的变化:传统的自由村社日渐减少,转化为从属于封建领地的依附村社;村社的自治功能进一步弱化,村社的管理、税收、警察等职能却得到加强,村社成为地主对农民实行农奴制度统治的工具;村社的赋役负担较前显著增加。

农民构成村社④的主体,因此,农民的农奴化本质上是村社的农奴

---

① Н.М.Карамзин.Историческое похвальное слово Екатерине второй.М.,1802.С.110.

② [美]佩里·安德森:《绝对主义国家的系谱》,上海人民出版社2001年版,第6页。

③ 曹维安认为,农村公社既是俄国农奴化进程的巨大障碍,又成为维护农奴制的工具。曹维安:《俄国史新论》,中国社会科学出版社2002年版,第266—272页。

④ 公社是人类为了适应和改造自然、维持生存而结成的集体互助协作联合体。公社经历了两个本质上完全不同的发展阶段:血亲公社(血亲家庭、母系氏族公社、父系氏族公社)和地域公社(城市公社、农村公社),俄国的村社就是以地域为核心的农村公社。详见罗爱林:《俄国封建晚期农村公社研究》,广西师范大学出版社2007年版,第27—39页。

化。农民的农奴化是世袭领地制度与村社制度结合的必要条件,农奴制度是领地制度与村社制度结合的黏合剂。

伊凡三世颁布的《1497 年法典》规定,限制农民从一个地主名下转到另外一个地主名下,农民离开原先地主只能在秋天的两周之内;要求出走的农民必须事先向主人缴纳一定数额的房租——"居住费",农民由此开始被农奴化。该法典实际上已经区别出由于债务关系而被农奴化的农民。伊凡四世颁布的法典又规定了新的易主赎金条款。赎金的额度取决于农民在地主土地上耕作年代的长短。

随着莫斯科公国地域的不断扩大,哥萨克的出现,特辖制的实施和立沃里亚战争的消耗,迫使国家更加严厉地限制农民的"出走权"。如 1580年的第一次开始进行人口土地调查,重新确定各地的税额,并首先实行禁年,禁止农民迁徙,废除了尤利耶夫节。1602 年国家还严令禁止纳税农民转入家奴阶层。1607 年政府立法惩处那些窝藏逃亡农民的人。1646年国家采取措施,把城乡纳税居民全部编造成册。此后,废除追捕逃亡农民的期限。

《1649 年法典》最终确立了俄国农奴制,法典在本质上奉行"一日为奴,永世为奴"的原则。1649 年以后,政府继续将农奴视为它的有责任能力的臣民而不仅仅是贵族的财产。但对于地主而言,农奴的义务是无止境的,其命运完全听任地主的摆布,地主在其领地上的司法权力不断扩张。17 世纪末期,买卖和馈赠农奴的事情已经非常普遍。可见,1649 年法典的颁布标志着贵族对米尔的全面胜利,米尔完全成为农奴制村社。[①]"《1649 年法典》实际上是地主与国家利益的一种妥协,双方都做了让步,不过在这种交易中受害的只有农民。俄国的农奴制度的形成是一个长期的历史过程,是封建地主私人施行的'农奴制'与国家实行的'农奴法'相结合的结果。"[②]

---

① 罗爱林:《俄国封建晚期农村公社研究》,广西师范大学出版社 2007 年版,第47 页。

② 曹维安:《俄国史新论》,中国社会科学出版社 2002 年版,第 170 页。

18世纪为了统治和剥削的方便,地主保留了作为农民自治形式的村社,个别地主甚至在获得新领地后获得或新建村社。地主以一个领地就是一个乡米尔的模式将领地制度与村社制度有机地结合起来。在农奴制的村社里,村社的地位取决于农奴主的意志,村社是贵族地主实施领地管理的补充工具。贵族地主认为村社是领地管理必不可少的组成部分。贵族地主在使村社臣服于自己时,首先是力图把对农民的审判权和处置权归自己或自己的领地机关,用连环保制度来迫使村社保证前头完成各种封建赋税义务。在组织征税和履行国家义务方面,村社发挥着最为积极的有效作用。

二是强化村社的管理体制。18世纪俄国村社具有二重性:一方面,村社一如既往地是满足村社农民利益的自治联盟;另一方面,村社又是依附于贵族领主的主体,其行为受到农奴主的严格监督。一方面,村社仍然与土地保持着直接的联系,每个村社农民都是土地事实上的占有者;另一方面,地主却是土地法律上的所有者。其矛盾性体现在村社的行政管理体制上:一方面,领主为了控制和监督领地上农民,以指导生产的名义向村社派来管家,管家在不同的领地上起的作用是不一样的,在劳役制的领地里管家甚至直接领导村社,村社只拥有很少的自治权,而在代议制领地里管家只扮演着领主与村社之间协调人的角色;另一方面,村社有一套自己的行政管理机构,在一定程度上独立自主地行使职权,管理村社的日常事务,但必须向领主或领地办公室负责。但在农奴制的条件下,尽管村长由农民米尔选举产生,但他必须严格遵循领主的村社教导,必须毫无差错地执行领主的指示。为保证村长对贵族领主的绝对忠诚,由农民当选的村长须得到贵族领主的批准。农奴制条件下的村长与自由村社时期乡绅的不同之处在于,村长既捍卫农民的利益,同时又为贵族地主服务,保证不折不扣地征收赋税。村社无论有多大的自治权,最终还是要服从于贵族领主。①

---

① 罗爱林:《俄国封建晚期农村公社研究》,广西师范大学出版社2007年版,第69—103页。

贵族女皇时期,贵族通过先进的管理方式加强对村社领导权的控制,村社管理体制体现出官僚化的趋势。米尔会议自治功能的丧失,乡米尔失去自治功能体现着农奴制在村社管理体制上的强化,村米尔继续保持着农民的自治功能成为村社长期存在的原因。

18 世纪贵族地主加强对农民的管理制度。1751 年习惯于军纪的伯爵鲁缅采夫对有过失和犯罪行为的农民进行了严厉的处罚,处罚项目是 2—8 戈比的罚款、镣铐、棍棒和鞭子。他不喜欢用树条,喜欢用棍棒。无正当理由不去教堂的有罪者要给教堂交付 10 戈比;农奴因小偷小摸,就会被没收其全部动产,并进行体罚,然后充军,无须向老爷报告。农奴要是凌辱了贵族,按照贵族的意愿处以棍刑,直到贵族满意为止;农奴还要向自己的地主交 2 卢布的罚款。18 世纪 60 年代保存下来的《家务管理记事簿》记载了一个地主家务管理的笔记。其中提到,农奴因每件小事,就要挨几百鞭,树条抽打几千下;鞭子和树条有严格区别:鞭子打一下等于抽树条 170 下。地主住在莫斯科,那里有他的几个服代役租或当手工业学徒的家仆。每逢节日他们必须到主人家里请安;不到者要罚抽树条 1000 下。如果农奴不参加斋戒祈祷,就要罚抽树条 5000 下。受重罚者可以住进主人的医院,但住院期限取决于挨打的数量。被鞭子抽打 100 下或被树条抽 1.7 万下者可以躺一个星期;树条抽打不超过 1 万下者为半星期。超过期限,取消口粮,还要扣除月薪的相应部分。①

地主利用放任自由的机会,广泛地使用支配农奴的人身权利。1765 年地主利用有权把农奴流放到西伯利亚服苦役作为充军的法律,力求减轻由于其农奴服兵役而造成的损失。每次招募前把散漫体弱的农奴流放到西伯利亚,以此获取新兵的收据。1771 年的招募中,俄国军队至少丧失 8000 名好士兵。②

---

① 〔俄〕瓦·奥·克柳切夫斯基著:《俄国史教程》第 5 卷,张咏白等译,商务印书馆 2009 年版,第 134 页。

② 〔俄〕瓦·奥·克柳切夫斯基著:《俄国史教程》第 5 卷,张咏白等译,商务印书馆 2009 年版,第 135 页。

国家借助村社通过人头税制度、身份证制度、连环保制度限制农民的自由迁徙。18世纪彼得一世以按人头征税为内容的税制改革成为贵族控制农民的有效手段之一。村社与贵族领地的结合,村社成为贵族地主剥削农民的工具。村社扮演着地主与农民中间人的角色,贵族地主对农民的剥削事实上都由村社来完成。村社不仅履行赋税职能(分摊赋税、征收赋税、送交赋税),而且通过村社成员集体负责制——连环保来化解自身的风险,通过平均主义加强贫穷农民对富裕农民的依附,限制农民的流动,阻止了农村自由劳动力的出现。

村社份地制度的本质——赋税地租性质。18世纪俄国社会发展的突出特点就是村社被农奴化,村社与贵族领地的结合,村社成为依附于贵族地主的自治单位,成为贵族地主推行代议制和劳役制经济剥削的工具:一是份地所有权转移到贵族地主手中。村社与贵族领地的结合,村社成为领地的附庸,贵族地主以份地的方式让村社把土地转交给农民占有和使用并由此承担各种赋税,这样,土地的所有权和占有权、使用权的相互分离——土地私有公有制。二是农民占有和使用份地原则的决定权转归贵族地主。"谁缴税,谁就有权占有和使用土地"。① 三是赋税容量大幅度增加。农民不仅要向国家,而且要向贵族地主缴纳赋税,村社成为收取赋税的中间人。

村社内部的土地分配原则——土地重分。农民的土地占有和使用基本上是由村社来具体实施的。村社作为农民与封建主之间的中间人,承担调整农村的土地关系的任务,其方式就是重分土地。重分行为首先是由于土地资源渐渐不能满足人们的土地需求而导致土地紧张造成的。土地重分从本质上是一种赋税行为,即农民缴纳赋税义务的平均。土地重分不仅是平衡土地的最佳手段,更是限制了土地私人占有。这是其矛盾所在。

---

① 罗爱林:《俄国封建晚期农村公社研究》,广西师范大学出版社2007年版,第149页。

等级义务兵役制——村社的社会职能。俄国的兵役义务肇始于 18 世纪初,大体上经历了两个阶段,一是等级义务兵役制,二是普遍义务兵役制。18 世纪的俄国,兵役虽属国家义务,但国家并不直接从事征兵活动。国家的作用仅限于发布征兵命令,提出征兵额度,规定征兵条件以及服役年限等,然后由领地来履行兵役义务。领地效仿政府的做法,让村社具体负责新兵的选派工作,只为自己保留确定征兵原则、监督征兵过程、批准米尔决议书的权利。村社按照"按单身男子→按大家庭→普遍按户→按人头"原则进行选兵。兵役义务是贵族地主进行农奴制统治的重要方式,是农奴主和村社惩罚不顺从农民、"纯洁"农村社会成分、保持社会稳定的一种有效手段。俄国农奴制度的一个重要特点是具有很强的隐蔽性。贵族地主通常不与农民打交道,而是通过向村社发布领地指示,借助于村社对农民实行统治。村社成为农奴主意志的执行者。村社是地主维护农奴制的工具。从另一方面,村社在传统上是农民的自治机构,扮演着农民利益代言人的角色。因而,透过村社实施的贵族地主意志对农民更具有欺骗性。兵役义务始终贯穿着农奴主的意志。所以,兵役与其说是国家义务,不如说是农奴主驯服农民的工具。

(4)贵族奴役农民程度的加深

彼得一世时期,根据第一次人口调查,从法律上把以前按照法令区分的两种农奴身份混同了。农奴在人身上依附于地主,同时还依附于本等级,甚至地主都不能使他们脱离本等级,他们永远是国家的义务纳税人。奴仆同农奴一样,永远依附于自己的主人,但不承担农奴应服的国家赋役。彼得一世的法律把农奴承担的国家赋役扩大到奴仆。这样,就改变了农奴制的契约起源,即通过人口调查,把以前按照契约履行农奴义务的人,列入人口调查《名册》上的某个贵族的名下的人为农奴,这样,由个人与个人之间建立起来的契约关系,现在被政府的法令所取代,也就是农奴的范围被扩大,贵族统治农奴的权限越来越大。

宫廷政变时期,通过登记和赏赐方式,确立农奴身份,农奴制得到进一步加强。彼得一世时期颁布敕令,凡未来得及列入社会主要等级而为自己选择了固定类型的人,必须为自己找到主人和位置,在某人或某团体的名下,登记人丁税。否则,在他们没有找到主人或团体时,就要按照普通警察的吩咐进行登记。1742 年和 1762 年的人口调查,多种等级低下的人(私生子、无亲属的释放农奴和其他流浪者、士兵的子女、教会的额外仆人、养子养女、被俘的外籍人等)逐渐沦为农奴。赏赐是从领地制发展起来的,但赏赐的占有对象和占有者的权利的范围不同于分封领地。在莫斯科公国时期,分封领地只是把国家土地交付服役人员使用;自从17 世纪中叶农民的农奴地位确立以后,分封领地赋予地主对居住在领地上的农奴使用强制劳动的权利。地主是领地的暂时占有者,农奴依附于地主或在税册上列入地主的名下,并依附于地主的后代,这样,地主获得了对农奴实行强制劳动的那部分土地的权利。随着领地和世袭领地的融合,这种农奴强制劳动连同土地按同等权利,即完全世袭所有权,全归地主所有。这种融合则导致了分封领地取代赏赐领地。分封领地只是授权土地所有者暂时使用国家土地和农民劳动,而赏赐领地则容许占有国家土地以及被列入这个土地上的农奴。分封领地意味着把国家土地赐给地主,作为有条件的和暂时的占有,不能出卖,也不能随意馈赠,支配权一直受到限制。1731 年 3 月 17 日的法令,使领地与世袭领地融合,赏赐把国家土地连同农奴变为完全的世袭财产而不受上述限制。赏赐是 18 世纪增加农奴人口最通用的有效手段。历次宫廷政变,俄国军队的每次战功都伴随着成千上万的农民沦为私人所有。18 世纪贵族拥有的巨额家产是通过赏赐途径建立起来的。宫廷饲马员的儿子缅什科夫公爵拥有十万农奴。拉祖莫夫家族同样成为大土地所有者,基里·拉祖莫夫伯爵也拥有十万农奴。此外,裁剪工扎克列夫斯基著、织布工布德梁斯基、哥萨克达拉甘也同样获得赏赐。1783 年织布工布德梁斯基的儿子拥有 3000 多个农奴。①

---

① 〔俄〕瓦·奥·克柳切夫斯基著:《俄国史教程》第 5 卷,张咏白等译,商务印书馆 2009 年版,第 119 页。

　　与此同时,农奴的依附状态扩大并达到极限。农奴制在法律上是地主在法律规定的权限内主宰农奴人身和劳动的权力。18 世纪农奴制的主要特点是把农奴完全当做主人的财产。17 世纪,农民因借贷陷入了同卖身奴一样依附于主人的状态。但卖身为奴是暂时的。第一次人口调查,两者差别消失,卖身为奴的自由人必须亲自为国家服役或缴纳赋税,不能根据私人合同交归私人所有,给奴仆加上了同农民一样的国家义务,"它把农民的农奴地位由取决于合同转变为取决于法律。"①地主对农奴的权力由此扩大:地主是农民最近的管理者,受国家委托监督农奴的经济和行为,并对其认真履行国家义务负责;地主是土地所有主,由于农民使用他的土地,所以他拥有农民的劳动权,他又是农民的债权人,向农民发放贷款,农民靠贷款进行劳动。地主作为政府的代表,从自己的农奴那里征收国家赋税,并监督他们的行为和经济,发现过错就审判和惩罚他们,这是地主受国家之托对农民个人实行的警察权力。地主作为土地所有者和债权人为自身利益向农民征收劳役和代役金。

　　地主权力界限的扩大。17 世纪地主的司法权有限,只局限于由土地关系引起的农民事务,地主无权审理自己农民的刑事犯罪事务,法律也使农民的劳动免受地主的暴虐。地主要是利用苛捐杂税使自己的农民破产,他的土地连同农民就收归国有,如果是世代购置的土地,则将转交给他的亲属。17 世纪的法律承认农民有向政府控告自己主人的权利。18 世纪,在彼得一世死后,法律不仅使农民的权利界限逐渐消失,地主的权利未被限制反而扩大。依照 18 世纪的法律,地主仍然是政府的代理人,是农民经济的监督者和国家赋税的征集者。以前不太明确的地主的司法权,现在有时甚至不顾法律而开始扩大。18 世纪上半期,地主攫取了对农民的刑事审判权及其相应的惩罚权力。1760 年的敕令:赋予地主有权将举止放肆的农民永远流放到西伯利亚。这个权利有利于地主加强向西

---

① 〔俄〕瓦·奥·克柳切夫斯基著:《俄国史教程》第 5 卷,张咏白等译,商务印书馆 2009 年版,第 119 页。

伯利亚许多宜于耕种的荒地移民,但这种权利受到一定条件的限制。17
世纪,地主可随意把他的农民从一处迁到另外一处,把他们连同土地和不
连同土地出卖、交换、馈赠。彼得一世时期,迁移和出卖权没有废除,但限
制了迁移权。彼得三世时期,参政院为迎合地主,选择了最易行的办法,
地主只要向当地人丁税征收团通告即可。如何出卖农奴,法律没有作出
限制。17 世纪的法律明确规定农民的财物是农民与地主共同所有,即地
主不能剥夺农民的动产,农民同样也不能不经地主同意把自己的家产转
让给不属于地主的农奴。18 世纪,国家法律开始确定对农民财产的权力
界限。1734 年安娜女皇颁布的法令,责成地主在荒年养活自己的农民,
播种季节要供应农民口粮,不能让土地闲置。这意味着法律只承认农民
的劳动权,而农民的财产则由地主经办和掌管。

叶卡捷琳娜二世时期,赏赐和取消迁徙自由的方法把俄国的农奴制
度发展到顶峰阶段。在农奴制问题上,尽管《圣谕》认为,应该赋予农奴
私有财产。1763 年国务活动家彼得·帕宁伯爵认为,必须确定地主对农
民的无限权利,确定农民为地主服劳役和代役金的标准。诺夫哥罗德省
的省长西维尔斯也认为地主对农民出人意料的勒索,需要用法令确定为
地主服劳役和代役金的标准,并容许农民用一定数目款项赎回自由。但
在实际操作中,叶卡捷琳娜二世把农奴制发展到极致。

由于 1762 年 2 月 18 日《御赐全俄罗斯贵族特权与自由诏书》的颁
布,农民的农奴劳动是作为贵族履行义务兵役的手段,随着贵族义务的取
消,把人口众多的国有土地分给私人的办法自然停止。加上,农民的农奴
劳动不是全归贵族私人占有,劳动的一部分是上缴国家的赋税,农民的农
奴劳动是地主与国家共同占有。所以,必须确定地主权利和国家权力之
间的准确界限。她在登基的时候,把近 1.8 万名农奴赏赐给她的 26 名共
谋者。她把 40 万国有和宫廷领地的纳税农奴分别赠给私人占有,而 40
万纳税农奴的实际人数近 100 万。为了制止乌克兰普通农民的自由迁
徙,1763 年颁布法令,农民只有在获得地主准假证明以后才能离开地主。
1783 年 5 月 3 日法令规定,乌克兰的基辅、契尔尼戈夫,以及塞维尔斯

克-诺夫哥罗德省的所有普通农民,仍须留在刚结束人口调查的地区,仍归属原主人名下。根据第四次人口调查,注册的 100 多万普通农民沦为贵族地主的农奴。① 1794—1796 年间的人口普查,农奴,占全国人口的 49%。"女皇只是批准了乌克兰现存的农奴制,但它要为农奴制在乌克兰的合法化,为这个罪恶的制度在整个帝国的规范化负责。"②女皇把俄罗斯贵族的权利扩大到乌克兰哥萨克长老,其结果促进了乌克兰农奴化过程的完成。

此外,叶卡捷琳娜二世强化农奴制立法。1760 年法令,赋予地主有权把"粗鲁无礼"的健康农奴劳工永远流放到西伯利亚,并禁止返回。1765 年法令,把永远流放的这种限制权,变成了没有任何限制的把农奴流放服苦役的权利,适当的时候可根据意愿把他们遣返给原主。1767 年 8 月 22 日颁布敕令,如果"谁胆敢把不容许控告地主的状子亲手禀呈皇上",那么呈送人和撰状人都将施以鞭笞刑并永远流放到涅尔琴斯克服苦役,给地主顶替征兵名额。由此彻底制止农民指控地主的行为。1770 年 10 月 18 日法令,确立了贵族地主的司法权力,对犯有轻微罪行的农奴,给予同重大刑事犯罪行为相同的惩罚。1785 年《贵族特权敕书》默认了农奴是地主财产的组成部分,地主的权利虽然丧失了原来存在的政治理由,却获得了更为广泛的法律权限。以上法令的结果最终是认定农奴是地主的私有财产。"她在位期间这种制度已由动摇不定符合国家暂时需要的现实,变为用法律确认下来的、不可饶恕的制度。"③

4. 农奴制强化的社会后果

农奴制不仅是俄国国家制度之一,它更是国家制度的核心,它为俄国集中了巨大的人力和物力,成为国家统一和对外扩张的经济基础。但

---

① [俄]瓦·奥·克柳切夫斯基著:《俄国史教程》第 5 卷,张咏白等译,商务印书馆 2009 年版,第 125—126 页。

② [美]尼古拉·梁赞诺夫斯基、马克·斯坦伯格著:《俄罗斯史》,杨烨、卿文辉译,上海人民出版社 2007 年版,第 245 页。

③ [俄]瓦·奥·克柳切夫斯基著:《俄国史教程》第 5 卷,张咏白等译,商务印书馆 2009 年版,第 129 页。

"它促进了指令性经济、专制政治及社会和家庭独裁关系的形成,阻碍了城市、资本主义、私人所有制及个人和政治自由的发展,限制了社会和人口的流动,用普遍的奴性观念腐化了广大人民的心理,造成了俄罗斯民族性格中的诸多缺陷"①。"农奴制度是一种隐蔽的推动力,它推动着国民生活各个方面,并给它们指明方向。它不仅指挥国家的政治经济生活,而且给社会、思想和道德生活打上了深深的烙印。"②"农奴制度从1600年到1861年一直持续了两个半世纪,是在欧洲各国突飞猛进时代俄国落后的标志。"③

(1)农奴制强化对俄国经济的影响

代役金盛行。在农奴制强化下,俄国农村形成了独特的生产关系和制度。18世纪以前,地主经济盛行经营土地和剥削农奴劳动的代役金和服劳役混合制。为了使用地主的一块土地,农民部分为地主种地,部分向地主缴纳代役金。18世纪上半期,这种混合制开始分解,由于义务服役人员不可能有充足的精力直接参与农业经营,有些地主几乎把自己的全部土地供农民使用,征收代役金,另外一些地主把土地划出一部分分给农民,其余的土地则通过徭役劳动来耕种。自从贵族获得自由后,拥有很多土地的贵族有了更多的空余时间从事经济事务,但代役金未从地方经济上消失,反而日益扩大。究其原因有:一是俄国贵族与西方贵族不同,贵族与土地联系的不紧密一定程度上反映出国家义务传统价值的稳定和俄国封建因素的缺乏。土地是西方贵族最基本地位和权利标志。在俄国则相反,俄国贵族的社会基础不是土地而是国家义务。但长期居留在城市的贵族并没有供职,当时在国家机关供职的贵族只有1万多人。他们向每个农奴征税1卢布或2卢布,甚至5卢布。二是许多地区出现农民暴

---

① [俄]鲍里斯·尼古拉耶维奇·米罗诺夫:《俄国社会史》上卷,山东大学出版社2006年版,第427页。

② [俄]瓦·奥·克柳切夫斯基著:《俄国史教程》第5卷,张咏白等译,商务印书馆2009年版,第129—130页。

③ [美]拉伊夫著:《独裁下的嬗变与危机——俄罗斯帝国二百年剖析》,蒋学祯、王端译,学林出版社1996年版,第3页。

动,惊慌失措的贵族长年龟缩在各个城市,投靠自己的同僚——省长和县检察局长。代役金成为最合适和有利可图的形式,它使地主摆脱了琐碎的经济事务;并使地主在不受限制的权利之下,提高代役金,使他得到他亲自在农村经营永远得不到的收入:60 年代每个入册农奴缴纳 2 卢布,70 年代 3 卢布,80 年代 4 卢布,90 年代 5 卢布,所以,18 世纪贵族获得解放后,贵族更加空闲,地主经济变得比以前更加代役金化。①

劳役制占有统治地位。叶卡捷琳娜二世执政初期,许多省的农民一半劳动时间为地主干活;而且,要是好天气,地主强迫农民整个星期为他干活,所以农民只有在结束了"老爷"的农忙期后才能为自己干活。在许多地方,地主要求农民每周工作 4 天甚至 5 天。一般而言,农奴制俄国农村的劳动与西欧邻国农民的劳动相比更加沉重。"主人的勒索和俄国的徭役劳动,不仅超过邻国居民的实例,而且还常常超出人们难以忍受的程度。地主每天驱使农民为他干活,只给他们赖以糊口的月粮。"②可见,地主利用还没有一项明确法律确定农民为地主义务劳动限度的机会,使农民完全丧失土地;并把他的庄园变成了同南北战争前美国种植园类似的奴隶主种植园。

地主家仆的增多。贵族为国家承担义务服役时,他必须在身边保持一定数额的家仆,出征时家仆随行,或者他本人不在时,委托他们管理农业;随着贵族义务服役的取消,贵族家仆必须缩减。但是,从 18 世纪中叶起其人数却在扩大。俄国地主家庭,一般有 3 个甚至 5 个仆人,比同样富有的德意志地主家庭家仆还要多。一部分家仆是作为农民管理机构的工具为地主服务。地主成了归他监督的村社的绝对领导人。

买卖农奴价格的上升。叶卡捷琳娜二世执政初期,整村购买时,一个带地的农奴通常售价为 30 卢布,1786 年一个农奴的价格为 80 卢布。叶

① [俄]瓦·奥·克柳切夫斯基著:《俄国史教程》第 5 卷,张咏白等译,商务印书馆2009 年版,第 131—132 页。

② [俄]瓦·奥·克柳切夫斯基著:《俄国史教程》第 5 卷,张咏白等译,商务印书馆2009 年版,第 133 页。

卡捷琳娜二世执政末期,一般很难买到价格低于 100 卢布的私有农奴。零售买来充壮丁的价格为 120 卢布,18 世纪末期是 400 卢布。[1]

农奴制对地主经济的影响。贵族在获得自由后,没有成为俄国农业的主宰者和领导者。在乡村,贵族不是从事农业生产活动,而是指挥管理农民。关心农业栽培、农艺学,采用新耕作法和新式农具的事务退居第二位,取而代之的是关心剥削农奴劳动和建立管理农奴的制度。这样,地主便以土地占有者逐渐转变为农奴占有者,变为对农民的警察管理者。由此,农奴制度遂把贵族领地农业引向错误方向,使之滋长了不良的经济习惯。"白白得来的农奴劳动消除了贵族积累流动资金的兴趣。滥用权力,通过事务所的一道普通命令代替流动资金和农业知识便可白白得到一切。"[2]贵族获得自由,农奴制的强化,农奴既脱离了"老爷"的领导,又缺少足够的农具。背井离乡的农奴缺乏必要的农业知识指导,依旧按照习惯来种地,不可能懂得集约经济的好处。

农奴制对国民经济的影响。一是农奴制延缓了农民劳动力在平原地区的自然分布,如根据第三次人口调查,18 世纪中叶莫斯科省集中了全国农奴的 1/3 以上。1858—1859 年第十次人口调查,在非黑土地卡卢加省,农奴占该省总人口的 62%;在贫瘠的斯摩棱斯克省则占 69%,在黑土地的哈尔科夫省只占 30%,在沃伦涅日省只占 27%。[3] 农奴制严重影响了劳动力的使用效率,并使农村人口过剩。在整个 18 世纪,拥有大量无技术和低技术劳力的农奴制仍能够有效地满足俄国发展缓慢的、地方性的农业经济的需要。[4] 二是阻碍了俄国城市化的进程。18 世纪由于价

---

① [俄]瓦·奥·克柳切夫斯基著:《俄国史教程》第 5 卷,张咏白等译,商务印书馆 2009 年版,第 135 页。

② [俄]瓦·奥·克柳切夫斯基著:《俄国史教程》第 5 卷,张咏白等译,商务印书馆 2009 年版,第 136 页。

③ [俄]瓦·奥·克柳切夫斯基著:《俄国史教程》第 5 卷,张咏白等译,商务印书馆 2009 年版,第 137 页。

④ [美]尼古拉·梁赞诺夫斯基、马克·斯坦伯格著:《俄罗斯史》,杨烨、卿文辉译,上海人民出版社 2007 年版,第 259 页。

格革命的影响和农奴制的强化,俄国粮价一直呈上升趋势,所以农民向城市迁移的速度放慢。俄国城市人口增加一靠自然增长,二靠农民向城市迁移。1740—1783 年平均每年城市人口自然增长率为 0.8%,农民向城市迁移年增长率为 0.18%,而 1783—1801 年两项年增长率分别为 0.6% 和 0.16%,补充城市人口的两条渠道明显收缩。[①] 农产品涨幅远远超过工业品涨幅,工资涨幅低于物价涨幅,对城市从事工业和手工业的市民生活水平产生了消极影响。因此,市民尽可能保持与农业的联系,坚持种菜园,饲养牲畜,甚至种地。18 世纪下半期城市农业经济为一半城市人口提供了生活资料。到 19 世纪初,城市的经济结构未发生根本性变化,城市尚未完全脱离农村。城市工商业者难以同贵族在工商业领域内竞争,其最佳选择就是贵族化,当时得到贵族称号的企业主完全与贵族合流,最终失去了生产组织者的角色,手工工场也在很大程度上失去了最初的特征,城市发展毫无生气可言。由此可见,因 18 世纪价格革命影响下繁荣起来的农奴制使其工商业发展不仅绕开了城市,而且导致城市发展及其工商业职能下降,延缓了城市向国家真正的工商业中心的转化过程。三是农奴制耗尽了国家通过直接税获得的财源,迫使国家金库求助间接手段——提高酒类的专卖总额 5 倍,扩大国家贷款(外债达 4400 万,内债达 8250 万),不是削减国家生产力,就是把沉重的负担转嫁给后代。[②]

(2)农奴制对俄国社会思想道德的影响

农奴制深刻地影响着社会的思想道德。"贵族就是农奴制度影响思想深刻的传播人。"[③]农奴制确立贵族在俄国社会中的特权统治地位。彼得一世时期,贵族享有重要的权利,但为此也要履行沉重的兵役:贵族要守卫国家,充当行政机关的主要工具,他们从彼得一世时代起就是俄国社

① 张广翔:《18—19 世纪俄国城市化研究》,吉林人民出版社 2006 年版,第 388 页。

② 〔俄〕瓦·奥·克柳切夫斯基著:《俄国史教程》第 5 卷,张咏白等译,商务印书馆 2009 年版,第 140 页。

③ 〔俄〕瓦·奥·克柳切夫斯基著:《俄国史教程》第 5 卷,张咏白等译,商务印书馆 2009 年版,第 141 页。

会教育的义务传播人。下层等级看到贵族等级为国家付出的代价,也就容忍了他们享有的各种特权。1762年2月18日《御赐全俄罗斯贵族特权与自由诏书》的颁布,俄国政治制度赖以维持的这种权利与义务的平衡状态遭到破坏:贵族继续享有原来的全部特权,还获得了一些新特权,与此同时其应尽的义务却一项接一项地削减。社会下层等级深感这种平衡的打破,农奴制强化就是具体的表现。从18世纪中叶起,社会下层等级就流露出一种观念:俄国政治制度是建立在不公正的基础之上的。这种观念以各种形式反映出来,一是17世纪俄国社会民众的起义主要针对行政机关——军政长官和衙门官员。而18世纪下半期的民众起义,不是被管理者反对当政机关,而是下层等级反对上层等级——贵族。二是农奴制的强化也使贵族等级本身的思想道德出现了独特的倾向。强化农奴制使贵族成为最富有特权的等级:把持全部地方政权,集中掌管巨额的国家及国民生产资料。这就使他凌驾于民众之上,与民众日益疏远,不仅使乡村地主对他感到十分诧异,而且使其他自由等级也感到格格不入。正是因为强化农奴制,使得贵族等级一事无成。广泛参与地方管理事务却没有向它提出重大的社会问题。贵族自治在叶卡捷琳娜二世时期就已丧失了重要意义,成了社会其他等级和文学作品的讽刺画。贵族的选举成了亲朋好友倾轧的舞台,贵族代表大会则成了空谈和争吵的场所。贵族没有认真对待农业,他们利用无偿劳动,自己却不直接参与经济活动,不实行改良农业的有效措施,不努力参加国民生产劳动,不从事农业管理,而是去管理农奴,向他们发号施令。因此,1762年贵族获得自由后,自觉无实际重要的事情可做。贵族在政治上和经济上的无所事事的现象是俄国文明社会史上,也是文化史上一个极其重要的特点。"这种无所事事现象成了本世纪下半期滋长含有离奇观念、怪癖爱好和不正常人际关系的那种畸形社会生活方式的沃土。当时这个出名阶级的人物日渐脱离实际,脱离赖以生存的周围社会现实生活,他们给自己构筑一种充满梦幻企求的虚假生活方式,忽视实际需求,把它看成是别国的幻想,而把自己的幻想当成现实。他们用别国哗众取宠的词句来填补日常生活的空虚,让变化无常和无用的刁钻古怪思想充实自己内心的空虚,并以此造成一种纷扰而又虚幻无目的的生活方式。"①

1762 年贵族获得了自由,摆脱了义务服役,自觉闲暇无聊,便设法填补这种空闲,借用外来文化的精华来消除生活的苦闷懒散。由此在贵族中间兴起了对生活方式讲求优雅装饰的强烈需求之风——爱美消遣之风。法国风格、时髦、装束、举止在女皇当政伊始就在彼得堡宫廷和俄罗斯上流社会中流行开来。在这些法国风尚和消遣活动中,剧院成了当时日常生活的主要内容,无论宫廷还是上流社会,爱好戏剧之风不断增强。外来美德娱乐活动有一个突出特点,那就是要想感受它的真正魅力,必须具备一定的知识修养,由此促进了贵族教育的发展②。

(3)贵族管理社会能力的下降

1762 年彼得三世颁布《御赐全俄罗斯贵族特权与自由诏书》之际,不仅贫穷的士官要求退役,尉官且年轻富有的大贵族也要求退役。18 世纪至 20 世纪初,俄国正规军的绝对数量在增加,但 18 世纪 60 年代以后,军队数量占总人口的比重却有所下降。军官的大量流失影响到俄国的军事力量。19 世纪中期的克里米亚战争时期,贵族军官大都是没有任何作战指挥经验的新手,参战的士兵则是一些入伍不久,没有受到严格军事训练的新兵。

叶卡捷琳娜二世时期物质财富大幅度增长。俄国国土无论从南部还是西部都几乎扩大到本国的天然边界,俄国 50 个省中的 11 个省是叶卡捷琳娜二世时期占有的;人口增加了 3/4;国家财力从 1762 年国库总收入 1600 万卢布增加到 1796 年的 6850 万卢布。③ 但是社会精神的财富状况却是另外一种景象。除了国家疆域的扩展,民族矛盾的加深之外,俄国社会各等级之间的矛盾进一步深化。彼得一世为了富国强兵而进行改

① [俄]瓦·奥·克柳切夫斯基著:《俄国史教程》第 5 卷,张咏白等译,商务印书馆 2009 年版,第 143 页。

② 贵族教育经历了三个主要阶段:彼得一世的炮兵和水手变成了伊丽莎白时期的纨绔子弟,而他们在叶卡捷琳娜二世时期变成了自由思想者、共济会会员,或伏尔泰信徒。

③ [俄]瓦·奥·克柳切夫斯基著:《俄国史教程》第 5 卷,张咏白等译,商务印书馆 2009 年版,第 157 页。

革,建立新的国家经济制度,但其政治制度的根基原封未动。彼得一世改革的一个重要的漏洞就是在 1722 年取消传统的皇位继承法,皇储由在位君主指定。彼得一世死后,该法令使皇位在数十年中没有常规继承人,在种种偶发事件中,彼得一世建立的国家制度开始遭到破坏,社会分裂加剧。以前在社会各等级之间强制分配的国家义务,由于宫廷政变中贵族作用的发挥,偶然几次左右皇位贵族开始由国家的政权工具变为执政者,同时政府法令多次减免并最终取消他们的义务,原先的权力没有丧失,甚至还增加了。"贵族新的地位得到法律认可,但并没有完全依照法律程序进行,而是通过变革手段。正是这些宫廷政变为贵族在法律上摆脱义务服役做好了准备。"①

农奴制的强化,导致了贵族管理俄国社会能力的下降。贵族等级的思想和政治才能是通过义务服役逐步养成的。彼得一世时期,贵族必须接受军事技术训练;在宫廷政变时期的历届沙皇时期,这种军事训练被文雅的机械式教育所取代,但为国家服役并不需要这种教育,而贵族升迁又需要这方面的成绩。叶卡捷琳娜二世时期的国家义务,都不需要海军训练或文雅的机械式教育。尽管如此,贵族通过强制教育其素质大大提高。1762 年《御赐全俄罗斯贵族特权与自由诏书》、1775 年《省级管理体制》和 1785 年《贵族特权敕书》确立了贵族特权的法律地位。服役期间养成的爱好,现在不由自主地要发挥,开始寻找最可口的精神食粮。叶卡捷琳娜二世时期,受宫廷现实的影响,在原先文雅的机械式教育之上,又增添了某种文学的需求。贵族等级由于摆脱义务服役有了大量的空闲时间,就有可能获得这种修养。

伊丽莎白时期,贵族读书毫无计划,没有目的,而叶卡捷琳娜二世时期贵族等级上层为了让因闲散而昏昏欲睡的头脑活跃起来,大胆地吸收西方文学思想。但在叶卡捷琳娜二世时期贵族管理社会的思想素养和政

---

① 〔俄〕瓦·奥·克柳切夫斯基著:《俄国史教程》第 5 卷,张咏白等译,商务印书馆 2009 年版,第 159 页。

治才能很低下。贵族等级的社会地位是以不公正的政治为基础的,也是以无意义的社会活动装饰起来的。贵族子弟从教堂执事——牧师之手转到法国家庭教师之手,在意大利剧院或法国餐厅完成了自己的教育,在首都客店运用所获得的概念,在莫斯科或乡下自己的别墅手捧伏尔泰的书打发完自己的日子。"传授给他们的风俗、习惯、概念、情感,用来思考的母语,统统是别人的、外来的,他们在家里与周围的人没有任何现实有机联系,没有任何重要事情。不参加地方管理,不经营农业,就不会给他们提供重要的事情做。可见,实际的切身利益也没有使他们与现实紧密相连。在自家人中间他们是外人,在外人中间他们极力想当自己人,这自然是办不到的,因为在西方,在外国,认为他们是改头换面的鞑靼人,而在俄国则把他们当成是国内意外出生的法国人。这样一来,他们便处于不伦不类的被历史抛弃的境地。"[1]贵族因为对周围社会现实想不通而表现出苦闷或悲观失望。雅罗斯拉夫的地主奥波契宁因为于现实调和,在1793年自杀身亡,他在遗嘱中写道:"迫使我决定结束自己生命的动因是厌恶了俄国的现实。"[2]其结果,19世纪末期的贵族不再像18世纪的贵族乐意为优美动人的辞藻而流泪了,而且他们接受过来的思想影响也不再扩大了;这种思想已不反映意志,对其代表人物而言已成了不正常消遣活动的内容,成了一种获得神经的方法;感觉轻松了,各种关系却没有矫正过来,头脑丰富了,现存制度却原封不动。

"由此可见,不知不觉陷于俄国社会领导地位的贵族等级,不可能成为该社会的实际领导者;他们能为这个社会办到的最大好事,莫过于决心不让它受到损失。"[3]"贵族解放意味着地主的农民不再成为国家的臣民,也就是说,随着贵族权利的获得,国家失去了对自己绝大部分臣民的监

---

① [俄]瓦·奥·克柳切夫斯基著:《俄国史教程》第5卷,张咏白等译,商务印书馆2009年版,第161页。

② [俄]瓦·奥·克柳切夫斯基著:《俄国史教程》第5卷,张咏白等译,商务印书馆2009年版,第162页。

③ [俄]瓦·奥·克柳切夫斯基著:《俄国史教程》第5卷,张咏白等译,商务印书馆2009年版,第163页。

督,贵族政治力量加强了它的经济实力。贵族权利越大,农民的权利也就越小。贵族作为国家奴仆以前,国家没有必要调整地主的政治权利。贵族获得解放后,国家与贵族的利益发生冲突。贵族对农奴制的依赖扭曲了贵族等级的形成过程、贵族等级的自我意识的形成,因为贵族的优势伴随的不仅是类似于西方国家贵族享有的社会地位,而且是以特殊的方式占有的财产。"①

俄国贵族团体组织没有自由不仅是农奴制的存在,而且是面对农民的逃亡、农民起义引发的社会危机贵族束手无策,"贵族害怕农民,并没有准备挑起维持农奴制度的全副担子:他们要国家做挡箭牌。没有这挡箭牌,身受传统和国家服役束缚的内地贵族(他们既贫困又文化落后)便无法生存。由于这样,他们甘愿接受臣仆的地位,无法享受团体自治。"②他们只能依靠国家政府的扶持,接受国家政权的限制,沙皇的赏赐高于一切,这是俄国贵族不同于西欧贵族的不同之处,也是俄国贵族自愿为奴,俄国无法产生中产阶级的历史原因。

四、俄国企业家的贵族化

18 世纪俄国的贵族等级制度日趋复杂化:一方面,贵族积极参与工商业活动,他们并不认为从事商业、承包是不体面的事,他们开始进入以前不属于他们的生活领域,由此冲破了贵族等级的封闭性。另一方面,创办企业的工场主用巨额资金购买贵族称号,要求扩大贵族等级特权,壮大俄国贵族等级的阵营。

18 世纪下半期,由于封建地租的中断,贵族只有在工商业中寻求其他收入。专制政府则给予贵族新特权让他们从事企业,帮助贵族与商人竞争,缩短贵族的服役期限,把他们从服役中完全解放出来,加强贵族对

---

① А.Б. Каменский. От Петра Ⅰ до Павла Ⅰ: Реформы в России ⅩⅧ в.: Опыт целостного анализа. М., 1999.C.159.

② [美]拉伊夫:《独裁下的嬗变与危机——俄罗斯帝国二百年剖析》,学林出版社1996 年版,第 77 页。

农民的剥削。专制政府给予贵族的特权越多,越能吸引其他等级的人进入贵族行列,掌握特权的贵族则限制其他纳税等级进入贵族行列。如果说,彼得一世时期纳税等级有更多的可能进入贵族行列,获得贵族称号,那么,18 世纪下半期,特别是 19 世纪初期,纳税等级进入贵族行列的条件极为苛刻。在 1767 年的法典委员会上,城市代表一致要求自治。以手工工场主、承包商为代表的有产等级克服困难,为自己进入贵族行列开辟道路。

18 世纪下半期,新俄罗斯地区出现了大规模的殖民运动,但由于农奴制度的阻碍,国内人力资源有限,国家被迫吸引外国人到新俄罗斯地区,为节省这部分花费,政府雇佣了很多军官。1753 年 А.Ф.图尔恰尼洛夫被伊丽莎白·彼特洛芙娜授予 9 品文官,他拥有特洛伊茨炼钢厂和盐矿。特洛伊茨炼钢厂不是一个大企业,1750—1752 年年产量平均 500 普特。①后来 А.Ф.图尔恰尼洛夫生产的铜餐具备受伊丽莎白·彼特诺夫娜的赏识,所以,女皇赏赐给他 9 品文官,但他并不满足这个终身贵族官职,在年近 70 岁时,他因 1773 年和 1774 年的业绩斐然而获得了世袭贵族称号。②

乌拉尔的大工业家 И.Б.特维尔登舍瓦和 И.С.米亚斯尼科夫在短期内得到了世袭贵族的称号。在递交给矿务总局的呈请中,И.Б.特维尔登舍瓦讲述了自己创办企业的经历。他原来是奥伦堡省一个人烟稀少荒蛮区的采矿主,后来工场由于 И.С.米亚斯尼科夫的资助,他成为俄国无人能比的大企业主。为了获得贵族称号,他为国家提供军需品,排斥其他承包商的竞争,给国家让价 21000 卢布。他经常寻找机会向政府呈诉自己的功绩,正是如此,他赢得了国家的政治支持,即使在巴什基人起义时,他的工场仍然源源不断地得到国家的贷款和劳动力的补充,他比其他工场主多冶炼出 2—3 倍的矿产品。1758 年 5 月国家法令免除了 И.Б.特维

---

① 1 普特=16.38 公斤。

② Н.И. Павленко. Одворянивание русской буржуазии в XVIII в.//Истории СССР, 1961.No2.C.73.

尔登舍瓦和И.С.米亚斯尼科夫的人头税,授予他们8品文官和世袭贵族称号,只是后来由于没有直系继承人,他们的贵族称号从而中断。

经营帆布和纸张的手工业主А.А.贡恰洛夫在工业发展方面成绩显著,1744年获得了8品文官。1765年М.П.莫索洛夫、П.Л.克拉西尼科、И.Р.巴塔绍夫向矿务总局申请,请求免除人头税和获得相应的官职。在申请中讲述了自己在俄国工业发展中作出的重大贡献:他投资建成了许多铜厂和铁厂,并声称自己已符合贵族等级的标准。1766年矿务总局经审核后免除了他们的人头税并给予相应的官职。矿务总局对М.П.莫索洛夫、П.Л.克拉西尼科、И.Р.巴塔绍夫的厚爱吸引了其他工厂主,他们也提出类似的申请。如1767年奥洛涅茨地区基夫季伊斯克钢铁厂的И.巴尔明、М.沙尔加耶瓦、Ф.库赫洛瓦、И.马里亚洛夫是生产钢材的小型企业主,他们向矿务总局讲述自己过去曾为国家外贸发展供应船只,并在七年战争中保证了俄军的军需供应,并预见企业未来的发展方向。矿务总局认为其企业产品不仅满足了国内市场的需求,而且向国外出口,为此请求参政院满足了他们的要求。与此同时参政院也拒绝了一些工厂主的请求。如1774年И.Р.巴塔绍夫为了获得贵族称号,尽力炫耀他因为完成国家的承包任务而获得巨额利润,扩大经济范围,同时他时刻不忘记个人的私利,他垄断了对海军武器装备的供应,对处于俄土战争中的政府施加压力,要求政府作出让步,容许他购买工厂1200农奴、免去人头税。参政院缩减了海军委员会对他的赏赐并取消了他的贵族称号,后来经过И.Р.巴塔绍夫的几番努力,1783年参政院才恢复了И.Р.巴塔绍夫家族的贵族称号。

一些成功的企业主也往往通过其他方式获得贵族称号。1785年,А.М.莫索洛夫经过职官部档案和40个要人(宫廷总高级侍从И.舒瓦洛夫、少将А.列瓦季洛瓦、准将А.赫鲁晓夫、团长В.多尔哥鲁科夫等)的证明。他是16世纪下半期波雅尔福金·西罗多夫(五世祖父)的后代,其祖先充当过17世纪俄国的射击军、炮匠、铁匠、锁匠和驿站长。1788年3月,卡卢加省的贵族会议上确认了他的贵族身份,但是后来因理由不充足而被否认。

1765年三代姓克拉西尼科夫的工业家族获得了官职,他们比А.М.

莫索洛夫和 И.Р.巴塔绍夫更不幸,他们无法证明自己祖先的贵族身份。H.克拉西尼科夫仅仅是一个工厂主,当时他向国家交纳人头税并在语言上属于纳税等级。后来经过几番努力,C.克拉西尼科夫获得了与厂长官职相同的委员会警长。П.Г.克拉西尼科夫在 1790 年获得了贵族称号,被乌法省载入贵族家谱,并且进入近卫军服役,在近卫军团得到了很多优惠:1786 年进入近卫军,第二年他就获得准尉称号,1789 年 12 月 8 日退役,并以退役的准尉身份递交了申请,要求把他列入贵族成员。后来,为了巩固其世袭贵族的地位,他与公爵 H.B.曼瑟列夫联姻。

为了更快地获得贵族称号,一些工厂主把子弟送到军队。戈罗霍维茨的商人 E.A.希里亚耶夫把儿子送到近卫军服役,不满 6 个月儿子就成为中尉,两年后又在雷里斯克贵族军团服役。1871 年希里亚耶夫家族被载入弗拉基米尔省的《贵族家谱》,1817 年希里亚耶夫兄弟在退役时获得少校军衔。企业家 A.M.洛克罗夫和 M.波霍佳生用同样的方法让子弟获得了贵族称号。莫斯科商人萨韦利耶夫的儿子、伊尔比工厂主 И.И.萨韦利耶夫在 18 世纪 90 年代获得中尉称号。某些企业家族获得贵族称号要历经几代人的努力。大尉拉力翁和 H.M.卢基宁 1785 年就开始在近卫军服役当中士,而在 1792 年他们的第三代才被注册为图拉省的贵族。

与贵族的联姻加速了俄国企业家的贵族化过程。退役的大尉、少校,甚至准将乐意与工业家的女儿和寡妇结婚,以此获得丰厚的嫁妆。寡妇 M.C.留明嫁给了基尔季舍瓦,П.Р.佩拉格亚的女儿在 18 世纪 70 年代嫁给了普列奥布拉任斯基近卫军团退役的大尉 M.巴卢耶夫,别尔苏特工厂主的女儿 A.A.马林科娃成为阿里斯托夫大尉的妻子,伊斯季斯克工厂主 A.Ч.马特廖娜的女儿继承了其遗产并成为准少校 A.M.舒瓦洛夫的夫人。"这种庸俗的联姻使贵族阶级某些成员富裕起来,最后却使贵族阶级本身失去了仅存的名声威力。"①

---

① [法]托克维尔著:《旧制度与大革命》,冯棠译,张芝联校,商务印书馆 1997 年版,第 285 页。

　　18世纪俄国企业主加入特权等级后,开始追求贵族化的生活方式。在1762年免除贵族服役义务以前,成年贵族多数时间在服役地居住。1762年以后,大部分自愿服役的贵族在城市居住,不服役的贵族则基本上住在农村。18世纪末至19世纪初期,约1/2的贵族住在农村,到1861年改革前,几乎达到了2/3。"俄国贵族保持着服役取向,不喜欢从事农业管理。在省城或京都定居是一般贵族的理想,而在国家机构服役则历来是实现这种理想的手段。"①

　　改革后,贵族开始返城,从地主转为职业知识分子和官吏。②"来自法国的商船,数目不多,但装的全是奢侈品,一只船上的货物价值通常等于别国十到十五只船。"③他们模仿达官贵人,建设豪华的房屋,招揽仆人、养犬的猎人、乐手等。某些获得贵族称号工业家的庄园富丽堂皇。И.Р.巴塔绍夫贵族之家在古谢夫斯克工厂,有一个半俄里长、三层楼的别墅,第一层种植的是柠檬和柑橘树、核桃和花;第二层种植的是桃树、杏树、樱桃;第三层种植的是葡萄,以至于欧洲的公爵都很羡慕俄国工厂主。А.Ф.图尔恰尼洛夫不仅有种植着香蕉的漂亮温室,而且有丰富孔雀石等矿物标本的展览室。房子的外部有藏书很多的图书馆。当然,俄国工业家的这种做法不仅弥补了贵族因物质富有而带来的精神生活的贫乏,而且提高了18世纪俄国贵族的文化水平。属于这种人的还有И.П.奥索金。他酷爱阅读和诗歌,并与18世纪的著名作家И.И.德米特里耶夫和Г.Р.杰尔扎温私交很深。当这些作家还没有成名时,他经常给予他们物质资助,И.П.奥索金在彼得堡的别墅成为首都作家和诗人聚会的地方。1767年叶卡捷琳娜二世在伏尔加旅行时曾停留在富有的工厂主特维尔登斯克、米亚斯尼科夫别墅。

---

　　①　[美]佩里·安德森:《绝对主义国家的系谱》,上海人民出版社2001年版,第366页。

　　②　[俄]鲍里斯·尼古拉耶维奇·米罗诺夫:《俄国社会史》上卷,山东大学出版社2006年版,第334页。

　　③　[法]布罗代尔:《15—18世纪的物质文明、经济和资本主义》第3卷,三联出版社2002年版,第535页。

18 世纪俄国专制政府为了增加国库收入肯定承包商的功绩,并把他们纳入特权等级的行列。但是这样的人并不多,他们只是一些富有承包商和企业家,属于正在形成中的资产阶级上层,而且他们获得的贵族证书只具有表面性,其特权只是剥削依附于他们的农奴。

1767 年法典委员会的贵族法令证明,世袭贵族以敌对态度抵制其他纳税等级进入贵族行列。法典委员会代表克罗穆的贵族波赫维斯涅夫说,贵族正在失去自己的地位,他们的特权正被其他等级所利用。18 世纪 50—60 年代贵族和商人在经营企业中,尤其在企业对雇佣劳动力的利用问题上经常发生尖锐的矛盾。尽管如此,占有大批领地、压迫农奴的特权依然吸引着大批企业家进入贵族行列。叶卡捷琳娜二世在 1763 年 1 月 17 日颁布法令,容许企业家购买土地。18 世纪 70—80 年代贪财者 A.A.贡恰洛夫扩充了自己的领地,1770—1779 年他花费了 103655 卢布购置地产和农奴,最大的一次是在 1775 年在科斯托罗马省柳比穆县花费了 55000 卢布。A.P.巴塔绍夫在 1784 年办理了 2 个地契。[①]

18 世纪后期俄国企业家贵族化的过程表明,把雇佣工人变为农奴,工厂主成为农奴主,俄国的工场手工业失去了自己原有的特征。"俄国并不像西方国家那样盛行拜金主义……所有非商业阶层——贵族、官吏、知识分子普遍轻视、嘲笑并有些瞧不起'大财主'。俄国工商业家从来没有获得与其在经济领域领导地位相称的荣誉和地位,没有获得西欧国家,特别是大洋彼岸国家同行们所获得的荣誉和地位。"[②]俄国的大企业家们认为,"自己从事企业活动不仅是为了个人致富,而是为了完成上帝或命运赋予他们的某种使命。财富是上帝交给他们使用的,因此,需要作出回报,这也是俄国商业界特别热衷于慈善事活动的原因。"[③]

---

① Н.И. Павленко. Одворянивание русской буржуазии в Ⅹ Ⅷ в.//Истории СССР, 1961, №2.С.86.

② [俄]鲍里斯·尼古拉耶维奇·米罗诺夫:《俄国社会史》下卷,山东大学出版社 2006 年版,第 337 页。

③ [俄]鲍里斯·尼古拉耶维奇·米罗诺夫:《俄国社会史》下卷,山东大学出版社 2006 年版,第 340 页。

　　18世纪俄国企业中,农奴制度以最恶劣的形式顽固存在着,官办手工工场以国家农奴充当劳役,贵族办的手工工场以领地农奴充当劳役。由于"在俄国社会,土地所有权和权力相伴相随,契约关系因而变成了奴隶关系。所有权能够带来权力。同时,权力也能够带来所有权。拥有行政、司法和警察职能的人,渐渐使其职能管辖范围变成了个人财产。"①农奴制度阻碍了劳动力市场的发展,雇佣工人来源严重不足,强制劳动成为俄国工业的最主要特征。"这种工场手工业根本不是资本主义的工厂企业,而是以农奴或暂时义务农劳动为基础,它是俄国历史上把农奴劳动应用到工业中去的独特现象,或者这是一种既包括徭役制度特点,又包括资本主义特点过渡的制度。"②彼得一世本人也"曾是他自己制定的专制制度的牺牲品,他试图通过强制的办法,使国家恢复自由,同时促进科技的发展,但是人类才智的这些亲生儿却对他进行了无情的报复"。彼得一世前,俄国的工厂企业总共不到20家,他开始执政以来,这类企业已增加到200家。1695—1725年,全国有205家工厂,其中包括69家冶金厂、32家纺织厂、23家木材加工厂。1726年以前,俄国从瑞典进口生铁35000普特;1726年以后,俄国仅从波罗的海的几个港口向国外出口已达55000普特。但是彼得一世的改革,俄国贸易中心从阿尔汉格斯向彼得堡的转移,国家对高利润产品的销售实行专控,造成了俄国工商业的衰落:1705年有27个外国富商在俄国经营,1713年只有10个外国富商。到18世纪下半叶,外国商行中只剩下5人。③

　　从长远看,这种制度是失败的,因为俄国工人经济行为的异化,导致了劳动态度的扭曲,劳动目的的相悖,劳动积极性的下降和劳动生产率的低下。"一个从儿童时代就被强迫工作的男人,只要他的社会状况保持

　　①　[俄]鲍里斯·尼古拉耶维奇·米罗诺夫:《俄国社会史》上卷,山东大学出版社2006年版,第393页。
　　②　《列宁全集》第3卷,人民出版社1962年版,第162页。
　　③　[俄]T.C.格奥尔吉耶娃:《俄罗斯文化史——历史与现代》,焦东建、董茉莉译,商务印书馆2006年版,第151—152页。

不变,他就不可能负起责任。"①"但在彼得看来,农奴制是俄国的优越性,因为农奴制在俄国人力、物力资源不足条件下保障了国家的稳定,反之,他的理想也不能实现。"②

商人成为贵族,农奴化的雇佣工人会入农奴大军,贵族化的工业家基本上与一般地主没有什么区别。但获得贵族身份的工业家完全进入贵族行列,最终失去了生产组织者的作用,而迷恋于贵族生活方式,贵族官职的扩大导致了商业利润丧失 1000 万卢布。因为新上任的贵族不再从事商业,大部分工厂主和他们的子弟把大量资本投在豪华庄园的建设中。即使俄国企业家竭力效仿贵族,钻入贵族圈子,仍无法被称为贵族。"资产阶级拥有的是一种完全不同的灵魂结构。"

---

① [美]戴维·斯·兰德斯著:《国富国穷》,门洪华、安增才等译,新华出版社 2001 年版,第 336 页。

② А.Б.Каменский.Российская империя в XVIII веке: традиции и модернизация.М.,1999.C.117.

结　语

　　俄国史学界对于 18 世纪改革大致有两种截然相反的观点：一部分学者对改革彻底否定。"改革使俄国失去了它本身所固有的,上帝赐予的特殊发展道路,……彼得大帝是俄国文明与民族团结的主要敌人,彼得式的现代化对俄国民众是一个巨大的灾难,1917 年革命的动荡则是最好的证明。"①另一部分学者认为 18 世纪改革是俄国资本主义现代化之路。"改革开启了俄国现代化道路,克服了 17 世纪末期俄国面临的内部传统主义危机,改革是拯救俄国的良药,改革使俄国成为世界帝国,拥有建立在良好政治基础之上的绝对主义王权和发达的工业,彼得足以让法国国王路易十四羡慕……同时改革还使俄罗斯统治民族肩负起拯救其他落后民族的重任,并为此作出了巨大的牺牲。"②

　　笔者通过对 18 世纪改革运动全面、系统地考察,认为 18 世纪是俄国近代社会的过渡时期。18 世纪的改革运动仅仅是俄国封建体制内部的自我调整,旨在克服俄国封建主义上升时期社会面临的危机,强化在西欧资本主义工业世界冲击下重建的沙皇专制主义政权,而这种专制主义政权是悖论性的集合体——现代结构与中世纪结构的奇怪混合物。从宏观角度,18 世纪的改革使俄国社会逐渐脱离传统社会,开始迈向法制化的市民社会,并由此激发了微观层面上人们个性意识的发展和生活方式的

---

　　①　А.Б.Каменский.Российская империя в XⅧ веке: традиции и модернизация. М., 1999.С. 2 .

　　②　А.Б.Каменский.Российская империя в XⅧ веке: традиции и модернизация. М., 1999.С. 305 .

改变。然而作为后起而保守的俄国政府,在推动国家经济进步时,完全根据军事需要迫切与否来发展经济。每当军事需要迫切时就发展经济,而军事压力松弛时经济发展就缓慢,其结果破坏了俄国社会的自然和协调发展,造成了俄国社会巨大的分裂。

可以说,18 世纪前半期,彼得一世从国家整体利益出发,物质层面的欧化改革,等级制度的确立使俄国社会分裂为贵族、城市工商业者、僧侣和农民四个等级,新的徭役制度确立了农奴制强化的政治基础,贵族仅仅是专制政府进行改革的工具。18 世纪中后半期,为了免除服役义务及增加特权贵族们进行了一场成功的斗争,力图从普通的政府工具变为执政者。在贵族扶植下,登上皇位的历代君主通过各种赏赐回报贵族,非常注重贵族等级利益,物质和精神层面的进一步欧化,等级制度的进一步完善,俄国专制主义君主一人独裁变为君主和大贵族的联合专制。大贵族成为俄国社会进步发展的阻力;中小贵族破落、生活贫困,某些大贵族受到世袭旧贵族的排挤,他们以退役方式逃避国家义务,脱离俄国社会现实。尽管从 1775 年起,贵族控制和参与地方管理,但贵族对农奴制的依赖扭曲了贵族等级的形成过程、贵族等级的自我意识的形成,获得解放的贵族管理社会的能力下降,广泛参与地方管理事务却没有向它提出重大的社会问题。从这个意义上说,贵族既是 18 世纪改革的积极推动者和受益者,又是 18 世纪改革的逃避者和受害者。改革的结果,18 世纪沙皇君主专制和贵族等级制度并存,贵族的特权以绝对服从于沙皇专制制度为前提,这是近代俄国政治制度区别于西欧所在之处;封建等级制度的确立,贵族等级的分裂与对抗,成为俄国社会动荡潜在的因素,农奴制强化成为延误俄国社会转型的根本原因。

一、政治、社会文化领域

18 世纪的改革运动是以西方先进的科学技术手段来保护现存的俄国专制主义制度。18 世纪的俄国社会是低度分化的社会,组织之间的专业化程度和相互依赖程度低；社会的流动率很低；社会角色和地位的分配完全取决于社会出身、年龄等先赋因素；城市化进程缓慢，人口主要分散在乡村。在贵族体制上，俄国封建主义自产生起就缺乏西欧的法制化传统和封建隶属之间的"互惠性"原则。由于特殊的地理环境，基辅罗斯时期亲兵和王公之间相互协商、自由迁徙的盟友关系早已被16世纪莫斯科大公国的封建君臣关系所取代，领地制度加强了贵族对沙皇的经济依赖；门第制度加剧了贵族内部自始至终存在的对立关系。但总的来说，俄国所有社会居民不同程度地都受到沙皇政府的奴役。

　　18世纪改革奠定了法制原则，专制向法制靠拢了一大步，国家制度逐步摆脱传统走向合法，表现在三个方面：一是俄国社会生活中法的作用进一步加强；二是国家的日常事务工作是由职业官员来完成的，他们受到明确的规章制度约束并接受监督。因而，基本上能够做到依法行事，不徇私情；三是随着等级制度的形成，不同的民众群体具有了真正意义上的等级的雏形，他们的人权得到了法律的保护。[①] 政治改革使俄国贵族的社会地位发生了根本性的变化。"彼得大帝对贵族的改革不失为一个精心的杰作。在一定程度上他成功地从贵族中征召了大批服役者。"[②]1722年的《官秩表》把俄国服役人员组成为统一的社会等级——贵族，规定所有社会成员可以通过做官的方式获得贵族称号，根据教育程度和任职期限晋升官职、赏赐徽章、爵位。"为国家服役是18世纪贵族自我意识的基础，正是通过服役人员才意识到自己等级的幸福权利，彼得一世通过个人示范和许多法律措施刺激这种情感。"[③]《官秩表》打破贵族等级的封闭性，增强了俄国君主制度的生命力和弹性，俄国的政治制度终于过渡到

　　① ［俄］鲍里斯·尼古拉耶维奇·米罗诺夫：《俄国社会史》下卷，山东大学出版社2006年版，第136页。

　　② ［美］尼古拉·梁赞诺夫斯基、马克·斯坦伯格著：《俄罗斯史》，杨烨、卿文辉译，上海人民出版社2007年版，第219页。

　　③ Ю.М.Лотман.Беседы о русской культуре：Быт и традиции русского дворянства（ⅩⅧ-начало ⅩⅨ века），СПб,1994. C. 22 .

绝对主义①。1719 年地方行政机构改革使得俄国第一次有了行政权和司法权的分离。1720 年以选举原则为基础的市政制度的改革推动市民的首创性和积极性。

18 世纪中期,历届沙皇根据俄国社会现实,及时修正彼得一世的过激政策,通过减缓贵族服役义务,创办各级各类贵族学校,对贵族子弟定期检阅等方式提高贵族权利与社会地位,与此相应,农奴的处境进一步恶化;沙皇政府的机构改革关闭了许多被认为是多余的办事处和办公厅,过于分散的部门被合并。1762 年以前,义务兵役制把贵族牵制在首都和中央机关,贵族完全依附于国家政府。1762 年《御赐全俄罗斯贵族特权与自由诏书》颁布,贵族摆脱国家农奴制的奴役首先成为俄国社会享有特权的等级,随着贵族义务兵役制的废除,贵族利益的重心从首都转移到了地方。

18 世纪后期,叶卡捷琳娜二世进一步完善了《官秩表》的任职原则,通过定期登记、鉴定、履历表和创办杂志等方式规范贵族官员的服役,确认贵族官员的真实身份。重新强调任职年限、功绩和教育程度。尤其强调功绩原则,优胜劣汰,以此提高贵族服役和学习义务的效率,并且把《官秩表》任职原则扩大到国家的其他行政部门。《官秩表》的任职原则使俄国封建贵族等级和官僚等级有机地融为一体,俄国的贵族服役原则比普鲁士实行得更为彻底;通过分权的方式来加强地方机构,鼓励领地贵族参与政权。1785 年《贵族特权敕书》和 1785 年《城市特权敕书》的颁布标志着地方行政管理体制的完成。1785 年《贵族特权敕书》完成了贵族等级利益体制,从法律上确立了贵族的特权地位。省县级贵族会议的产生巩固了贵族在地方管理方面的决定性支配地位,贵族会议有权就它关切的各种社会问题直接向君主申诉,这是所有其他等级都不可能有的特

---

① 佩里·安德森认为,绝对主义是一种欧洲特有的现象,从本质上看仍是基于贵族的政权形式,但在西欧和东欧各国的绝对主义各有不同的历史特点和发展轨迹,从而导致不同的发展结果。[美]佩里·安德森:《绝对主义国家的系谱》,上海人民出版社 2001 年版,第 7 页。

权。城市等级也同样确立了完善的体制。

所以,18 世纪是沙皇政府和贵族和解的时代,在社会危机面前他们同舟共济,紧密配合,始终保持了高度的一致。贵族头衔的社会来源和名称来源都出自于宫廷,拥有土地和农奴的贵族从来就没有忘记国家最初对他们的恩德,贵族个人对沙皇政权的感恩程度比任何其他国家要大。一个臣民所能享有的任何自由或特权,都是作为他履行服役职责的必要条件由国家分配给他的。随着城市工商业者、僧侣有限特权的获得,农民一直是对抗政府的社会异己力量,贵族从未兴风作浪,职业性、永久性、无自主性的军事服役依然是贵族主要的价值取向,而不是从事经济活动。即使有宫廷政变时期贵族内部的勾心斗角,最终都是为了维护强大的王权。在东正教氛围中成长起来,政治经济上依附、社会心理上怯弱和背离的俄国贵族,面对俄国农奴逃亡、外敌入侵而造成的广泛威胁,普遍具有对沙皇专制国家的向心力、凝聚力,俄国完全成为一个服役国家,沙皇是其绝对统治者。这样,改革从表面上增强了俄国社会的整合力量,为俄罗斯帝国的强盛,俄国走向世界,实施大国战略创造了有利的内部条件。

但彼得一世的改革造成了社会的巨大分裂:社会分裂为受教育的少数派贵族和在日常生活中继续保持传统价值的广大民众。"《官秩表》的实施,大部分贵族的服役如果在其他欧洲国家是特权,那么在俄国却成为义务。"①不仅新兵招募制和服役制度使贵族具备了被国家奴化的所有特征。"当文艺复兴的理想在西方各国开始被资产阶级的个人主义思想所代替的时候,在俄罗斯,承认个人具有表现自由意志和欢乐的权力与无条件地履行公民义务的启蒙教育思想结合了起来。"②而且《官秩表》对门第原则的优势地位仅仅表现在原则上。《官秩表》规定做官就可以成为

---

① А. Б. Каменский. От Петра Ⅰ до Павла：реформы в России ⅩⅧ века.：Опыт целостного анализа.М.，2001. С.141.

② ［俄］Т.С.格奥尔吉耶娃著:《俄罗斯文化史——历史与现代》,焦东建、董茉莉译,商务印书馆 2006 年版,第 173 页。

贵族,个人任职年限、功绩原则,似乎在一定程度上削弱了封建门第制度。官僚贵族的人数增加,血统贵族难以再按照服役阶梯晋升,这意味着在贵族中实行更为复杂也更现代的等级。但是,在实践中,政府选拔官员的条件依然是社会出身,即使根据任职期限,其原则大多在军事机构中实施,而资历往往高于能力,出身平民的文官与自幼服役的贵族军官相比,其官职的晋升难度要大得多。可以说,它是 17 世纪的民政服役官僚制向贵族官僚制度过渡。彼得一世政策的矛盾性也正好说明其法律政策超越了俄国社会现实。

18 世纪中期,安娜·约安诺芙娜女王发展了《官秩表》的任职原则,除服役为官的方式之外,贵族可以利用君主的赏赐获得官职,大幅度增加和提高宫廷官员的编制和品级。彼得一世时期出现的官僚贵族力图从普通的政府工具变为执政者。在参政院之上,相继建立了一系列贵族享有立法权威的新的最高机构(最高枢密院、内阁、最高宫廷会议、最高宫廷委员会)。新兴官僚贵族在中央摆脱了显贵的压力,在地方摆脱了社会的监督,在行政管理方面造成了不受遏制的个人专横,破坏了彼得一世建立起来的行政制度。1762 年《御赐全俄罗斯贵族特权与自由诏书》的颁布,贵族摆脱了服役义务而获得了永久的自由和自主,俄国农奴制开始进入强化的历史阶段。

18 世纪后期,"贵族女王"叶卡捷琳娜二世开始实行"开明专制",极力保护贵族的特权和利益。女王颁布法令,不断延长文官的任职期限而缩短军官的任职期限。贵族得以广泛地参与地方管理,并且加强控制地方上一半居民——农奴。1775 年颁布《全俄帝国各省管理体制》,在地方行政机关贵族成为领导者。

18 世纪上半叶最高政权与社会的沟通主要是通过贵族来进行,但参加会议的财产资格限制剥夺了所有终身贵族参加贵族会议的权利,世袭领地贵族始终是贵族会议的基本组成人员。贵族会议和城市两个自治机关,成效截然不同。在三年一次的省级贵族会议上,省级首席贵族和省长为贵族安排大型宴会和狂欢中选举各种职务;相反,市级机构处于在总督和省长的严密控制下。贵族会议不同于城乡公社大会,根本没有民主可言。贵族等级鄙视自治权利,缺席会议成为贵族中普遍存在的现象。贵族的自治不是贵族享有的特权,而是他们应尽的义务。贵族更乐意在军界、中央机关中谋得更实惠、体面的官位,贵族选举便成为富裕贵族向落魄贵族分派官职的聚会。省县两级贵族会议依法定期向政府及沙皇呈递请愿书,请愿事由只限于地方事务,贵族团体通过各种方式获得的资产大多用于教育、慈善事业及养老金和奖学金的发放,贵族等级自治机构的经营活动很有限。贵族在 1767 年法典委员会里提出了参加地方管理的广泛要求,但任何一个贵族代表只字未提贵族参加中央管理的事。"贵族仍然处于权力的上层,但他们必须接受彼得一世限定的新条件:为国效力——担任军职或文职;不论出身,一律从下层官职做起;晋升官位时,除出身外,还要考虑本人的特长、受教育程度以及是否合适等因素;贵族失去了其组织形式——波雅尔杜马,完全服从于君主;贵族作为一个社会群体有一定的封闭性,但在沙皇的干预下,其他社会群体得以逐渐向其内部渗透。"①县两级贵族代表会议的权限内容表明,他们仅仅是沙皇专制制度的统治工具,从未提出过自己等级的政治要求,也根本没有与沙皇政府相抗衡的迹象。

总之,18 世纪的《官秩表》的颁布,个人任职原则的引进,强制教育政策和货币赏赐政策,改变了平民官员的社会地位,官员逐渐脱离过去被奴役的地位而成为一个特殊的社会等级,专制主义国家似乎在外在形式上获得资产阶级国家的某些特征,即司法、行政分立,对国家机构部门的监督,用法律取代国家机关的习惯化。但在实际内容上,由于俄国城市化进程的缓慢,专制主义国家从未受到商业利益的诱惑,出售官职的混乱现象在贵族中无从实现,未受污染的封建原则控制了国家官僚机构,俄国官僚体制完全是传统社会"血统、门第"原则的回归,"新

① [俄]鲍里斯·尼古拉耶维奇·米罗诺夫:《俄国社会史》下卷,山东大学出版社 2006 年版,第 131 页。

瓶装旧酒。"①"写在纸上的法令法规和规章制度都是很完美的,但在现实中,同过去一样,无论在主要城市里,还是在幅员辽阔的外省,任何进步都要依靠官员们的首创性、能力和行动。人治和独裁统治仍然是俄国国家管理的基础。"②

与西欧贵族相比较,由于社会、民族成分和地区的广泛和复杂,俄国贵族体制呈现出前所未有的多样性和开放性,俄国贵族体制具有很强的兼容机制。但 18 世纪俄国经济发展的落后水平限制了贵族体制的良性发展,18 世纪俄国政府贵族政策的矛盾趋向、封建等级制度的确立导致了贵族的巨大分化。俄国贵族的称号是从西欧借用,西欧封建贵族的传统落后观念也随之渗透到俄国贵族意识中。由于经济不独立,模仿力极强的俄国贵族无法确定自己的价值取向,他们只能在西欧封建社会等级偏见的紧箍咒中苟且偷生。

18 世纪前期,贵族由此被划分为旧世袭贵族和新官僚贵族,在贵族内部便产生了新矛盾。任职期限长短优于个人功绩原则,享有旧官职的贵族官员对过去的岁月恋恋不舍,拒绝使用新的职位称号。平民出身的官僚贵族为当官争风吃醋,并且上任后互相指责对方低下的社会身份而对旧世袭贵族奴颜婢膝,俄国贵族长期以来的封闭过程终于被打破。而日益增长的贵族等级意识,由于贵族集团内部的矛盾消耗而殆尽。出于对新官僚贵族的恐惧,旧贵族放弃前嫌团结起来。如果说,18 世纪中后期,政府运用法律手段消除了某些贵族在权利上的差别,那么政府却拒绝把贵族变成孤立的社会集团。18 世纪中期,贵族想方设法通过沙皇的赏

---

① 笔者同意[俄]Н.Ф.杰米多夫的观点。他认为俄国官僚制度历经 3 个时期:16 世纪中期到 18 世纪初期是俄国服役(或者是民政)官僚制度时期(Служилая бюрократия); 18 世纪初期至 18 世纪 60 年代是贵族官僚制度时期(Дворянская бюрократия);18 世纪 60 年代至 18 世纪末期是行政官僚制度(Чиновная бюрократия)。Н.Ф.杰米多夫:《专制主义国家机构的官僚化》。[见 Б. Б. Кафенгауз. Абсолютизм в России (ⅩⅦ-ⅩⅧ вв)], М., 1964.]18 世纪俄国官僚机构的贵族化是其历史发展的必然。

② [美]尼古拉·梁赞诺夫斯基、马克·斯坦伯格著:《俄罗斯史》,杨烨、卿文辉译,上海人民出版社 2007 年版,第 217 页。

赐获得官职,官僚贵族想方设法掩盖自己的真实身份,而旧世袭贵族鄙视
行政事务和官僚贵族。18 世纪中后期随着贵族人数的增加,贵族继承制
度的分散化,大部分贵族变得越来越穷。18 世纪前期俄国贵族分为世袭
贵族和终身贵族。18 世纪中后期,由于 1762 年《御赐全俄罗斯贵族特权
与自由诏书》和 1785 年《贵族特权敕书》的颁布,1767 年的法典委员会的
召开,君主的赏赐、血缘和门第成为官员获得贵族称号的主要渠道,俄国
贵族(Дворянство)分裂为大贵族——世袭门第贵族(Аристократия)和
中小贵族——普通贵族(Рядовое Дворянство)。由于经济地位的低下和
血统关系,中小贵族被大贵族所抛弃,他们没有获得领有农奴和完全自治
的贵族特权而处于大贵族和纳税等级之间。由于等级偏见的影响,中小
贵族心甘情愿地追随、逢迎大贵族,暗中算计自己的同伴,不愿意贴近纳
税等级;他们宁愿穷困潦倒、游手好闲,也不愿意从事服役以外的其他职
业。大贵族鄙视中小贵族的低贱血统,认为与中小贵族为伍损害了贵族
的等级尊严,他们以退役、出国留学等方式回避与中小贵族的接触。正如
托洛茨基所言:"因服役获得贵族称号的官员处于矛盾之中。他们与纳
税等级相分离,处于封闭的特权等级之中,而且矛盾重重。这种分离在
17 世纪就已经出现,在 18 世纪前半期得以强化,这些人进入统治阶级中
而享有了统治阶级的财产资格优势。他们在某些方面具有了后封建时代
的社会特征。其结果,一直到 1917 年革命,俄国贵族都没有转变成为真
正独立的社会集团。"①"十分之一的人享有个人自由和对其余十分之九
的人的无限权力。这十分之九的人必须丧失自己的个性并变成一群牲畜
般的东西,通过永无休止的服从,经历一连串的蜕变,然后达到伊甸园式
的原始淳朴,虽说他们也还得劳动。政府为了剥夺十分之九的人类的自
由,并通过对整整几代人的思想改造使之蜕变为牲畜而提出的各项措施,
是非常高明的,它们以自然界的事实为基础,而且十分合乎逻辑。"②

---

① С.М.Троицкий.Русский абсолютизм и дворянство в ⅩⅧв.М.,1974. С. 315 .

② [俄]托思妥耶夫斯基:《群魔》下卷,人民文学出版社 1983 年版,第 536 页。

18世纪的改革导致贵族内部的分裂,贵族之间的等级歧视表现在诸多方面:

在等级荣誉上,通过服役人员成为高贵者,通过学习贵族成为有文化者。他们不纳税、不当兵,穿德式服装、剃须,讲外语,在外貌上与民众根本有别,这样,在贵族中逐渐产生出一种明显的等级荣誉意识。为此,血统贵族尽力在官僚贵族面前炫耀自己高贵的门第,而官僚贵族为加入血统贵族行列,绞尽脑汁伪造贵族身份证明材料,血缘、门第成为当官获得贵族称号的唯一渠道。18世纪60年代召开的法典委员会上,尽管贵族代表的委托书反映出贵族等级的权利意识,在教育、农民经商、贵族管理工厂等问题上,向政府提出了一些切实可行的建议,但他们都从各自的等级、民族和地区利益出发,不顾及国家的整体利益。这些委托书几乎千篇一律地具有如下共同特征:务实;对现有政权完全接受;冀望减少集权;抱怨无法忍受的财政负担,尤其是要求减轻赋税;希望能明确规定所有等级的权利与义务。法典委员会因规模过大而工作缓慢,准备工作明显不足,女皇《圣谕》所体现的法国哲学与俄国现实之间似乎扯不上什么关系。最要命的是内部因等级的差别而四分五裂。这样,他们便不可能对沙皇政府的专制统治提出质疑,成为抗衡专制统治的社会异己力量。法典委员会只为女皇提供了有关国情的大量资料,并因此影响了她日后的政策基调和一些具体的改革措施。

在民族和地区成分上,贵族崇尚波罗的海贵族,而歧视乌克兰等民族、地区的贵族。1767年法典委员会的争论表明,俄罗斯贵族和其他民族和地区的贵族之间缺乏统一的民族意识。为了提高自己的社会地位,非俄罗斯民族贵族殚精竭虑与俄罗斯贵族融为一体。但结果,只有波罗的海贵族赢得了自治权,其他民族和地区的贵族没有得到政府的任何支持。俄罗斯贵族抵制波罗的海贵族的特权,但对西伯利亚贵族的权利不屑一顾。由于部分地消灭了与社会出身相关的贵族特权,以及西伯利亚贵族私人土地所有制发展缓慢,西伯利亚贵族不可能对俄罗斯贵族构成直接威胁。因为"俄国'开明专制'区别于西欧其他国家,其特征表现为,政府在自治问题上的坚决不妥协态度。叶卡捷琳娜二世的官僚政策,反对区别对待不同地区的差别。政府的所有政策都是为了强化中央集权化的专制主义统治。政府在俄罗斯帝国不同地区所实行的政策既没有历史的延续性,也没有民族或地区特征"。① 俄国贵族社会意识的发展,与其说是等级式的,还不如说是守旧的,其最终目的是为了保护贵族等级的社会和经济地位。俄罗斯贵族社会意识在涉及自身利益时所表现出自私自利,贵族代表的委托书大多是请求得到个人权利以及物质利益上的优惠权。但在涉及西伯利亚贵族问题上却是另外一回事,政府不再按照社会出身来确定西伯利亚当地贵族的社会地位,西伯利亚贵族称号仅仅具有外在形式,而缺乏内在的真正含义,他们成为俄国社会孤立的社会集团,而无缘加入俄国等级上层。

在教育制度上,大贵族鄙视中小贵族和纳税等级,不愿自己的子弟与平民子弟一起接受教育。在特殊的贵族学校里贵族子弟附庸风雅,他们只会讲几句简单的外语会话。贵族学校的教学内容过度重视外语而忽视俄罗斯民族传统文化的传授,许多著名的俄国贵族官员精通法语、德语,而俄语水平极差。贵族地主宁愿让子弟接受家庭教育,也不愿把子弟送往没有贵族公寓的莫斯科大学。在思想观念上贵族拒绝欧洲启蒙运动的先进思想,而沉湎于东正教的圣物崇拜。"帝国长期从信仰这个生命之泉获得力量,这是一种反击外部敌人的非同寻常的力量;这具衰朽的躯体长时期地与来自北方的野蛮民族、南方好战的宗教狂和中亚的野蛮民族进行斗争;但它却无法为迎接新生活而重整旗鼓和巩固自己,因为古代的那些僵硬的形式难以全面采纳基督教学说。"②在社会生活上,贵族的娱乐活动和宗教生活都回避纳税等级。

现代社会的文化强调理性主义、个性自由、不断进取、效率至上、能力至上等观念。俄国社会的文化强调超验的、反个性的、知足常乐的、先赋

---

① А.Б.Каменский.Российское дворянство в 1767 году:К проблеме консолидации. История СССР С. 72 .

② [俄]Вл.索洛维约夫:《俄罗斯思想》,浙江人民出版社2000年版,第29页。

性至上的、情感至上的价值观念。在个人的人格与行为特征上,现代社会的成员有强烈的成就动机,在处理有关事务时有高度的理性和自主性,对新事物有高度的开放性,对公共事务有强烈的参与感,对生活在其中的世界有较高程度的信任感等。俄国贵族则缺乏这些特征。

18 世纪沙皇政府对贵族的强制教育,贵族开始吸收西方先进资产阶级文化,俄国文化开始展现出一幅崭新的局面。政府对贵族的强制教育有三个阶段的特征:彼得一世时期训练炮兵和水手的军事教育;宫廷政变时期的机械式的文雅教育;叶卡捷琳娜二世时期的法国启蒙文学式的教育。俄国跨越了经院主义、文艺复兴和宗教改革的阶段,从狭隘的、神权的和半中世纪的文明走向理性时代。18 世纪俄国的是一个学习和模仿并取得了优秀成绩的时代。“对公社制度的不甚了解是 18 世纪的贵族走向欧化的一个重要前提。……正是由于贵族的社会存在形式为非公社型的组织,因而,自由主义更早地表现于贵族身上。”①18 世纪至 19 世纪上半叶,欧化对社会上层的触动比对社会下层的触动大,因此,在社会上产生了文化上的不对称性。根据文化特性,社会分裂为受教育的少数派和在日常生活中仍继续保持传统价值观的广大民众。但在危机中出现的俄国贵族文化没有近代早期西欧社会的文化底蕴(没有经过文艺复兴、宗教改革的大震荡)。刚刚崛起的 18 世纪俄国近代贵族精英文化,有沙龙,懂法语。这种文化更多地关注优雅的文学风格和适当的礼仪,而不是哲学和政治。“在欧洲面前突然崛起了一个崭露头角前途无量的新的俄罗斯欧洲,这个国家兵源充足,出口原料储量丰富,但是缺少牢固的文化储备:赖以维持社会生活的仅是建立在相信祖辈传统理应永不更改的信念之上的生活方式的保守性;没有社会秩序,只有一直忍耐到奋起暴动为止的驯服服从;没有知识,仅有刚刚萌芽的求知欲望;全部法制观念仅仅在于模模糊糊的要求权利的感性认识;全部财富只是坚忍不拔

---

① [俄]鲍里斯·尼古拉耶维奇·米罗诺夫:《俄国社会史》上卷,山东大学出版社 2006 年版,第 534 页。

地工作的能力。"①

　　彼得一世把改革仅仅局限在紧迫的战争和财政事务上,对国民教育的关心只是集中在建立学校上面。18 世纪初期政府设立的 5 所院校尽管兼收并蓄、面向各个等级,但学科都相当简单肤浅,仅用一些专业课程装点各自的教学大纲而已。招收学生,犹如招募兵源,只求学校能满额。教学大纲规定贵族子弟从 15 岁从最低的官职开始服军役,定期对贵族子弟进行检阅。由于关注国家利益,彼得的教育政策具有功利或实用主义、明显的贵族特征。他力求经过相应的培训,让贵族担任国家的重要官职,但是贵族、市民和衙役却认为去学校受教育是一项沉重的国家义务,他们并不愿意把自己的孩子送到学校,尤其是贵族更不愿让子弟学习行政科学。政府为此采取强制措施严厉惩罚不顺从者。

　　彼得一世的宗教改革政策从长远看是不明智的。彼得一世视出家的修道士为逃避责任的人和无用的废物,进而采取行动来限制乃至剥夺教会的财产。宗教课程受忽视,对传道极重要的宣讲教义工作也不再受重视。"国家不仅仅是监护它。国家还把教会本身的任务据为己有,独自占有对人民宗教幸福和精神幸福的关注"②拉丁文成为神学院的教学语言,神学院主要讲授一些对国家机关有用的课程(如逻辑学),后来成为政府官僚机构培养人才的地方。政府还利用东正教推动国家事务。许多教会学校都是为满足服役阶层的世俗需要而设立的。修道院的任务是照顾残废军人,修道院成为士兵、士兵家属和工人的医院和收容所。教士被迫担任一项额外工作,就是监督老百姓的行动,"让听取忏悔的神父为刑事侦察员提供忏悔时说出的罪恶时,宗教界必须感觉到,从这个地方起国家政权将矗立在他们和人民之间,它将负责对人民思想进行专门的指导,并尽力破坏教民和人民之间曾经有过的那种精神联系,那种相

---

　　① [俄]瓦·奥·克柳切夫斯基著:《俄国史教程》第 4 卷,张咏白等译,商务印书馆 2009 年版,第 217—218 页。
　　② [俄]格奥尔基·弗洛罗夫斯基著:《俄罗斯宗教哲学之路》,吴安迪、徐凤林、隋淑芬译,上海世纪出版集团 2005 年版,第 122 页。

互信任"。① 教会从属于国家,僧侣用于行政工作者……由此激发了教会以外的宗教活动——共济会的产生。"这一切在社会上层文化生活上留下了深刻的印记。宗教这种内心转变就是伦理民粹派的根源。19 世纪俄国知识分子普遍感到道义和精神上欠了俄国人民一笔债,其根源也在于此。"②教会完全服从于政府,丧失了其伦理道德作用,俄国知识分子代替教会担当了伦理教化的重任,俄国的文学艺术的苦难性、宗教性、人性由此产生。俄国政府无法缓和日益尖锐的社会矛盾,革命的爆发成为历史的必然。

18 世纪俄国有两种不同的文化同时并存,一种是野蛮的拜占庭的残余,另一种是对欧洲文化不成熟的理解吸收。政府对贵族强制教育主要着眼于军事教育,创办的学校大部分是军事学校,军校大门只对贵族开放,改革仅仅影响了全体居民中人数不多的上层阶级一些持赞同态度的成员。但在贵族和农民之间,知识分子和民众之间存在着令人难以理解的、没有彻底消除的隔阂。彼得大帝时期,官方贵族的文化生活以反映宫廷生活、迎合君主的实际需要为内容,俄国贵族的政治思想、文学艺术成为隶属于专制主义政府的学术侍从,新贵族文化只是为君主服务的形式而已。

宫廷政变时期,政府强制贵族接受教育的义务随着彼得一世的去世而被另外一种自愿教育而取代。只有那些领地少和无领地的贵族子弟才进入学院。上流社会生活方式的教育代替了炮兵和航海教育。贵族教育的这种倾向直接冲击了俄国的学校教育。彼得一世访问欧洲回国后建立的彼得堡科学院大学,满目凄凉。社会教育主要把根基扎到期望最小的专门军事学校。贵族上层主要对自己的子弟实行家教。其结果 18 世纪中叶,贵族社会形成了两种奇异生活方式的典型代表人物——"纨绔子

_____

① [俄]格奥尔基·弗洛罗夫斯基著:《俄罗斯宗教哲学之路》,吴安迪、徐风林、隋淑芬译,上海世纪出版集团 2005 年版,第 147 页。

② [美]拉伊夫:《独裁下的嬗变与危机:俄罗斯帝国二百年剖析》,学林出版社 1996 年版,第 46 页。

弟"和"卖俏女子"。

18 世纪中期,由于专制主义君主的需要,特别是西方资本主义启蒙文化的传播,贵族文化教育趋向于多样化,为君主歌功颂德诗人的社会作用日益减弱,贵族艺术家力求展现贵族精神独立意识和服役贵族悲惨命运。贵族知识分子开始反对新王登基、大型婚礼等仪式引起的奢侈浪费,开始区别对待国王的法令,对政府政策的宣传、战争和帝王个人诗歌创作的消遣,他们成为 19 世纪俄国辉煌文学艺术大师的先驱。

从叶卡捷琳娜二世执政之日起,法国文学作品的原版和译本在俄国社会畅行无阻,法国人的作品在俄国遥远的偏远乡村广泛流传,贵族成为法国文学的传播者。法国和俄国的启蒙运动具有很大的差异①:所以,幼稚天真的俄国贵族只乐于接受西方生活方式,而拒绝吸收西方的政治经济制度,他们在滑稽地模仿西方人的文化,成为出色的演员后,常常把戏剧舞台、假面舞会误认为俄国社会现实。即使有文学艺术的辉煌成就,但外在西化而产生的贵族文学艺术作品,作品中流露出来的感伤主义涣散了俄国人的斗争意志,他们只幻想,不敢面对现实。"心儿永远向着未来,而现在却常是忧郁,一切都会过去,一切都是瞬息,而那过去了的终将成为亲切的怀念。"普希金的诗歌是 18 世纪俄国贵族文化特点的真实写照。

俄国贵族借用外来文化和政治制度是为了自己个人需要,而不是为了纳税等级。"在彼得一世眼里,接近欧洲仅仅是达到目的的手段,而不是目的本身。"②贵族只是将体现西方精神和文化制度的外在形式搬到了

---

① 法国大革命时期的状况使人们从启蒙教育的理想中得出了一个极端的结论,即刚刚挣脱中世纪压迫的人们要求在政治上获得自由。而俄国的启蒙运动却向着另外一个方向发展,俄国人民不敢作出法国人民所作出的结论。在俄国,启蒙运动只是强调了使人们从思想上和本质上摆脱束缚、获得自由的必要性,这就是俄国启蒙运动的人道主义之所在。[俄]T.C.格奥尔吉耶娃著:《俄罗斯文化史——历史与现代》,焦东建、董茉莉译,商务印书馆 2006 年版,第 225—226 页。

② [俄]瓦·奥·克柳切夫斯基著:《俄国史教程》第 4 卷,张咏白等译,商务印书馆 2009 年版,第 207 页。

俄国,而不是将西方精神引进,所以,俄国社会出现巨大的分裂,即贵族精英文化和农民村社文化的对抗;贵族内部的分裂与对抗。一方面,在政治经济上,部分顽固不化的贵族对沙皇政府强烈依附,在君主、国家、祖国概念上混为一谈,他们排斥西方资本主义文化,蔑视传统历史文化遗产,醉心于东正教圣物崇拜,无怪乎俄国历史学家叹息道:"在破坏国力方面俄国人没有对手。"①另一方面,享有特权的贵族知识分子开始接受西方先进思想文化,但模仿性极强的贵族知识分子没有确定的价值取向,对沙皇政府绝对服从又怀疑否定,对传统文化的继承只迷恋形式上虚幻的荣誉感而忽视对现存传统文化成果的吸收,尽管他们外貌上采用西欧资本主义文明包装,但骨子里却渗透着浓厚的西欧封建等级偏见。

对大多数贵族而言,激进派和自由派知识分子所传播的自由和公民权利观念对俄国民众来说自然是很陌生的,是人为地从西方搬过来的。"贵族的生活体系就像是'某种树',日常行为在很大程度上是一种表演,具有故意人为和艺术的性质,按照行为的诗化模式形成,这些诗化模式是从某个文艺作品(文学、绘画、戏剧)中借来的。"②他们的个人价值观念与政府官方价值观的背离,他们开始远离国家的政治生活,成为俄罗斯大地上"漂泊者"或"多余人"。虽然他们充满了对民众、对祖国的爱恋,但却经常遭到来自上层专制君主国家的镇压和来自于底层广大农民的冷漠与拒绝。俄国农民既要土地又要皇权,把东正教、劳动、家庭和祖国看得高于一切的村社道德支配着这些目不识丁的农民。但贵族知识分子仍一如既往地满怀着对俄罗斯民众的爱恋,赴汤蹈火,至死不渝。失败之后,他们把自己全部的积极性转向了文学与思考,为俄罗斯寻找一条沉浸于宗教集体主义和村社精神的乌托邦之路,最终只能成为一批对俄国面临的社会危机无能为力、对时政流弊抨击的性格古怪的嘲弄

---

① Б.Н.Врангель.Старые усадьбы:Очерки истории русской дворян культуры.СПб., 2000.С.144.

② Ю.М.Лотман.Беседы о русской культуре:Быт и традиции русского дворянства (XⅧ-начало XⅨвека),СПб,1994.С.45.

之士。

　　表现在文学艺术上,他们的作品从宗教情绪出发,放弃为个性和民众根本利益而改造的现实主义道路,俄国理性主义哲学不足,俄罗斯文学艺术浪漫主义、伤感主义有余,近代俄国文学上群星灿烂,享誉世界,而罕有伟大的哲学家。由于国家和社会都不支持人的个性发展,贵族在 17 世纪萌生自我意识,但发展缓慢。俄国古典文学反对个人主义,赞扬所有形式的集体主义,作品中的主人公多是小人物,而不是天才和英雄。"俄罗斯文学的基本主题是宗教性的,俄罗斯文学的苦难性和人性为全世界所震惊。"[1]"全神贯注且不厌其烦地沉浸于对社会和道德问题的思考,或许是整个俄罗斯艺术和思想的一个最为引人注目的特征。"[2]而且,俄国文化中古典主义和感伤主义美学和艺术体系同时并存,他们的原则、遵从的创作方针和宗旨互相矛盾,信守不同的启蒙理想和口号。

　　其结果是,18 世纪俄罗斯传统文化的西方化难以置信地成为东方化的工具,欧洲和西方的观念和价值东方化了,而社会生活的表面民主化巩固了东方君主专制型的专制制度,这种专制制度排除了用法律来调节政治和社会文化现实。"新文化是不折不扣的俄国文化,它表达的情感和创造的价值都是十足俄国味的。"[3]俄国贵族文化成为东方专制制度打着"启蒙运动"幌子的在思想上见风使舵的工具。[4] 占人口 2%的贵族虽然足以创造具有世界意义的俄国文化,但要使俄国人都理解和接受西欧的文明成果,但靠这些人是远远不够的。18 世纪贵族文化的自我封闭和孤立,不能吸收和消化外来文化,不能形成本国文化和外来文化下相结合的基础上的具有自身特性的文化,而文化的分裂导致了不同社会等级价值观的极端化和对抗,其结果引发社会的多次动荡。"很难推动我们,而一

　　① 宋瑞芝:《俄罗斯精神》,长江出版社 2000 年版,第 217 页。
　　② [英]以赛亚·柏林著:《苏联的心灵——共产主义时代的俄国文化》,潘永强、刘北成译,译林出版社 2010 年版,第 2 页。
　　③ [美]尼古拉·梁赞诺夫斯基、马克·斯坦伯格著:《俄罗斯史》,杨烨、卿文辉译,上海人民出版社 2007 年版,第 265 页。
　　④ 朱达秋、周力:《俄罗斯文化论》,重庆出版社 2004 年版,第 173 页。

且我们动起来了,我们就会在善良与罪恶、真理与谎言、明智与狂妄等所有方面走到极端。"①

可见,落后的社会经济发展水平造成了贵族经济的不独立;领地制度形成了贵族对政府的依赖;贵族等级歧视削弱了贵族的等级力量,阻碍了贵族社会意识的形成。由此引发了 18 世纪中后期贵族的退役浪潮的爆发。

社会出身、财产资格成为官员服役地位、晋升、教育程度、休假和转业等的唯一凭借,造成了大批中小贵族军官不可逆转地走向转业,军官退役人数多于文官,退役军官的年龄日趋年轻化。中小贵族军官退役后生活无法保障,流离失所,或为丐、为僧、为寇,成为社会不稳定的因素。18 世纪中后期俄国政治黑暗、卖官鬻爵,官方教会道德教化作用的弱化,官员之间尔虞我诈,某些大贵族不堪重负,对沙皇专制制度绝对服从又怀疑否定,最终使他们走上了一条追求东正教"千年王国"实现的终极道德目标,即忽视现世生活利益的理想之路——离经叛道、醉生梦死的乡村幽居生活。"唯有自由才能使他们摆脱孤立,促使他们彼此接近,因为贵族的地位使他们生活在孤立状态中。只有自由才能使他们感到温暖,并一天天联合起来,因为在公共事务中,必须互相理解,说服对方,与人为善。只有自由才能使他们摆脱金钱崇拜,摆脱日常私人琐事的烦恼,使他们每时每刻都意识到祖国高于一切,祖国近在咫尺;只有自由随时以更强烈、更高尚的激情期待对幸福的沉湎,使人们具有比发财致富更伟大的事业心,并且创造知识,使人们能够识别和判断人类的善恶。没有自由的民主社会可能变得富裕、文雅、华丽,甚至辉煌。但只要平等与专制结合在一起,心灵与精神的普遍水准将永远不断地下降。"②这样一来,对内沙皇政府难以吸引贵族为国家服役,对外削弱了俄国军事力量,18 世纪俄国社会内部无法成长出一批具有近代资产阶级民主和进取意识的市民阶级,俄

---

① [俄]德·安·沃尔科戈洛夫著:《斯大林》,张慕良译,世界知识出版社 2001 年版,第 1418 页。

② [法]托克维尔:《旧制度与大革命》,商务印书馆 1997 年版,第 35—36 页。

国专制制度存在着潜在的不安定因素和深刻危机。19世纪克里米亚战争失败不仅仅是俄国军事技术落后于西方国家,更为重要的是以贵族为支柱的俄国军事体制内在危机的必然反映。这种分裂为19世纪俄国贵族革命家拉吉舍夫、十二月党人的反叛奠定了政治基础。

二、经济领域

现代社会是工业占据绝对优势的社会,而俄国仍然是农业占据绝对优势的传统社会。18世纪的改革运动以西方先进的科学技术来保护农奴制。彼得一世用新的等级徭役使旧的社会结构更加复杂化。虽然没有改变农奴制的本质,却改变了农奴的社会成分,各种类型的奴隶彻底结合成一个纳税等级,奴仆和农奴混为一体。通过征集和招募新兵、人口登记、军团驻扎的方式,消灭过渡的和中间阶层,简化俄国社会结构,各个等级负担的徭役也比以前繁杂得多,由此奠定了俄国18世纪强化农奴制的政治基础。1724年的《一子继承法》规定,土地的占有原则上不能继承,甚至不能终身,它完全取决于对国家的服役状况。"土地变成保障国家获得充足军事服役的一种经济手段,与此同时,官员阶层的土地权变成国防体系的基础。"①

教产还俗,国家从经济上打击和削弱教会势力,使其依附于国家政权。宗教改革的结果意味着教会服从于国家利益、国家管理体制的一体化,即政府不仅把教会作为一个行政机构,而且使教会在经济上完全依赖于国家。税制改革改变了过去户税制下不平等的现象,国库收入大增。但新税制通过身份证制缩小职业选择自由,严禁居民在国内自由迁徙和向国外移民,政府把社会等级之间的流动降低到最低限度,而且人头税因贵族地主负有督促农民按期交纳税款的责任,加强了贵族地主对农民的控制。人头税消灭奴仆制,使所有生活在地主土地上的农民都成为农奴。

---

① 〔美〕佩里·安德森:《绝对主义国家的系谱》,上海人民出版社2001年版,第222页。

过去被认为是自由民的国家农民也由于人头税的征收而纳入了农奴制体系中,最终使农民依附于贵族地主,贵族依附于国家。"受人头税影响的只是下层人民,但其他社会群体也不得不屈从于不知疲倦的皇帝的贪婪地索取。如商人、少数拥有一技之长的人和其他中间阶层都被免除了人头税,但必须在经济和其他领域更加辛勤地劳作以履行他们对国家的义务。"①国家通过货币赏赐制度取代领地赏赐,吸引贵族为国家服役。可见,"把农奴制的枷锁套在俄国农民头上可被理解为西化的正向过程。彼得大帝在俄国没有实行农奴制,但他可能比任何其他人更成功地使它有效。"②

宫廷政变时期,政治动荡,经济凋敝,农民大量逃亡,国库的空虚迫使政府考虑农民问题。1731 年政府规定了简便的收税办法。1734 年颁令责成地主在歉收年份养活自己的农民。这样,国家的需要和贵族的追求不谋而合。彼得一世时期,贵族作为军役等级,为国家提供军官储备,但在北方战争结束后,贵族的军事服役事务显得不那么重要。此时欠缴税款和农奴逃亡暴露了农民的无依无靠,国家需要贵族作为土地占有者加强对村社的管理,贵族地主也把自己作为农民的自然保护人,这样,减轻和免除贵族的服役义务成为历史的必然。1731 年废除《一子继承法》,确立了贵族世袭领地主的地位。在立法整顿和巩固土地所有制和农奴所有制的同时,也扩大农奴制本身,加强地主的司法权。法令授权地主确定对逃亡农民的处罚尺度;责成地主监督自己农奴的行为举止;规定地主有权将农奴流放到西伯利亚定居。以上特权本是政府的权力,与土地所有权无关,这些特权也曾一度落到宫廷农民与国家农民的身上,现在这些特权与贵族的财产权融为一体。1730—1760 年世袭贵族获得了一系列占有农奴和土地的优惠和特权:世袭贵族自由支配不动产;对农奴等级的垄

---

① [美]尼古拉·梁赞诺夫斯基、马克·斯坦伯格著:《俄罗斯史》,杨烨、卿文辉译,上海人民出版社 2007 年版,第 218 页。

② [俄]亚历山大·格申科伦著:《从历史的角度看经济落后》,崔艳泉译,参见谢立中、孙立平主编:《二十世纪西方现代化理论文选》,上海三联书店 2002 年版,第 838 页。

断;扩大地主对农奴的司法监察权力;有权不带土地出卖农奴;简化侦缉逃亡农奴的手续;以不动产抵押可以获得国家的低息贷款。这样,贵族比其他等级在司法上处于非常特殊的地位,同时,由于贵族被赐予按受教育程度直接以军官身份服役的权利,缩短了贵族服役的期限,贵族的服役义务大大减轻。1762 年 2 月 18 日《御赐全俄罗斯贵族特权与自由诏书》颁布,随着贵族义务的减轻,以这些义务为基础的占有土地和农奴的权利却逐渐扩大了,俄国形成了欧洲最恶劣的农奴受奴役的形式。在西方,农奴依附于土地,而俄国的农奴完全依附于贵族个人,完全听任地主摆布。在农奴制失去存在的历史时代,俄国却强化了农奴制。

　　在彼得一世时期,贵族受命充当西方文化和军事技术的传播者。国家慷慨地对贵族的行政和军事功绩大加奖赏,增加了人民的赋税负担以供养贵族,将大量的国家土地分给他们,甚至将 2/3 的农业人口变成了他们的农奴。在彼得一世死后,整个贵族等级通过近卫军一而再地组成具有偶然性的政府,为自己推卸掉服役的义务,获取新的权利,从而成为统治者,将管理的职能和国民经济两者都抓在自己手中。在叶卡捷琳娜二世时期这个国家终于成为贵族国家。"叶卡捷琳娜大帝将现代的私有财产观念引进了俄国。"①当一个贵族因犯罪而被剥夺财产时,这份财产仍属于他的家庭。许多历史学家痛斥女皇的统治将农奴制推到了极点。"在女皇成天挂在嘴边的进步观点和她对农奴制的支持及她对这个巨大的邪恶制度的心安理得和彻底的迁就之间的强烈对比,使得人们无法接受这个观点。"②恰达耶夫评价道:"俄国与其他欧洲国家最主要的区别就在于保留着奴隶制③及奴隶制的各种畸形表现。奴隶制的继续存在,使我们社会上的一切都变得很阴暗,它继续亵渎社会上的一切,腐蚀社会上

---

　　① 　[美]尼古拉·梁赞诺夫斯基、马克·斯坦伯格著:《俄罗斯史》,杨烨、卿文辉译,上海人民出版社 2007 年版,第 245 页。
　　② 　[美]尼古拉·梁赞诺夫斯基、马克·斯坦伯格著:《俄罗斯史》,杨烨、卿文辉译,上海人民出版社 2007 年版,第 254 页。
　　③ 　恰达耶夫认为,俄国没有经历封建社会的发展阶段,农奴制是奴隶制的变种。

的一切。任何人都不可能逃脱它的致命性影响,大概连皇帝本人也完全不可能逃脱它的影响。"①

超越俄国社会现实的快速发展必然导致经济的漫长萧条,贵族对农民超经济的残酷压榨终于诱发了 18 世纪末期普加乔夫的农民起义。在黑海沿岸草原地带农民的大规模逃亡造成了一种当时西欧所没有的社会现象,即农民成为有组织的军队,抵抗封建贵族的农村平民群众——哥萨克。控制农民的流动,压制农民的反抗,单纯依靠贵族个人的司法网络,不足以应付这个问题,最终迫使贵族求助于沙皇专制政府。"普加乔夫起义的意义是,以有力的和悲剧的方式再次揭示了法国哲学和俄国现实之间的鸿沟。起义也导致了法典委员会的流产。这两次冲击使皇权和贵族的同盟变得更加紧密、明确,也更加好斗。在 18 世纪俄国的历史条件下,作为俄国政府所推行的政策的合乎逻辑的结果,联盟中的双方是拴在一条绳上的蚂蚱。"②

贵族是 18 世纪经济改革的最大的受益者:贵族的财产资格以占有农奴人数的多少来确定,农奴制的强化导致贵族占有土地和农奴数量的增长;贵族掌握了管理农民的司法权;贵族成为俄国政府地方管理的骨干力量;农奴制村社成为国家和贵族地主推行农奴制的工具。18 世纪的农奴制度是一种军事性质的屯田制度,它同军队的给养需要和后备士兵的需要密切相关,超经济强制色彩的农奴制度已经把农民的劳动积极性降到了极限,不可能期望生产效率的提高。俄国贵族经济地位低下、缺乏现代意识,他们在西方资本主义工业世界的冲击下,为参与国际分工,增加农业产量获取超额利益,利用沙皇在改革中给予的经济特权,在农业生产中实行农奴制度,在工业矿业中也实行变相的农奴制度。如果西欧的某些贵族地主比自己的国王富有,在俄国却相反,贵族都依附于沙皇,贵族的

---

① [俄]安德兰尼克·米格拉尼扬:《俄罗斯现代化之路——为何如此曲折》,新华出版社 2002 年版,第 7—8 页。

② [美]尼古拉·梁赞诺夫斯基、马克·斯坦伯格著:《俄罗斯史》,杨烨、卿文辉译,上海人民出版社 2007 年版,第 244 页。

财富都来自于宫廷。国家通过领地制加强了对贵族经济的有效控制,使之完全依附于专制主义政府。教产还俗使农奴制进一步深化,原来属于教会的地产和农民,现在已属于国家和贵族所有。"在俄国贵族看来,为国家服务是达到目的的手段,而不是目的的本身。"①

农奴制是俄国国家制度的核心,它不仅指挥国家的政治经济生活,而且给社会、思想和道德生活打上了深深的烙印。在经济上,代役金盛行,劳役制占有统治地位,地主家仆增多,买卖农奴价格的上升。贵族在获得自由后,没有成为俄国农业的主宰者和领导者,地主从土地占有者逐渐转变为农奴占有者,变为对农民的监察管理者;农奴制既延缓了农民劳动力在平原地区的自然分布,又阻碍了俄国城市化的进程,耗尽了国家通过直接税获得的财源,迫使国家金库求助间接手段。在思想道德方面,一是贵族就是农奴制度影响思想深刻的传播人,俄国政治制度赖以维持的这种权利与义务的平衡状态遭到破坏,俄国社会民众的起义从 17 世纪被管理者反对当政机关——军政长官和衙门官员,改为 18 世纪下层等级反对上层等级——贵族。二是农奴制的强化也使贵族等级本身的思想道德出现了独特的倾向,广泛参与地方管理事务却没有向它提出重大的社会问题。贵族的选举成了亲朋好友倾轧的舞台,贵族代表大会则成了空谈和争吵的场所。贵族在政治上和经济上的无所事事的现象是俄国文明社会史上的一大特点。他们借用外来文化的精华来消除生活的苦闷懒散,在贵族中间兴起了对生活方式讲求优雅装饰的强烈需求之风——爱美消遣之风。在管理社会能力方面,由于农奴制的强化,贵族管理俄国社会的能力下降了。彼得一世时期,贵族接受军事技术训练;在宫廷政变时期,这种军事训练被文雅的机械式教育所取代。叶卡捷琳娜二世时期,受宫廷现实的影响,在原先文雅的机械式教育之上,又增添了某种文学的需求。但在叶卡捷琳娜二世时期贵族管理社会的思想素养和政治才能很低下,处于领导地位的贵族无法成为俄国社会的实际领导者。

———————

① [美]布莱克:《日本和俄国的现代化》,商务印书馆 1984 年版,第 73 页。

　　贵族是农民获得自由的最大阻碍,贵族获得的自由越多,也就意味着贵族地主的农奴不再成为国家的农民,农民成为贵族的私有财产。"1762 年的法律颠覆了俄国社会的基本结构,这个结构的内容本来是人人必须服务:农奴为地主服务,地主为国家服务。按照公平原则,贵族的强制性服役被废除之后,应紧跟着解放农奴。然而确实 99 年后的第二天。"①由于农民是国家的主要纳税人,国家财政、军队和贵族服役的主要保障,这样,贵族特权的扩大使国家失去了对农民的监督,贵族借助经济势力而加强他们的政治势力。贵族的特权越大,国家拥有的农民就越少。只要贵族仍还是沙皇的奴仆,国家就不能调整对地主的统治权,农奴制度推行到俄国全境并达到顶峰,俄国在 18 世纪下半期终于迎来了贵族的"黄金时代",但俄国的经济基础却面临着深刻的危机。

　　此外,贵族对俄国工商业垄断和实行高利贷盘剥。建立在农奴制基础上的工业化,其发展速度很低,缺乏提高劳动生产率的刺激力,工厂缺乏专业干部和专家。在农奴制下,潜在的工人群众处在贵族的监督下,而在工厂里的短工是农奴身份,他们为地主挣代役租,这样俄国企业家没有,也不可能有条件自由发展企业,引进资本主义的市场竞争机制。因为俄国工业的发展是基于国家的军事需要而非居民的生活需求,军事工业的优先发展导致了经济结构的失衡。国家拥有丰富资源和充足劳动力却无力扩大再生产,而外国资本也不能引进。手工业主对自由劳动力吸纳受到限制,遏制了萌芽中俄国资本主义原始积累的正常发展,也就决定了俄国工业在未来的发展中必然遭遇失败和新的技术困难。

　　除了创办企业,贵族更为感兴趣向非贵族的企业家放高利贷从中牟取暴利。即便使从事工商业获得的巨额利润贵族主要用于自身的奢侈性消费,而不是投资于工商业的扩大再生产。非贵族出身的企业家通过逢

---

　　① 许多历史学家强调 1762 年《御赐全俄罗斯贵族特权与自由诏书》的积极影响:俄国社会至少一个等级摆脱了国家的束缚,获得了基本的独立。这是俄国在自由之路上迈出的第一步。[美]尼古拉·梁赞诺夫斯基、马克·斯坦伯格著:《俄罗斯史》,杨烨、卿文辉译,上海人民出版社 2007 年版,第 233 页。

迎和通婚等方式,用巨额资金购买贵族称号。俄国贵族向往欧洲的奢侈生活,奢侈之风延续 40 多年。

　　商人成为贵族,农奴化的雇佣工人汇入农奴大军,贵族化的工业家基本上与一般地主没有什么区别。新上任的贵族不再从事商业而迷恋于贵族生活方式,大部分企业家和他们的子弟把大量资金投在豪华庄园的建设中,"俄国人进入欧洲舞场较晚,也就不会很快走出来。"①获得贵族称号的工业家完全进入贵族行列,最终失去了生产组织者的作用。而贵族希望获得的实际权利,首先是对农奴的领有权利,其次是工商业领域里的权利,这样,迫使贵族与形成中的俄国资产阶级发生冲突,贵族积极参加工商业活动成为俄国社会转型时期的一个特征。成为乡间的主人,对农奴和领地的垄断权始终是俄国贵族梦寐以求的最高生活理想。无怪乎有的学者认为,西伯利亚地区之所以被农奴制"边缘化",原因在于,俄国农奴制主要是为了满足贵族的生活需求才发展起来的。由于西伯利亚不具备与莫斯科、圣彼得堡相媲美的西欧资本主义文明的物质生活,所以,西伯利亚对俄国贵族并不具有诱惑力,西伯利亚避免了贵族,因而也就避免了农奴制。② 农奴制的长期存在更是西伯利亚移民开发过程的严重阻碍者。③

　　19 世纪克里米亚战争的惨败最终成为俄国经济落后的历史见证,这也是从另一方面对战争失败原因的诠释。农奴制的致命结果还影响到俄国农民的社会心理,农民的社会依赖性和经济上的消极被动,农民缺乏个性自由和尊严。农奴制不仅影响到贵族和农民等级的分化,还影响到俄国第三等级的形成。封建农奴制度的存在阻碍了俄国资本主义经济的发展。

---

　　① [法]布罗代尔:《15—18 世纪的物质文明、经济和资本主义》第 3 卷,三联书店 2001 年版,第 534 页。

　　② [美]斯塔夫阿诺斯:《全球通史》下卷,上海社会科学出版社 2000 年版,第 206 页。

　　③ 王晓菊:《俄国东部移民开发问题研究》,社会科学文献出版社 2003 年版,第 34 页。

按照现代化理论,现代化是传统社会向现代社会的过渡,以工业化为核心的现代化是一次巨大的、整体的社会变动,而人的发展是一切发展的核心和最终目的。"任何国家的现代化都是与公民社会的形成和发展密切相关,现代化必须建立在公民社会的基础上才能实现和巩固,在政治层面上现代化的发展过程也就是公民社会的建立和成熟的过程,而公民社会能否得到发展和成熟,又取决于是否能正确处理个人、社会和国家这三者的关系。"①俄国现代化进程与西欧国家"内生原创性"现代化发展不同,它是在外部因素的刺激下发生的,即 18 世纪末期俄国才形成了全俄统一市场,国内资本主义经济萌芽极为有限。② 虽然在受到现代化的挑战之前,俄国已经奠定了国家疆界和民族基础,沙皇政府本身能够主动地回应现代化的挑战。但沙皇政府改革的目的不是为了改掉传统体制,而是为了抵制外敌。

18 世纪末期,俄国才基本形成等级制度,形成了等级的本质特征:等级权利世袭并得到法律确认;各等级拥有自己的等级组织和法院,拥有自治权;各等级形成了各自独特的思维和认知方式。俄国大量农村人口没有受到现代化的动员,俄国商人和手工业者在封建城市中曾有过自己辉煌的业绩,但他们从来没有像西欧城市中的商人和手工业者那样,获得真正意义上的城市自治权,俄国贵族也没有成为独立的社会等级而成为真正意义上的统治阶级。"在国内缺乏对法制国家、个人自由、捍卫公民

① [俄]安德兰尼克·米格拉尼扬:《俄罗斯现代化与公民社会》,新华出版社 2003 年版,第 1 页。

② 张广翔认为,传统的 17 世纪全俄统一市场说不符合历史的实际。从贸易的角度,18 世纪俄国的统一商品市场具有如下特征:商品关系对占优势的农业经济渗透程度相对低,贸易网密度低;定期贸易尤其是贸易展销会贸易起主导作用;因定期贸易为主地方市场的贸易联系程度较低;贸易的多层次性质导致涌现众多的中间商;在贸易领域内商品滞留的时间长,商品资本周转时间长;间接贸易迟缓,地方市场的多层次性,使地方市场的"经济反馈"迟钝;地方市场对全俄市场价格形成的影响。18 世纪末期俄国存在着统一的商品市场,19 世纪中期统一的商品市场才缓慢发展成为统一的资本主义市场,20 世纪初,统一的资本主义市场接近形成。参见张广翔:《全俄统一市场究竟形成于何时?》,《世界历史》2001 年第 3 期。拉伊夫认为,18 世纪整个俄罗斯帝国境内出现了许多贸易区,不一定是马克思主义者所指的市场。[美]拉伊夫著:《独裁下的嬗变与危机:俄罗斯帝国二百年剖析》,蒋学祯、王端译,学林出版社 1996 年版,第 49 页。

(个人)免遭任何外来暴力压制的个人权利的必要性的认识。这样,绝大多数居民处于受奴役的地位,任何个人,不管他属于哪个阶级和等级,都没有应享有的个人自由和公民权利。"①在欧洲,国家政权处于公民社会的监督之下,在18世纪俄国根本不具备建立公民社会的任何可能性,而存在着个人、社会和国家有机统一的不可分割性。在面临强大的压力情况下,传统文化的凝聚力与认同感使国家仍然能够保持自身的完整,但这种发展趋势却阻碍了俄国社会的转型。

在国家经济迅猛发展之时,专制政府通过一系列严厉的压制措施迫使不情愿的国民作出巨大的牺牲,尤其是服役和土地所有者的双重身份使贵族生活得不到保障,也对未来不抱任何期望,逃避自然成为摆脱此重担的必然方式。18世纪中期实行的"开明专制""无论带有何种意识形态色彩,沙皇专制主义统治从未遭到严重侵犯",②这样在现代化进程中,封建等级制度的确立,农奴制的强化,俄国社会制度的基础仍然是封建的贵族统治,国家本身现代化因素的缺乏,政府人为干预色彩浓重。18世纪的沙皇政府只是把贵族联合成为统一的等级,并没有前后一致的政策,《官秩表》制造了旧世袭贵族和新官僚贵族之间的对立,《一子继承法》使贵族的土地占有完全取决于对国家的服役状况,专制政府的政策仅仅消除了不同俄罗斯贵族集团在权利上的差异,而不愿区别对待不同民族和地区贵族的利益。"专制者本人也不否认自由是美好的,只不过唯独他才配享有自由,所有其他人都不配享有自由。"③

这样,在东西方多重文化背景中成长起来的俄国贵族,由于内部社会成分、民族成分的复杂多样,而具有多元化和无可比拟的活力,但在保守、落后的贵族等级体制下,18世纪后期,个人物质利益优惠原则在贵族社

---

①　[俄]安德兰尼克·米格拉尼扬:《俄罗斯现代化之路——为何如此曲折》,新华出版社2002年版,第9页。

②　[美]佩里·安德森:《绝对主义国家的系谱》,上海人民出版社2001年版,第242页。

③　[俄]安德兰尼克·米格拉尼扬著:《俄罗斯现代化与公民社会》,徐葵等译,新华出版社2003年版,第101页。

会意识中占据上风,正如美国历史学家德日·布留斯所言:"俄国贵族的独立意识仅仅出现在彼得一世时期。"①俄国从 18 世纪开始明显受到西欧文明的影响,"社会上层接受西欧模式的培养和教育;所有国家机关的建立都效仿西欧模式;法律也模仿西欧制定。但这一切仅限于社会上层。西欧文明并没有深入俄国下层,他们的道德规范、风俗习惯、家庭生活、公社生活、土地所有制和耕种方式根本没受外来文化和法律的影响,甚至不受政府的干涉。俄国社会上层和下层文化的差别导致有文化等级根本不理解农村的民间事物。"②

法典委员会的争论表明,俄国贵族已经明确了自己的等级界限,坚决与其他等级割裂,他们自认为是特权等级且在国家机构中发挥着重要作用。为此,贵族利用"开明专制"的空泛辞藻,竭力施展阴谋诡计。贵族代表在俄国工商业问题上的建议仅仅有利于专制国家的军事需要。贵族自治团体——贵族会议仅仅是沙皇专制统治的得力工具。领地制使贵族缺乏对土地和农奴的实际垄断权。贵族代表在涉及一些本质性问题上没有达成一致,在农奴制权利问题上也不统一。大部分贵族,首先是省级贵族坚决捍卫农奴制度。西欧国家的贵族认为,从事工商业活动将会降低贵族尊严,但它在俄国贵族看来却是另一种解释。保守、落后的贵族等级制度最终阻止了对个人物质利益的考虑,俄国贵族社会意识发展的不成熟,使得俄国贵族联盟在 18 世纪下半期远远没有完成。

可见,俄国贵族体制发展的独特性,没有形成类似于脉系传承,繁衍更新的英国贵族体制,即以等级代表会议、五院制贵族为依托完善的贵族体制。沙皇专制统治的强化,等级会议不复存在,贵族对自治权利的鄙视,贵族会议的徒有虚名,贵族爵位制度的随意性和混乱性,贵族不可能成为制约和抗衡王权的社会异己力量。"在俄国,某一社会群体的政治

---

① А.Б.Каменский.Российское дворянство в 1767 год:К проблеме консолидации.//М., СССР.1990.No1.С.73.

② [俄]鲍里斯·尼古拉耶维奇·米罗诺夫:《俄国社会史》下卷,山东大学出版社 2006 年版,第 313 页。

地位和社会作用,与其说取决于该群体人数的多寡,不如说取决于它的凝聚力,取决于它的领导者是否有能力动员自己的成员为自身利益去斗争,去坚决捍卫自己的阵地。"①贵族内部的矛盾,贵族等级自我意识发展的不充分阻碍了俄国贵族联盟的建立,发育不良的俄国贵族无法抵制西欧封建贵族偏见的渗透和生活方式的诱惑,等级偏见造成俄国贵族等级的分裂和对抗。俄国贵族既有鞑靼蒙古贵族东方式的专制保守,又有德、法贵族西方式的自由浪漫,俄罗斯贵族崇尚波罗的海的日耳曼贵族而鄙视其他民族的贵族,他们之间不可能建立联盟。他们为了赢得政府的认可,确立在政治、经济地位上的有限特权而殚精竭虑,与纳税等级格格不入。这样,阻碍了贵族等级的政治团结,决定了贵族现代化意识的滞后和摇摆不定,他们无法适应新时代,无法正确理解法国大革命"自由、平等、博爱"的基本原则,他们无法在维护既得利益的前提下处理与广大民众的关系,他们只能追随沙皇政府。

　　贵族宁愿在奴役中平等,也不愿在自由中不平等。"自由并不是他们愿望中主要的和固定的东西,平等才是他们永远爱慕的对象。他们以突然的奔放和罕见的干劲冲向自由,如达不到目的,便心灰意冷地屈服于命运。但是,除了平等,什么也满足不了他们,他们宁死而不愿意失去平等。"②"俄罗斯人仅仅把自由作为负面的毁坏性和无政府主义的自由来接受的。"③大贵族希望获得实际权利,首先是对农奴的占有权,其次是工

---

①　[俄]鲍里斯·尼古拉耶维奇·米罗诺夫:《俄国社会史》下卷,山东大学出版社2006年版,第254页。

②　[俄]安德兰尼克·米格拉尼扬著:《俄罗斯现代化与公民社会》,徐葵等译,新华出版社2003年版,第100页。

③　朱达秋认为,在西欧,自由是通过权利来理解的,它首先是被理解为独立的个人具有不可剥夺的权利,每个人自主确定什么对个人来说是有益的、有利的。公民的权利是详细制定的对权利的特别限制。在俄罗斯人的意识中,自由首先是一种责任,一种义务,而权利具有权利义务的形式,社会的每一个成员尽好义务就是俄罗斯人理解的公正。在这个意义上,正如 Н.Я.丹尼列夫斯基所言,能够获得比俄罗斯人更大的自由和比俄罗斯人更喜欢滥用自由的人过去未必有,现在也未必有。在俄罗斯人的意识中,权利通过公正这一概念与作为道德价值的真理相联系。朱达秋、周力:《俄罗斯文化论》,重庆出版社2004年版,第39—40页。

商业领域内的经营特权,这样强迫他们与形成中的俄国资产阶级相对立,而成为沙皇的盟友;贫穷的中小贵族和受到排挤的某些大贵族,他们以退役或以沉迷于东正教的圣物崇拜方式来逃避俄国社会现实;波罗的海贵族获得了自治权利,乌克兰和其他民族的贵族始终没有得到政府的任何支持;只有少部分先进的贵族知识分子,由于无力促进俄国贵族联盟的建立,也不可能加速俄国旧贵族体制的瓦解,他们只能通过文学艺术形式抨击沙皇专制主义,讥讽俄国大贵族的落后与反动,面对丑恶的、具体的社会现实,他们深恶痛绝但束手无策,只能在对上帝的祈祷声中忏悔、自责。

这样,导致了在 19 世纪民粹派的幼稚行为,以及在俄国社会发展道路上西方派和斯拉夫派的无休止的争论。如"斯拉夫派思想家把俄国没有自由的个体和个人得不到法律的自动保护与俄国独特的发展道路联系在一起。这样,一些人因奴隶制而伤悲,而另一些人则试图根据这种奴隶制推断出俄罗斯的独特命运、历史和使命"①。赫尔岑曾把斯拉夫派和西方派视为具有两副面孔的、朝着不同的方向的伊阿诺斯或双头鹰,他们共有一颗心脏,其中涌动的是对俄罗斯的爱。②"急若流星追自由,瞬间变成苍头奴。"而专制主义政府拒绝迎合贵族,而巧妙地利用贵族等级之间的利益矛盾控制他们。

这样,俄国社会中三者的关系是扭曲的,沙皇政府是专制的,社会是分裂的,个人是被奴役的,社会因缺乏整体性而加深了其对沙皇政府的依赖。"最迅速的获得自由的途径会导致最坏的受奴役形式。"③18 世纪改革是在专制制度条件下进行的,专制制度是国家经济、文化和社会进步的先导,其结果是,虽然在政治上促进了俄国社会的发展,在外交上确立了俄罗斯的大国地位,在文化上促进了俄国贵族文化的勃兴与发展,但"真

---

① [俄]安德兰尼克·米格拉尼扬:《俄罗斯现代化之路——为何如此曲折》,新华出版社 2002 年版,第 9 页。

② [俄]赫尔岑:《往事与随想》中册,人民文学出版社 1998 年版,第 190 页。

③ [俄]安德兰尼克·米格拉尼扬:《俄罗斯现代化之路——为何如此曲折》,新华出版社 2002 年版,第 35 页。

正的贵族体制不是靠聚敛财富和权力形成的,不是通过履行国家职能的道路形成的,它凭借的是刀剑弓马,是战争的产物。贵族体制是种姓制,它很难适应国家机构,在某种意义上,它是反国家的。"①"虽然是一个贫穷落后的、农业占绝对优势的、文盲充斥的国度,但是俄国仍然拥有一支庞大的、有着光荣历史的军队,一个复杂的官僚体系和一个在欧洲堪称最富丽堂皇的宫廷。随着西方化的到来,横在受过良好教育、拥有特权并居于社会顶层的少数人和底层的大众之间的鸿沟变得越来越宽了。这个鸿沟是悲剧性的,在后来还被证明是致命的。"②

18世纪的沙皇政府不能像近代早期的西欧国家的专制政府,为了既得利益,暂时容忍资产阶级的发财致富,为西欧资本主义的原始积累作出一定的贡献。西欧的历史环境产生了取代农奴制的专制主义,而18世纪俄国的改革强化了农奴制、专制制度,其治国之道与其说是创新,不如说是维持现状,拉大了俄国不同等级之间的社会和文化差距,破坏了俄国社会发展的自然性和协调性,国家在政治、经济和文化等领域发展的不均衡达到了极限,最终延误了俄国现代化进程。1812年拿破仑入侵俄国的失败,表面上是受到了恶劣的气候和后勤条件的影响,实际上是被一种牢不可破的封建环境所摧毁。此后沙皇政府成为19世纪不可一世的"欧洲宪兵"和反动的维也纳体系创始人之一。

所以,从这个意义上说,在西方工业世界冲击下,尽管18世纪以改革为俄国生活提供了许多值得肯定的东西,但改革的方针趋向于保护传统社会,以防止它出现剧烈、深刻的变化,所以,导致社会落后的根本制度却没有触及,君主专制和农奴制度反而强化,改革违背了经济规律模式与本国国情相适应的规律,其结果不能把俄国最终引向富强之路。"法律超越了生活,改革走到了民众需要之前,广大群众对社会结构、社会关系以

---

① [俄]别尔嘉耶夫集:《一个贵族的回忆与思索》,汪建钊编选,远东出版社2004年版,第176页。
② [美]尼古拉·梁赞诺夫斯基、马克·斯坦伯格著:《俄罗斯史》,杨烨、卿文辉译,上海人民出版社2007年版,第264页。

及社会性质的理解依然停留在等级制度阶段。"①一些社会进程还没有来得及完成,另一些社会进程就被强行开始了。这些改革符合政府和文化阶层的思想和需要,但却不符合广大民众的思想和需要,因此,改革对社会上层的影响比社会下层大,对城市的影响比农村大,这进一步加剧了社会和文化的不均衡性、城市和农村的分化。

18 世纪是俄国封建主义向资本主义转型时期,在 19 世纪俄国现代化进程中,俄国资本主义发展道路上阻力重重,俄国社会在现代与传统的较量中,即 1861 年农奴制度的改革进程错位、冲突迭起,步履艰难。"俄国现代化开始时,传统体制依然健康且充满了生命力。现代化按照西欧模式进行,政权试图强行摧毁依旧强大的旧制度。但在传统与革新的斗争中,通常是传统取得胜利,现代化只是表面上实现了,并没有建立起坚实的基础。"②"俄国现代化的速度超出了广大民众对变革的期待和准备,转变过程是极端病态的。政府强行发动的社会变革致使社会危机四伏,社会秩序崩溃,现代化的许多成果很快就被埋葬在一片废墟里。"③这正是由于俄国社会不成熟和经济落后,"赶超型"的俄国在迈向现代化之路中必然付出的巨大代价。正如恰达耶夫所言:"从这一点上,我们在成长,可我们却不成熟;我们在向前运动,可我们却沿着一条曲线,也就是说,在走着一条到不了终点的路线。我们属于这样的民族,它似乎没有被组合进人类,它的存在仅仅是为了给世界提供一个严正的教训。"④这也是从多种角度对两种历史分歧、俄国早期现代化进程反复曲折,俄国历史发展的复杂性与悖论性的一种阐释。

---

① [俄]鲍里斯·尼古拉耶维奇·米罗诺夫:《俄国社会史》下卷,山东大学出版社 2006 年版,第 306 页。
② [俄]鲍里斯·尼古拉耶维奇·米罗诺夫:《俄国社会史》下卷,山东大学出版社 2006 年版,第 323 页。
③ [俄]鲍里斯·尼古拉耶维奇·米罗诺夫:《俄国社会史》下卷,山东大学出版社 2006 年版,第 318 页。
④ 文池主编:《在北大听讲座第 8 辑:俄罗斯文化之旅》,新世界出版社 2002 年版,第 174—175 页。

参 考 文 献

一、俄文文献

1. А.Б. Каменский. Российская империя в ⅩⅧ в: традиции и модернизация. М., 1999.

А.Б.卡缅斯基:《18 世纪的俄罗斯帝国:传统与现代》,莫斯科 1999 年版。

2. А.Б. Каменский. От Петра Ⅰ до Павла Ⅰ: Реформы в России ⅩⅧ в.: Опыт целостного анализа. М., 1999.

А.Б.卡缅斯基:《从彼得一世到保罗一世:18 世纪俄国改革——整体经验分析》,莫斯科 1999 年版。

3. А.И. Юхта. Екатерина Ⅱ и её окружение. М., 1996.

А.И.尤赫塔:《叶卡捷琳娜二世和她周围的人》,莫斯科 1996 年版。

4. А. Г. Тартаковский. Русская мемуаристика ⅩⅧ – первой половины ⅩⅨ в. М., 1991.

А.Г.塔尔塔科夫斯基:《18—19 世纪前半期俄国回忆录》,莫斯科 1991 年版。

5. А.Г. Манько. Дворянство и крепостной строй России ⅩⅥ–ⅩⅧ вв. М., 1975.

А.Г.马尼科:《16—18 世纪俄国贵族与农奴制》,莫斯科 1975 年版。

6. А. Романович-Славятинский. Дворянство в России. М., 2003.

А. 罗曼诺维奇·斯拉瓦京斯基:《俄国贵族》,莫斯科 2003 年版。

7. А.Н. Медушевский. Утверждение абсолютизма в России. М., 1994.

А.Н.梅杜舍夫斯基:《俄国专制主义的确立》,莫斯科 1994 年版。

8. Б. Н. Врангель. Старые усадьбы: Очерки истории русской дворян культуры. СПб., 2000.

Б.Н.弗兰格尔:《旧庄园——俄国贵族文化的特征》,圣彼得堡 2000 年版。

9. Б. Б. Кафенгауз. Абсолютизм в России (ⅩⅦ–ⅩⅧ вв): Сборник статей к 70-летию со дня рождения и 45-летию науч. М., 1964.

Б.Б.卡芬豪斯:《17—18 世纪俄国的专制主义》,莫斯科 1964 年版。

10. Б. Н. Миронов. Хлебные цены в России за два столетия (XVIII–XIX вв).

Л.,1985.

Б.Н.米罗诺夫:《两百年内(18 — 19 世纪)俄国的谷物价格》,列宁格勒 1985 年版。

11.В. Федорченко. Дворянские роды, прославившие Отечество: энциклопедия дворянских родов.М.,2003.

В.费多尔琴科:《歌颂祖国的贵族家族:贵族家族的百科全书》,莫斯科 2003 年版。

12.В. В. Козловский、И. В. Уткин、Г. Федотова. Модернизация: от равенства к свободе.СПб., 1995.

В.В.科兹洛夫斯基、И.В.乌特金、Г.费多托瓦:《现代化:从平等走向自由》,圣彼得堡 1995 年版。

13.В.В.Алексеев.Опыт российских модернизаций ХⅧ-ХⅨ века.М.,2000.

В.В.阿列克谢:《18 — 19 世纪俄国现代化的经验》,莫斯科 2000 年版。

14.Вдовина.Дворянский конституционализм в политической жизни России ХⅧ в. М., 1995.

Л.Н.弗多维纳:《18 世纪俄国政治生活中的贵族立宪主义》,莫斯科 1995 年版。

15.О.В.Кириченко、Х.В.Поплавская.Православная вера и традиции благочестия у русских в ХⅧ-ХХ веках:Этнографические исседования и материалы.М.,2002.

О.В.基里琴科、Х.В.波普拉夫斯基:《18 — 20 世纪俄罗斯人的东正教信仰和传统:民族学研究和资料》,莫斯科 2000 年版。

16.В.К. Яцунский. Социально - экономическая история России ХⅧ-ХⅨ вв. М.,1973.

В.К.亚聪斯基:《18 — 19 世纪俄国社会经济历史》,莫斯科 1973 年版。

17.В. П. Милецкий. Российская модернизация предпосылки и перспективы эволюции социального государства.СПб., 1997.

В.П.米列茨基:《俄国现代化的前提条件和社会国家进程的前景》,圣彼得堡 1997 年版。

18.В. П. Старк. Дворянская семья: из истории дворянских фамилий России. СПб.,2000.

В.П. 斯塔尔克:《贵族家庭:俄国家族历史》,圣彼得堡 2000 年版。

19.Г.Ф.Миллер.Известие о дворянах Российских. СПб.,1790.

Г.Ф.米勒:《俄国贵族见闻》,圣彼得堡 1790 年版。

20. Е. В. Анисимов. Россия в середине ХⅧ века: Борьба за наследие Петра. М.,1986.

Е.В.阿尼西莫夫:《18 世纪中期的俄国:为了彼得王位继承之争》,莫斯科 1986

年版。

21. Е. В. Анисимов. Россия без Петра. СПб., 1994.

Е.В.阿尼西莫夫:《没有彼得的俄罗斯》,圣彼得堡 1994 年版。

22. Е. Н. Марасинова. Власть и личность: Очерки русской истории XⅧ века. М., 2008.

Е.Н.马拉西诺瓦:《政权与个性:18 世纪俄国历史特征》,莫斯科 2008 年版。

23. Е. Н. Марасинова. Психология элиты российского дворянства последней трети XⅧ века. М., 1999.

Е.Н.马拉西诺瓦:《18 世纪下半期俄国贵族上层的社会心理》,莫斯科 2008 年版。

24. Е. Е. Рычаловский. Россия в XⅧ столетии. М., 2002.

Е.Е.雷恰洛夫斯基:《18 世纪的俄国》,莫斯科 2002 年版。

25. Е. Н. Кушева. Дворянства //Очерки истории СССР: Период феодализма : России во первой четверти XⅧ в. М., 1954.

Е.Н.库谢瓦:《贵族//苏联历史特征:封建时期——18 世纪前期的俄国》,莫斯科 1954 年版。

26. И. А. Головатенко. История россии: спорные проблемы. М., 1993.

И.А.格洛瓦琴科:《俄国历史:争论的问题》,莫斯科 1993 年版。

27. И. А. Голубцов. Дворянства //Очерки истории СССР: Период феодализма России во второй четверти XⅧ в. М., 1957.

И.А.戈卢布佐夫:《贵族//苏联历史特征:封建时期——18 世纪后期的俄国》,莫斯科 1957 年版。

28. Извеков, Игорь. Николаевич. 500 лет на службе России: Дворянский род Извековых от вяземских вотчинников до наших дней. СПб., 2002.

伊兹伟科夫·伊格尔·尼古拉耶维齐:《在俄国服役 500 年:从世袭领主维亚泽母斯基到今天的贵族伊兹伟科夫家族》,圣彼得堡 2002 年版。

29. И. Порай-кошиц. История русского дворянства. М., 2003.

И.波赖-科希茨:《俄国贵族》,莫斯科 2003 年版。

30. И. Фаизова. "Манифест о вольности" и служба дворянства в XⅧ столетии. М., 1999.

И.法伊佐瓦:《"自由昭书"与 18 世纪俄国贵族服役》,莫斯科 1999 年版。

31. И. В. Фаизова. Материалы Геральдмейстерской контры как источник по истории Российского дворянства XⅧ сталетия. Саратов, 1990.

И.法伊佐瓦:《有关 18 世纪俄国贵族服役历史见证人的贵族铨叙局》,萨拉托夫 1990 年版。

32. И. Ф. Худушина. Царь. Бог. Россия. Самосознание русского дворянства (Конец

ⅩⅧ-первая треть ⅩⅨвв）.М.,1995.

И.Ф.胡杜什纳:《沙皇、上帝、俄国——18 世纪末到 19 世纪前期俄国贵族自我意识》,莫斯科 1995 年版。

33.Л.В.Иванова.История российских дворянских организациий и учреждеий.СПб.,1996.

Л.В.伊万诺瓦:《俄国贵族组织和机构史》,圣彼得堡 1996 年版。

34.М.Д.Рабинович.Социальное происхождение и имущественное положение офицеров регулярной русской армии в конце Северной войны.М.,1973.

М.Д.杜比诺夫:《北方战争末期俄国正规军军官的社会出身和财产状况》,莫斯科 1973 年版。

35.М.Яблочков.История дворянского сословия в России.СПб.,1876.

М.亚布洛奇科夫:《俄国贵族等级史》,圣彼得堡 1876 年版。

36.М.М.Щербатов.Размышления о дворянстве.СПб.,1896.

М.М.谢尔巴托夫:《有关贵族的几点思考》,圣彼得堡 1896 年版。

37.М.А.Бибин.Дворянство накануне падения царизм в России.Саранск.2000.

М.А.比宾:《俄国沙皇垮台前夕的贵族》,萨拉斯克 2000 年版。

38.М.Т.Белявский.Дворянская империя ⅩⅧ века:основые законодательные акты.М.,1960.

М.Т.别利亚夫斯基:《18 世纪贵族帝国:基本的法律文献》,莫斯科 1990 年版。

39.М.А.Бойцов.Со шпагой и факелом:Дворцовые перевороты в России 1725—1825.М.,1991.

М.А.博伊佐夫:《剑与火:1725—1825 年宫廷政变》,莫斯科 1991 年版。

40.М.Д.Курмачева.Крепостная интеллигенция России:Вторая половина ⅩⅧ-ⅩⅨ века.М.,1983.

М.Д.库尔曼切瓦:《18 世纪后半期至 19 世纪俄国农奴知识分子》,莫斯科 1983 年版。

41.Н.Я.Эйдельман.Россия в середине ⅩⅧ век.М.,1988.

Н.Я.艾德尔曼:《18 世纪中期的俄国》,莫斯科 1988 年版。

42.Н.В.Мурашова.Дворянские усадьбы:Санк-петербургской губернии.СПб.,2001.

Н.В.穆拉绍瓦:《贵族庄园:圣彼得堡州》圣彼得堡 2001 年版。

43.Н.В.Козловой.Городская семья ⅩⅧ века(Семейно-прововые акты купцов и разночинцев Москвы).М.,2002.

Н.В.科兹洛夫斯基:《18 世纪城市家庭:莫斯科商人和平民的家庭——权力法》,莫斯科 2002 年版。

44.Н.И.Павлеко.Екатерина Великая.М.,1999.

Н.И.帕夫连科:《叶卡捷琳娜大帝》,莫斯科 1999 年版。

45.О.И.Хоруженко.Дворянские дипломы XⅧ веки в Росии.М.,2000.

О.И.霍伦任科:《18 世纪俄国贵族证书》,莫斯科 2000 年版。

46.О.И.Петров.История родов русского дворянства.М.,1991.

О.И.彼得洛夫:《俄国贵族家族史》,莫斯科 1991 年版。

47.Семен Экштут.На службе российскому левиафану.М.,1998.

谢苗·埃克施杜特:《为俄国服役的利维坦》,莫斯科 1998 年版。

48.С.Я.Матвеева.Модернизация в России и конфликт ценностей.М.,1993.

С.Я.马特维耶瓦:《俄国现代化和价值冲突》,莫斯科 1993 年版。

49.С.А.Корф.Дворянство и его сословное управление за столетие 1762 — 1855 годов.СПб.,1906.

С.А.科尔夫:《1762—1855 年贵族和它的等级机构》,圣彼得堡 1906 年版。

50.С.В.Кулешов、А.Н.Медушевский.Россия в системе мировой цивилизоции.М.,2001.

С.В.库列绍夫、А.Н.梅杜舍夫斯基:《在世界文明体系中的俄国》,莫斯科 2001 年版。

51.С.М.Троицкий.Финансовая политика русского абсолютизма в XⅧ веке.М.,1966.

С.М.托洛茨基:《18 世纪俄国专制主义的财政政策》,莫斯科 1966 年版。

52.С.М.Троицкий.Русский абсолютизм и дворянство в XⅧ в.М.,1974.

С.М.托洛茨基:《18 世纪俄国专制主义和贵族》,莫斯科 1974 年版。

53.С.М.Троицкий.Россия в XⅧ веке.М.,1982.

С.М.托洛茨基:《18 世纪的俄国》,莫斯科 1982 年版。

54.С.М.Ольмиский.Государство,бюрократия и абсолютизм в истории России.М.,1925.

С.М.奥利明斯基:《俄国历史上的国家、官僚体制和绝对主义》,莫斯科 1925 年版。

55.С.М.Троицкий.К проблеме консолидации дворянства России в XⅧ в.М.,1974.

С.М.托洛茨基:《18 世纪俄国贵族的团结问题》,莫斯科 1974 年版。

56.С.В.Черников Дворянские имения Центрально - Черноземного региона России первой половине XVⅢ в.Рязань,2003.

С.В.切尔尼科夫:《18 世纪前期俄国中央——黑土地区的贵族领地》,梁赞 2003 年版。

57.С.М.Соловьев.Публичлиные чтени о Петре Великом. М.,1984.

С.М.索洛维约夫:《有关彼得大帝的公开信息》,莫斯科 1984 年版。

58.С.М.Соловьев.История России с древнейших времен:Т 8 ,М.,1965.

С.М.索洛维约夫:《自古以来的俄国史》第 8 卷,莫斯科 1965 年版。

59.С.С.Минц.Социальная психилогия руссийского дворянства последней трети
Ⅹ Ⅷ - первой трети Ⅹ Ⅸ вв. в освещении источников мемуарного характера.
Диссертация к .и.н.(рукопись) .М.,1981.

С.С.明茨:《18 世纪后期至 19 世纪前期俄国贵族的社会心理》,莫斯科 1981
年版。

60.С.Н.Кистерев.Очерки феодальной России.М.,2002.

С.Н.基斯特尔耶夫:《俄国封建制的特征》,莫斯科 2002 年版。

61.С.Еникеев.Очерк истории татарского дворянства. Уфа,1999.

С.叶尼克耶夫:《鞑靼贵族的历史特征》,乌法 1999 年版。

62.Г. И. Герасимовой, Л. Г. Кислягиной. Вслед подвигам Петровым. Сборник /
Сост., коммент., сопроводительный текст.М., 1988.

Г.И.格拉西莫瓦、Л.Г.基斯利亚吉纳:《追随彼得大帝的足迹》,莫斯科 1988 年版。

63.ТатьянаБрагина.Путешествие по дворянским имениям ЮБК.Таврия, 2001.

塔季扬娜:《在克里米亚南岸贵族领地的旅游》,塔夫里亚 2001 年版。

64.Ю.А.Лимонова.Россия XVIII в. глазами иностранцев.Л.,1989.

Ю.А.利莫诺瓦:《外国人眼中 18 世纪的俄国》,列宁格勒 1989 年版。

65.Ю. М. Лотман. Беседы о русской культуре:Быт и традиции русского
дворянства(Ⅹ Ⅷ-начало Ⅹ Ⅸ века)СПб.,1994.

Ю.М.洛特曼:《俄国文化座谈:18—19 世纪初俄国贵族的日常生活和传统》,圣
彼得堡 1994 年版。

66.Я.Е.Водарский.Служилое дворянство в России в конце XVII-начале XVIIIв.
Вопросы военной истории России XVIII и первой половины XIX века. М.,1969.

Я.Е.沃达尔斯基:《17 世纪末至 18 世纪初服役贵族。18—19 世纪前期俄国军事
历史问题》,莫斯科 1969 年版。

67.Я.Е.Водарский.Дворянское землевладение в России в Ⅹ Ⅶ -первой половине
Ⅹ Ⅸ в.М.,1988.

Я.Е.沃达尔斯基:《17—18 世纪前期俄国贵族土地所有制》,莫斯科 1969 年版。

68.Ханс Багткр.Реформы Петра Великого.Прогресс ,1985.

汉斯·巴格克尔:《彼得大帝的改革》,普罗格列斯 1985 年版。

二、俄文杂志

1. А. Берелович. Русское дворянство при старом порядке (Ⅹ Ⅵ—Ⅹ Ⅷ вв)//

Вопрос истории, 2002. №4.

А.别廖洛维奇:《旧制度下的俄国贵族(16 — 18 世纪)》,《历史问题》2002 年第 4 期。

2.А.Б.Каменский. Екатерина Ⅱ. // Вопрос истории, 1989. №3.

А.Б.卡缅斯基:《叶卡捷琳娜二世》,《历史问题》1989 年第 3 期。

3. А. Б. Каменский. Российское дворянство в 1767 году: К проблеме консолидации. // История СССР, 1990. №1.

А.Б.卡缅斯基:《1767 年的俄国贵族——团结问题》,《苏联历史》1990 年第 1 期。

4.А.Б. Каменский. Сословная политика Екатерина Ⅱ. // Вести московского университета, 2000. №2.

А.Б.卡缅斯基:《叶卡捷琳娜二世的等级政策》,《莫斯科大学学报》2000 年第 2 期。

5. А. Б. Плотников. Ограничение самодержавия в России в1730г. идеи и формы.//Вопрос истории, 1998. №3.

А.Б.普洛特尼科夫:《1730 年俄国限制君主专制的思想和形式》,《历史问题》1998 年第 3 期。

6.Б.Н. флоря. "Служебная организация" и её роль в развитии феодального общества у восточных и западных славян. // Отечественная история, 1992. №2.

Б.Н.弗洛尼亚:《服役组织在东西方斯拉夫人的封建社会中的作用》,《祖国历史》1992 年第 2 期。

7. В. С. Дедюхина. К вопросу о роль крепостных мастеров в истории строительства дворянской усадьбы ⅩⅧ в.//Вести московского университета, 1981.№4.

В.С.杰久欣:《有关 18 世纪贵族庄园建设史上农奴制工匠的作用问题》,《莫斯科大学学报》1981 年第 4 期。

8. В. И. Моряков. Политические и социальные идеи консерватизма в наказе Екатерина Ⅱ. // Вести московского университета, 1995. №1.

В.И.莫尔雅克夫:《叶卡捷琳娜二世圣谕中的政治和社会思想》,《莫斯科大学学报》1995 年第 1 期。

9.В.М.Никонова.Составление проекта прав благородных в уложенной комиссии 1767—1768гг.//Вести московского университета, 1990. №2.

В.М.尼科诺瓦:《1767—1768 年法典委员会上贵族权力法的起草》,《莫斯科大学学报》1990 年第 2 期。

10.В.И.Буганов.Российское дворянство. //Вопрос истории, 1994.№1.

В.И.布加诺夫:《俄国贵族》,《历史问题》1994 年第 1 期。

11.В. А. Ковригина. Немецкая слобода в Москве конца X Ⅵ века - начала X Ⅷ века.//Вести московского университета, 2002. №3.

В.А.科夫里金:《16 世纪末—18 世纪初莫斯科的德国村镇》,《莫斯科大学学报》2002 年第 3 期。

12.В.М.Кобузан.Немецкое население россии в X Ⅷ - начале X X века. //Вопрос истории, 1995. №5.

В.М.卡布赞:《18—20 世纪初俄国的德国居民》,《历史问题》1995 年第 5 期。

13.Г.В.Демина.Мир дворянской усадьбы : как зеркало жизни общества//Вести московского университета, 1996. №6.

Г.В.杰米纳:《贵族庄园世界:作为社会的一面镜子》,《莫斯科大学学报》1996 年第 6 期。

14.И. В. Щеблыгина. Пейзаж парк X Ⅷ в и зарождение русской национальной традиции.//Вести московского университета, 2000. №2.

И.В.夏布雷吉纳:《18 世纪公园的风景和俄国民族传统的产生》,《莫斯科大学学报》2000 年第 2 期。

15.И.В.Щеблыгина.Тема нравственного воспитания и образования дворянства в трудах А.Т.Болотова.//Вести московского университета, 2001.№5.

И.В.夏布雷吉纳:《在 А.Т.勃洛托夫著作中有关贵族的道德和教育命题》,《莫斯科大学学报》2001 年第 5 期。

16.Л.В.Милов.Общее и особенное российского феодализма. //История СССР, 1989.№2.

Л.В.米洛夫:《俄国封建主义的共性和特性》,《苏联历史》1989 年第 2 期。

17.Л. В. Милов. Природно - климатический фактор и особенности российского исторического процесса.//Вопрос истории, 1992.№4—5.

Л.В.米洛夫:《俄国历史进程中的自然—气候因素和特征》,《历史问题》1992 年第 4—5 期。

18.М.Ю.Катин - Ярцев. Балтийско - немецкое дворянство на российской службе X Ⅵ - X Ⅷв.//Вести московского университета, 2000.№2.

М.Ю.卡廷-亚尔采夫:《16—18 世纪在俄国服役的波罗的海—德国贵族》,《莫斯科大学学报》2000 年第 2 期。

19.М.Э.Диториал.Дворянская и купеческая сельская усадба в россии X Ⅵ- X X вв. //История СССР, 1996.№1.

М.э.迪多里阿勒:《16—20 世纪俄国贵族和商人庄园》,《苏联历史》1996 年第 1 期。

20.М.В.Бабич.Вопрос о взаимоотношения самодержавие и дворянства россии Во

Вторая половине ХⅧ в.В современной англо-американской историографии.//Вести московского университета,1989.№6.

М.В.巴比奇:《18世纪下半期专制政府和贵族相互关系问题——在当代英美历史学家著作中》,《莫斯科大学学报》1989年第6期。

21.Н.В.Киприянова.К вопросу о дворянском землевладении в законодательстве ХⅧв.//Вести московского университета,1983.№1.

Н.В.基普里亚诺夫:《18世纪法律文献中的贵族土地占有问题》,《莫斯科大学学报》1983年第1期。

22.Н.В.Молодцова.Комиссия о коммерции 1760—1762гг.//Вести московского университета,1994.№6.

Н.В.莫洛佐瓦:《1760—1762年有关商业的法典》,《莫斯科大学学报》1994年第6期。

23.Н.А.Четырина.Посад как тип послления в ХⅧ——первой половине ХⅨ в.//Вести московского университета,1999.№6.

Н.А.切特尔纳:《18—19世纪前期的城镇》,《莫斯科大学学报》1999年第6期。

24.Н.И.Павленко.Одворянивание русской буржуазии в ХⅧ в.//История СССР,1961.№2.

Н.И.帕夫连科:《18世纪俄国资产阶级的贵族化》,《苏联历史》1961年第2期。

25.С.М.Троицкий.Русское дворянство ХⅧ века в изо бражение американского историка.//История СССР,1970.№5.

С.М.托洛茨基:《在美国历史学家著作中的俄国贵族》,《苏联历史》1970年第5期。

26.С.О.Шмибт.Внутренняя политика России середины ХⅧ века.//Вопрос истории,1987.№3.

С.О.施密波特:《18世纪中期俄国对内政策》,《历史问题》1987年第3期。

27.Р.Джонс.Освобождение русского дворянства 1762—1785.//История СССР,1976.№1.

Р.约翰:《1762—1785年俄国贵族的解放》,《苏联历史》1976年第1期。

28.Ю.Семенова.Психология служилого сословия в России ХⅦ в по повестиям о смутном времени.//Вести московского университета,1993.№2.

Ю.谢苗诺瓦:《内讧时期17世纪俄国服役等级的社会心理》,《莫斯科大学学报》1993年第2期。

29.Ю.А.Тихонов.Дворянская сельская усадьба близ москвы и санкт-петербурга в ХⅧвеке.//История СССР,1990.№5.

Ю.А.吉洪诺夫:《18世纪莫斯科和圣彼得堡附近的贵族庄园》,《苏联历史》1990

年第 5 期。

三、中文文献

1.［俄］瓦·奥·克柳切夫斯基:《俄国史教程》第 1—3 卷,贾宗谊等译,商务印书馆 1996 年版。

2.［俄］瓦·奥·克柳切夫斯基:《俄国史教程》第 4—5 卷,张咏白等译,商务印书馆 2009 年版。

3.［俄］瓦·奥·克柳切夫斯基:《俄国各阶层史》,徐昌翰译,商务印书馆 1994 年版。

4.［法］亨利·特罗亚:《风流女皇叶卡捷琳娜二世》,冯志军译,世界知识出版社 1983 年版。

5.［法］亨利·特鲁瓦亚:《彼得大帝》,齐宗华译,天津人民出版社 1983 年版。

6.［波］瓦利舍夫斯基:《叶卡捷琳娜二世传》,上海译文出版社 1982 年版。

7.［法］托克维尔:《旧制度与大革命》,商务印书馆 1997 年版。

8.［俄］Вл.索洛维约夫:《俄罗斯思想》,贾泽林、李树柏译,浙江人民出版社 2000 年版。

9.［俄］А.Н.别尔嘉耶夫:《俄罗斯思想》,雷永生等译,三联书店 1995 年版。

10.［俄］А.Н.别尔嘉耶夫:《俄罗斯思想的宗教阐释》,东方出版社 1998 年版。

11.［俄］А.Н.别尔嘉耶夫:《俄罗斯的命运》,汪剑钊译,云南人民出版社 1999 年版。

12.［俄］А.Н.别尔嘉耶夫集:《一个贵族的回忆与思索》,汪剑钊编选,远东出版社 2004 年版。

13.［俄］А.Н.别尔嘉耶夫集:《自我认知》,汪剑钊译,上海人民出版社 2007 年版。

14.［俄］А.Н.别尔嘉耶夫:《俄国共产主义的起源与含义——俄罗斯的宗教与思想》,邓兰华译,《苏联历史问题》,陕西师范大学历史系主编,1991 年第 3、4 期合刊。

15.［俄］梅尼日科夫斯基:《重病的俄罗斯》,李莉、杜文娟译,云南人民出版社 1999 年版。

16.［俄］安德兰尼克·米格拉尼扬:《俄罗斯现代化之路——为何如此曲折》,徐葵等译,新华出版社 2002 年版。

17.［俄］安德兰尼克·米格拉尼扬:《俄罗斯现代化与公民社会》,徐葵等译,新华出版社 2003 年版。

18.［苏］赫克:《俄国革命前后的宗教》,高骅等译,学林出版社 1999 年版。

19.［俄］赫尔岑:《往事与随想》上、中、下册,项星耀译,人民文学出版社 1998 年版。

20.［俄］戈·瓦·普列汉诺夫:《俄国社会思想史》第 1—3 卷,孙静工译,商务印书馆 1999 年版。

21.[苏]诺索夫:《苏联简史》,三联书店 1977 年版。

22.[苏]Б.Б.卡芬加乌、Н.И.巴甫连科主编:《彼得一世的改革》上、下册,郭奇格、陈明等译,商务印书馆 1997 年版。

23.[苏]苏联科学院历史所列宁格勒分所:《俄国文化史纲要》,张开、张曼真等译,商务印书馆 1994 年版。

24.[英]以赛亚·伯林:《俄国思想家》,彭淮栋译,译林出版社 2001 年版。

25.[美]拉伊夫:《独裁下的嬗变与危机:俄罗斯帝国二百年剖析》,蒋学祯、王端译,学林出版社 1996 年版。

26.[俄]布尔加科夫:《东正教》,徐风林译,商务印书馆 2001 年版。

27.[俄]尼·伊·帕甫连科:《彼得大帝》,斯庸译,三联书店 1982 年版。

28.[美]汤普逊:《了解俄国:俄国文化中的神愚》,杨德友译,三联书店 1998 年版。

29.[俄]М.Р.泽齐娜、Л.В.科什曼、В.С.舒利金:《俄罗斯文化史》,刘文飞、苏玲译,上海译文出版社 1999 年版。

30.[俄]Н.М.尼科利斯基:《俄国教会史》,丁士超、苑一博、杜立克等译,商务印书馆 2000 年版。

31.[俄]Н.П.巴甫洛夫—西利万斯基:《俄国封建主义》,吕和声等译,商务印书馆 1998 年版。

32.[苏]波克罗夫斯基:《俄国历史概要》上、下册,贝璋衡、叶林等译,三联书店 1978 年版。

33.[苏]В.В.马夫罗金:《俄罗斯统一国家的形成》,三联书店 1978 年版。

34.[俄]格奥尔基·弗洛罗夫斯基:《俄罗斯宗教哲学之路》,吴安迪、徐风林、隋淑芬译,上海世纪出版集团 2005 年版。

35.[美]尼古拉·梁赞诺夫斯基、马克·斯坦伯格:《俄罗斯史》,杨烨、卿文辉译,上海人民出版社 2007 年版。

36.[美]佩里·安德森:《从古代到封建主义的过渡》,郭方、刘键译,上海人民出版社 2001 年版。

37.[美]佩里·安德森:《绝对主义国家的系谱》,刘北成、龚晓庄译,上海人民出版社 2001 年版。

38.[美]布莱克:《日本和俄国的现代化》,商务印书馆 1984 年版。

39.[苏]梁士琴科:《苏联国民经济史》第 1 卷,中国人民大学编译室译,人民出版社 1959 年版。

40.[俄]德·谢·利哈乔夫:《解读俄罗斯》,吴晓都、王焕生等译,北京大学出版社 2003 年版。

41.沃尔特·G.莫斯:《俄国史(1855—1996)》,海南出版社 2008 年版。

42.鲍里斯·尼古拉耶维奇·米罗诺夫:《俄国社会史——个性、民主家庭、公民社会及法制国家的形成(帝俄时期:18—20 世纪初)》,山东大学出版社 2006 年版。

43.[法]托克维尔:《旧制度与大革命》,商务印书馆 1997 年版。

44.[俄]T.C.格奥尔吉耶娃:《俄罗斯文化史——历史与现代》,焦东建、董茉莉译,商务印书馆 2006 年版。

45.[俄]恰达耶夫:《箴言集》,刘文飞译,云南人民出版社 1999 年版。

46.刘祖熙:《改革与革命——俄国现代化研究》,北京大学出版社 2001 年版。

47.刘祖熙:《斯拉夫文化》,浙江人民出版社 1996 年版。

48.陶惠芬:《俄国彼得大帝的欧化改革》,广西师范大学出版社 1996 年版。

49.陶惠芬:《俄国近代改革史》,中国科学出版社 2007 年版。

50.曹维安:《俄国史新论》,中国社会科学出版社 2002 年版。

51.乐峰:《东正教史》,中国社会科学出版社 1999 年版。

52.朱达秋、周力:《俄罗斯文化论》,重庆出版社 2004 年版。

53.孙成木:《俄罗斯文化一千年》,东方出版社 1995 年版。

54.孙成木、刘祖熙、李建:《俄国通史简编》上、下册,人民出版社 1986 年版。

55.马克思:《十八世纪外交史内幕》,人民出版社 1979 年版。

56.王晓菊:《俄国东部移民开发问题研究》,社会科学文献出版社 2003 年版。

57.王云龙:《现代化特殊性道路——沙皇俄国最后 60 年社会转型历程解析》,商务印书馆 2004 年版。

58.谢立中、孙立平主编:《二十世纪西方现代化理论文选》,上海三联书店 2002 年版。

59.文池主编:《俄罗斯文化之旅》,新世界出版社 2002 年版。

60.赵振英:《俄国政治制度史》,辽宁师范大学出版社 2000 年版。

61.白晓红:《俄国斯拉夫主义》,商务印书馆 2006 年版。

62.戴桂菊:《东正教与俄罗斯改革》,社会科学文献出版社 2002 年版。

63.金雁:《苏俄现代化与改革研究》,广东教育出版社 1999 年版。

64.金雁、卞悟:《农村公社、改革与革命》,中央编译出版社 1996 年版。

65.吴晓都:《俄国文化之魂——普希金》,山东画报出版社 2006 年版。

66.张建华:《政治激进主义与近代俄国政治》,上海三联书店 2010 年版。

67.张建华:《俄国知识分子思想史导论》,商务印书馆 2008 年版。

68.刘文飞:《伊阿诺斯,或双头鹰:俄国中斯拉夫派和西方派的思想对峙》,中国社会科学出版社 2006 年版。

69.徐凤林:《俄罗斯宗教哲学》,北京大学出版社 2006 年版。

70.张广翔:《18—19 世纪俄国城市化研究》,吉林人民出版社 2006 年版。

71.张百春：《当代东正教神学思想》，三联书店2000年版。

72.郭小丽：《俄罗斯的弥赛亚意识》，人民出版社2009年版。

73.姚海：《俄罗斯文化之路》，浙江人民出版社1994年版。

74.姚海：《近代俄国立宪运动源流》，四川人民出版社1996年版。

75.罗爱林：《俄国封建晚期农村公社研究》，广西师范大学出版社2007年版。

76.赵世锋：《俄国共济会与俄国近代社会政治变迁（18—20世纪初）》，复旦大学出版社2011年版。

77.赵士国、杨可：《俄国沙皇传略》，湖南师范大学出版社2001年版。

78.赵士国：《俄国政体与官制史》，湖南师范大学出版社1998年版。

79.赵士国：《历史的选择与选择的历史：近代晚期俄国革命与改革研究》，人民出版社2006年版。

80.姜德福：《社会变迁中的贵族——16—18世纪英国贵族研究》，商务印书馆2004年版。

81.阎照祥：《英国贵族史》，人民出版社2000年版。

82.阎照祥：《英国近代贵族体制研究》，人民出版社2006年版。

83.刘显忠：《近代俄国国家杜马：设立及实践》，社会科学文献出版社2007年版。

84.宋瑞芝：《俄罗斯精神》，长江出版社2000年版。

附　　录

一、《官秩表》

18—19 世纪初期确定官员供职秩序的法令,1722 年 1 月 24 日由彼得一世颁布。按《官秩表》,所有官员划分为三类:陆军和海军,行政和宫廷,共有 14 品级。最高的(1 品)是大将、海军元帅、一品秘密参议,最低的(14 品)是陆军准尉、海军准尉、委员会登记员。在指定国家官职和官员晋升时以任职年限取代了门第。进入《官秩表》的所有官员都可成为贵族。8 品以上为世袭贵族,以下为终身贵族。1856 年 9 月 9 日法令确定终身贵族的获得要从 9 品开始,世袭贵族的获得要从 4 品的文官、6 品的军官开始。《官秩表》建立于非特权等级进入上层的通道,建立了官员供职的激励机制。具体分布:

1.大将(Генерал-фельдмаршал)、海军元帅(генерал-адмирал);

一品文官(Канцлер)、一品秘密参议(действительный тайный советник I класса)。

2.上将(Генерал-аншеф)、步兵上将(генерал от инфантерии)、骑兵上将(генерал от кавалерии)、炮兵上将(генерал от артиллерии)、总工程师(инженерал－генерал)、海军上将(адмирал)、秘密参议(действительный тайный советник);

宫廷总高级侍从(Обер－камергер)、宫廷总事务大臣(обер－гофмаршал)、总御马司(обер-шталмейсер)、总狩猎官(обер-егермейстер)、总司酒官(обер-шенк)、总典礼官(обер-церемониймейстер 到 1799 年)。

3.中将(Генерал-поручик 到 1799 年)、中将(генерал-лейтенант);

秘密参议(Тайный советник);

宫廷事务大臣（Гофмаршал）、御马司（шталмейсер）、皇室侍从长（гофмейстер）、狩猎官（егермейстер）。

4.少将（Генерал-майор）、海军少将（контр-адмирал）；

特级文职参议（Действительный статский советник）。

5.准将（Бригадир 到 1799 年）、海军准将（капитан-командор）；

文职参议（Статский советник）；

典礼官（Церемониймейстер）。

6.上校（Полковник）、海军上校（капитан Ⅰ ранга）；

委员会参议（Коллежский советник）；

宫廷近侍设营上士（Камер-фурьер）。

7.中校（Подполковник）、海军中校（войсковой старшина）、海军上校（капитан Ⅱ ранга）；

宫廷参议（Надворный советник）。

8.中校（Премьер-майор）、准少校（Секунд-майор 到 1799 年）、少校（майор 到 1884 年）；

大尉（Капитан）、骑兵大尉（ротмистр）、哥萨克大尉（есаул 从 1884 年开始）、海军少校（капитан Ⅲ ранга）；

委员会顾问（Коллежский асессор）。

9.大尉（Капитан）、骑兵大尉（ротмистр）、大尉（есаул 到 1884 年）、上尉（штабс-капитан）、骑兵上尉（штаб-ротмистр）、哥萨克上尉（подъесаул）、海军大尉（капитан-лейтенант）、陆军中尉（старший лейтенант）；

荣誉参议（Титулярный советник）。

10—11.上尉（Капитан-поручик 存在到 1799 年）、中尉（поручик）、百人长（сотник）、（лейтенант）、（мичман）；

委员会秘书（Коллежский секретарь）。

12.少尉（Подпоручик）、骑兵少尉（корнет）、哥萨克少尉（хорунжий）、准尉（мичман）；

总督秘书（Губернский секретарь）。

13.准尉（Прапорщик）、准尉（мичман）；

参政院登记员（Сенатский регистратор）、外省秘书（провинциальный

секретарь）。

14.准尉（Фендрик 到 18 世纪）、海军准尉（мичман 到 18 世纪）；

委员会登记员（Коллежский регистратор）。

上面公布的《官秩表》附有解释条款，每个官员应遵守其相应条款。

1.有皇族血统的王子和与王子结婚的配偶，在任何情况下官阶都位于俄国所有高官显爵之上。

2.海军和陆军共处时的指挥以下列方式解决：同一官阶的军官，不管官龄长短，在海上海军指挥陆军，在陆地上陆军指挥海军。

3.凡要求受到高于自己官阶的礼节或自己获取高于自己官阶的座位者，每次必须支付 2 个月俸禄的罚金。检举者可得到罚金的 1/3，而其他的钱则交给医院使用。但在下列场合不需要检查每个人的官阶：如好朋友见面和邻居见面，或参加大型舞会。但只要是在教堂作礼拜时，在宫廷礼仪、外交场合、隆重宴会时，或者在正式会议时，在婚礼、洗礼、葬礼等以及类似公共场所的盛大活动的时候，则要严格检查。给比自己官阶低的人让座也必须支付同样的罚金。监督官必须仔细监督，以便让那些愿意履行职务的人，而不是让那些无耻之徒和寄生虫获得荣誉。无论是男性，还是女性，只要违背了条例，都要受到上述罚款。

5.在国外供职的人可以根据他们在国外供职的性质，经过批准得到相应的官职……

7.所有已婚妇女的言行举止都必须符合其丈夫的官阶条例。

8.俄罗斯帝国的公爵、伯爵、男爵等最显赫的贵族的儿子们，因为他们拥有高贵的血统或者拥有高官显爵的父亲，我们允许他们与别人不同，可以自由出入宫廷会议，但是在他们为我们和为国效劳之前，我们不得授予他们任何人任何官职。

9.凡是父亲为一品官员的少女，在未婚前，她们的官阶位于所有 5 品以上的已婚妇女之上,即低于少将(4品)高于准将(5品)。父亲为二品官员的少女,她们的官阶位于6品以上的已婚妇女,以此类推。

10.女官和侍女在宫廷服务时,根据其情况获得下列官阶:

皇后(或女皇)身边的宫廷侍从总长高于所有的女官。

皇后(或女皇)身边在职的近侍女官紧随现任的秘密参议的夫人们之后。

在职的宫廷侍女与各院院长夫人具有同等官阶。

普通宫廷女官同陆军准将的夫人具有同等官阶。

普通宫廷侍女同陆军上校的夫人具有同等官阶。

11.凡已获得8品以上官职的俄国人或外籍人,无论现在是否还在供职,即使出身低微,其合法子女和其他后代将永远被列入上层贵族之中,拥有全部贵族爵位。

13.由于以前没有任命文职官员的规定,因此贵族中没有人或者很少有人按照应该的方式从下往上晋升官阶;现在选拔高级官员时应该任人唯贤,哪怕他以前没有任何官职。但是由于武官们服务多年,艰难服役才得到官职,而他们看见那些没有功劳的人也拥有与他们一样的官职甚至更高的官职,他们会感到屈辱。因此文职官员也像武官一样,应根据其任职年限或者业绩晋升官职。

15.因获得大尉和少校才晋升为世袭贵族的军官,其贵族称号可传给他获得该职位之后出生的子女们,如果他获得职位之后没有生孩子,那么他只能将贵族称号传给其中一个以前生的孩子。其他官职,无论是行政官员,还是宫廷官员在品级上他们都不是贵族出身,其子弟本质上也不是贵族。

该《官秩表》由我亲笔批准签发并盖上我们国家的印章。

上述解释和条款也由尊敬的皇帝陛下亲笔批准签发。

彼得

1722 年 1 月 24 日于普列奥布拉任斯基[①]

---

①　И.Порай-кошиц.История русского дворянства.Москва,2003.С.309—312.

二、1785 年《贵族特权敕书》

1785 年 4 月 21 日颁布。

敕书确定贵族摆脱供职义务、免除体罚,贵族继承和自购的财产不可侵犯(前者基本不可被剥夺)。贵族的身份只由贵族法院才能剥夺。

敕书使贵族地方团体——省级和县级贵族团体最终建立。贵族团体的机构是贵族会议。省级贵族会议可向地方行政机构,甚至最高政权提出自己的要求。贵族会议选举省和县首席贵族,捍卫贵族的利益。

实际上,敕书只是确认了以前有关贵族的一些文件以及习惯法中适用的一些东西。属于后者的有:从法律上确认了贵族财产的不可剥夺性,贵族对土地及其地下矿产的权利,贵族占有工厂的权利等。这个法令的颁布标志着从 17—18 世纪之交开始的贵族等级法律地位的形成进程完成。贵族特权敕书明确了贵族等级在其存在的整个期间的权利和特权。这个特权敕书一直适用到 1917 年。

亚历山大一世确认贵族敕书。

A.贵族的个人特权

1.贵族称号是男性在古代凭借其优良品德、战功卓著而获得的,可以传给其子弟。

2.贵族的尊贵地位应该世代保留,不可动摇性和不容破坏,这不仅对帝国和皇族有益,而且是公正的;过去、现在、将来高贵的贵族称号都不可分割,由享有贵族身份的家庭世代继承下去。

3.贵族的身份由其妻子分享。

4.贵族的身份传给自己的子弟。

5.贵族只要不犯足以剥夺贵族身份的罪行,就不能剥夺其贵族身份。

6.可剥夺贵族身份的罪行有：

1)违背誓言;2)叛变;3)抢劫;4)偷盗;5)撒谎;6)法律规定剥夺荣誉并受到体罚的各种罪行;7)被证实教唆或策划别人犯下以上罪行。

7.婚姻受到尊重并由教规认可,嫁给非贵族的女性贵族不会失去自己的贵族身份;但她的贵族身份不能传给丈夫和孩子。

8.没有法庭判决不能剥夺贵族高贵的爵位。

9.没有法庭判决不能剥夺贵族高贵的荣誉。

10.没有法庭判决不能剥夺贵族的生命。

11.没有法庭判决不能剥夺贵族的财产。

12.除了与其地位平等的人以外,其他人无权审判贵族。

13.贵族犯下剥夺贵族称号、荣誉或生命的刑事犯罪案件,必须提交参政院,由沙皇裁决。

14.贵族的各类犯罪,如果已经过去十年,在这十年中没有被发现,就再不追究法律责任;哪怕十年后出现了调查者,原告,或者其他告密者,所有这些犯罪都永远不再追究。

15.贵族免除体罚。

16.在军队中担任下层军官的贵族的罚款按照军事条例中对于尉官的规定。

17.确定世袭贵族特权和自由的永久性。

18.现役贵族可继续服役并按相应的规则提请退役。

19.贵族可到我国的盟国和其他地区服役。

20.贵族高贵的称号过去、现在、将来都是通过为帝国和皇族服役,通过业绩获得,俄国贵族的独立地位与祖国和王位的安全息息相关。在国家和沙皇的安全面临威胁时,贵族要响应俄国专制政府之所需,在专制政府号召服役时不吝惜自己的劳动和生命。

21.贵族按自己的使命有权自称为地主,无论是在领地还是在家族的世袭领地上,以及赏赐给他的世袭领地上。

22.贵族对于其自己购买的财产享有自由的权利,可赠送、出售或立遗嘱留给某人。继承的地产则只能按照法律处理。

23.贵族继承的地产在他犯下重罪时不能传给他的法定继承人和其他人。

24.由于我们的愿望过去是,现在是,将来也一定会是在上帝的帮助下,让俄罗斯帝国受我们专制制度颁布的法令和命令的管理,为了确保个人的领地和财产的认定,真实和安全,我们再次公正地重申并严格执行自古以来的禁令:不按照法律程序,不经过获得授权的司法机关的审判,任何人不得任意剥夺他人的财产或使其破产。

25.在每个总督管区对犯罪的司法审判和惩罚由当地的司法部门统一进行。司法部门倾听原告的控诉和被告的答辩,然后根据法律作出判决,所有人无论其出身和地位如何,都必须服从。一旦贵族提出法律诉讼或者是有人对贵族提出诉讼,那么此类案件必须由有权审理这类案件的司法部门按照规定的程序审理。因为当任何人在自己的案件中都想成为法官的时候,就会出现不公正和与共同的程序不一致的情况。

26.贵族有权购买村庄。

27.贵族有权批发出卖其村庄生产的产品。

28.贵族有权在其村庄开设工厂。

29.贵族可以在世袭领地上设立集市和贸易,但要接受总督和省管理局的管理,使其集市和贸易的时期不与其他领地冲突。

30.贵族有权在城市拥有或建筑房子,制造手工业产品。

31.贵族可以拥有城市等级的权利,并且服从城市等级的规则。

32.容许贵族批发出售,或在指定海港出售他们生产的合法产品,因为不禁止他们拥有或开办工厂。

33.确认 1782 年 6 月 28 日法令,贵族不仅享有地表土地,而且享有该区域内地下和水中资源,所有珍贵矿藏和植物资源,按法令规定自由地利用它们。

34.确认 1782 年 9 月 22 日法令,贵族享有别墅的森林的所有权,可以自由地利用它们。

35.村庄的地主房子旁边不再设岗。

36.贵族免除个人税收。

B.关于贵族会议,建立省级贵族团体和贵族团体的优惠

37.忠君的贵族可在其所在省份聚会,组建贵族团体,享有规定权利、优惠和优势。

38.贵族会议每三年召开一次,要根据总督或省长的号召并得他们的允许,会议进行选举或听从总督或省长的建议,会议召开都是在冬季。

39.省贵族会议选举本省的首席贵族;贵族会议每三年从县级首席贵族中向省长推荐两名人选,省长从这两名人选中任命首席贵族。

40.根据条例的第62和第211条,县首席贵族由本县贵族选举产生,每三年选举一次。

所有省份都要编纂贵族家谱,里面要记录该省的贵族,以便帮助每个贵族家族世代继承自己的爵位和称号,从父亲传给儿子、孙子、曾孙子和其他合法后代,直到上帝想让他们继承多久就多久。

在地方贵族的家谱中纳入了该省贵族的姓名、不动产,用贵族证书确定其地位。①

三、罗斯国家的起源

[俄]科学院院士——米.尼.季米霍罗夫,张宗华译

在诺夫哥罗德内城离古老的索菲亚大教堂不远的地方耸立着一座由米凯申建造的俄罗斯建国1000周年的纪念碑。在1862年修建这座纪念碑是俄罗斯帝国贤达之士为隆重庆祝俄罗斯建国1000周年这件大事而

---

① И.Порай-кошиц.История русского дворянства.М.,22003.С.293—297.

安排。苏维埃社会人士爱护和保全了这座纪念碑,并把它列入受国家保护的优秀艺术作品,但是没有把 862 年推定为俄罗斯历史的开端年代,1959 年诺夫哥罗德城曾庆祝该城诞辰 1100 周年,但有关"罗斯国家起源"的时间问题仍然悬而未决。

当然,古代国家和城市建立的时间通常是假设的,甚至在早期编年史和大事记中有明确记载的也莫不如此,俄国只有少数的城市可以准确地说出它们是在某年某种条件下建立起来的。例如,1154 年尤里·多尔哥鲁基创建了莫斯科城郊的德米特罗夫城;1221 年尤里·弗谢沃洛多维奇奠定了下诺夫哥罗德城的基础等,大多数古罗斯城市兴起的时间是以编年史或其他文献第一次提到为准。有时候第一次提到的本身要求解释,所以不能把它列入固定的年代。例如,乌克兰的卡美涅次—波多里耶城,编年史提到它是临近 1196 年,但是学者们根据亚美尼亚的文献资料认为,这个城市早在 11 世纪末就已存在。

当问题涉及远古时代,要确定某一个国家"起源"的时间就更加困难和复杂了,因为国家建立的过程是漫长的,也是难以考察清楚的。

对于革命前的作者来说,确定某个国家的"起源"年代是极其简便的,只有将它同某个王朝连到一起就行了,似乎皇帝或王公就像凭空创造太阳、月亮和世间万物的宇宙缔造者一样,创建了国家,从此世界的历史就开始了。

同样沙皇时代的作者在确定某些纪念日时,不仅以迎合君主政权的要求和利益或某个王朝为依据,而且有时甚至不顾科学意义,宁愿以迎合周围环境的心理为依据。

然而俄国与许多国家不同,政权唯独由自称瓦良格王公的留里克的所谓直系后裔所掌握,似乎留里克是 862 年同其兄弟西涅乌斯和特鲁沃尔一道,在瓦良格人的卫队护送下,从斯堪的纳维亚某地来到罗斯的。1598 年无嗣的沙皇费多尔·伊万维诺奇死后,"留里克王朝"即告结束。但新王朝——罗曼诺夫家族以其王朝的始祖米哈依尔·费多罗维奇沙皇是伊凡雷帝的"孙子"为由,自封是留里克王公家族的继承人,这是缺乏根据的。米哈依尔·费多罗维奇沙皇并非直系,而是按母系才是伊凡四世的孙子,新王朝的官方文献对此要么避而不谈,要么隐讳其辞。就这样,似乎形成了从留里克到亚历山大二世延续 1000 年不断的传统,因此在庆祝"俄罗斯国家 1000 周年"的时候,虽说历史根据不足,但给人留下一种深刻的印象。

在中世纪的读者们看来,某一个王朝起源于某个外来王公是自然最合适的事情。因为无论王公世系,还是大贵族世系,都出自某个古老的祖先,而这个祖先多半来自"日耳曼人",并为显贵世系奠定了基础。

15—17 世纪的莫斯科人,同邻国一样,对此很不重视,根本不把留里克的到来与"罗斯国家的起源"联系起来,不仅如此,俄国古代编年史家作为真正的学者,比晚期的俄国史学家高明,没有把自己国家的"起源"同留里克王朝联系起来,而是把它同第一次提到罗斯国家的事联系起来。

在古罗斯历史著作《往年纪事》中,开头叙述了斯拉夫人及其迁徙状况,记述了有关基辅的建立和其他事件的传说,但没有指明各事件发生的年代。紧接着编年史家郑重其事地写道:"6360 年,米哈依尔称帝,始有罗斯国家之称。因为我们已经知道,希腊编年史上记载罗斯是在米哈依尔帝王时进军帝都的,由此我们便可以确定各个年代。"再往下编年史家对亚当传说起到罗斯王公奥列格统治的第一年为止的各年代作了推算。①

因此,俄国最早的编年史家认为,关于"罗斯国家的起源"问题可以有充足的理由说,就以罗斯第一次出现在希腊文字史料中为准。

俄国最早的编年史家公认,6360 年是"罗斯国家起源"的年代,在诺夫哥罗德第一部编年史里,前言之后的标题就是:"6362 年,罗斯国

---

① 《往年纪事》上册,由德·斯·利哈切夫和布·阿·罗曼诺夫整理。苏联科学院通讯院士弗·普·安德里阿诺娃-佩列特茨主编。苏联科学院出版社 1950 年莫斯科—列宁格勒版,第 17 页。原文中是这样表达的:"6360 年,英吉克特 15 日,米哈依尔称帝,始有罗斯国家称。因为我们已经知道,希腊编年史记载该帝王时,罗斯正进攻帝都。我们便可以此为依据定出各个日期。"

家的起源"。① 接着叙述了基辅的建立。诺夫哥罗德编年史中的年代和《往年纪事》略有差异,这是因为二者采用的年表不同所致。显然如此,关于"罗斯国家的起源"是在瓦良格王公出现之前的说法却是一致的。

在较晚出现的编年史汇编中我们也发现,有关"罗斯国家的起源"的两个年代:6360 年和 6362 年。试问,哪个年代是首要的呢? 编年史家做了回答,他指出:关于罗斯起源的报道是同罗斯远征君士坦丁堡(帝都)和米哈依尔开始称拜占廷帝王(俄语称皇帝)相连的。

关于罗斯远征帝都的时间问题出了一大批著作。无论是过去,还是现在,诺曼说史学家一直力求证明,罗斯远征帝都是在 862 年以后——即以留里克为首的瓦良格王公被邀之后。可以这样说,许多好心的学者,甚至一些国外著名学者,在解决一些问题时,忘记了学者的尊严,为了反驳难以驳倒的史实,过去是现在仍然在玩弄文字儿戏。严谨的研究者早就放弃了诺曼说的陈腐理论,并根据拜占廷史料确信地指明:罗斯远征帝都的确切日期是 860 年 6 月 18 日。② 研究总主教福基书简的最新学者美国教授基里尔·曼戈也认定是这个日期(860 年 6 月)③

编年史中记载的罗斯远征帝都的日期与米哈依尔开始称帝的日期是连在一起的。这个皇帝登基时才四岁,当然,他不能治理国家。因此,在米哈依尔年幼时,他的母亲费奥多娜执掌着拜占庭帝国的大权。根据某些史料记载,米哈依尔独立执政是在 864 年,即占据国家统治地位的皇帝瓦尔达被杀和瓦西里·马奈顿亚宁加冕之后。虽然编年史把米哈依尔开始继位和罗斯远征帝都连在一起,但诺曼派仍然坚持这个年代,然而米哈依尔执政的年代可以推到更早一些,因为罗斯远征帝都发生在 860 年,当

---

① 《诺夫哥罗德第一部大写、小写手抄本编年史》,1950 年莫斯科—列宁格勒版,第 104 页。

② 详见姆·弗·列夫琴科:《俄罗斯与拜占廷关系史概要》,苏联科学院出版社 1956 年莫斯科版,第 59 页。

③ 凯里尔·曼果:《总主教福基关于君士坦丁堡的书简》,哈佛大学出版,马萨诸塞州坎希里奇市 1958 年版,第 4 页。

时年满十八岁的米哈依尔已出征讨伐阿拉伯人了。

由此可见，编年史家把罗斯远征帝都同米哈依独立执政的时间正确地联系在一起了。

如果按通常的方法，则将编年史上 6360 年减去是 5508 年，那么为什么拜占廷史料记述罗斯入侵帝都的 860 年同编年史上的年代之间出现不符的情况呢？俄国编年史大事记解答了这一问题。俄国古代编年史家不仅采用了拜占廷运算法，即从"创世纪"到"耶稣的诞生"共计 5508 年，而且还利用了另一种运算法，即亚历山大的 5500 年的推算法。例如，简明编年史作者在 1280 年的羊皮手写本里做了这种推算。亚·亚·沙赫马托夫在世时就指出过这一点。[1]

编年史学家在计算时利用了亚历山大运算法。从而得出以下年代：不是从编年史上的 6360 年减去 5508 年，而是减 5500 年（6360－5500年）得出 860 年，正是罗斯远征帝都和米哈依尔开始执政的年代，这正与拜占廷史料记载的相符，波·亚·雷巴科夫在所著关于古代罗斯编年史的概要里就指出，罗斯第一次远征君士坦丁堡发生在 860 年，但他没有把这个时间与"罗斯国家起源"联系起来。[2]

应该认为，860 年是"罗斯国家起源"最基本和确切的年代，要把它当做我们祖国历史上一个伟大的纪念日来纪念它。

---

[1]　《从亚丹到上帝出现总共 5000+500 年……》，米·尼·季米霍夫。被遗忘和埋没的俄罗斯古文献的著作。《1960 年考古年鉴》，1962 年莫斯科版，第 236 页；亚·亚·沙赫马托夫：《〈往年纪事〉纪年的起点》，《国民教育部杂志》，1987 年圣彼得堡版，第 310 卷第 3 期，第 220 页。

[2]　《苏联史纲，3—9 世纪苏联境内奴隶制危机和封建制度的产生》，1958 年莫斯科版，第 803—804 页注释 1。

后　记

春秋几度寒窗苦,赢得旧梦一时圆。

光阴荏苒,岁月如梭。从黄河之畔到长江之滨,从皋兰山下至珞珈山脚,几度寒暑,悉心研读,为的是追述一段古老的历程,为的是圆一个迟到的梦。现今,二十万言已就,求学之路未尽。掩卷深思,百感交集,这篇论文不仅追述、研究了 18 世纪俄国改革与贵族之史实,更凝聚着师长们诲人不倦的精神和众学友鼎力相助的情谊。几年来,导师严厉的目光与深情的期盼,学友们相互的切磋与开心的笑容,都历历在目,浮现眼前。没有导师的严格要求和悉心指导,没有学友的支持与帮助,就没有这本书的问世。

在此,我要深深地感谢我的恩师陈勇教授,是他的无私接纳改变了我的人生轨迹,是他的严格要求和精心指导,才使这本书得以完成。从本书的谋篇布局到具体的材料取舍、从主题的宏观把握到基础层面的具体写作,陈老师独具慧眼、潜心指导、点化疑难。他严谨的治学精神和精益求精的学术风范,更将永远铭刻在我心中,并使我受益终生。

感谢给予我指导的各位老师:北京大学刘祖熙教授,中国社会科学院世界历史所所长于沛研究员,中央编译局俄罗斯研究中心金雁研究员,吉林大学东北亚研究院张广翔教授,武汉大学胡德坤教授、罗志刚教授、向荣教授、李工真教授、吴友法教授、张德明教授、韩永利教授、鲁西奇教授,河南大学阎照祥教授,他们在论文选题、开题和写作中都给予了应有的关切和指导。感谢国家留学基金委提供的 2000—2001 年乌克兰基辅大学的访学机会,为我步入博士生的学习阶段所奠定的基础。感谢魏明孔、郭远英夫妇、陈唯伟、胡雪梅夫妇、徐友珍、李玉君、朱达秋、叶明勇、解国良、龚敏、宋佳红、王建娥、李积顺、王蜀黔、王世梅、张宏、唐重光等师长和朋友在学业和生活中给予的帮助。

　　感谢对我寄予重托的家人。丈夫在物质上和精神上的全力支持，使我得以坚持到最后，很难忘与儿子在枫园度过的岁月，照顾儿子的学习与生活使我的论文写作显得无比艰辛，而与儿子的交流又驱散了我一天的疲倦与烦恼。感谢家人的厚爱，尤其是二姐，在我出外访学时，排除万难，精心照顾80多岁且瘫痪在床的老母，养老送终，替我恪尽孝道；在论文写作初期来到武汉，竭尽全力帮助我料理家务，改善生活；在自己不幸身患绝症时，还时常牵挂着我的一切。我的这本著作即将问世了，她却离我而去……

　　最后感谢人民出版社的杨美艳、王怡石编辑为拙稿付出的大量心血和提出的宝贵的修改意见。

　　总之，这本著作凝聚了师长、学友的指导。由于本人水平有限，加上时间关系和资料的缺乏，所以，对18世纪俄国改革与贵族的研究仅仅是一个开始，许多方面有待于进一步的完善和提高。谨请各位师长、同人予以指正。

张宗华
2008年春于苏州石湖

责任编辑:杨美艳　王怡石

封面设计:徐　晖

图书在版编目(CIP)数据

18 世纪俄国的改革与贵族/张宗华 著. -北京:人民出版社,2013.7

ISBN 978-7-01-010472-0

Ⅰ.①1⋯　Ⅱ.①张⋯　Ⅲ.①体制改革-研究-俄国-18 世纪 ②贵族-
研究-俄国-18 世纪　Ⅳ.①D751.29

中国版本图书馆 CIP 数据核字(2011)第 255368 号

18 世纪俄国的改革与贵族

18 SHIJI EGUO DE GAIGE YU GUIZU

张宗华　著

人 民 出 版 社 出版发行

(100706　北京市东城区隆福寺街 99 号)

环球印刷（北京）有限公司印刷　新华书店经销

2013 年 7 月第 1 版　2013 年 7 月北京第 1 次印刷

开本:710 毫米×1000 毫米 1/16　印张:28.25

字数:420 千字　印数:0,001-2,000 册

ISBN 978-7-01-010472-0　定价:68.00 元

邮购地址 100706　北京市东城区隆福寺街 99 号

人民东方图书销售中心　电话 (010)65250042　65289539